JN073684

葛城の考古学

―先史・古代研究の最前線―

松田真一 編

八木書店

口絵１　鶴峯荘第１地点遺跡から出土した石器群

サヌカイト製の翼状剥片を素材としたナイフ形石器、翼状剥片、翼状剥片石核、削器、盤状剥片、盤状剥片石核など瀬戸内技法による石器製作を具体的に示す後期旧石器時代の石器群の接合資料。奈良県指定有形文化財。

【本書 24-26 頁参照】

口絵２　下茶屋遺跡から出土した縄文土器

縄文時代中期終末から後期初頭にかけての土器群で、波頂部に添った窓枠区画をもつ口縁部や、Ｊ字やＵ字形などの文様を展開する胴部文様に特徴があり、この地域での文様構成や文様モチーフの系統的な変容がうかがわれる。

【本書 51 頁参照】

口絵３　玉手遺跡から出土した糸玉

細く精緻に撚った苧麻製の糸に水銀朱の赤漆を塗り、その糸を束ね、また一部を結んで輪状にした製品で、用途は明らかでないが、縄文時代晩期に獲得された高度な漆技術を証明している。

【本書 55 頁参照】

口絵４　観音寺本馬遺跡の幼児を埋葬した土器棺墓

幼児の頭蓋骨、下顎骨、四肢長骨が存在したが、全身の人骨は揃っていない。遺体が骨化した後にいくつかの部位が選択されて土器棺に納められた。死亡年齢は３歳から４歳ごろと推定されている。

【本書 64-65 頁参照】

口絵5　中西遺跡で発見された弥生時代前期の水田（左）と埋没林（右）

水田跡は小面積に区画された特徴があり、度重なる洪水などの被害によって前期だけで3層に重なっていた。水田に隣接してヤマグワを主体とした埋没林が発見され、里山として営まれていたと推定される。　【本書78, 83頁参照】

口絵6　鴨都波遺跡の弥生時代後期前半の井戸における祭祀行為
（鴨都波遺跡11次調査）

井戸内の土器の出土状態から、長頸壺形土器を一括投棄し、その後壺形土器の口縁部を埋置し、井戸を完全に埋め戻すという、手順にしたがった祭祀行為が執行されたと考えられる。　【本書87頁参照】

口絵７　御所市名柄から出土した外縁付鈕式銅鐸と多鈕細文鏡

溜池造成時に一緒に出土した２つの青銅器で、銅鐸は１面が流水文をもう１面が袈裟襷文をあらわした外縁付鈕式銅鐸。銅鏡は２つの鈕と幾何学的な細線文様に特徴がある朝鮮半島製の多鈕細文鏡。国指定重要文化財。【本書 100 頁参照】

口絵８　久渡３号墳から出土した画文帯環状乳神獣鏡

銅鏡の内区には４匹の神獣と神仙像が、外区は６匹の龍を中心に走獣や飛禽と神仙像があらわされている。以下銘文「吾作明竟 幽湅三商 周刻無□ 配像萬疆 白牙□樂 衆神□□ 天禽四守 銜持維□ □従富貴 安楽子孫 番昌大吉 其師命長」。奈良県指定有形文化財。久渡３号墳は国指定史跡。

【本書 125 頁参照】

口絵９　鴨都波１号墳　粘土槨棺外の副葬品の出土状況

長さ 4.3m の刳抜式木棺とそれを覆う粘土槨が発見され、棺の外側から方形板革綴短甲、漆塗靫とともに、波文帯二神龍虎画像鏡、波文帯三神三獣鏡、波文帯二神四獣鏡の３面の三角縁神獣鏡が出土した。　【本書 129 頁参照】

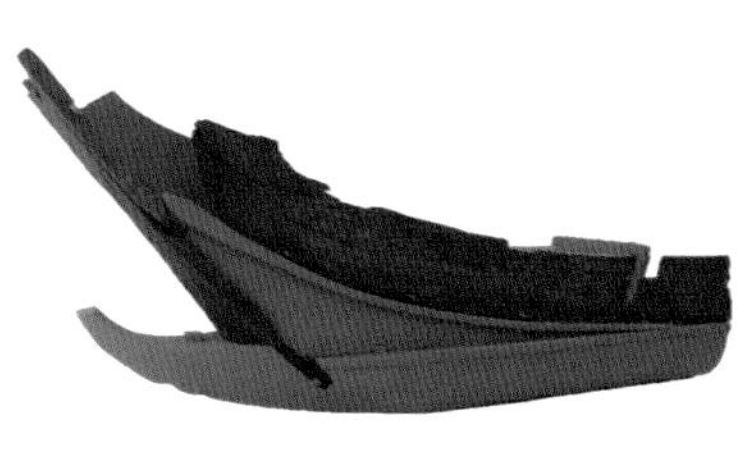

口絵10　国指定特別史跡巣山古墳の出島遺構と周濠から出土した喪船の組立復元

石組みを巧みに配した出島遺構は、石英の白石で整備し盾形、蓋形、家形、囲形などの埴輪が並べられ、霊魂を運ぶと考えられた水鳥の形象埴輪も配置された。周濠からは被葬者を載せたとみられる準構造船の部材が出土している。　【本書 161-162 頁参照】

口絵 11　南郷大東遺跡の導水施設の全景

上流の貯水池から給水木樋を経由し、塀や覆屋などで遮蔽された大型槽や木樋からなる祭儀施設へ、さらに排水木樋へいたる全長25m におよぶ、葛城の王が直接関与したと考えられる導水施設。
【本書 174 頁参照】

口絵 12　極楽寺ヒビキ遺跡の全景
国指定史跡室宮山古墳から出土した家形埴輪（左上）

周囲に濠を巡らし、中央の高殿とされる高床建物は、葛城全域を見下ろす高所で発見された。5 間四方の縁を備えた特異なこの建物は、室宮山古墳出土の直孤文が彫刻された大型の家形埴輪と同じように、断面が長方形の柱を用いていた。【本書 173-174 頁参照】

口絵13　屋敷山古墳から出土した長持形石棺

竪穴式石室に安置されていたと考えられる長持形石棺。縄掛突起が長辺にのみ存在し、蓋石に文様がないことなど5世紀中葉から後半の型式特徴をもつ。石材は兵庫県高砂から加古川一帯産の流紋岩質溶結凝灰岩（通称竜山石）。奈良県指定有形文化財。【本書190頁参照】

口絵14　三ツ塚古墳群　7号墳横穴式石室(右)と改葬墓13から出土した革袋(左)

改葬事例が多い本古墳群で発見された、改葬用の刳抜式家形石棺を内蔵した横穴式石室。改葬墓13から出土した、金銅製の鉸具や円環付座金具が取り付けられた黒漆塗革袋は、唐から請来した当時の官人の佩用品とみられる。【本書241-242, 262-263頁参照】

口絵 15　国指定史跡尼寺北廃寺の塔基壇と塔心礎から出土した耳環や水晶玉など

尼寺北廃寺の塔基壇の地中に据えられた塔心礎は、国内では最大の規模で、柱座は添柱を受ける型式である。心礎上面には耳環、水晶玉、ガラス玉、刀子が埋納されていた。

【本書 305-306 頁参照】

口絵 16　二光寺廃寺から出土した塼仏
方形三尊連坐塼仏（左）と大型多尊塼仏（右）

仏堂内の壁面荘厳を目的とした塼仏の優品に、当廃寺から出土した大型多尊塼仏（左右幅約 51cm）がある。菩提樹と天蓋の下には、結跏趺坐した如来と勢至・観音菩薩を中心に据え、周囲に多くの弟子などを半肉彫で表現している。

【本書 296 頁参照】

序

松田真一

奈良盆地の南西部にあたる葛城の地には、先史・古代を中心に歴史上重要な事跡が存在し、それらに関係する古墳や寺院など、多様な種類の遺跡を含む文化財が数多く残されている。葛城という言葉に接すると、五世紀代に強大な勢力を誇ったとされる古代大和の豪族葛城氏が想起されるが、葛城はまさにその葛城氏の枢要の地である。この氏族の活躍は正史にも記録として残されていることから、葛城の歴史は一地方史にとどまらず、日本古代政治史や文化史にも深くかかわりがあり、注目される所以でもある。

古代の葛城とされる地理上の範囲については諸説あり、必ずしも一致をみているわけではないが、本書では令制大和国の葛上郡（かつじょうぐん）・忍海郡（おしみぐん）・葛下郡（かつげぐん）、および広瀬郡を加えた地域を葛城として扱っている。現在も北葛城郡や葛城市のように、その一部が行政区名称として引き継がれている。

ところで葛城地域は基礎自治体の行財政基盤確立のために推進された、平成の全国市町村合併の動きのなかにあって、実質的に合併がほとんど進むことがなく、現在でも小規模な市と町からなる、入り組んだ行政区が維持されている。またそのような行政区割りが存在するなかで、葛城地域にあっては市町を越えた広域行政の動きもあるものの、分野も規模も限定的な範囲にとどまっている現状もある。

この地を歴史的資料や文化財の調査・研究のフィールドとしている筆者らにとってこの現状は、同じ環境のもとで育まれた地域文化や地域史の涵養という、行政区を越えた文化的視点があまり意識されることがなく、ひいては葛城という共通する地域への帰属意識の高揚も、ほとんど感じられないように映る。今日まで文化や観光といった分野においては、行政として各市町それぞれが独自に啓発や発信を進めているのが実情で、これまでは葛城地域が市町をこえて一体となるなど、目立った取り組みを見ることもほとんどなかった。こういった葛城の現状は首都圏など近畿域外から、歴史文化資源の存在が高く評価されている「奈良（奈良市）」「斑鳩」「飛鳥」「吉野」（いずれも世界文化遺産登録もしくはその候補となっている）のように、「葛城」が歴史文化的に特色や価値を持った地域として、認識されているようには思えない。

　しかしこの地域の歴史を紐解けば、かつては葛上郡・忍海郡・葛下郡に加えて広瀬郡からなる葛城という地域一帯が、とりわけ歴史的に深い結び付きが認められることは、文献史料はもとより、当地に遺されたさまざまな貴重な文化財が雄弁に語ってくれる。現在は行政分割されているものの、本来は葛城として共通の環境や風土と、歴史的基盤をもつ地域的なまとまりがあり、今後も葛城地域の歴史・文化の認識や評価とあわせて、葛城を一体として捉えた歴史叙述も必要になってこよう。

　近年葛城地域の西縁をなす金剛葛城山系の山麓や、奈良盆地南西部にあたる沖積地一帯の地下から、当地の歴史の実像を解き明かすうえで重要な遺跡や出土品など、主に旧石器時代から奈良・平安時代にいたる、考古学的に大きな意義ある発見が相次いでいる。本書ではこれら地下に埋もれていて、最近までに発見された重要な遺跡を中心に紹介するとともに、単にそれぞれの文化財の概要紹介にとどまらず、考古学的調査によって得られた資料を操作・分析することで、新たな葛城の歴史叙述に反映させるという意図をもって臨んだ。

これまでも葛城の歴史に関する書籍は数多出版されているが、特定の時代史を取り上げたもののほか、個別の歴史的遺産や事跡など一つのテーマに絞った論考や解説としたものが多く、特に葛城の歴史で注目される先史から古代を通して、考古学の成果を反映した出版物はあまり目にすることはなかった。本書は葛城という地域がどのような環境や歴史的背景のもとで、隣接する地域との接触や融合を通して、特色ある地域文化を醸成したのかという視点で論述したもので、目次に掲げたように歴史上注目された重要なテーマを深く掘り下げると同時に、葛城の歴史について時代を追って学ぶことができる、通史も意識した構成としている。

冒頭にも述べたように、特に古代の葛城の歴史は日本の古代史に深くかかわっており、葛城という地域史を学んだ視点から、列島の各時代の動向を眺めると、これまでとは違った見方や解釈もできるだろう。読後に先史・古代の歴史に対する興味をより広げることができれば、本書の役割もはたせたことになる。また本書に記述された歴史の舞台となった葛城の地を訪ねる際にも、資料として掲載している「葛城地域の遺跡分布図」を利用するなど、理解の助けとして役立てていただければ幸いである。

『葛城の考古学　―先史・古代研究の最前線―』目次

凡　例

一、本書では「カツラギ」の地名について、「葛城市」として用いる場合に限って「葛」の用字とし、それ以外は「葛」とした。

一、土坑墓、土壙墓は、土坑墓に表記を統一した。

一、参考文献は、［名前　発行年］にて引用を示し、各項の末尾に文献を列挙した。
例）［松田　二〇二〇］　↓　松田真一　二〇二〇『縄文文化の知恵と技』青垣出版　を示す

葛城地域の遺跡分布図

p. xviii

1 城山古墳
2 中良塚古墳
（高山塚１号墳）
3 フジ山遺跡
4 川合大塚山古墳
5 九僧塚古墳
6 長林寺跡
7 箸尾遺跡
8 馬見二ノ谷遺跡
9 池上古墳
10 乙女山古墳
11 寺戸廃寺
12 文代山古墳
（寺戸古墳）
13 一本松２号墳
14 一本松古墳
（倉塚北古墳）
15 倉塚古墳
16 別所下古墳
（雨山古墳）
17 ナガレ山北３号墳
18 ナガレ山古墳
19 巣山古墳
20 ダダオシ古墳
21 佐味田宝塚古墳
22 牧野古墳
23 新木山古墳
（三吉陵墓参考地）
24 三吉石塚古墳
25 百済寺
26 別所城山２号墳
27 新山古墳
（大塚陵墓参考地）
28 モエサシ３号墳
29 黒石 10 号墓
30 黒石１号墓
31 土庫長田遺跡
32 かん山古墳
33 コンピラ山古墳
34 築山古墳
（磐園陵墓参考地）
35 池田遺跡
36 岡崎遺跡
37 専立寺旧境内
38 礒野北遺跡
39 三倉堂遺跡

p. xix

40 西安寺跡
41 舟戸·西岡遺跡
42 達磨寺古墳群
43 片岡王寺
44 香滝・薬井遺跡
45 畠田古墳
46 下牧瓦窯
47 尼寺廃寺
（尼寺北廃寺）
48 尼寺南廃寺
49 平野窯跡群
50 平野１号墳（車塚古墳）
51 平野２号墳
52 平野塚穴山古墳
53 今泉古墳
54 大谷瓦散布地
55 上牧観音山銅鐸出土地（伝）
56 上牧久渡古墳群
57 下田味原遺跡
58 法楽寺山遺跡
59 下田東遺跡
60 鈴山遺跡
61 長谷山古墳
62 土山古墳
63 狐井稲荷古墳
64 狐井遺跡
65 狐井城山古墳
66 高山火葬墓
67 高山石切場跡
68 鶴峯荘第１地点遺跡
69 桜ヶ丘第１地点遺跡
70 サカイ遺跡
71 平地山遺跡
72 威奈大村墓誌出土地（伝）
73 穴虫火葬墓
74 穴虫石切場遺跡
75 田尻峠遺跡
第１地点·第５地点
76 加守廃寺北遺跡
77 加守火葬墓
78 加守廃寺南遺跡
79 石光寺
80 鳥谷口古墳
81 只塚廃寺
82 櫟山古墳
83 首子古墳群
84 當麻寺
85 茶山古墳
86 キトラ山遺跡
87 竹内遺跡
88 塚畑古墳
89 鍋塚古墳
90 的場池古墳群
91 三ツ塚古墳群
（3·5-12·14·15 号墳）
92 兵家古墳群
93 芝塚古墳（芝塚１号墳）
94 芝塚２号墳
95 兵家清水·菰谷古墳群
96 平林古墳

p. xx

97 西坊城遺跡
98 北花内大塚古墳
（飯豊天皇埴口丘陵）
99 石光山古墳群
100 観音寺本馬遺跡
101 鴨都波１号墳
102 茅原中ノ坊遺跡
103 鴨都波遺跡
104 玉手遺跡
105 今出遺跡
106 掖上鑵子塚古墳·
鑵子塚南古墳
107 秋津遺跡
108 中西遺跡
109 国見山遺跡
110 條ウル神古墳
111 みやす塚古墳
112 室宮山古墳
113 巨勢山境谷遺跡
114 巨勢山古墳群
115 新宮山古墳
116 巨勢山八伏遺跡
117 巨勢山中谷遺跡
118 巨勢寺跡
119 権現堂古墳
120 水泥北（塚穴）古墳

p. xxi

121 太田古墳群
122 弥宮池西１号墳
123 神明神社古墳
124 寺口和田１号墳
125 寺口千塚古墳群
126 屋敷山古墳
127 二塚古墳
128 団子山古墳
129 火振山古墳
130 南藤井和田古墳群
131 火野谷山古墳群
132 島ノ山·車ヶ谷古墳群
133 寺口忍海古墳群
（D-27号·E-12号·E-21号·H-16号·H-34 号）
134 脇田遺跡
135 地光寺東遺跡
136 地光寺西遺跡
137 小林遺跡
138 笛吹神社古墳
139 笛吹北古墳群
140 笛吹古墳群
141 山口千塚古墳群
142 櫛羅高間田銅鐸埋納地（伝）
143 吐田平遺跡
144 名柄遺跡
145 名柄銅鐸·銅鏡出土地
146 下茶屋遺跡
（下茶屋地蔵谷遺跡）
147 南郷柳原遺跡
148 南郷角田遺跡
149 南郷安田遺跡
150 南郷大東遺跡
151 極楽寺ヒビキ遺跡
152 二光寺廃寺
153 西北窪遺跡
154 朝妻廃寺
155 伏見遺跡
156 鴨神遺跡
157 高宮廃寺

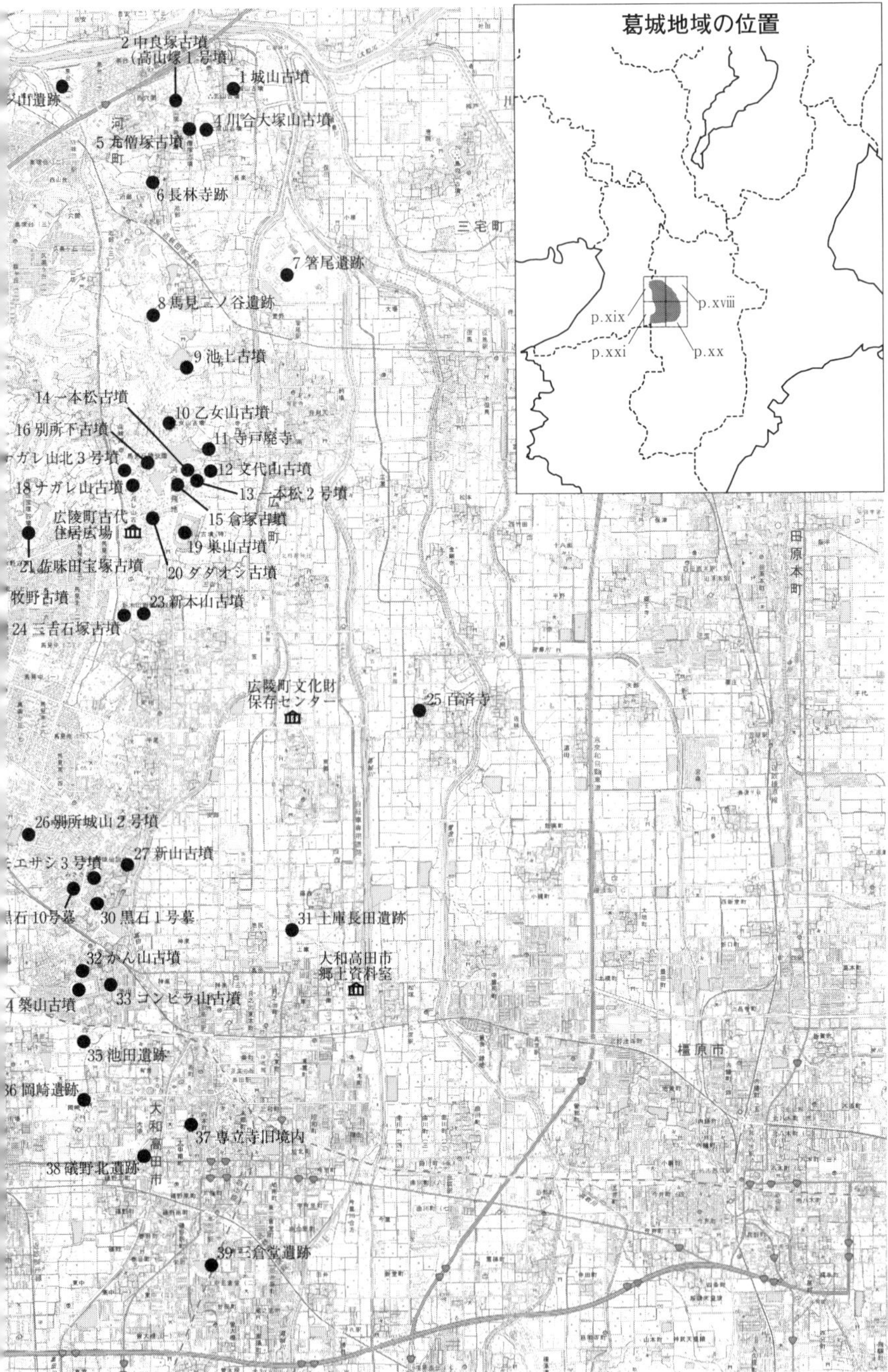
葛城地域の位置
p.xviii
p.xix
p.xxi
p.xx
1 城山古墳
2 中良塚古墳（高山塚1号墳）
4 川合大塚山古墳
5 九僧塚古墳
6 長林寺跡
7 箸尾遺跡
8 馬見二ノ谷遺跡
9 池上古墳
10 乙女山古墳
11 寺戸廃寺
12 文代山古墳
13 一本松2号墳
14 一本松古墳
15 倉塚古墳
16 別所下古墳
18 ナガレ山古墳
19 巣山古墳
20 ダダオシ古墳
21 佐味田宝塚古墳
23 新木山古墳
24 三吉石塚古墳
25 百済寺
26 別所城山2号墳
27 新山古墳
30 黒石1号墓
31 土庫長田遺跡
32 かん山古墳
33 コンピラ山古墳
35 池田遺跡
37 専立寺旧境内
38 礒野北遺跡
39 三倉堂遺跡
広陵町古代住居広場
広陵町文化財保存センター
大和高田市郷土資料室
河合町
広陵町
三宅町
田原本町
橿原市
大和高田市

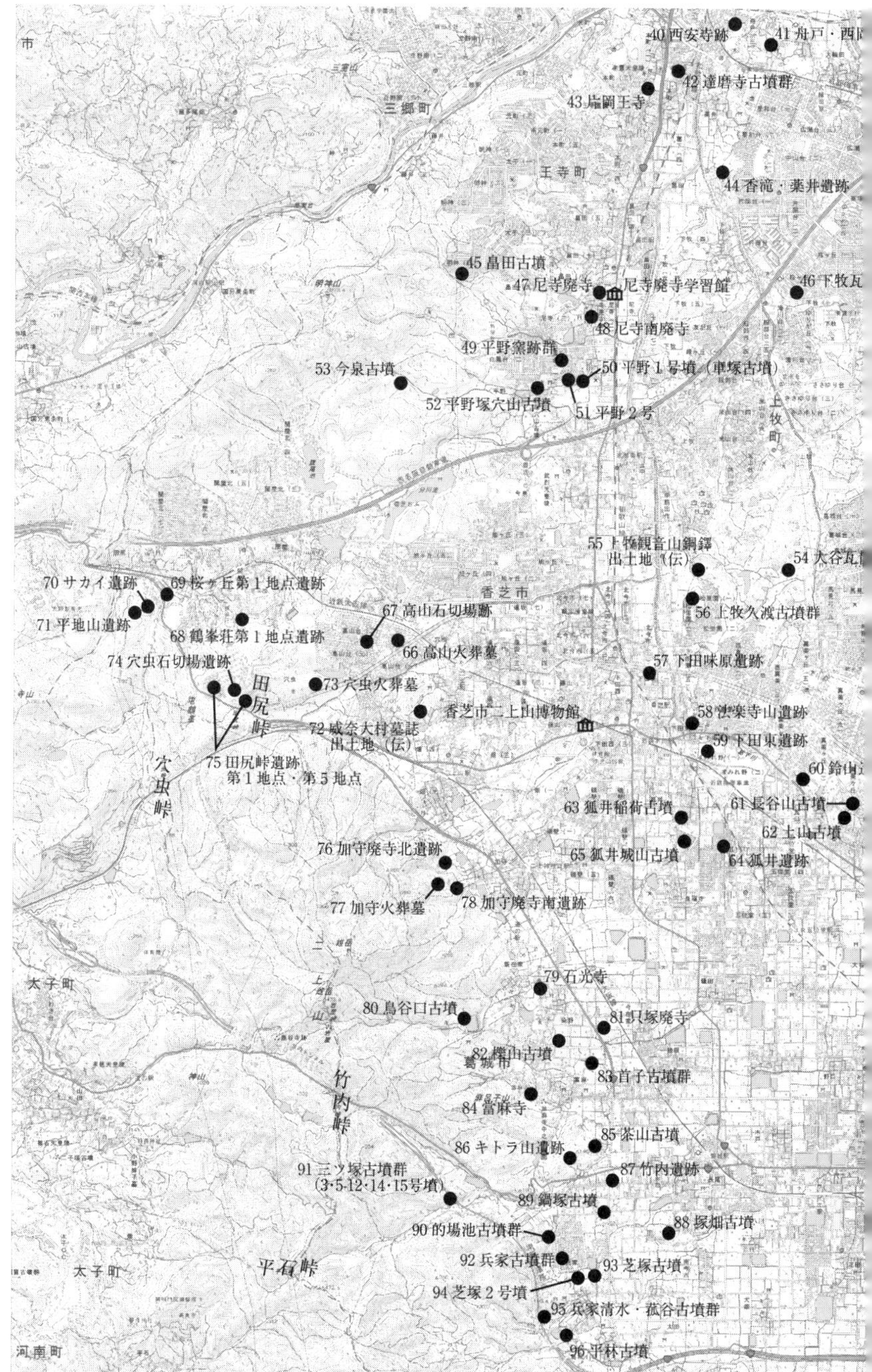
40 西安寺跡
41 舟戸・西
42 達磨寺古墳群
43 片岡王寺
三郷町
王寺町
44 香滝・薬井遺跡
45 畠田古墳
47 尼寺廃寺
尼寺廃寺学習館
46 下牧瓦
48 尼寺南廃寺
49 平野窯跡群
50 平野1号墳（車塚古墳）
53 今泉古墳
52 平野塚穴山古墳
51 平野2号
上牧町
55 下牧観音山銅鐸
出土地（伝）
54 大谷瓦
70 サカイ遺跡
69 桜ヶ丘第1地点遺跡
香芝市
56 上牧久渡古墳群
71 平地山遺跡
68 鶴峯荘第1地点遺跡
67 高山石切場跡
66 高山火葬墓
74 穴虫石切場遺跡
57 下田味原遺跡
田尻峠
73 穴虫火葬墓
香芝市二上山博物館
58 法楽寺山遺跡
72 威奈大村墓誌
出土地（伝）
59 下田東遺跡
75 田尻峠遺跡
第1地点・第5地点
穴虫峠
60 鈴山
63 狐井稲荷古墳
61 長谷山古墳
62 土山古墳
76 加守廃寺北遺跡
65 狐井城山古墳
64 狐井遺跡
77 加守火葬墓
78 加守廃寺南遺跡
太子町
79 石光寺
80 鳥谷口古墳
81 只塚廃寺
82 竹山古墳
葛城市
83 首子古墳群
竹内峠
84 當麻寺
85 茶山古墳
86 キトラ山遺跡
91 三ツ塚古墳群
（3・5・12・14・15号墳）
87 竹内遺跡
89 鍋塚古墳
90 的場池古墳群
88 塚畑古墳
92 兵家古墳群
93 芝塚古墳
太子町
平石峠
94 芝塚2号墳
95 兵家清水・菰谷古墳群
河南町
96 平林古墳

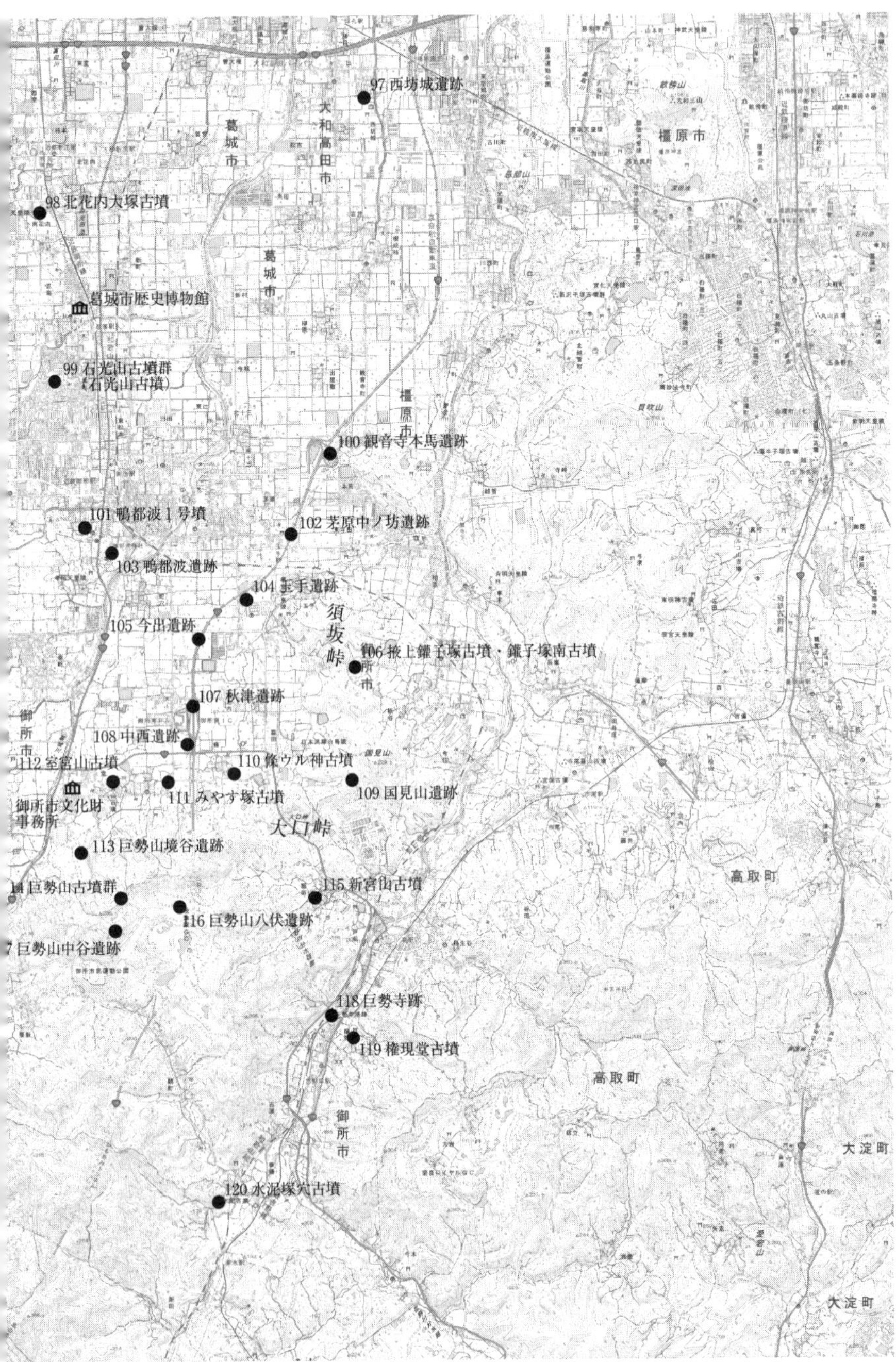
97 西坊城遺跡
大和高田市
葛城市
橿原市
98 北花内大塚古墳
葛城市歴史博物館
99 石光山古墳群
（石光山古墳）
100 観音寺本馬遺跡
101 鴨都波1号墳
102 茅原中ノ坊遺跡
103 鴨都波遺跡
104 玉手遺跡
須坂峠
105 今出遺跡
106 掖上鑵子塚古墳・鑵子塚南古墳
御所市
107 秋津遺跡
108 中西遺跡
112 室宮山古墳
110 條ウル神古墳
109 国見山遺跡
御所市文化財事務所
111 みやす塚古墳
大口峠
113 巨勢山境谷遺跡
114 巨勢山古墳群
115 新宮山古墳
116 巨勢山八伏遺跡
117 巨勢山中谷遺跡
高取町
118 巨勢寺跡
119 権現堂古墳
120 水泥塚穴古墳
大淀町

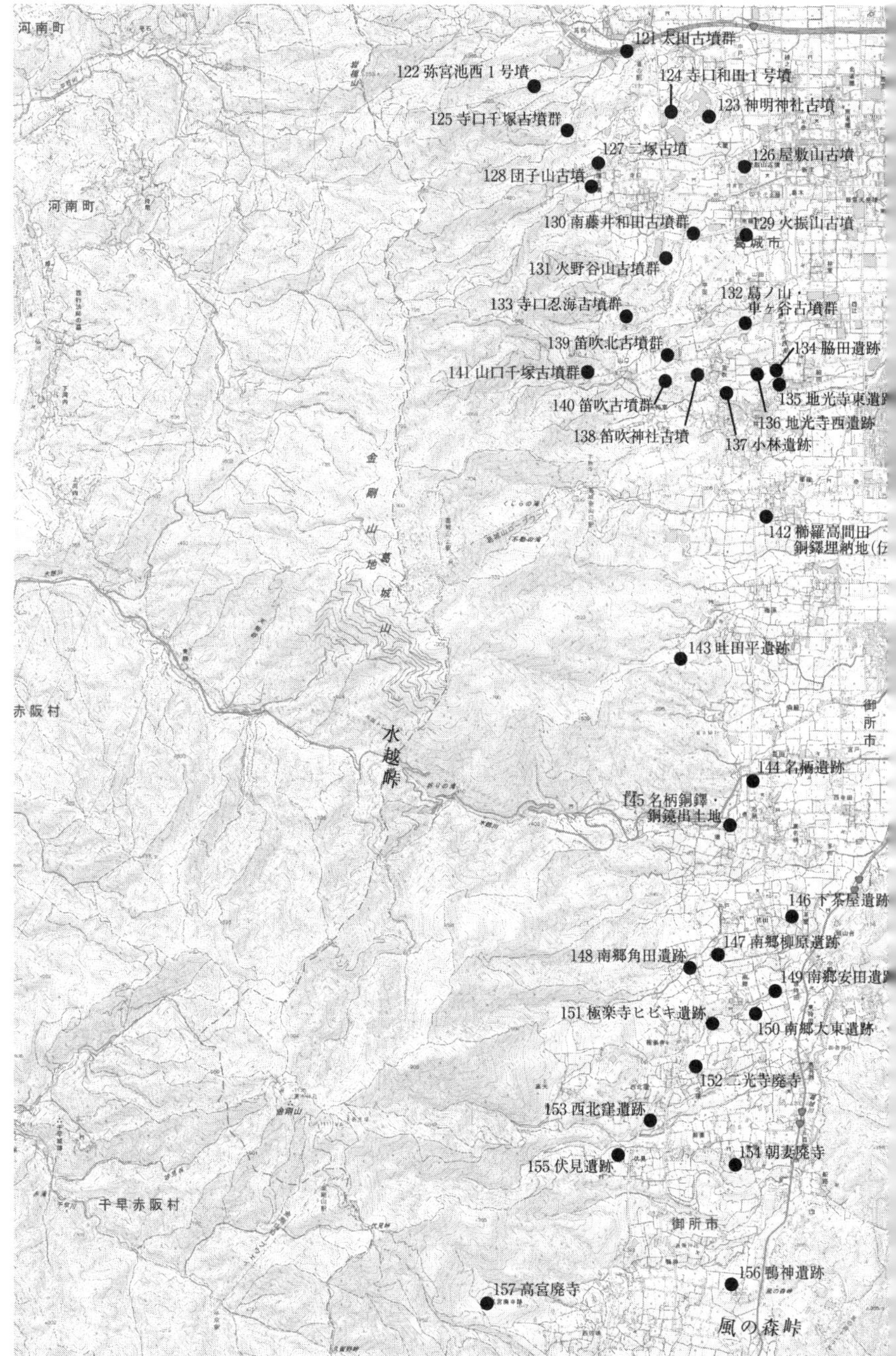

河南町
121 太田古墳群
122 弥宮池西１号墳
124 寺口和田１号墳
123 神明神社古墳
125 寺口千塚古墳群
127 二塚古墳
126 屋敷山古墳
128 団子山古墳
河南町
130 南藤井和田古墳群
129 火振山古墳
葛城市
131 火野谷山古墳群
132 鳥ノ山・
車ヶ谷古墳群
133 寺口忍海古墳群
139 笛吹北古墳群
134 脇田遺跡
141 山口千塚古墳群
135 地光寺東遺跡
140 笛吹古墳群
136 地光寺西遺跡
138 笛吹神社古墳
137 小林遺跡
金剛山地
葛城山
142 櫛羅高間田
銅鐸埋納地(伝
143 吐田平遺跡
赤阪村
御所市
水越峠
144 名柄遺跡
145 名柄銅鐸・
銅鏡出土地
146 下茶屋遺跡
147 南郷柳原遺跡
148 南郷角田遺跡
149 南郷安田遺跡
151 極楽寺ヒビキ遺跡
150 南郷大東遺跡
152 二光寺廃寺
153 西北窪遺跡
154 朝妻廃寺
155 伏見遺跡
千早赤阪村
御所市
156 鴨神遺跡
157 高宮廃寺
風の森峠

第１章　葛城の黎明

第1節　葛城地域とは

松田真一

1　葛城の由来

葛城地名　現在葛城という地名は、一八九七年の奈良県の郡制施行により、葛下郡(かつげぐん)と広瀬郡域をあわせて発足した北葛城郡という行政地名として存在する。同郡はその後いく度かの市制施行にともなう郡内の再編を重ね、上牧町(かんまきちょう)、王寺町、広陵町、河合町の四町からなる行政区の名称として現存する。またこの郡制施行によって葛上郡(かつじょうぐん)と忍海郡(おしみぐん)をあわせて発足した南葛城郡は、その後同様に郡内村の合併を経たが、一九五八年に御所(ごせ)市の誕生にともない消滅している。一方で二〇〇四年に北葛城郡當麻町(たいまちょう)と同郡新庄町が合併し、新たな葛城市が誕生して葛城地名が復活しており、先の北葛城郡とともに、行政区域の離合を繰り返しながらも、古代起源の地名である葛城は今日まで継承されている。

葛城の語源と伝承　葛城という言葉から多くの読者が連想するのは、古墳時代中期を中心とした時期に、大王家との姻戚関係を梃(てこ)に権勢を誇った古代大和の有力豪族で、官職として最高の大臣(おおおみ)の姓(かばね)を与えられた葛城氏ではないだろうか。この葛城という言葉の語源は、『古事記』『日本書紀』（以下記・紀と略称）に少なからず記述がみられる大和の古代地名と考えられる。地名の起こりに関しても、たしかなことはわからないが、葛が蔓延るように繁茂した山麓一帯に広がる野山の特徴から生じた地名だとする意見があり、おそらくそのような地域の地勢や景観から発生したと考えてよいだろう。なお葛城は現在カツラギと発音しているが、古くは葛木と表記してカズラキと読んだとされる。

『日本書紀』神武即位前紀己未年二月条には、「高尾張邑に土蜘蛛有り。其の為人身短くして手足長し、侏儒と相類たり。皇軍葛の網を結きて、掩襲ひ殺しつ。因りて改めて其邑を号けて葛城と曰ふ」とあり、神武の皇軍が高尾張邑にいた土蜘蛛を葛網で殺害し、邑の名を葛城邑と改めたとしている。ここでいう葛城の範囲や場所の詳しい特定はできないが、それ以前には後の葛城の地域は高尾張と呼ばれていたと伝えている。

またその地名に関係すると思われる尾張氏は、『日本書紀』崇神紀や天武紀に尾張連や尾張宿禰として登場するほか、『先代旧事本紀』などでは葛城氏との姻戚によるつながりが記されている。その葛城氏の系統や成立について『古事記』孝元段に記載があり、孝元天皇の皇子を祖父とする武内宿禰の子として、葛城氏の祖とされる葛城長江曾都毘古（『紀』は襲津彦）へ系統がつながる。またその九人の子を通して蘇我臣や許勢臣などの後裔氏族に連なる系譜が記載されてはいるが、『日本書紀』では詳らかではなく、検証が不可能で信憑性に疑問があると考えられ、充分に明らかにされているわけではない。

2　葛城の地勢と環境

地域の地理的環境　地域の設定に関しては、一般的な行政制度上の地域区分として行なわれる以外に、地勢・地形的な観点による自然発生的な地域とした認識のほか、人々が共有する生活習慣や生活基盤にもとづいた文化形成が重視された地域概念もある。したがって行政・産業・生活習慣や伝統などのなかで、どういった属性に視点を合わせるかによっても違ってくるし、またそれぞれ時代の推移によっても地域の設定も異なってくる。こういった認識を踏まえたうえで、葛城地域の歴史と文化を考える際に、その基盤としても背景としても重要な地勢や地形の特徴を概観してみたい。

葛城地域の北域は奈良盆地の中小河川が合流し、生駒山系と金剛葛城山系の間を割く亀の瀬にいたる大和川によって、北側の生駒・斑鳩（いかるが）地域と分かたれている。大和川に限らず河川は、水利や水運などによりその流域が一地域を形成することや、地域を結び付ける役割があるとともに、地域を分ける自然環境となる場合もある。ここでは河川が北域を限っているが、当域内では中小の河川流域がそれぞれの地域的まとまりを形づくっている。西域は金剛葛城山系の南北に連なる稜線で河内と接し、この山系の東麓は丘陵地や扇状地が発達し、その末端は奈良盆地の沖積地に埋没するように裾野を広げている。東域は葛城地域の中央を葛城川が北に流れるが、その東部を並行して流れる曽我川以西の沖積地一帯が、一般的に域内として認識されている。この曽我川が境となって東側が高市郡や十市郡に含まれる橿原・飛鳥地域と接している。南域は吉野川流域との分水嶺である、五條市域の宇智郡とを分ける風の森峠から以北が領域と考えてよい。

このように葛城の地は概ね奈良盆地中央西部から南西部の一帯を指すが、その地理的な範囲については、有史以来一貫して不変ではなく、特に律令制度による郡域が定められて以降、中央の方針にもとづいた行政

図１　室宮山古墳の竪穴式石室と長持形石棺

区域の変更などもあり、しばしば改変されてきた歴史がある。

先に述べた東西南北の境界が妥当だとすれば、葛城地域の地理的領域は、主に源を金剛葛城山系に発する葛城川や葛下川など、奈良盆地南西部を流れる大和川水系の中小河川流域が包括され、その規模は南北約一三km、東西約八kmの面積を占めることになる。地域の西部は、北から王寺町明神山、香芝市屯鶴峯（どんづるぼう）、葛城市二上山（にじょうさん）、同岩橋山、御所市葛城山、同金剛山と続く金剛生駒山地の東麓に広がる丘陵や、それを下刻する開析谷（かいせきだに）、および河川がつくる扇状地などからなっている。古くからの集落は丘陵の縁辺部や、扇状地末端付近などに比較的多く所在している。一方その東側には河川が運んだ土砂が形成した、肥沃な沖積平地が広がっており、集落も平地のなかの微高地や河川に沿った自然堤防上などに選地している。時代は降るが、中世に環濠をめぐらす集落が数多く形成されているのも、この地域の特色のひとつといえる。地域の北部には北流する葛下川と高田川に挟まれた、広陵町・上牧町・河合町に跨る馬見（うまみ）丘陵が横たわる。南北約七km、東西約三kmの範囲を占める標高が八〇m前後の低い独立丘陵で、この丘陵上とその周辺には特別史跡巣山（すやま）古墳や史跡牧野（ばくや）古墳をはじめ大型古墳を含む、前期から後期にいたる県下でも屈指の規模の馬見古墳群が立地している。また地域南部の御所市域には、葛城川の支流と曽我川に挟まれた丘陵が南北に延びている。巨勢山（こせやま）や国見山などがこの山塊をつくり、巨大な墳丘を誇る前方後円墳の史跡室宮山古墳（むろみややま）（図１）の背後にある巨勢山には、総数約八〇〇基からなる近畿地方でも最大級の群集墳（ぐんしゅうふん）である巨勢山古墳群が存在する。

地域の環境と資源　金剛葛城山系の東麓は東向き斜面の環境にあり、広い面積を占める丘陵から扇状地一帯は、完新世（かんしんせい）に入って以来、常緑広葉樹が優勢な恵まれた森林環境にあった。河川が形成した低湿な環境にある盆地部の遺跡では、先史から古代の植生復元が可能な植物資料が得られている。御所市中西（なかにし）遺跡における花粉などの植物化石資料の分析によれば、遺跡の基盤層を形成している旧石器時代後期に相当する更新世（こうしんせい）の地層からは、マツ属やトウヒ属など針葉樹が主体となる寒冷な当時の森林組成が復元されている。時代が降る縄文時代晩期の植生環境は、自然流路に接した遺構などから得られた花粉や種実などによると、アラカシやイチイガシなどの照葉樹や、河畔などではオニグルミ、エノキ、ムクノキなどの落葉広葉樹が優勢で、現在に引き継がれる温帯性の森林が形成されていた。葛城の地域一帯では、このような森林資源の下で棲息していた陸獣や鳥類のほか、河川に棲む魚類など、動物資源にも恵まれた環境にあったことが推定されている。

当地はこのような生物資源のほかに、有用な地下資源も存在しているが、これらは場所が限定された局所的な資源である。かつて火山活動が盛んだった二上山周辺は、噴出した溶岩や火砕流の堆積物で覆われ、そこに包含された岩石などが様々な用途に利用されてきた。二上山の北麓一帯からは、先史時代の各種利器で

左下　石切場全景
左上　中央部の切出部
右　北部の切出部準備面

図２　香芝市穴虫石切場遺跡

ある剥片石器として、格好の石材として用いられた春日山火山岩（サヌカイト）が産出する。二上山北麓一帯は金山や五色台など香川県下の産地とともに、日本列島におけるサヌカイトの二大産地として知られている。

　また二上山北麓には奈良県指定文化財である名勝屯鶴峯が、浸食された奇岩からなる景勝地として名を馳せているが、周辺一帯は火砕流起源の流紋岩質溶結凝灰岩の産出地として古くから認識されていた。古墳時代から飛鳥時代には、可塑性に富んだ岩質が適材とされ、家形石棺や高松塚古墳に代表される横口式石槨など、奈良県や大阪府だけでなく、近畿各地に所在する古墳の埋葬施設用の石材として利用された。その後も奈良時代を中心に寺院や宮殿などに設けられた各種堂宇の基壇化粧石として、また火葬用の骨蔵外容器、十三重塔や宝篋印塔などの石塔、燈籠など、耐火性も備えた凝灰岩の性質が利用の幅をさらに広げた。原産地である香芝市穴虫や同市高山台などでは、石切場の遺跡も確認されている（図2）。

このほか地域で金剛砂と呼ばれる柘榴石（ガーネット）は、二上山北麓一帯で産出する火山岩の捕獲岩として河川堆積砂に混じって出土することが古くから知られ、研磨材として現代まで利用されてきた歴史がある。金剛砂の利用は『続日本紀』天平一五年（七四三）九月己酉（一三日）条によれば、官の奴の斐太が大坂の沙（金剛砂のこと）で玉石を磨き、大友史の姓を賜ったとあり、研磨材としての利用は奈良時代までさかのぼる。

このように二上山の山麓地域で産出する様々な資源が、時の需要に適うように利用が図られてきた先史時代以来の歴史があり、葛城にあっては特に有用な地下資源が、地域の産業や文化にも大きく影響を与えた。

3　葛城の領域と外域

葛城国　ヤマト王権の枢要の地が奈良盆地に所在したことは明らかだが、現在のほぼ奈良盆地にあたる一帯がヤマトと呼ばれ、かつては「倭」ないし「大倭」と表記され、後に同音の「和」に「大」を冠して「大和」とした。また統一国家発祥の地であることから、日本全土を大和と呼称することになる。その奈良盆地一帯が大和国と認識される以前には、ヤマト王権が発祥したとされる盆地南東部を中心として、北東部にかけても倭国が治めていたと考えられている。それに対峙するように盆地南西部には、葛城国と呼ばれる政治勢力が存在していたと伝えられる。律令制以前の氏姓制度下において、大和にこの二つの国造が存在したことは、『日本書紀』神武二年条に、倭国造とともに葛城国造がみえるほか、剣根を国造としたとある記事などからもそうした認識が可能である。

また令制国に先行する王権の行政上の領地ともいえる県は、記・紀によれば後の大和国の範囲内に九つ存在していたことがわかるが、そのなかで国造として名称を引き継いでいるのは、唯一葛城に限られている。ただ葛城国がどのように葛城県から継承されたのか、この間の事情は文献史料からは明らかにしがたい（図3）。

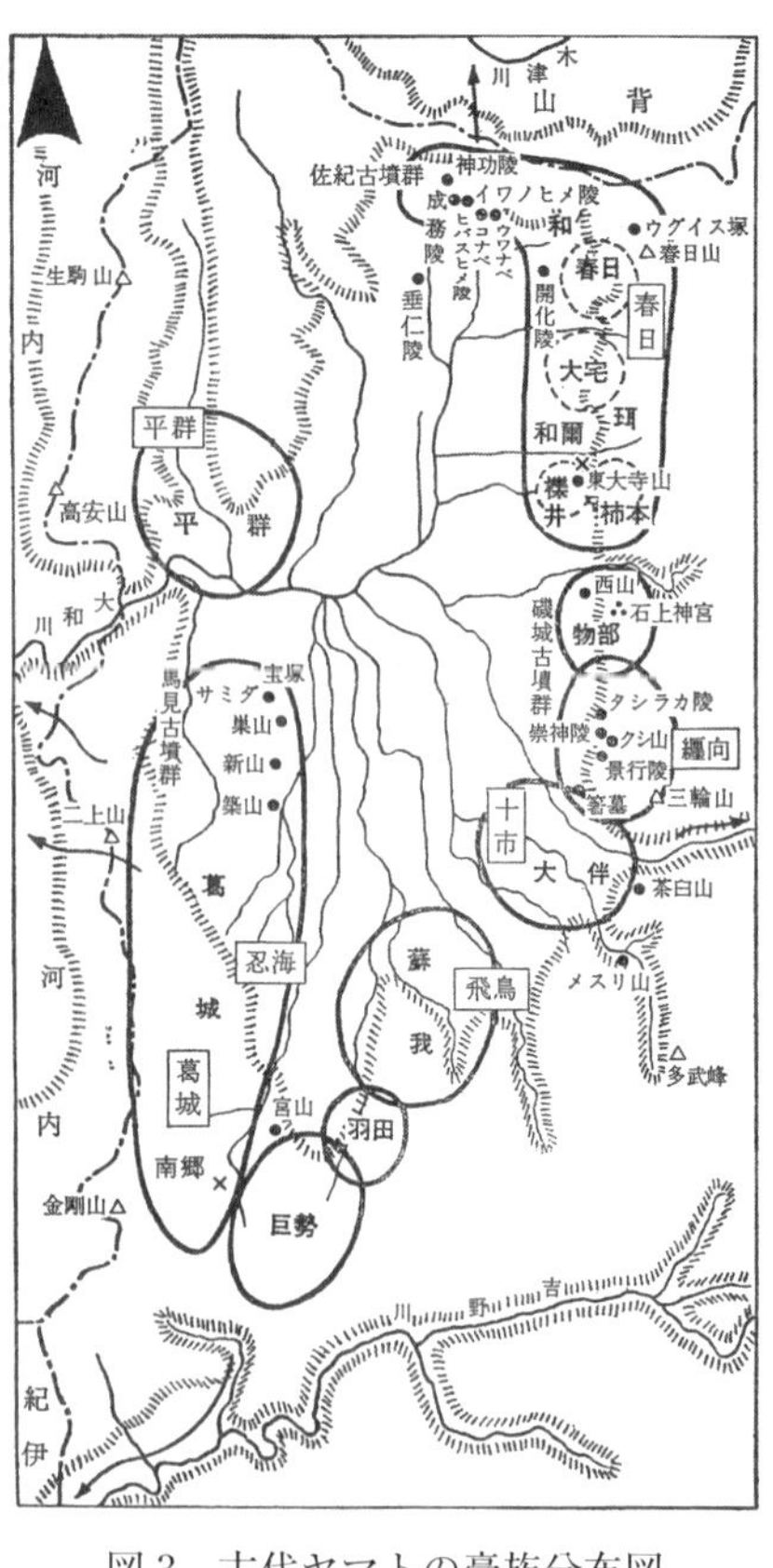

図3　古代ヤマトの豪族分布図

葛城の領域　先にみてきたような地域の地勢など自然環境に加えて、地域治政の特質やその経過などをふまえた場合、古代における葛城はどのような地理的範囲が想定できるのだろうか。

古代奈良盆地に設けられた律令下の郡制を目安に葛城の範囲を推定した場合、葛城国の名称や、葛木御県の存在などからすると、奈良時代の葛上郡と葛下郡が該当し、これが葛城の中核を占める地域と考えられる。七世紀中頃、この二郡（葛上評と葛下評）から分離される形で忍海郡（忍海評）が設置されるが、忍海郡と先の二群との境界は、地勢・地形に影響されることなく直線的に引かれ、かつ南北に狭く東西に長い不自然な区域となっていることなどから、政治的に分割設置されたと推定できる（3章で詳しく触れる）。この忍海郡に葛上郡と葛下郡を加えた三郡を葛城の範囲と考える識者は多い。ただ冒頭で触れたように一八九七年の郡制施行では、葛下郡の東に隣接する『和名類聚抄（わみょうるいじゅしょう）』に城戸などの郷がみえる、現在の広陵町、河合町、大和高田市の一部にあたる広瀬郡をあわせて北葛城郡としている。広瀬郡は自然地形的な観点からみても、一体として捉えることに無理がない馬見丘陵周辺を占めており、古代においても葛城に含まれていたとする見解も少なくない。古代のどの時点における地域認識かによって捉え方が異なることもあるが、ここでは律令制以前に存在した葛城国を念頭に、葛城の範囲が問題とされることも多い、古墳時代の地域認識に関する諸見解に触れておきたい。

文献史学の立場から考証した門脇禎二（ていじ）氏は、律令制下では葛上郡と葛下郡など「葛」の字を含む郡名があり、この郡名は葛城国を引き継いだことを示しており、かつこの両郡に挟まれた忍海郡が含まれると理解される。さらに葛城襲津彦以前の葛城国の王にかかわる記述から、前期古墳の存在する馬見古墳群が分布する広瀬郡をも含めた領域が想定できるとして、大和川に合流する葛城川と、その周辺を流れるいくつかの河川をあわせた流域を包括して葛城の地域とみなしている［門脇　一九八四］。

和田萃（あつむ）氏は、葛城の地理的範囲について考えるうえで、式内社（しきないしゃ）にみえる葛城（葛木）を冠した神社の分布が手掛かりになるとした。『延喜式（えんぎしき）』では葛上郡に一七座（大一二座・小五座）、葛下郡に一八座（大一三座・小五座）があり、このなかに神社名に葛木を冠した以下の神社が所在している。すなわち葛上郡には葛木坐一言主神社（御所市森脇）や葛木大重神社（御所市楢原）など四座が、葛下郡には葛木倭文坐天羽雷命神社（葛城市加守）や葛木深溝神社（香芝市下田西・上牧町上牧？）など三座が、この二郡に挟まれた忍海郡には葛木坐火雷神社二座（葛城市笛吹）が所在している。このことを根拠として、葛下郡のなかでも南部の二上山山麓から葛上郡の北部一帯が葛城の主要な地域で、御所市南部にも葛城字名などがあることもあわせて、金剛山北東側山麓一帯を南限と考えることができるとした［和田 二〇〇三］。古墳との関係で付け加えれば、馬見古墳群の大半は葛城氏とはかかわらないという理解となる。

白石太一郎氏は、考古学の立場から古墳時代の葛城の範囲をつぎのように捉えている。奈良盆地は北部を占める「曾布」、東部から南東部の「やまと」、南西部に位置する「葛城」という三地域に区分でき、葛城は概ね律令制下の葛上、忍海、葛下、広瀬の四郡の範囲が該当するとした。この地域に所在している大型古墳の分布状況から、五つの首長を戴く地域集団の存在を想定し、それらが統合して葛城政権が構成されていたと考えた。すなわち馬見丘陵北端付近の大和川合流部に占地する、島の山古墳や川合大塚山古墳を首長とした馬見北地域、巣山古墳や新木山古墳を代表とした馬見中地域、新山古墳や築山古墳など葛城では古い時期の古墳を含んだ馬見南地域、屋敷山古墳に代表される新しい時期に首長墓が出現する新庄地域、それと室宮山古墳から掖上鑵子塚古墳への系譜が辿れる室・国見山地域の首長を輩出した地域集団から構成されていたと理解した。これら葛城の五つの集団が、交代で連合政権の盟主をつとめたと考えられるとして、葛城政権ともいうべき政治勢力の範囲を想定している［白石 二〇一三］。

同じ考古学の立場からであっても、馬見古墳群を構成する大型古墳の造営を、葛城氏と結び付けることに躊躇する意見も少なくない。葛城氏が台頭するとされる以前にさかのぼる佐味田宝塚古墳や新山古墳の存在のほか、広範に大型古墳が分散する実態も一豪族の造営とはみなしがたいという。

このように葛城の範囲に認識の違いは少なくないが、考え方の違いの大勢は、馬見丘陵を中心としてその東西を加えた地域（主に葛下郡と広瀬郡）をどう扱うかということに集約される。この二郡には百済大井宮、百済宮、広瀬野行宮など敏達天皇に始まる王宮や、広瀬成相墓、片岡葦田墓、広瀬三立岡墓、木上司、片岡司など敏達王族の墓や、長屋王にいたる後裔にまで引き継がれた生産地など、そこには敏達系王族による世代を超えた地域関与や支配が色濃く反映された歴史的経緯がある［平林 二〇〇〇・二〇一三］。そのことが主に南部の葛城地域と同一地域とみなさないとする見解の遠因となっているからだろう。ただこれは古代の地域支配層による地域区分であって、そのほかの文化的要素を含めた地域の理解にまで敷衍することはできない。

図４　葛城氏枢要の地
奈良盆地南部上空から室宮山古墳と南郷遺跡などを望む。

葛城氏の統治にかかわる考古学成果　古代豪族葛城氏の盛衰とかかわって議論されることが多い、古墳時代の葛城地域の範囲についても、理解の違いは小さくない。ところで近年当地におけるこの時期の考古学的調査研究の発見や進展はめざましく、後章の各論でも詳しく触れられているように、政治史的にも文化史的にも、文献史料では明らかにしえない重要な成果がもたらされてきた。三角縁神獣鏡四面をはじめ革綴短甲、漆塗靫、鉄刀、鉄剣、鉄槍などが出土した御所市鴨都波1号墳（口絵9）や、上牧町で発見された船載の画文帯環状乳神獣鏡をもつ久度3号墳（口絵4）など、小規模な前期古墳の発見は、当地で台頭した勢力の性格を考えるうえで、またヤマト王権との関係を探るためにも有力な手掛かりになる［網干・藤田 二〇〇三］。

御所市秋津遺跡は古墳時代前期の掘立柱建物、柵、池状遺構と導水施設などからなり、大規模で整然とした規格性のある方形区画施設が特徴である。ここで検出した遺構は、同じ場所でいく度も造り替えられていたことが判明している。首長層の重要な祭祀にかかわる性格をもった施設だろう。ただ造営時期のほか、遺構の規模や性格からみて、葛城氏とのかかわりではなく、ヤマト王権が直接関与した施設とみなすほうが相応しいかもしれない。

一方葛城氏の本拠の一角が存在したとされる、御所市南郷遺跡を中心とした遺跡群では、古墳時代中期を中心に営まれた特殊な象徴的建物や居館とみられる施設をはじめ、導水祭祀施設、工業生産施設、集落、墳墓など支配の構造を具体的に示す諸施設の発見があった［青柳・木本ほか 二〇〇三］（口絵11）。これらの調査によって、葛城を拠点とした首長による、地域統治の仕組みや中枢機構の解明につながることが期待されるとともに、葛城氏が勢力を伸張させていった過程をたどるうえでも参考になる成果といえる（図4）。

葛城と交通路　地域間を移動することの目的や意味は、どの時代も同じではない。この後で紹介する旧石器時代にあっては、資源を求めて移動することが生産活動の常で、基本的な生活スタイルでもあったが、定住化が果たされて以降は、資源や物資の運搬のための移動とは別に、ヒトとヒト、ムラとムラの間の交渉や情報の伝達のための往来が頻繁となり、交通路の整備や新たなルートを拓くことも促した。これらの多くは自然地形や周囲の自然環境に影響されながらも、移動や運搬の効率が優先された場合もあったと考えられる。先史時代の交通路を遺構として確認できるのは集落、墓地、水場などの局所的な通路を除いて望めないだろうが、出土する考古資料が鍵となって物資の動いたルートは各地で想定されている。二上山で産出するサヌカイトを例にとってみても、先史時代を通じて各遺跡から出土した石器の石材産地の特定や製作技術などを通して、流通ルートの復元が試みられている。

先に葛城の領域について触れたが、弥生時代後期以降各地で地域統合が進み、次第に地域の首長層が台頭してくると、交通路の確保は以前に増して重要な課題になっただろう。また時には地域間の抗争に際して、交通路が戦略的に重要な鍵を握ることにもなった。ここ葛城をめぐる交通路は、国境という地理的な交通の要地を抱えているため、いくつかの幹線道路を介して域外の世界と結ばれている。

北の出入りは葛城の範囲をどうみるかにかかわらず、葛下川や高田川が大和川と合流する地点が、主に水運を利用した河内との往来や、奈良盆地北部や東部への要衝の地となっている。西の河内との交通路は当時とりわけ重要で、障壁となる金剛葛城山系を横切って開かれたいくつかの峠越えルートがある。南から順に南河内と結ぶ水越(みずこし)峠、奈良盆地南部の東西道である横大路に接続する平石(ひらいし)峠以下、竹内(たけのうち)峠、岩屋(いわや)峠、穴虫(あなむし)峠、田尻(たじり)峠、関屋(せきや)峠などが知られている。『日本書紀』崇神(すじん)九年三月条に「赤盾八枚・赤矛八竿を以て、墨坂(すみさか)神を祀れ。亦黒盾八枚・黒矛八竿を以て、大坂(おおさか)神を祀れ」とあり、倭を護る東西要の交通路の存在を記しており、その大坂神は香芝市穴虫と逢坂に所在する大坂山口(おおさかやまぐち)神社とするのが相応しく、その要路は穴虫峠越の道とみるのが妥当だろう。また『古事記』履中段には墨江中王（すみのえのなか）が反逆を起こしたため、難波宮（なにわのみや）から天皇が倭へ脱出する際の記事に「波邇賦（はほふ）坂に到りて難波宮を望み見たまへば、……大坂の山口に到り幸でまし時、ひとり女人に遇（あ）ひたまひき。……兵を持てる人等、多（さは）に茲（ここ）の山を塞（へだ）たり。当岐麻道（たぎまち）より廻りて越え幸（い）でますべし」とあり、ここでも当時大坂の地が交通の要衝であったことがわかる。大和から河内に抜ける交通路では、大和川が流れる亀の瀬を除けば、標高が二〇〇ｍより低い峠道は、穴虫峠（一四〇ｍ）、田尻峠（一一七ｍ）、関屋峠（一七四ｍ）に限られ、現在香芝市内を通過するルートが、南部の四つのルートと比較して、より至便な交通路として重視されていたと考えられる。一方で竹内峠の東側に発達した扇状地の要所に立地する竹内遺跡では、縄文時代から弥生時代にかけて、サヌカイトという資源と石器製作を糧に、断続的ではあるが扇状地上に拠点的な集落を営んだ。盆地西部の交通の要衝のひとつであったことは、縄文時代の関東や東北地方など他地域産の土器の出土が証明している〔樋口　一九三六〕。同遺跡からは古墳時代中期には、韓半島伽（か）耶（や）地域の特徴をもつ大甕（おおがめ）などを含む韓式（かんしき）系土器や初期須恵器（すえき）が多数発見されており、これはこの地が河内やさらに西方からの物資を、竹内峠を経由して集積する拠点であったことを示している。

　大陸の先進的な思想や文化および政治制度の導入など、積極的外交に取り組みはじめた飛鳥時代には、『日本書紀』推古（すいこ）二一年（六一三）一一月条に「難波より京に至る大道を置く」とあって、基幹道路の整備が行なわれる。これは王権にとって中央集権を強化するなか、通信・伝達機能の整備が欠かせないことのあらわれといえる。成立年代については緒論あるほか、難波大道につながる丹比道（たじひみち）からの飛鳥へのルートは、穴虫越えの大坂道とともに竹内街道とする考えがあるが、いずれにしても最重要道路が葛城を経由することに違いはない。

南方との往来は、現在も吉野川流域に通じる重要なルートとなっている風の森峠が、ほぼ唯一の交通路といってよい。この峠に近い御所市鴨神では、五世紀後半から六世紀に整備されたと考えられる、幅員約三mの道路遺構が発見されている。路面などの状況は不明ながら、砂利や砂を用いて路盤の構造的改良がはかられたもので、紀路へ通ずるルートが重要であったことをうかがわせる。また地域の南東の古瀬からは、巨勢氏が勢力を強めたためだろうか、古墳時代後期になって巨勢谷を通るルートが重視された紀路へ道がつながる。高市郡や十市郡と接する東へは、竹内峠や穴虫峠越えの路が横大路につながり、王権枢要の地へ直結する。さらにこの路は奈良盆地南東部から隠国の初瀬谷の道へ通じ、遠く東国や伊勢へ向かう街道に連絡する。

葛城氏と対外関係　葛城氏が権勢を誇った五世紀代の東アジアの政治情勢、とりわけその中心にあった中国では、鮮卑など北方の民族が建国した北魏に始まる北朝国家と、建康を都として王朝を開いた宋などの南朝が対峙する南北朝時代の構図があった。このような大陸の政情をふまえて、時のいわゆる倭の五王は、たびたび南朝へ使節を遣わすなど積極的な政策をとるが、その一方で倭は朝鮮半島において南下政策を進める高句麗と対抗し、五世紀初めには二度にわたって戦いを交えたことが『三国史記』や好太王碑に記されている。

冒頭で葛城氏の祖であり地域の盟主として君臨したとされる葛城長江曾都毘古について触れた。曾都毘古については、神功紀から仁徳紀にいたる実に長期にわたって記事があるものの、実在を疑問視する意見がある一方で、『百済記』の記事にみえる沙至比跪の記事の内容との整合性が、史実を反映しているとも評価される［井上 一九六五］。王権の命によって曾都毘古は新羅と戦いを交えるなど、朝鮮半島諸国との外交にかかわって活躍した事跡が記されている。

その後も曾都毘古は主に新羅攻めのために派遣され、功績をあげており、倭の朝鮮半島政策の中心的人物として活躍したことがうかがえる。葛城氏が王権内で権力を維持できた理由は、大王の姻戚としての影響力はもとより、王権の外交政策を受けて国外で戦果をあげ、実質的な指揮権を握っていたことにもあった。このような役割を担った葛城氏は、大陸の先進的な文化や技術を先取できる優位的な立場にあって、経済的・軍事的な基盤を固めることができたのだろう。詳しくは3章に譲りたい。

五世紀代に東アジア諸国の一員として、対外的活動にも乗り出した倭は、常に大陸や朝鮮半島の動静を察知することに務め、その情報にもとづいて他国との関係を測り、王権の舵取りを判断したことだろう。葛城は倭の王権の中枢の西に接した地域を占めていて、難波への大道や紀伊の水門へ向かう紀路など、主要な交通路が域内を通過している。葛城氏が衰退した後、台頭してきた蘇我氏は葛城県を本居と主張して天皇に割譲を迫っているが、それは出自の正当性とは別に、葛城が地理的にとりわけ重要な地域であったことも理由のひとつだろう。ヒトやモノの往来だけでなく、西日本や東アジアの政治情勢をはじめ様々な情報の多くは、葛城を通る道によってもたらされてきた。王権にとって西方への出入り口となる重要な交通の要衝に蟠踞していた葛城の勢力は、重視せざるをえない存在であった。

参考文献

青柳泰介・木本誠二ほか　二〇〇三『南郷遺跡群Ⅲ』奈良県立橿原考古学研究所調査報告七五
網干善教・藤田和尊ほか　二〇〇三『古代葛城とヤマト政権』御所市教育委員会・学生社

井上光貞　一九六五『日本古代国家の研究』岩波書店
門脇禎二　一九八四『葛城と古代国家』教育社
岸　俊男　一九五九「古代豪族」『世界考古学大系三　日本Ⅲ』平凡社
岸　俊男　一九六六「ワニ氏に関する基礎的考察」『日本古代政治史研究』塙書房
岸　俊男　一九七〇「古道の歴史」『古代の日本』五　角川書店
白石太一郎　二〇一三『古墳からみた倭国の形成と展開』敬文舎
樋口清之　一九三六『大和竹之内石器時代遺蹟』大和国國史會
平林章仁　二〇〇〇『七世紀の古代史』白水社
平林章仁　二〇一三『謎の古代豪族葛城氏』祥伝社
和田　萃　二〇〇三「葛城氏と鴨氏」『古代葛城とヤマト政権』学生社

第2節　サヌカイト鉱山の開発

松田真一

1　旧石器文化と二上山産サヌカイト

列島の旧石器文化研究の黎明　葛城地域において最初にヒトの足跡が確認できるのは、はるか旧石器時代にまでさかのぼる。当時の人々がこの地で産出する安山岩(あんざんがん)の一種であるサヌカイト（古銅輝石安山岩(こどうきせきあんざんがん)）という火山岩を、利器を製作する格好の材料として利用したのである。そのことを証明する石器製作にかかわる重要な旧石器時代の遺跡が、香芝市域を中心とした二上山(にじょうさん)北麓一帯から発見されている。

日本列島で最初に旧石器文化の存在が確認されたのは、在野の研究者であった相沢忠洋(ただひろ)氏が一九四六年に発見した、群馬県みどり市笠懸(かさかけ)に所在する岩宿(いわじゅく)遺跡においてであったことはよく知られている。我が国の旧石器文化の研究の一端は、相沢氏が行商でいく度も通る岩宿にある通称稲荷山の切り通しの、赤土と呼ばれる関東ローム層（武蔵野台地など関東地方の台地を覆う富士や箱根の火山灰地層）の中から、黒曜石(こくようせき)の穂先形(ほさきがた)石器（突槍や投槍の先端部）を発見したことにも由来する。その後岩宿遺跡では、一九四九年に明治大学考古学研究室が実施した発掘調査によって、土器や石鏃(せきぞく)をもたない更新世(こうしんせい)の石器文化の存在を認め、改めて日本列島における旧石器文化が学術的に評価された［杉原 一九五六］。

当時、関東ローム層の地質年代が確定していなかったこともあり、岩宿遺跡に代表される石器文化は「無土器文化」「先縄文文化」「プレ縄文文化」などと称されたが、その後関東ローム層の形成が更新世に属することが確実となり、現在は旧石器文化という用語が一般的に使用されている。ただし、旧石器時代にさかのぼる石器の磨製技術の存在や、日本列島の石器文化の発展階梯が、世界各地のそれと異なっていることなどを理由に、研究の発端になった遺跡名称から「岩宿時代」と呼ばれることもある。

旧石器文化の発展　その後旧石器時代の遺跡は各地で発見され、現在は全国で一万ヶ所を優に超えるが、日本列島で発見されているこれらの遺跡は、年代的評価の定まらない一部を除いて、大多数が後期旧石器時代に属する。我が国の旧石器文化の研究は、約三万年前以降の旧石器時代に相当する良好な地層（立川ローム層）が堆積する関東地方の武蔵野台地や、相模野台地に所在する遺跡の層位的な検討を経た資料を中心に進められた。同時に石器群の組成や型式学的研究による検証も重ねられた結果、①斧形石器や礫器がともなう初期の石刃（石核からほぼ同じ規格に剝ぎ取られた縦長の剝片）石器群、②尖頭器（槍先の総称）・彫器（木、骨や角を削る石器）・掻器（皮革のなめしなどに使われた石器）などと、ナイフ形石器（刺突や切削用のナイフ形の石器）を代表とする石刃石器群、③細石刃（槍本体を角や骨などでつくり、小さい石刃を溝に嵌めて刃部とする）石器群、④両面調整尖頭器や片刃石斧に代表される石器群、という列島の旧石器時代の四階梯にわたる編年の大枠が整っている。なお、④階梯を縄文時代草創期に編入する研究者も少なくない。

列島の剝片石器石材　日本列島では旧石器時代の剝片石器（石核から剝がし取った剝片を素材とした石器）の石

材として黒曜石、サヌカイト、下呂石（ハリ質安山岩）、珪質頁岩、チャート、凝灰岩、グリーンタフ、流紋岩などが用いられる。なかでも北海道や中部地方のほか九州地方の黒曜石と、北越から東北地方の珪質頁岩、および瀬戸内海を中心とした中国・四国地方から近畿地方のサヌカイトが剥片石器の石材を代表する三種である。このなかでサヌカイトの主要な原産地は佐賀県鬼ノ鼻山、広島県冠山、香川県五色台などが知られているが、奈良県香芝市西部から大阪府羽曳野市東部を含む二上山の北麓一帯にも、良質なサヌカイトの原産地が広がっていて、旧石器時代以降弥生時代にかけて近畿地方を代表する石器原石の採取地となっていた。

有用な石材サヌカイト　サヌカイトは明治時代に来日していたドイツ人の地質学者ナウマンが、香川県五色台の当該岩石に興味を抱き、後に同じくドイツのワインシェンクが産地である讃岐国の読みにちなみＳａｎｕｋｉｔｅと命名した。サヌカイトは地下のマグマが地表で鉱物を析出しないまま固化した火山岩で、安山岩やデイサイトに近い成分からなる、堅くて緻密なガラス質の岩石である。

このサヌカイトが石器製作に適した石材と認識され、利用されるようになったのは、後期旧石器時代の前半の時期にまでさかのぼる。その実年代は放射性炭素による年代測定によれば、旧石器時代の時期認定や地域を超えた石器群相互の関係を知る際の鍵層とされる、鹿児島湾奥の姶良カルデラを起源とする姶良丹沢火山灰（略称ＡＴ火山灰）が降灰した、二万六〇〇〇〜二万九〇〇〇年前より以前と考えられている。

二上山のサヌカイト原産地周辺に所在する遺跡から、当時の石器製作技術やサヌカイトの利用実態を探ってみよう。奈良県と大阪府の府県境を跨ぐ二上山の北麓地帯には、旧石器時代の遺跡が四〇ヶ所前後集中している。サヌカイトの原石は溶岩として噴出し生成した後に、再堆積や地盤変動あるいは浸食・開析作用に

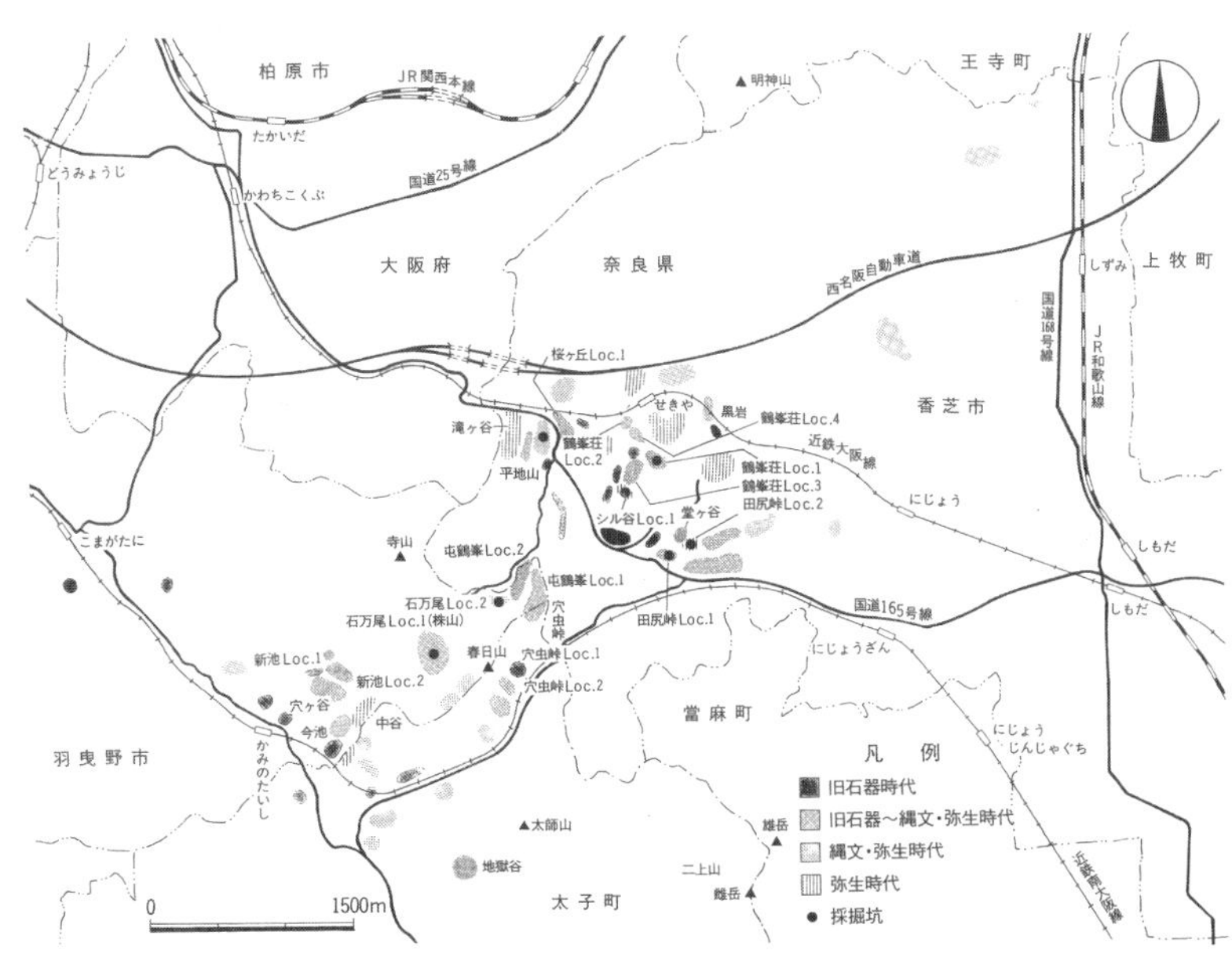

図1　二上山北麓のサヌカイト鉱山とサヌカイト関連遺跡

よって運搬されているが、地表に露出している場所は羽曳野市春日山周辺や、二上山雄岳北方の原川流域などに限られ、香芝市付近では大阪層群（大阪平野とその周辺の基盤を形成する鮮新世末期以後に堆積した淡水成層）の砂礫層中に含まれ、河川によって浸食された崖面などでも露出し採取できる。当地に所在する旧石器時代の遺跡の多くは、そういったサヌカイトが得やすい地点と重なっており、石材獲得が経験や口承にもとづいて継続的に行なわれたと考えられる（図1）。

2　石器製作技術の特徴

瀬戸内技法とは　旧石器時代にはサヌカイトの産地が域内に存在する近畿を含む瀬戸内地域において、サヌカイト以外の石材圏とは異なる独特の方法による石器製作技術が編み出された。それは後期旧石器時代に列島に広く普及した石刃技法の技術的系譜のもとにある一方で、硬質で特有の性質を帯びたサヌカイトという石材に適った、瀬戸内技法と呼ばれる石器製作技術である。

その瀬戸内技法とは大阪府国府遺跡出土の翼状剝片と石核との接合資料などをもとに、鎌木義昌氏が明らかにしたもので、サヌカイトを用いた横長剝片素材の国府型ナイフ形石器の製作を目的とした技法である［鎌木 一九六五］。瀬戸内技法は列島のそのほかの地域で主流をなす、縦長の剝片を剝ぎ取る石刃技法とは対峙した異なる特徴をもつことで、日本列島においては特異な石器製作技術と認識されている。ただ同技法による特徴をもつ石器は、山形県から大分県の一部に及ぶ広域から出土するほか、流紋岩や黒曜石などサヌカイト以外の石材にも応用され、石材の性質を克服した例があることも知られている。

石器製作の工程　サヌカイト原礫からナイフ形石器を製作する瀬戸内技法の工程をみてみよう（図２）。

第一工程は原礫の一端に打撃を加えて礫片を剝ぎ、打撃面を作出する。つぎに方向を反転し、作出した面を打撃して部厚な盤状剝片を剝ぎ取る。ふたたび同様に打撃面を反転して盤状剝片を剝ぎ取る。

第二工程では剝ぎ取った部厚な盤状剝片の端部側から打面部に調整を加えた後に、その盤状剝片を石核として、背面から打撃を加えて一定の大きさの剝片を剝ぎ取る。打点が稜線上を移動することで、盤状剝片石核からほぼ同形の剝片何点かを剝ぎ取る。この剝片は横長で翼を広げた形態を呈しており翼状剝片と呼ぶ。

第三工程は剝ぎ取った翼状剝片に刃部を作出するなどの加工を施して、国府型ナイフ形石器が完成する。

石材に黒曜石や頁岩などを用いる一般的な石刃技法では、打点が石核の剝片打撃面の縁に沿って移動するが、瀬戸内技法では盤状剝片から翼状剝片を剝ぎ取る際の打点が、石核上面の中央部を一直線上に後退して移動するという違いがある。この瀬戸内技法を用いた国府石器群は、ナイフ形石器だけの素材となる翼状剝片の生産を目的としている点が特徴で、この石器群では彫器、掻器、錐などはあまり発達しない［松藤 二〇〇七］。

瀬戸内技法は既述したAT火山灰後に最盛期を迎えた石器製作技術で、先の関東地方を基準とした旧石器時代の編年では、第二階梯の初めに出現し、その前半に最も普及したと考えられる。その後は衰退に向かい、製作される翼状剝片やナイフ形石器は規格性が維持できず、瀬戸内技法も崩壊に向かい、新たな製作技術による石器製作の時代へ移行する。

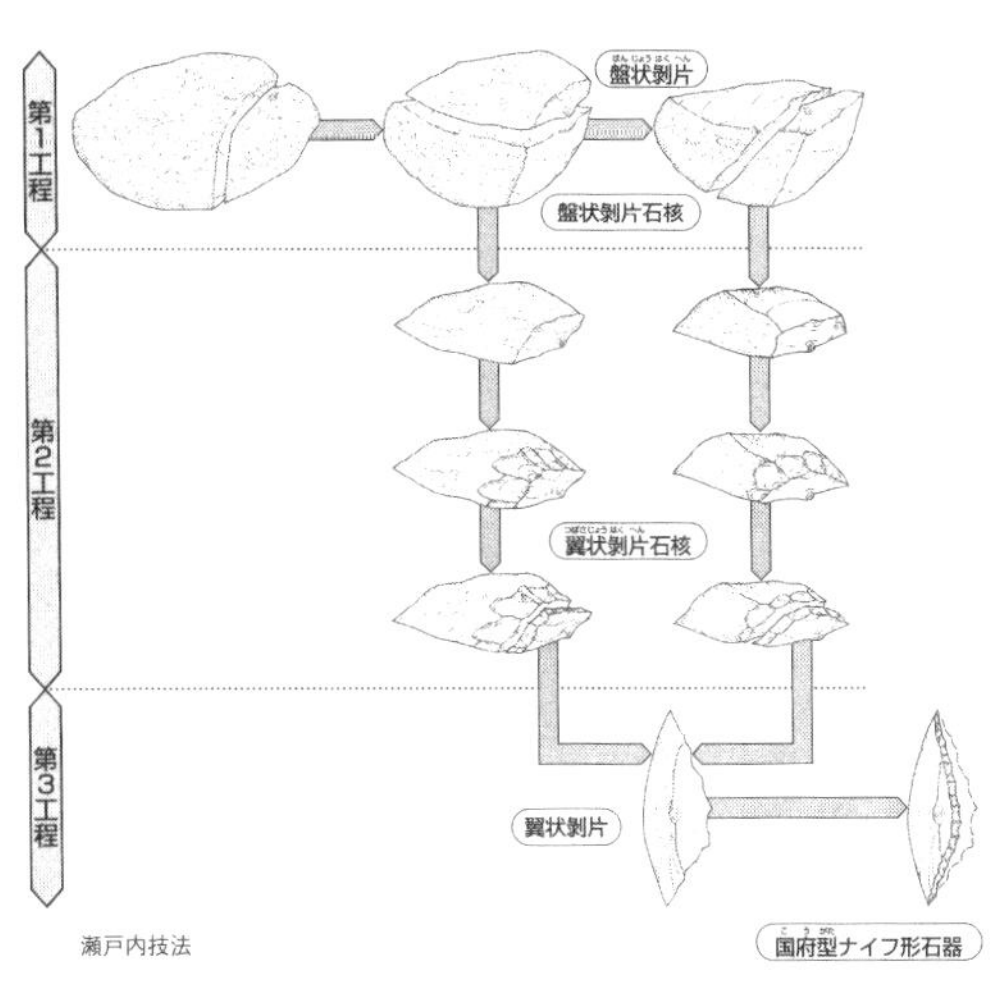

図2　瀬戸内技法によるナイフ形石器の製作工程

サヌカイト原産地の遺跡　二上山の北麓に点在する旧石器時代遺跡のなかから、原石の採掘や石器の製作の実態がうかがえる事例を紹介しよう。香芝市穴虫にある鶴峯荘第1地点遺跡は、二上山北麓の関屋丘陵を開析する原川に向かって延びる舌状台地の先端部に位置している。遺跡周辺は大阪層群という基盤層が存在し、その上はシルト層を挟む礫や砂で形成された崖錐性の堆積層が覆い、そのなかにサヌカイト原礫が比較的多く包含されている。本遺跡からは堆積層のなかに、鬼界カルデラを起源とするアカホヤ火山灰（縄文時代早期終末に噴出）を含まない下層から、長さ

図3　鶴峯荘第1地点遺跡で発見された採掘土坑

約二・五m、幅三・二m以上、深さ約一・〇mの規模の大型土坑を検出している。土坑は二段に掘り下げられ、東壁を抉(えぐ)るように横掘りする一方、南西側は地表斜面にそのまま移行する。サヌカイト礫を多数含む層を狙って東壁を掘り進め、廃土は南西側に掻き出したようである。この土坑の下層からは、翼状剥片を素材としたナイフ形石器五点、削器三点、盤状剥片五九点、盤状剥片石核一六点、翼状剥片八〇点、翼状剥片石核四〇点などが出土している（口絵1）。これらは国府型ナイフ形石器を製作する瀬戸内技法によって生成されたもので、土坑はサヌカイト礫の獲得を目的とした採掘のために穿(うが)たれたと判断されている。これまで旧石器時代には石器石材を川原や崖の露頭などでえられる転石を利用したと考えられてきたが、本遺跡の調査によって、国府型ナイフ形石器の時期に、縄文時代の石材原産地で確認されているのと同じような、石材獲得のために原石包含層を掘削するケースがあったことがわかった［佐藤ほか 二〇〇四］（図3）。

桜ケ丘(さくらがおか)第1地点遺跡は鶴峯荘第1地点から西方約五〇〇mの地点の香芝市穴虫に所在し、関屋丘陵を開析する原川に向かって張り出した、比較的平坦な台地先端部に位置する。ここでは数次にわたる発掘調査で検出された数基の土坑や黄褐色粘質土層から、瀬戸内技法による石器製作に関連する石器類が発見されている（図4）。出土遺物には作業台である台石や、ハンマーとして使われた敲石(たたきいし)などの石器製作の道具類とともに、サヌカイト原石のほか各種石核や翼状剝片をはじめとする剝片類、ナイフ形石器とその未成品、砕片などがある。サヌカイト剝片の中には、受熱によって破砕や亀裂を生じたものが含まれていた。なおサヌカイトの産出地遺跡であるにもかかわらず、チャートを使った国府型ナイフ形石器や、完成品である黒曜石製の石器など、地元では産出しない石材を用いた製品も出土している〔松藤　一九七九〕。本遺跡では基盤層やそれを覆う礫層中にサヌカイト礫はほとんど含まれていない。遺跡から出土したサヌカイトには、礫面の状態や石質の異なるものが混在していることから、遺跡周辺の各所でサヌカイト礫を採取し、ここへ搬入して石器製作を行なっていたと考えられる。

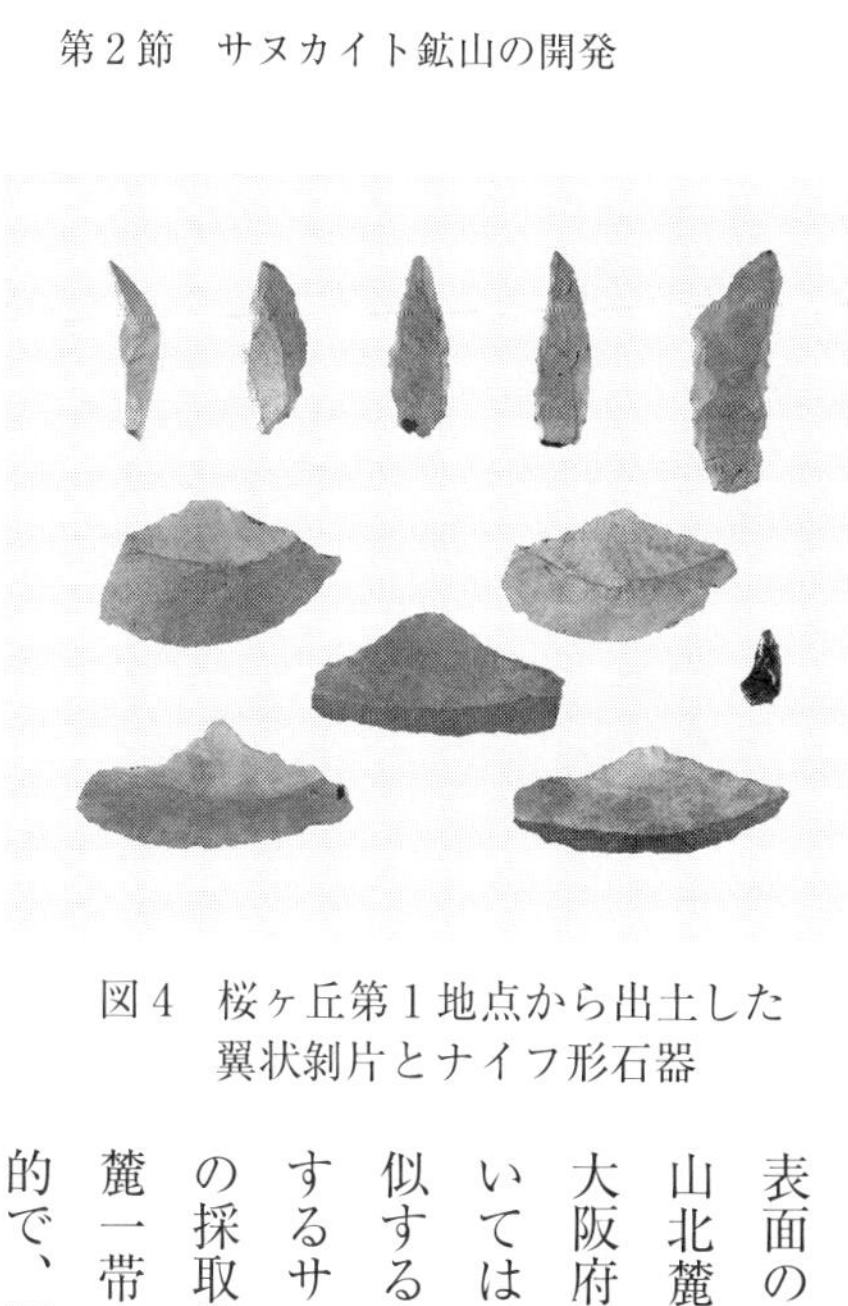

図４　桜ヶ丘第１地点から出土した翼状剝片とナイフ形石器

サヌカイト鉱山の発見　二上山産サヌカイトは礫の大きさや形、表面の摩耗状態、石の目や質など主に礫面の観察を頼りに、二上山北麓一帯のなかでもある程度の確率で採取場所が特定できる。大阪府高槻市郡家(ぐんげ)今城(いましろ)遺跡ｃ地点に持ち込まれたサヌカイトについては、香芝市関屋付近の大阪層群に含まれるサヌカイト礫に類似するもののほか、羽曳野市今池(いまいけ)遺跡や同市株山(かぶやま)遺跡付近で産出するサヌカイト礫に類似するものが含まれていて、具体的に複数の採取場所が絞られている。このような資料はこれまで二上山北麓一帯で、採掘や石器製作遺跡が多数確認されていることと整合的で、旧石器時代からサヌカイト鉱山の探索が積極的に行なわれていたことを暗示する。石材獲得のため二上山麓周辺に回帰を繰り返すなかで、新たな露頭や堆積層から良質なサヌカイトが得られる鉱山を発見する機会もあったのだろう［佐藤 二〇〇五］。

国府石器群の成立から衰退へ　瀬戸内技法による国府石器群は近畿地方の後期旧石器時代を特徴づける石器文化であるが、この技術体系を軸に展開する当地域の石器群の時系的変遷が以下のように整理されている。

〔一段階〕多くが後期旧石器時代の後半期を占める近畿地方の石器群のなかにあって、瀬戸内技法はＡＴ火山灰以前に成立をみている。しかし同技法についてはこの段階において、一連の製作工程のなかで翼状剝片剝離の方法は必ずしも単一ではなく、工程に多様な地域色の存在が認識されている。またこの時期には奈良市法華寺下層遺跡から出土した石器群のように、同じくサヌカイトを用いながら瀬戸内技法とは相いれない、縦長剝片を作出する石器群の存在も明らかにされている。

〔二段階〕つぎのＡＴ火山灰直後は国府文化期（国府石器群の全盛期）とされ、二上山北麓のサヌカイト原産地を中心とした奈良・大阪とその周辺に典型的な瀬戸内技法が普及する。先に触れた郡家今城遺跡ｃ地点では、国府文化期の八ヶ所の遺物集中地点（石器や剝片などが一ヶ所に密集して検出された遺構）と、礫群と呼ばれた集石などが検出され、これらの遺構にともなって多数の国府型ナイフ形石器が出土している。また大阪府藤井寺市はさみ山遺跡では、国府型ナイフ形石器がともなう簡易な建物跡が確認されている。先の鶴峯荘第1地点遺跡のサヌカイト採掘土坑（口絵1、図3）から出土した、瀬戸内技法による石器群もこの二段階の時期に該当する。

またこの時期には細身の剝片の側縁に、急斜な調整剝離を加えた角錐状石器（石槍）が近畿地方に出現している。角錐状石器の石材は主にサヌカイトだが、地域によってはチャートが用いられる場合もある。中国山地の東部に位置する兵庫県篠山市板井寺ケ谷遺跡では、角錐状石器がＡＴ火山灰の直上から出土しているが、九州でも同じ層序からの出土を確認している。近年大阪湾沿岸一帯を中心に、角錐状石器の出土例も増加しているが、瀬戸内技法との共存例は少なく、別系統の石器群とみなし、西から近畿へ流入したとする考えが主流である。この時期は概ね鳥取県大山のホーキ火山灰（Ｕｈ火山灰）が降下した頃までとして区分される。

〔三段階〕 瀬戸内技法が衰退にむかう時期の石器群で、ナイフ形石器の小型化が指標となり石錐、削器、掻器などの器種がともなう構成で、大阪府八尾市八尾南遺跡の資料などからその特徴がうかがえる。ここでは小型ナイフ形石器は切出形や一部加工のタイプも含むが、剥片剥離方法は打点を不規則に転移させるものに変容し、瀬戸内技法の特徴でもある打点を直線的に後退させて、連続した横長剥片を剥取る技術はもはや失われている。この石器群の時期は三瓶浮布火山灰（Ｓｕｋ火山灰）が降下した前後にあてることができる。

〔四段階〕 細石刃石器群の出現を画期とする。国府型ナイフ形石器に代表される剥片剥離技術の消滅によって、石器群の様相が大きく変容する。旧石器時代の終末期が近づき大陸から新たな細石刃文化が流入する。ただ近畿地方では細石刃石器群の普及は一貫して低調で、兵庫県播磨地域や和歌山県御坊・貴志川地域などで船野形細石刃核などが出土した例が報告されているが、近畿地方では域外からの細石刃技術の影響が及んでいるものの、主体的な石器生産はほとんど見受けられない。なお葛城地域では先の桜ヶ丘第１地点遺跡において、サヌカイト製の細石刃核が出土している。

3　葛城地域の旧石器資料

単独出土の旧石器　葛城地域にはサヌカイト原産地周辺以外からも、旧石器時代の遺物が出土したとの報告がある。ただ多くは発掘調査の際に単独で出土したものや、遺物散布地で発見された採集品などである。香芝市鈴山遺跡、同市石田遺跡、河合町フジ山遺跡、王寺町久度南遺跡などからは、瀬戸内技法による国府型ナイフ形石器や翼状剥片などが出土していて、葛城地域の低丘陵のほか、いまだ堆積作用が進行していない盆地部を舞台に、狩猟や石器製作などの活動があったたしかな痕跡といえる。

葛城地域における旧石器の発掘調査成果　石材の原産地である二上山北麓一帯を除くと葛城地域では旧石器時代の発掘調査は数少ないが、そこからは当地の旧石器文化の特徴の一端をうかがうことができる。大和高田市池田遺跡では埋没古墳の築造基盤となっている、シルト層（粒子の細かい砂）の下に堆積した厚い粗砂層から、旧石器時代の遺物が得られている。旧石器の大多数は、瀬戸内技法による石器製作工程で生じた翼状剥片やナイフ形石器で、ほかに角錐状石器、鋸歯縁状削器（刃部を鋸の歯のように加工した削器）縦長剥片などである［前澤 一九九五］（図５）。詳細は未報告のため資料整理を待たねばならないが、盆地部での活動の実態を知るうえでは貴重な材料といえる。

池田遺跡にほど近い同市岡崎遺跡では、低丘陵の斜面で発見された弥生時代後期の遺構の下層に堆積したシルト層から、ナイフ形石器四点、盤状剥片一点、刃器などに加え、多数のサヌカイトの剥片や砕片が出土

図５　池田遺跡から出土したナイフ形石器などの旧石器

している。ほかにチャート製の敲石も発見されている。このシルト層にはＡＴ火山灰が混じり込んでおり、火山灰が降灰した以降の石器製作活動による石器群である。

河合町で発見された馬見二ノ谷遺跡は馬見丘陵の北東域にあり、二上山北麓サヌカイト原産地からは七㎞ほど北東方向に位置している。発掘調査では埋没谷の堆積土中から、石器製作によって生じた六五〇〇点余りの多数の微細な砕片とともに、ナイフ形石器と剝片類が出土している〔光石 二〇〇六〕（図６）。それらはほとんどサヌカイト製だが、ナイフ形石器は大きさや形態も不揃いの感が否めず、サイズに規格性があまりなく、瀬戸内技法による技術伝統が崩壊した段階の石器群とみなしてよい。一方でこの遺跡からはナイフ形石器以外に、周縁を丁寧に加工して菱形に仕上げた、長さ三㎝前後の小型の菱形尖頭器と称される石器が出土している（図７）。類例などが知られていない石器で、時期的な位置付けや、出現の系統的問題についても今後検討されることになるだろう。

三郷町峯ノ阪遺跡は葛城地域ではないが、大和川を挟んで北側に隣接する位置にあり、発掘調査の成果は奈良盆地西縁のナイフ形石器群の消長を探るうえで欠かせないため、ここで触れたい。本遺跡は平地からの比高が二〇ｍ前後の大和川を臨む丘陵上に立地していて、上・下二層の旧石器時代の文化層が確認されている。下層はその上をＡＴ火山灰が覆っており、ほかの地域のＡＴ火山灰以前の石器群と内容を比較するう

図６　馬見二ノ谷遺跡の発掘調査状況

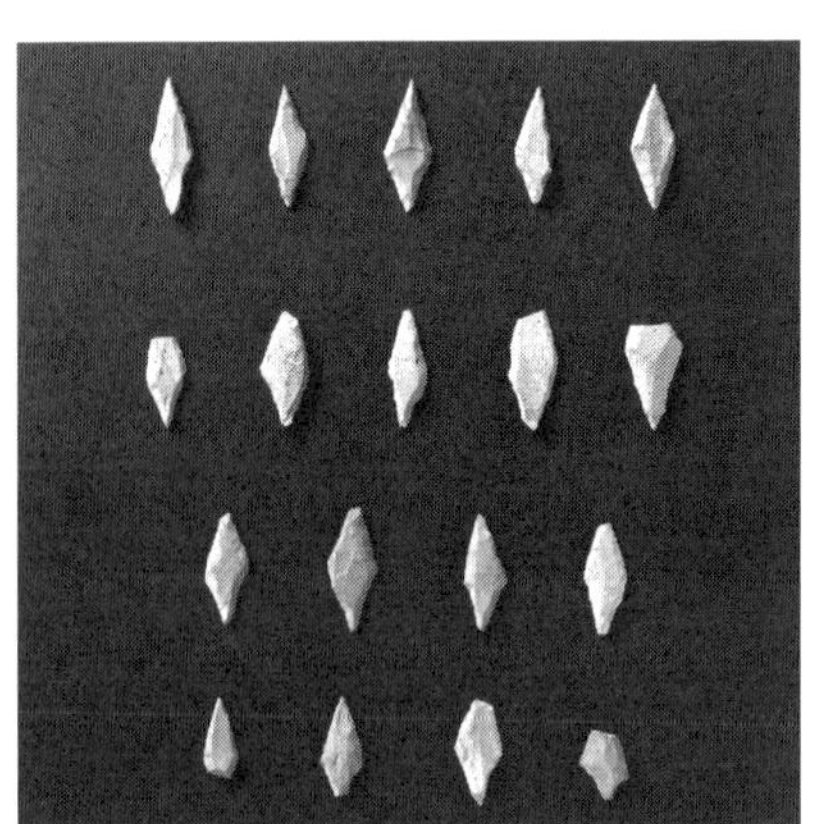

図７　馬見二ノ谷遺跡から出土した菱形尖頭器

えで重要な石器群といえる。ここでは一〇ヶ所の遺物集中地点から、ナイフ形石器や削器などの石器が出土しているが、環状に分布した遺物集中地点の産状は、滞在した集団のキャンプ地における石器製作を中心とした行動を、具体的に明らかにしうる貴重な事例である。

上層石器群は下層文化層を覆った地層が、浸食を受けた不整合面に堆積した地層から出土しており、ＡＴ火山灰以降の所産で、同層からは国府型ナイフ形石器、翼状剥片、翼状剥片石核など典型的な瀬戸内技法にともなう資料が出土している。上・下層の石器群は量的にも恵まれており、分析を経ることで製作技術を含めた石器群の消長を詳らかにすることが期待されるだけに、発掘調査と出土石器の内容の詳報が待たれている。

4　サヌカイトの原産地と消費地

讃岐と二上山のサヌカイト　冒頭で述べたように、旧石器時代に使われたサヌカイトの産地のひとつは、香川県高松市五色台の国分台、白峰などと、同県坂出（さかいで）市金山・城山などの讃岐の石材鉱山であり、もう一ヶ所が奈良県香芝市と葛城市の二上山北麓から大阪府側の寺山南麓に連なる一帯の鉱山であり、これが日本列島の二大産地とされている。

五色台をはじめとした讃岐のサヌカイトは、四国の旧石器時代の遺跡に広く行き渡っており、さらに旧石器時代には陸化していた瀬戸内を越えて、中国地方の遺跡でも剥片石器の主たる石材として利用され、多くの遺跡で在地産の石材を上回っている。例えば讃岐産サヌカイトは岡山県鏡野町恩原（おんぱら）１遺跡や同２遺跡など、中国山地のＡＴ火山灰前後に営まれた旧石器時代遺跡の石材として使われ、この二つの遺跡からは讃岐白峰産と金山産のナイフ形石器が、盤状剥片石核をともなって出土している。

一方二上山産サヌカイトは、原産地を中心として近畿地方のほぼ一円に及んでいる。二大原産地の中間にあたる兵庫県を例にみると、双方の産地のサヌカイトの占める割合が錯綜し、時期によって分布域がせめぎあうように変化している。また讃岐と二上山の間にあたる兵庫県淡路島には、二大産地とは別の岩屋という島内のサヌカイトの原産地がある。岩屋のサヌカイト礫の大きさはこぶし大程度だが、石器材料として充分利用できる。先の篠山市板井寺ケ谷遺跡では、地元産のチャートとともにサヌカイトの石器も出土しており、産地分析によるとサヌカイトは二上山産が主体を占めるが、二上山産の不足を補うように岩屋産サヌカイトも利用されている。

讃岐サヌカイト原産地の近くにあって、多数の角錐状石器を製作していた香川県高松市の中間西井坪（なかつまにしいつぼ）遺跡では、数百点のなかで二点を除いたサヌカイト製品や剝片が、讃岐の各原産地由来の石材で占められていた。例外的な二点のサヌカイトは二上山産であったが、これを入手したのは二上山サヌカイト鉱山を移動領域に含んだ集団と、何らかの目的で接触した機会があったことを示している。

サヌカイトの消費地では　旧石器時代の石器製作の特徴のひとつは、狩猟や採集活動の対象を求めて移動を繰り返すが、そのなかに石器石材の産地を組み込んでいたと推測されることにある。ただ狩猟など生業活動地域と石材原産地との距離の違いによって、利用石材の内容は異なってくる。近畿地方ほぼ一円に及んでいる二上山産サヌカイトの利用をみると、原産地から遠く離れた遺跡では、当然ながらサヌカイト以外に剝片石器として利用できる在地石材の割合が高い傾向がある〔絹川　二〇〇四〕。

また石材の種類や選択の問題とは別に、石材原産地から離れた遠隔地遺跡における石器、石核、剝片のほか、製作時に副次的に生じる剝片などの内容が、原産地遺跡とは異なっていることに注目し、石材の入手から完成までの石器製作の工程を通した動きを明らかにする試みもある。瀬戸内技法の石器製作が行なわれた遺跡を対象とした場合、各遺跡から出土する石器関連資料の種類を、①国府型ナイフ形石器、②翼状剝片、③翼状剝片石核、④盤状剝片、⑤盤状剝片石核の五種に区分することで遺跡の実態が把握できる（25頁図2を参照）。これら五種の構成比は、各遺跡におけるナイフ形石器製作を目的とした生産工程の具体を明らかにしている。

それでは、サヌカイト原産地に所在する鶴峯荘第1地点遺跡や桜ヶ丘第1地点遺跡と、原産地から離れた遺跡の石器群の内容には、どのような違いがあるのだろう。図8を参考に各遺跡の石器組成を検討してみよう。

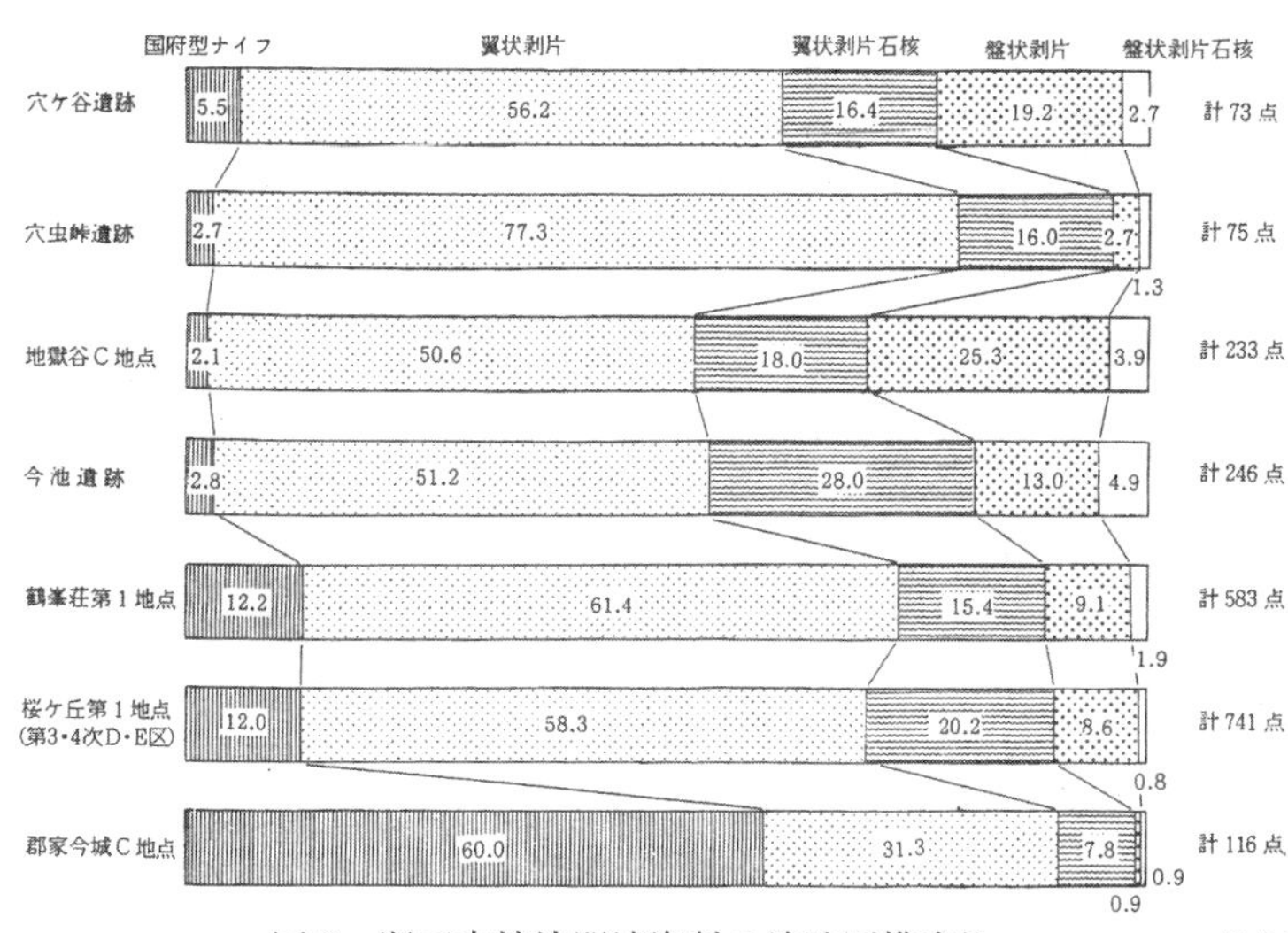

図8　瀬戸内技法関連資料の遺跡別構成比　　単位％

先にも触れた高槻市郡家今城ｃ地点遺跡は、二上山サヌカイト原産地から北方に約四〇㎞離れた、淀川流域の三島平野に立地する。遺跡からは八ヶ所の遺物集中地点が確認されていて、ナイフ形石器や翼状剥片などをはじめとした石製遺物の組成から、狩猟具や各種道具類を整えた石器製作の場として、また焼礫などの存在から一部は獲物を解体して調理する場所として機能した、国府文化期のキャンプサイト的性格をもった遺跡と考えられる。

郡家今城ｃ地点遺跡の背後には、剥片石器の石材とすることができるチャートを産出する丹波帯が控えている。ただ遺跡から出土する石製遺物は、石材として在地のチャート以外に、硬質頁岩、溶結凝灰岩、流紋岩を用いているほか、それらを上回る二上山産サヌカイト製石器類が出土している。しかもナイフ形石器、掻器、彫器、翼状剥片、盤状剥片など瀬戸内技法にかかわる石材には、サヌカイトが優先されて用いられ、石器群全体に占めるサヌカイトの割合は約八七％にも達する。ここでも瀬戸内技法がサヌカイトという石材に依存している実態がわかる。

この遺跡で出土した石器の器種組成は国府型ナイフ形石器六九点、翼状剝片三六点、翼状剝片石核九点、盤状剝片一点、盤状剝片石核一点で、二上山北麓のサヌカイト原産地遺跡とは大きく異なっている。郡家今城遺跡ｃ地点遺跡では完成品であるナイフ形石器は石器全体の六割を占め、一割強にとどまっている鶴峯荘第１地点遺跡と大きな違いがある（図８）。仕上げにいたっていない翼状剝片は、鶴峯荘第１地点遺跡の約半分で石器全体の三割程度である。また翼状剝片石核、盤状剝片、盤状剝片石核などの石核類は、三割弱程度を占める鶴峯荘第１地点遺跡に対して、ここでは一割程度にとどまる。この器種ごとの組成割合の違いは、両者の石器製作の工程段階の比重が異なることを意味している。鶴峯荘第１地点遺跡では、原礫を扱う第一工程から第二工程を主体とした作業が行なわれ、一方郡家今城遺跡ｃ地点遺跡では、第二工程から完成までの第四工程を中心とした作業内容が反映されている。ただしわずかではあるがｃ地点遺跡でも、盤状剝片石核などの石核類が存在することは、この場所でも瀬戸内技法の第一工程から石器製作を実行することがあったことを物語っている。しかもナイフ形石器には、規格からかなり外れた寸法や形状の翼状剝片から作成された個体が含まれ、石材を無駄なく利用し尽くしていたこともわかる〔山口　一九九四〕。

サヌカイトの運搬　つぎに器種の数量の違いとは別に、器種ごとの重量比率を計算したデータがある。翼状剝片石核をはじめとした石核の平均重量をみると、鶴峯荘第１地点遺跡出土の石核より、郡家今城遺跡ｃ地点の石核はかなり軽く、軽量化を図って移動に備えたことが想定される。また遺跡から出土したサヌカイトの総重量をみると、原産地にある鶴峯荘第１地点や桜ヶ丘第１地点遺跡における量は膨大だが、原産地に比較的近距離に立地した周辺遺跡でも、容易に石材を手に入れ、持ち込むことも可能な環境下にあるため、サヌカイトをふんだんに利用している。

大阪府羽曳野市にある翠鳥園（すいちょうえん）遺跡は、大阪平野南東部に形成された丘陵裾に立地し、二上山北麓のサヌカイト鉱山群からは西に五㎞ほど離れている。発見された石器群はその丘陵基盤砂礫層の直上で、シルト層にパックされた状態で出土しており、石器などの石製遺物の総数は約二万三〇〇〇点にのぼる。遺跡からは規模の大小はあるものの、約五〇ヶ所の石器製作跡が確認されていて、多数の石核や重なり合って剝ぎ取られた剝片が出土し、石器製作時の状態のまま遺棄されたとみられる箇所もあった。これらの石器製作跡のなかの一ヶ所の石器製作跡だけで、石器類の合計重量が五㎏前後にのぼるものもある。

一方二上山から遠隔の郡家今城遺跡ｃ地点遺跡では、一遺物集中地点あたりのサヌカイトの平均総重量が四四〇ｇ前後で、ｃ地点遺跡全体のサヌカイトの総重量でも約三・五㎏にすぎない。さらに遠隔地にある板井寺ケ谷遺跡でもサヌカイトの総重量が四㎏にも満たない。

集団の移動エリア内に石材原産地を含むことを想定した場合、運搬の負荷を考慮すると、狩猟活動などのためにキャンプ地で石器製作を行ない、石材を消費しながら移動領域内の最遠隔地にいたったことが想定でき、遠隔地まで運ばれたサヌカイト石材の総重量は限られてくる。しかし上記の板井寺ケ谷遺跡上層の石器群では、瀬戸内技法による横長剝片を剝離する作業が活発であったことが確認されていて、少なくともそのために必要な石材を見込んで持ち込んでいることには違いない。

石器製作技術集団と石材　先の板井寺ケ谷遺跡では、ＡＴ火山灰を挟んだ上・下二層の旧石器時代の文化層で遺構が確認され、各文化層にともなう石器群の詳細な報告がある。葛城からは離れるが、石器製作と石材の問題にもかかわるのでその成果に触れておこう。ＡＴ火山灰以前の下層では配石群一〇数ヶ所、泥炭面の配石三基、土坑六基、炭化物密集部五ヶ所、遺物集中地点一・ヶ所などが検出された。この下層の石器群は石器など石製遺物の総数約二五〇〇点からなり、器種はナイフ形石器、局部磨製石斧、掻器、削器、楔形（くさびがた）石器（タガネのようにハンマーと対象物の間に用いた間接具）、錐状石器、二次加工や使用痕ある剝片がある。石材は在地産のチャートを用いたものが約六〇％、岩屋産サヌカイトをいくらか含むものの、二上山産を主体とするサヌカイトが全体の約四〇％を占めている。一方ＡＴ火山灰後の上層の文化層では、三群にまとまる破砕礫群が七基と一基の土坑が検出されていて、そこで出土した石製遺物の総数約七五〇点には掻器、削器、角錐状石器、二次加工や使用痕ある剝片が含まれている。これらの石材にはサヌカイトが六〇％、残りを在地産のチャートや凝灰岩が埋めていて、在地石材と遠隔石地材の割合が上下の文化層で逆転している。

このように文化層によって比率は異なる実態は、在地産の石材が遠隔地石材を補完するように利用していたと解釈できそうだが、石器群総体を対象とした石材別の割合とは視点を変えて、石器の製作技術を加味して分析すると、違う側面もみえてくる。チャート製とサヌカイト製それぞれの石器製作技術上の特徴は、ともに剝片剝離が非常に活発なことにある。ただチャートでは専ら縦長剝片剝離技術による製作が行なわれているが、一方のサヌカイトは瀬戸内技法に則った横長剝片剝離技術によるものが多数を占めているという違いが指摘できる。すなわち石材に適った製作技術が存在していたから、それぞれに固有の石材との有意な関係が、利用石材の傾向として反映されたといえる。

そこで改めてこの遺跡の下層の文化層における石材の異なるそれぞれの石器群の分布状態をみると、チャート石器群の遺物集中地点は遺跡北部に分布し、サヌカイト石器群の遺物集中地点は南部に分布していることがわかる。ただ両者が分布する境界域にチャートとサヌカイトを共有する遺物集中地点が存在し、これら石器群が同時に形成された可能性が高いという。明らかにそれぞれの石器群が占有する地域を持ちながら、共時的な石器製作行為があったと考えられる状況を重視し、別々の石器製作技術を持った集団が、このロケーションのなかで住み分け、かつ接触していたことが想定されている［山口ほか 一九八九］。

5　縄文時代以降のサヌカイト利用

縄文時代のサヌカイト利用　縄文時代の到来によって生業活動が変化することで石器の器種や、その組成比率なども大きく変容する。また年間を通じて一定の場所に定住した生活をおくる社会に移行するなか、資源の流通構造もより複雑化していったと考えられる。石器材料をみると、縄文時代には旧石器時代に希薄であった近畿地方の縁辺地域にも、ほぼ二上山産サヌカイトが行き渡るように供給され、さらに中部地方西部にまで波及する。伊勢湾沿岸地域の三重県内の縄文遺跡でも、地元のチャート製石器が主体だが、少量の下呂石安山岩の参入はあるものの、サヌカイトはほぼすべてが二上山産によって賄われている（図９）。

縄文時代も後期以降になると、サヌカイト文化圏において大型剝片を集積した遺構や、サヌカイトの剝片を埋置した土坑が発見されていて、サヌカイトの供給ネットワークが安定化したとみる向きがある。ただその

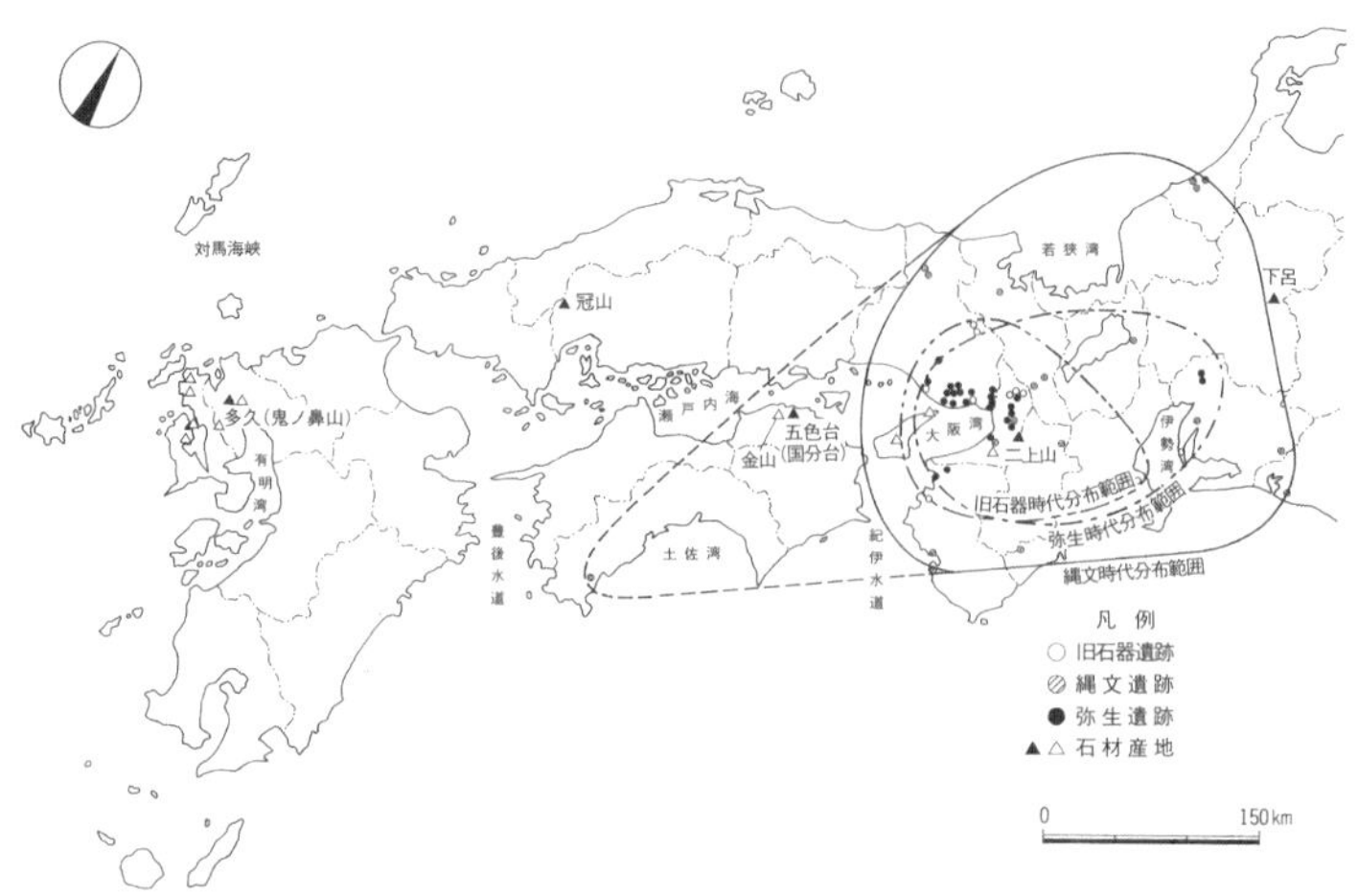

図9　二上山サヌカイトの及んでいる範囲

ういった兆しは、すでに縄文時代の始まる頃にまでさかのぼって存在する事例もみつかっている。奈良県内では天理市布留（ふる）遺跡や山添村桐山和田（きりやまわだ）遺跡など、早期や草創期にまでさかのぼるサヌカイトの集積や土坑などの遺構からは、さほど大きい剝片ではないものの、ほぼ接合関係がない剝片数十点がまとまって出土する例がある。この時期の剝片と各種石器との製作工程上の技術的つながりは充分に解明されてはいないが、石材の流通事情を知る資料としては重要だろう。

　資料が増加する縄文後期以降の産地別のサヌカイトの利用をみてみよう。縄文時代の産地別サヌカイトの占有傾向は、淡路島にある縄文時代後期から晩期に営まれた佃（つくだ）遺跡では、一括して集積されたサヌカイト剝片の五％が二上山産、二七％が地元岩屋産に対して、六八％を讃岐金山産のサヌカイトが占めていた。葛城地域の事例では御所市伏見（ふしみ）遺跡で出土した後期中葉のサヌカイト製石器について、二上山産のサヌカイトを主体としてはいるが、一点の石核を含め、金山産のサヌカイトも四％程度存在している。讃岐産サヌカイトの近畿への浸透は絶えていない事実があり、単に道具の素材としての経済的需給関係だけでなく、サヌカイトが流通する別の理由が存在した可能性があるのかもしれない。

弥生時代の石材の獲得と波及　弥生時代前期には讃岐金山産サヌカイトが近畿地方に広く波及する。神戸市玉津田中遺跡では前期と中期のサヌカイト製石器資料の分析で、二上山が約一〇%に対して、金山産サヌカイトが残りの九〇%を占めている。特に前期に限ると金山産は、生駒山系を超えて奈良盆地にも入り込み、讃岐のサヌカイトが地域的にも量的にも波及する。こういった傾向について、稲作技術の東漸が石器の受給にも影響したとする解釈がある［佐藤・栗田・森下ほか 二〇一二］。ただ近畿地方では前期終末前後から原産地別の受給状況は一変し、その後は二上山産サヌカイトが圧倒的に優勢を保つことになる。

時期を絞り込めないが縄文から弥生時代には、二上山の原産地ではより積極的なサヌカイト石材の獲得活動があった。この原石の獲得にあたっては河川域や崖面崩落堆積地での採取以外に、サヌカイト含有層を直接掘削するケースもあり、香芝市サカイ遺跡（図10）と隣接する同市平地山遺跡では、良質の石材を得る目的で、サヌカイト礫を包含する地層に向けて露天掘りした土坑が累々と発見されている。基盤層に含まれているサヌカイト礫を狙った採掘土坑には二mの深さに及ぶものもあり、土坑内から石器製作にともなう多くの剝片、砕片、石

図10　サカイ遺跡のサヌカイト採掘土坑の空撮

核などが出土している［佐藤ほか 二〇〇七］。

弥生時代の石器製作の技術的実態を把握することで、サヌカイトの流通を考えるようとする試みもある。粟田薫氏は石剣など特定の大型石器製作の工程で生じる石器粗型や剝片の存在から、石器製作地を探ろうとする［佐藤・粟田・森下ほか 二〇一一］。製作手順の固定度が高い大型石器に限定される点や、石器製作の技術的理解に立った分析を経た資料の報告や提示などの条件が必要だが、今後遺跡における石器製作の実態把握から、石材や石器の流通の解明にもつながることが期待できる。

参考文献

鎌木義昌 一九六五「刃器文化」『日本の考古学1 先土器時代』河出書房

絹川一徳 二〇〇四「近畿と瀬戸内」『中・四国旧石器文化の地域性と集団関係』中・四国旧石器文化談話会

佐藤良二ほか 二〇〇四『鶴峯荘第1地点遺跡　香芝市文化財調査報告書』五

佐藤良二 二〇〇五「近畿における原産地遺跡研究の現状―二上山北麓遺跡群について―」『旧石器考古学』六七

佐藤良二ほか 二〇〇七『平地山遺跡・サカイ遺跡　香芝市文化財調査報告書』八

佐藤良二・粟田薫・森下英治ほか 二〇一一特別展『サヌカイト―元始の鉄―』香芝市二上山博物館

杉原荘介 一九五六『群馬県岩宿遺跡発見の石器文化』明治大学文学研究所

前澤郁浩 一九九五『池田遺跡 遺跡調査報告ダイジェスト』大和高田市教育委員会

松藤和人ほか 一九七九『二上山・桜ヶ丘遺跡』奈良県立橿原考古学研究所

松藤和人 一九八五「旧石器時代の石材移動をめぐって―国府文化期のサヌカイトを中心に―」森浩一編『考古学と移住・移動』同志社大学考古学シリーズⅡ

松藤和人 一九九二「火山灰の降るなかで」『新版「古代の日本」近畿一』角川書店

松藤和人　二〇〇七「瀬戸内技法」『旧石器考古学辞典　三訂版』学生社
光石鳴巳　二〇〇六『馬見二ノ谷遺跡　馬見丘陵における旧石器時代遺跡の調査　奈良県立橿原考古学研究所調査報告』九五
山口卓也・久保弘幸・藤田淳　一九八九「丹波地方西部における旧石器時代集落―春日・七日市遺跡と板井・寺ケ谷遺跡―」『第四紀研究』二七―四
山口卓也　一九九四「二上山を中心とした石材の獲得」『瀬戸内技法とその時代』中・四国旧石器文化談話会

第3節　縄文社会の特質

松田真一

１　定住生活への移行

狩猟具の変革　旧石器時代の終末に大陸から日本列島に波及した細石器文化が、九州の一部にその残影をとどめる頃まで、列島に住む人々は、数万年の永きにわたって遊動をくりかえす生活を維持してきた。しかし旧石器時代が終焉を迎える頃、次第に恒常的な居住の場所を設け、そこを拠点として、一定の領域を対象とした諸活動を行なう、定住を基本とした社会が営まれる縄文文化が幕を開けた。気象環境が温暖化し、列島の動植物の生態環境も大きく変容し、生業活動も変革を余儀なくされ、新たな戦略を練り直す必要に迫られた。

日本列島では旧石器時代の末までに主な狩猟対象であった、ナウマンゾウやオオツノジカなど、氷河期に大陸から陸橋を渡ってきた大型哺乳動物がほぼ絶滅した。縄文時代草創期になり、野山に生息した哺乳動物の代表格は、イノシシとニホンジカとなった。大型獣から中小型獣へという動物相の変化にともない、狩猟方法の転換が図られ、槍から弓矢へという狩猟具の変革をもたらした。

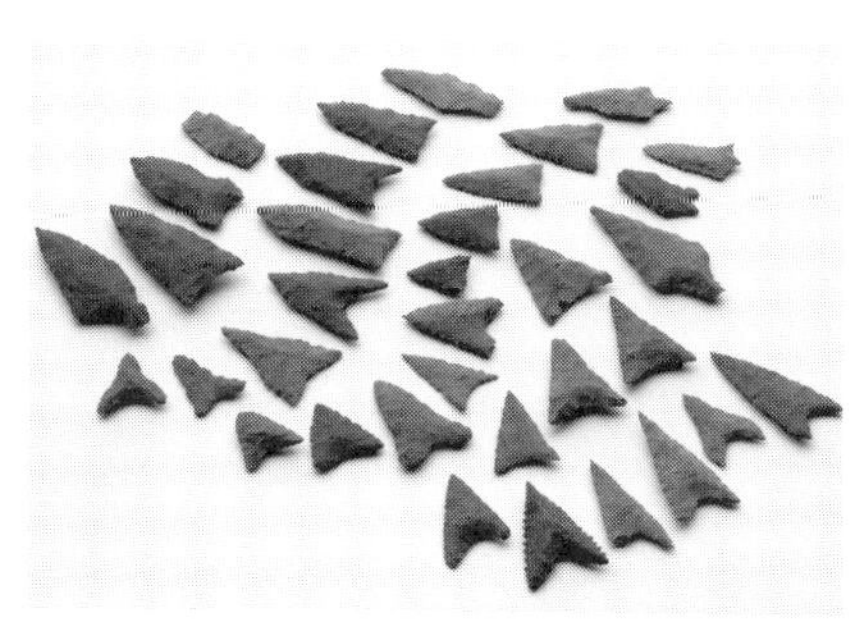

図１　池田遺跡から出土した石器群　石鏃（左）と有溝石器（右）

旧石器時代から縄文時代への移行期に出現する狩猟具のひとつに、有茎尖頭器と呼ばれる小型の槍先があり、樋状剥離（槍先の厚味を減じるために本体深くまで届く樋状に剝ぎ取る技法）と呼ばれるすぐれた技術や、独特の整った形態が特徴とされ、ほかの尖頭器と区別される。葛城地域からは大和高田市礒野北遺跡、同市池田遺跡、香芝市鶴峯荘第１地点遺跡、葛城市竹内遺跡、御所市下茶屋遺跡などから出土している。

このなかの池田遺跡では、尖頭器や石鏃とともに扁平な砂岩系板状石材を用い、直線的で深く明瞭な線状痕を残す溝をもつ、有溝石器と呼ばれる石器が出土しており［前澤　二〇〇二］、狩猟具の研磨にかかわる道具ではないかと考えられる。この石器は奈良盆地周辺では初出であるが、三重県境に近い山添村桐山和田遺跡や同北野ウチカタビロ遺跡では、縄文草創期の隆起線文土器や有茎尖頭器などの石槍、古いタイプの石鏃などの狩猟具とともに出土していて、列島で土器が出現する時期の、狩猟のための道具の構成が明らかになっている。それは伝統的に旧石器時代の狩猟具の首座を占めていた石槍を引き続き利用しつつも、次第に弓矢中心の狩猟に移りつつある事情を反映した石器群と捉えることができる。従来の突槍や投槍に替わって、中小の哺乳動物を対象とした狩猟具として、より遠くへ、より正確に的を射止めるため

図２　勢野東遺跡から出土した尖頭器

図３　西北窪遺跡から出土した局部磨製石斧

の飛び道具が必要になったということだろう（図１）。

ちなみに葛城の周辺では、二〇一〇年大和川を挟んだ北側の三郷町勢野東遺跡において、石槍を主体とした旧石器時代末期から縄文時代草創期にあたる時期の狩猟具が出土している。この遺跡は大和川河床からの比高差が四m前後の河畔に形成された氾濫原に立地し、そこではサヌカイト製の尖頭器の製作が行なわれていて、四六点の木葉形尖頭器と柳葉形尖頭器が出土している［光石ほか 二〇二〇］（図２）。

移行期の石斧　御所市西北窪遺跡では、縄文時代に移行する時期の一種特異な形態の石斧が出土している。長さ一二・七cm、幅三・六cm、厚さ二・九cmと大型で、重さ一五〇gの重量感ある磨製石斧である［廣岡 二〇〇二］（図３）。斧の中央が甲高で断面が台形となる独特の形態を呈し、粗く作出した剥離痕をそのままとどめ、刃先付近のほか体部の一部以外に目立った研磨個所はみられないことから局部磨製石斧という名称をもつ。長野県伊那市神子柴遺跡の出土品が標識資料とされていることから、神子柴型石斧と呼ばれることもある。この石斧は主に東日本に濃く分布域が広がっており、しばしば大型で精美な木葉形尖頭器とともに出土することが知られる。本遺跡の石斧は典型的な神子柴型石斧と比較すると、サイズや形態などやや変容・退化しているが、神子柴型石斧の特徴的な属性を備えていることから、この系統の下に製作されたことは疑いなく、分布の希薄な近畿地方への波及を示す例として貴重である。なお香芝市田尻平地山遺跡からも有茎尖頭器を含む石槍などとともに、長さ一一cm、幅四・八cmの局部磨製石斧が出土している。こちらは西北窪例よりかなり退化した形態で、神子柴型石斧が消滅する直前の段階と考えられる。

石斧は立木の伐採や木の加工に欠かせない道具である。大型の神子柴型石斧は主に伐採用として有用な斧と考えられるが、その後まもなく消滅してしまう。定住が進み木材需要も増えたはずだが、神子柴型石斧とその後の磨製石斧との関係については充分に説明できず、とりわけこの石斧の特殊性が取りざたされる。

土器の普及　縄文時代草創期には列島で初めて土器の使用が始まる。土器を調理具として煮炊きに利用しはじめることで、食生活の向上や衛生面の改善に大きな役割を果たした。香芝市穴虫桜ヶ丘第1地点遺跡で草創期の直径二～三mの規模の石器製作土坑が発見され、そこから石斧、削器、二次加工剝片、石核、多数の剝片などとともに、無文土器と押圧縄文土器（多くの縄文土器が撚り紐〔縄〕を回転して施文するが、これは撚り紐を器面に押しつけて縄の文様を施文する）の小破片が出土している。近畿地方の同時期の土器を参考にすると、丸底ないし小さい平底で、単純な深鉢形を呈した形態の土器と推定される。葛城地域ではほかに類例を聞かない。

つぎの縄文時代早期に降ると香芝市下田東遺跡で大粒の楕円文を施文した高山寺式土器が［小泉・辻・山下　一九八〇］、葛城市脇田遺跡で横位施文の山形文や楕円文土器と、斜格子状の大粒の楕円文を施した土器、および突帯のある異形山形文が施文された各種の押型文土器（文様を刻んだ細い円棒を器面上に回転させて施文した土器）が出土しており、これらは神並上層式ないし葛籠尾崎式と、高山寺式および穂谷式土器に該当する［神庭・岡田ほか 二〇一九］。

先の縄文時代草創期とこの早期の遺跡から出土する土器の実態を比較すると、器形や文様などの違いもあるが、一遺跡あたりの土器の出土量の多寡の差がとりわけ大きいことに気がつく。日本列島で土器が出現して間もない草創期では、一遺跡で出土する土器は数個から多くても一〇数個程度にとどまり、まさに土器使用の試行段階の状況を呈しているが、早期にいたると出土する土器の数は飛躍的に増加し、土器が普及していった様相をみせる。土器の使用が一般化することで、利用可能な食材資源の幅が広がり、定住生活を一層充実させる方向へ舵を切ることが可能になった。

2　葛城の縄文集落

山麓や扇状地に立地する遺跡　葛城地域の地形を俯瞰すると、南北に連なる金剛葛城山系が地域の西側を画し、山裾が丘陵となって東方の奈良盆地に向かって広がる特徴がある。丘陵が沖積地と接する傾斜変換線付近には、河川がいくつもの扇状地を生成している。縄文時代の遺跡はこういった丘陵末端や、扇状地上に存在しているケースが多い。これは乾地系と湿地系の両方の植生や、そこに棲む動物環境、利水環境などを視野に入れた、多様な生産活動が可能な環境のなかに、生活の拠点を営もうとした意図が反映された結果だろう。

香芝市狐井遺跡は二上山東麓に発達した低丘陵末端部に位置し、東西約八〇〇m、南北約六五〇mの範囲に広がる。かつて遺跡の北寄りにある改正池の改修時に、池底から喬木樹幹、木葉、クルミ等の果実が、縄文中期終末から後期中葉の縄文土器や石器とともに出土している。また一九九三年に行なわれた改正池東方地点の発掘調査では、北白川下層Ⅱc式・Ⅲ式、および大歳山式など縄文前期後半の土器が出土した（図4）ほか、東日本の諸磯系土器や瀬戸内の彦崎ZⅠ・ZⅡ式に類似した異系統の土器も含まれていた。小面積の発掘調査にもかかわらず、約六〇〇点の石鏃のほか、石匙、石錐、異形石器などサヌカイト製剥片石器と、

図4　狐井遺跡から出土した縄文土器

剥片類や石器の未製品が多数出土し、積極的な剥片石器の製作が行なわれていたことが明らかになった。ここでは赤漆塗土器や、イノシシとシカの遺存体が未分解の状態で発見されるなど、有機遺物も良好な保存環境下で出土している［山下 一九九四］。

葛城市竹内遺跡は河内との国境にある竹内峠一帯を源とする、熊谷川がつくる広大な扇状地上に立地する。遺跡は標高九〇m付近の扇央部を中心に、その範囲は南北約一〇〇〇m、東西約五〇〇mに及ぶ。ここでは縄文時代草創期に始まり晩期にいたるまで、断続的ながら扇状地の各所で活動の痕跡が確認されており、時期の異なる複数の縄文遺跡が扇状地に点在していたと考えられる［樋口 一九三六］。扇頂部付近では住居跡こそ未発見だが、晩期前半から中葉の地床炉、土坑墓、土器棺墓、配石遺構などからなる、葬送や祭祀に関連した遺

構が検出されている。この一帯の遺構や遺物包含層からは、石剣・石棒や土偶（図５）など呪術具のほか、サヌカイトの原石、石核、剥片、槌石（つちいし）や敲石（たたきいし）など剥片石器製作にかかわる素材や、副次的生産物と工具類など、膨大な数の遺物が出土している。本遺跡は竹内峠東側の交通の要衝にあり、かつサヌカイトの産地を近隣に擁していることなどを背景に、活動の拠点となる集落が断続的に営まれていた状況が明らかにされている。

図５　竹内遺跡の石棒・土偶などの出土品

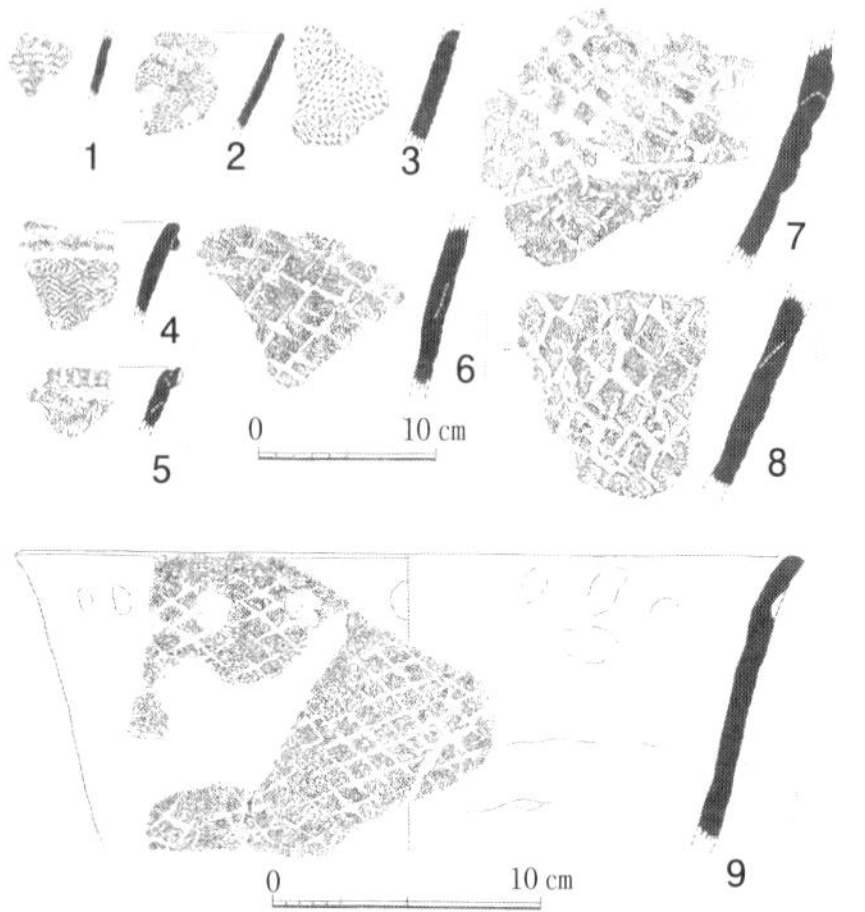

図６　脇田遺跡の縄文早期の土器（拓影）

葛城市笛吹集落の北側から東に延びる低丘陵上に立地する脇田遺跡では、縄文早期から晩期にいたる間にいく度か、この丘陵緩斜面や先端付近などを利用した生活の痕跡がうかがえる。特に土器では先述した早期の高山寺式土器をはじめとした押型文土器と、後期終末から晩期の滋賀里Ⅰ式土器、篠原式土器、船橋式土器などが数的に目立っている。葛城南部域では最も早い時期に活動を始めた縄文遺跡である（図６）。また大洞ＢＣ式段階の亀ヶ岡式文様を有する土器や、有縁石皿（製粉用の臼のような道具で、特に摺り面に縁をつくりだす特徴をもつ）などの異系統の遺物が出土していることも注目される。

御所市下茶屋地蔵谷遺跡は、葛城川の一支流である竹田川が開析した谷を臨む丘陵上とその斜面に立地する遺跡で、底部を穿孔した深鉢二基が埋置された土器棺墓と、その周囲に堆積した遺物包含層から、縄文土器や石器類が多数出土している。土器棺墓が存在した地点はこの付近でもっとも高い場所で、想定される集落の中心にあったと思われる。大型の破片を多く含む大半の土器は、その場所から流出して周囲に堆積したものと判断されている。本遺跡は縄文中期終末に出現し、後期初頭にいたる比較的短期間に営まれているが、大量に出土した縄文土器は、葛城地域におけるこの時期の土器型式変遷を把握するうえで、基礎になりうる重要な資料である［坂ほか　二〇〇〇］（口絵２）。

その南方にあって、東方に派生した標高三五〇ｍ前後の、尾根緩傾斜面に立地する御所市伏見遺跡では、近接する谷状地形に堆積した遺物包含層から、縄文後期中葉の土器がまとまって出土している。堆積した上層の遺物包含層は大きく上下に区別でき、下部からは北白川上層式３期の土器が、上部からは一乗寺Ｋ式土器が出土している。この時期の器種・器形や文様構成などがわかる資料に恵まれない葛城地域では、欠くことのできない土器である。土器は大型の破片や完形品が多く、磨耗もほとんどない。ごく隣接した地点に土器二型式にわたって営まれた安定した生活の場が存在し、一括廃棄された土器などが、何らかの事情で風化することなく堆積にいたったのだろう［北中 二〇〇五］。

低地に立地する盆地部の遺跡　山麓や扇状地に立地する遺跡が多いなか、盆地部においては、しばしば沖積層を下刻して流れる縄文時代の河川が発見され、堆積と浸食が繰り返される地形の形成経過が読み取れる。その周辺に生成された微高地や、丘陵が沖積地に埋没した付近を中心に集落を構えた縄文遺跡の発見が近年相次いでいる。

広陵町箸尾（はしお）遺跡は、高田川と葛城川とに挟まれた標高が四一m前後の奈良盆地最低地部に立地し、自然流路がいく筋も流れる環境のなかで、縄文中期終末から晩期終末までの間の断続的な活動がうかがえる。晩期中葉の貯蔵穴や、晩期終末の船橋式の深鉢をおさめた土器棺墓などがみつかっている。貯蔵穴は一〇m四方の範囲内に一〇基が密集して営まれ、規模は直径約二・三〜〇・九m、深さ〇・七〜一m程度のほぼ円形・袋状の土坑で、堅果類は遺存していなかったが、地下水がしみ出す砂層に達するように穿った、典型的な西日本型の湿式貯蔵穴である。宇陀市本郷大田下（ほんごうおおたした）遺跡の同種の貯蔵穴の調査成果をふまえれば、救荒用の長期保存のためとは考えがたく、虫殺しに加えてつぎの収穫期までの比較的短期の貯蔵を目的とした施設だろう。このほか本遺跡では縄文後期後半を主体とした土器と、多量のサヌカイト原石や剝片が、河岸付近に堆積した流路跡から発見されている［中井・松田 一九八二、光石 二〇〇一］。

御所市本馬（ほんま）と市境を超えた橿原市観音寺町付近一帯に広がる観音寺（かんのんじ）本馬遺跡は、葛城川と曽我川がつくる沖積地に立地する。縄文晩期には東側にある本馬丘陵を避けて、いく筋もの自然流路がこの沖積地を下刻して流れている。ここでは建物、埋葬施設、地床炉、石囲炉、土器溜まりなど、ほぼ滋賀里Ⅲｂ式を中心とした晩期中葉に時期が絞れる遺構や遺物が発見された。また遺跡の中心部からやや離れた地点では、自然流路河岸から丸太材を杭で固定した水場遺構や、流路の中央では河床や丸太材に杭を打ち込んだ魞(えり)漁の施設も検出されている。ほかにも遺跡からは草創期の有茎尖頭器のほか、前期北白川下層Ⅱｂ式、Ⅲ式、中期終末、後期初頭、後期後半の土器などが出土していて、この調査地周辺の沖積地が、生活の拠点や生業活動の場になっていたことが明らかにされている。本遺跡については後にも詳しく触れる。

大和高田市西坊城(にしぼうじょう)遺跡は同市西坊城と橿原市東坊城との間を北に流れる住吉川の西側に形成された、標高六五ｍ前後の微高地上に立地する。遺跡からは縄文晩期滋賀里Ⅱ式とⅢａ式の五基の土坑墓と、滋賀里Ⅲａ式の二基の土器棺墓、および土器溜まりが発見されている。土坑墓には直径一～一・三ｍで平面が円形と、長さが二ｍ程度の楕円形のものがある。土器棺墓は深鉢を、土坑内に横向きないし直立に据え、浅鉢を蓋として被せたものがある。ここで土坑墓と土器棺墓とが共存していることについて、初葬と再葬という段階をふむ埋葬儀礼が想定されている。また土器溜まりは九ｍ×六ｍの範囲から、埋葬施設と同時期の土器が多数出土しており、埋葬や再葬の儀礼やそれと関連した廃棄行為などが執行されたのだろう［伊藤・岡田 二〇〇三］。

大和高田市池田遺跡は、馬見丘陵の最南端部にある領家山丘陵の裾が、沖積地と接続する場所に立地する。埋没古墳群の下層に堆積した砂層から、前項で触れたように、有茎尖頭器、柳葉形尖頭器、石鏃、有溝石器などが出土しており、縄文草創期に盆地内に活動拠点が存在した証といえる。これらにともなう草創期の土器は未発見だが、つぎの早期の土器は大川式土器、神宮寺式、葛籠尾崎式などからなる押型文土器がある。

図7　玉手遺跡で検出されたサヌカイト剝片集積土坑

また異形局部磨製石器（突出部が丸味をもつ石鏃形の石器で部分的に磨かれているが用途は不明）の出土は、さらに後続する押型文土器の存在を予想させる。早期後半から前期にかけての土器には石山式、羽島下層Ⅱ式、北白川下層Ⅱa、Ⅱb式土器などがあり、関東地方の諸磯b式に類似する土器も出土している。中期には船元式が、後期には北白川上層式などが出土しているが、出土量では晩期終末の凸帯文土器が最も多く、同時に出土した弥生前期の土器とどのようにかかわるのか、文化の移行期の動向にも関心がおよぶ。

御所市街地の南東にある玉手（たまて）遺跡は、掖上丘陵を西から回り込んで、曽我川に流れ込む支流の北側に広がる沖積地に立地する。これまでに四次の発掘調査が実施されており、遺跡の始まる縄文前期初頭のほか、前期では北白川下層Ⅱb式土器もある。その後中期終末から後期初頭および後期中葉には、石囲遺構、土坑、埋設土器などの遺構が確認され、天理C式や天理K式のほか、北白川上層式とともに関東の堀之内式系統の土器などが出土している。またこの時期には石鏃、石匙、石錘、定角式磨製石斧（側辺が直線的な形態を呈した磨製の石斧）、磨石、石棒などの狩猟具や工具類が出土しているほか、鼓形を呈した長さ約六㎝のスタンプ形土製品や滑車形耳飾なども出土している。遺跡は縄文晩期後半の鬼塚（おにづか）・口酒井（くちさかい）式期に再び盛期を迎えることになり建物、地床炉、土坑墓、土器棺墓、サヌカイト剝片集積土坑などの遺構が検出されている（図7）。建物は地床炉の確認できるものがあり、平地式の掘立柱建物と考えられ、五角形や長方形など平面形には統一性がない。埋葬遺構の土坑墓と土器棺墓は地域を分けず混在するが、土器棺墓は数基が固まって存在する傾向がある。サヌカイト剝片集積土坑は直径三三㎝、深さ一九㎝の規模で、埋土の上半部から一三七点のサヌカイト剝片が出土している。剝片の分析から石器の素材とはなりえないと判断されており、石材の備蓄・保管ではなく、有益資源の象徴的な埋納行為と考えられる。出土品のなかで特に注目できる縄文晩期の糸玉は、水銀朱の赤漆を塗った苧麻（ちょま）とされる植物繊維を撚った糸を、何本も束ねた紐を結んで輪状としている。どのようにして漆糸を束ねたり結んだりしたのか、技術的に解明されていない資料である。糸玉は東日本には比較的多くの類例があるが、近畿地方では本例のような、良好な状態のものが出土した報には接していない（口絵３）。ほかにも一三点の土偶や赤鉄鉱など特殊な遺物も出土しており、この種の遺構や遺物の存在は、調査地が埋葬や祭祀の場として利用された特別のエリアであったことを示している［木許・小泉ほか 二〇一七］。

３　集落の構造と建造物

クリ材を使った建物　葛城地域の縄文遺跡で集落の構造や施設の配置などが明らかになっている例は限られるが、近年の発掘調査で集落の一角の状況や、集落周辺の土地利用や生業関連施設の一端がわかった遺跡がある。先にも触れた観音寺本馬遺跡では、土坑墓と土器棺墓群からなる埋葬遺構や、建物、土器溜まりなどが互いに隣接するほか、重なり合うように存在していた。建物遺構一四基はどれも掘立柱建物であるが、平面形が六角形や八角形など多角形を指向する。ただ円形に柱穴が並ぶ建物や、柱列が内外二重に配された建物などもある。このように建物群全体としては形態差も大きく、柱が揃わない建物も存在するなど統一性には欠ける傾向があるほか、建物構造の復元が困難なものも少なくない。

平面形は多様だが、どの建物も中央付近に炉穴と思われる焼土穴ないし焼土塊が確認できる。そのなかの一基の建物は検出面から約四〇㎝前後、別の建物では約六〇㎝の深さに柱の下端が据えられている。炉穴と考えられる焼土穴などの残存状態を見る限り、後世に著しく深い削平があったとは考えがたく、構造的には平地式の建物であったと判断できる。

これらの建物のなかの二基の建物は、柱材が腐食を免れた柱根が遺存していた。二つの建物は丸太を縦に截断した辺材を用いることで共通し、辺材の形状から判断すると直径が六〇～七〇㎝を測る、かなりの大木を利用していたことになる。一般的な竪穴(たてあな)住居などとは区別される柱材で、居住とは別の目的のために用意された建物と考えられる。なおこの太い柱にはいずれもクリ材が使われていた。

掘立柱建物群と墓域　この二基の建物と埋葬施設の土坑墓や土器棺墓とは、同一エリアに営まれていて、重複して存在する場合や、両者が近接して設けられているケースもある。これらの遺構は同時に存在したのではなく、実際には時期が異なって造営されたものと推定されるが、当初からこの建物と墓域を分離する意図はなかったのかもしれない。平地式で太い柱根をもつこの建物群は、このエリアの中央付近に建設されていて、先述の太い柱をもつ建物は、柱材が遺っていない別の建物とほぼ接するような位置にあり、同時存在とはみなしがたく、この中央付近において建て替えが行なわれた結果と考えたい。居住とは別の目的があってこの場所に拘り、かつ特別の仕様によって建築したのだろう。御所市域となる同遺跡の南側隣接地で検出された二基の建物は、桁行三・四cm、梁間二・二mの一間四方と、六本の柱をもつ亀甲形の平地式建物で、縦に截断した最も太い柱の直径は五二cmを測る。

観音寺本馬遺跡のこれらの建物は構造や規模が異なるものの、北陸地方において晩期中葉前後に普及した環状木柱列（かんじょうもくちゅうれつ）（大木を縦に半截した柱を円弧上に配列した構造物）や大型掘立柱建物と、一部に共通する属性を備えている。それは構造物が集落のなかでも、埋葬遺構群に近接して存在することをはじめ、一般の住居などの建物との構造的相違や、太い用材とその木取りの方法など、類似する特異な要素をもっていて、遠く距離を隔てて存在する遺構とはいえ無関係とは考えにくい。これらの建物と隣接して、モノ送りの場とも考えられている土器溜まり遺構が存在し、住居など平時の生活に供する施設ではなく、先祖をはじめ自らにつながる死者を埋葬した場所で、彼らを弔うことなど、集団の重要な儀式を執り行なうための特別の構造物だと推測される。

4　資源環境への働きかけ

埋没林の発見　観音寺本馬遺跡では、建物や埋葬施設が発見された集落から、およそ北東に三〇〇m離れた場所でも興味深い調査結果がもたらされた。沖積地を蛇行するように開析して流れる、複数の自然河道跡が発見された調査地では、河道によって分断された平坦地の一角である約五〇〇〇㎡の範囲から、洪水砂に

表　観音寺本馬遺跡の埋没林の樹種の割合

		根株（本数・割合）		倒木・流木（本数・割合）		合計（本数・割合）	
1	クリ	25	36.76%	40	51.28%	65	44.52%
2	ツバキ属	5	7.35%	6	7.69%	11	7.53%
3	ヤマグワ	6	8.82%	4	5.13%	10	6.85%
4	カエデ属	7	10.29%	1	1.28%	8	5.48%
5	アカガシ亜属	1	1.47%	7	8.97%	8	5.48%
6	オニグルミ	2	2.94%	2	2.56%	4	2.74%
7	エノキ属	1	1.47%	3	3.85%	4	2.74%
8	ムクノキ	1	1.47%	3	3.85%	4	2.74%
9	イヌガヤ	4	5.88%	0	0.00%	4	2.74%
10	トチノキ	0	0.00%	3	3.85%	3	2.05%
11	カヤ	1	1.47%	2	2.56%	3	2.05%
12	コクサギ	1	1.47%	2	2.56%	3	2.05%
13	ニレ属	3	4.41%	0	0.00%	3	2.05%
14	ムクロジ	0	0.00%	2	2.56%	2	1.37%
15	ヤナギ属	2	2.94%	0	0.00%	2	1.37%
16	クスノキ科	2	2.94%	0	0.00%	2	1.37%
17	コナラ節	1	1.47%	1	1.28%	2	1.37%
18	ニワトコ	2	2.94%	0	0.00%	2	1.37%
19	クヌギ節	0	0.00%	1	1.28%	1	0.68%
20	アオキ	1	1.47%	0	0.00%	1	0.68%
21	ガマズミ属	1	1.47%	0	0.00%	1	0.68%
22	トネリコ属	1	1.47%	0	0.00%	1	0.68%
23	ウコギ属	1	1.47%	0	0.00%	1	0.68%
24	キハダ	0	0.00%	1	1.28%	1	0.68%
	合　計	68		78		146	

図8　観音寺本馬遺跡の埋没林

覆われて埋没した多数の流木や倒木とともに、埋没した六八株もの根株が発見された。この埋没林は先に述べた南西にある観音寺本馬遺跡の集落が営まれた、晩期中葉前後には形成されていた樹林と推定される。ここで述べる植物遺存体の全容をみると、さながら里山の埋没林とでもいえるようである。埋没していた根株はクリ、イヌガヤ、オニグルミ、ヤマグワ、ムクノキ、カエデ属など二〇種に及ぶが、その内訳はクリの根株が全体の三分の一以上の二六株を数え、残りはそのほかの樹種が数本程度ずつで構成されていた。この発見で注視すべきは樹種別の内訳で、これまで縄文時代の盆地沖積地における花粉分析をもとに推定される、当時の自然の森相とは多少異なっていたことにある〔平岩 二〇一二〕（表・図8）。

あらためて観音寺本馬遺跡でみつかったクリの根株をみると、直径が五〇㎝前後のかなり太いものが多く存在していた。クリはある程度良好な生育環境の下であれば大木に育ち、樹高が二〇〜三〇ｍにおよぶものも珍しくない。この大木を建築材として利用したとすれば、相当規模の大きな構造物の建造も可能である。事実、先に触れた観音寺本馬遺跡の集落内で発見された構造物のなかでも規模の大きな柱穴には、クリの太い柱根が遺存しており、身近な資源が利用されたことを証明している。

不自然なクリの埋没林　埋没林が発見された場所では、根株に加えてその周辺一帯や河道などから太い流木や倒木も出土し、多くの樹種があるなか、クリは実に六五本と、出土総数の約四五％を占めていた（表）。また発見された埋没林の位置を詳しくみると、クリの根株は調査地域内に万遍なく生えていたのではなく、複数の流路に挟まれた約八〇ｍ四方の場所に集中して存在していた。しかもその範囲内には、クリ以外の樹種の根株は一本も存在しない、いわばクリ林のような様相を呈していたことがわかった。そもそもクリの木は、どちらかといえば水はけのよい乾燥した環境の場所でみかけることが多い。根株が発見された沖積地は、流路によって再開析された段階にあり、実際にすぐ脇に複数の流路があるかなり湿潤な環境にあった。このような河川後背地の環境であっても、必ずしもクリの成育を妨げることはないという植物学からの見解もあるが、本遺跡のように一定のエリアにほかの樹種が存在しないなか、クリだけが生育した林相の存在はやはり不自然と考えざるをえない。おそらく本遺跡に近接する集落の人々が、建築物の用材や食用のクリを安定して得るため、利用価値の高いクリ林を育てていたと考えるのが妥当だろう（図9）。

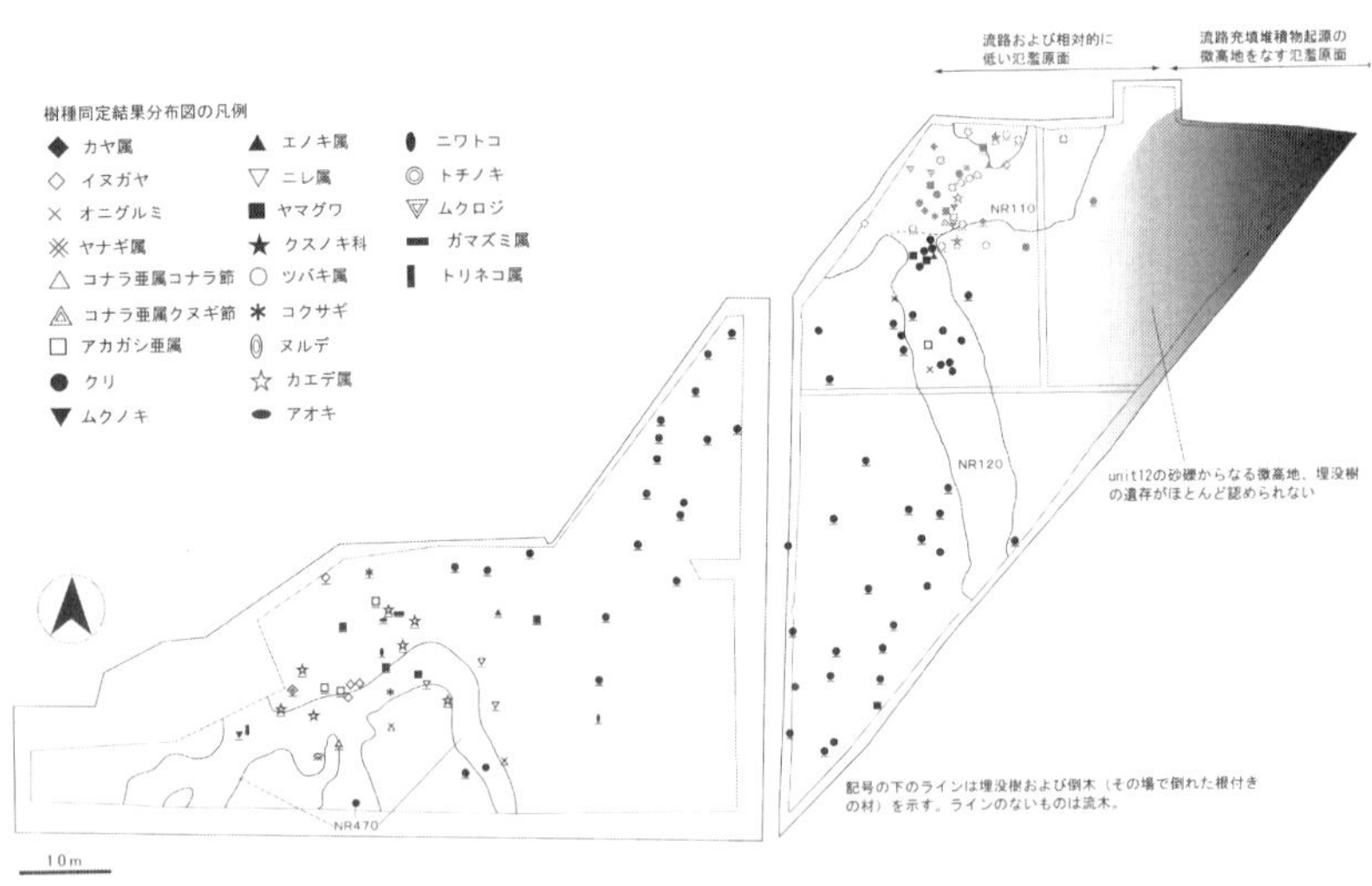

図９　観音寺本馬遺跡の埋没した根株の分布図

流木などとして出土した本遺跡のクリの年輪幅を計測したところ、陽樹であるクリの木が充分に陽光を浴び、成長が促される環境にあったという報告があり、クリ林として適切な育成・管理がされていたと考えてよいだろう。またこのクリの根株密集地の周囲で発見された根株にはトチノキ、ヤマグワ、オニグルミなどがあり、多くは実が食用として利用できる樹種によって占められていた。食用堅果類を得るために、クリと同様に利用に適った樹種を選択し、育成を促していた可能性が高いと思われる。

里山の育成・管理　縄文時代のクリの利用に関しては、これまで建築材をはじめ、用材としてのクリの木や食料としてのクリの実を、消費された場で発見された資料をもって語られてきた。観音寺本馬遺跡におけるクリなどの種実が得られる樹種の埋没林や倒木の発見は、集落の周辺で有用な森林を育成・管理していたことを意味している。太い柱など建築材として利用できるクリの育成や、各地で出土している栽培種並みの大きなクリの実を、どのように育てたのかなど、今後究明すべき課題も多い。近年縄文時代のマメ類に代表される食用植物の栽培化が推定されているように、当時の人々が自然の環境から資源を一方的に獲得するのではなく、生産性の向上を図って、周囲の植生に積極的に働きかけたという、生産地の実態を把握することができた成果を評価したい［松田 二〇二〇］。

縄文時代の奈良盆地は河川による堆積作用が進行し、不安定な環境にあったことから、かつては継続して営まれた縄文集落の存在には懐疑的意見が多かった。しかし、本遺跡で明らかにされた有用な樹木を選択的に育成する里山のような林は、近隣に安定した居住拠点の存在があってこそ維持・管理が可能となる。森林の育成は世代を超えて引き継がれることを想定していたに違いなく、大木を用いた構造物の存在をはじめ、墓地の形成などもそのことを傍証している。葛城地域東部あたる盆地部では、不安定な地形環境のなかにあっても、適切な居住場所を選択し、時には規模拡張や地域内で移動するなどして、継続した集落の維持と生産性の安定を図っていたことが考えられる。

５　縄文晩期の埋葬と社会

盆地を見下ろす葬祭場　葛城地域の縄文遺跡から発見される遺構として、最も数多く認識されているのが埋葬遺構で、その大半が縄文晩期に属している。先に紹介した竹内遺跡では扇状地の最も標高の高い付近で、一九七六年と一九九七年に近接する二ヶ所の調査で、晩期前半から中葉の土坑墓、土器棺墓、配石遺構を検出している。ただし土坑墓には後期にさかのぼるものもいくつか含まれている。

本遺跡で土坑墓として認識された遺構は約百基あるとされるが、すべてが埋葬施設と断定はできない。発見された土坑墓は滋賀里Ⅱ式とⅢａ式の二期に区分でき、規模と形状は長さ一・八ｍ前後の平面楕円形と、長さ一・〇ｍ前後の円形を呈する形態のものが多い。ただこれまで発見された晩期の埋葬施設からは、人骨が遺存した例はなく、性別や年齢はもちろん、埋葬個体数や埋葬方法などに関する情報は得られていない。土坑墓のなかには石刀、石剣、独鈷石（どっこいし）など、所有が限られる副葬品が埋置されていたケースもある。

土器棺墓は土坑墓群の西側で二基発見されていて、乳幼児や小児が埋葬されたと考えられており、明確ではないが土坑墓とは場所を区別していた可能性がある。配石遺構の性格についても断定はできないが、配石の下に土坑が穿たれていて、埋葬遺構と判断されたものも存在する。同時期の居住域についてはいまだ明らかにされていないが、このように盆地を眼下に見下ろす扇状地の高位に、埋葬と祭祀の非日常空間が設けられていたことはたしかだろう［久野・寺沢　一九七七、橋本　一九九八］。

土坑墓と土器棺墓からなる墓地　竹内遺跡にみるような土坑墓と土器棺墓からなる縄文晩期の墓地は、橿原市曲川（まがりかわ）遺跡や先に触れた大和高田市西坊城遺跡などでも確認されている。埋葬施設の構成をみると、曲川遺跡のミヤケ地区では晩期中葉から終末にあたる、篠原式から長原式にかけての土坑墓と土器棺墓が存在しており、西坊城遺跡では発掘調査の範囲が限定されてはいたが、晩期前半から中葉にあたる、滋賀里Ⅱ式とⅢａ式の土坑墓と土器棺墓で構成されているなど、沖積地に立地する遺跡でも埋葬遺構の内容が明らかにされている。

本節でみてきた観音寺本馬遺跡においても、晩期中葉の土坑墓と土器棺墓からなる埋葬施設をもつ墓地の様相がわかっている。発見された土坑墓は合計一九基、土器棺墓が合計一七基で、この二種類の埋葬施設の数はほぼ拮抗した割合で混在している（なお、隣接する調査区で同時期の土坑墓一基と土器棺墓六基が発見されており、ほぼ同時期に存在した可能性が高く、埋葬遺構の総数は、土坑墓二〇基、土器棺墓二三基となる）。ただし同じ晩期であっても、本遺跡より造営された時期が新しい、晩期中葉から終末に営まれた曲川遺跡の墓地では、土坑墓が一〇基に対して土器棺墓は七二基存在し、また同じく観音寺本馬遺跡の南西方約二㎞にある御所市玉手遺跡の墓地では、晩期後半の土坑墓一四基と土器棺墓二一基からなっており、いずれも土器棺墓の数の方が大きく上回っている。一方で滋賀県大津市滋賀里遺跡では、観音寺本馬遺跡より時期がさかのぼる晩期初頭から前半に営まれた大規模な墓地の内容が報告されていて、埋葬施設の種類別構成は土坑墓八一基に対して、土器棺墓二五基が検出されている。ここでとりあげたどの遺跡も墓地全体の埋葬遺構の構成が把握されているわけではないが、これらの事例を含めて、近畿地方中部における埋葬施設の種類別の割合は、縄文晩期前半の土坑墓が主体となる構成から、晩期後半に降ると土器棺墓が優勢な構成へ推移する傾向が見て取れる。ここ葛城地域の縄文晩期の墓地においても、埋葬施設の動

図10　観音寺本馬遺跡において土器棺墓として使われた深鉢

図 11　観音寺本馬遺跡で検出された土坑墓の埋葬状態

向は同様の歩みをたどっていたことになる。成人の埋葬は土坑墓に、乳幼児の埋葬は主に土器棺墓が用いられるとみられているが、こういった傾向をみると、埋葬施設の選択が被葬者の死亡年齢に必ずしも規制されているとはいえず、再葬（二次葬）という風習とも深いかかわりがあるのではないかと思われる（図10）。

複数体が発見された土坑墓　観音寺本馬遺跡の墓地の埋葬施設を詳しくみると、一九基発見された土坑墓は大きさに多少バラツキがあるものの、長さ一・〇〜一・八m、幅〇・六〜一・〇m程度の規模で、平面が概ね隅丸長方形を呈している。そのなかのいくつかの土坑墓では、用途は明らかにし難いが、四隅に打ち込まれた杭が腐らずに発見されている。また土坑墓のうち七基には内陸の沖積地に立地する遺跡では珍しく、比較的良好な状態で埋葬された人骨が遺存していた。そのなかの四基はいずれも仰臥屈葬（ぎょうがくっそう）したことが明らかな単体埋葬であった（図11）。しかしそれ以外の三基の土坑墓には、関節部分が交連しない複数体の人骨が遺されており、うち一基からは合計六体分もの人骨が一括して出土した。また別の土坑墓一基からは三体分の人骨が、さらにもう一基からは四体分の人骨が出土した。このように埋葬人骨が遺存していたことで、埋葬の方法や死者の扱いなど、埋葬にいたる経緯や事情が推定でき、ひいては当時の葬送の実情を明らかにする貴重な資料となった［本村・鈴木・大藪ほか 二〇一七］。

幼児を再葬した土器棺墓　土器棺墓では一七基のなかの七基に人骨が遺存していた。しかしどれも人骨の遺存状態は土坑墓ほどよくなく、多くの土器棺墓では遊離した歯が発見される程度であった。ただそのなかの一基の土器棺墓では、幼児とみられる頭蓋骨、下顎骨、四肢長骨が比較的良好な状態で発見された。しかし全身の人骨がすべて揃うことなく、頭蓋骨をはじめ一部の骨だけが遺存していた。想像するに亡くなった時点で一度埋葬し、遺体が骨化した後に骨が取り出され、改めていくつかの部位の骨を選択して土器棺に納めたのだろう。被葬者は永久歯の形成・萌出状態やエナメル質の咬耗（こうもう）程度などから、死亡年齢は三歳から四歳ごろと推定されている（口絵4）。

再葬の風習　本遺跡の土器棺墓で発見された人骨の調査で、死亡年齢をほぼ絞ることができた資料によれば、いずれも未成人が埋葬されており、この遺跡では成人の再葬墓として土器棺が使われた形跡はない。しかもそれらは三・四歳以下の乳幼児に限られていた。一方土坑墓に埋葬されていたのは主に成人で、なかでも単体埋葬されていたケースはすべて成人であった。ここでは成人は土坑墓に埋葬されることになっていたとみなしてよいかもしれない。ただ複数体が埋葬された土坑墓の三基すべてで、成人人骨とともに、幼児などの未成人がそのなかに含まれていた。この複数体が埋葬された土坑墓出土の人骨の分析によれば、一基の土坑墓では解剖学的位置にないバラバラになった成人三体と、未成人三体の人骨が再葬されていた。また別の一基の土坑墓では成人一体と未成人一体が埋葬された後に、成人一体が追葬されていた。さらに別の土坑墓には埋葬状態不明の成人一体と未成人一体、および成人一体と未成人一体が後に合葬されたと解釈されている。複数の遺体が合葬（再葬を含む）されたケースと、最初の埋葬から時間が経過した後に、追葬したケースの両者が存在したことが確かめられている［大藪 二〇一七］。

総数一九基が発見された土坑墓のなかで、人骨の出土が確認されたのは七基に限られていたが、人骨の遺存は埋没環境に左右されている疑いもあった。しかしこれらの土坑墓は一二〇〇㎡余りの限られた範囲にあり、見かけはほぼ同じような環境のなかに集中して存在していた。土坑墓内で採取した土壌の理化学的調査でも、土壌のｐＨは中性付近で、いずれの土坑墓も人骨の溶解を進行させる環境にはなく、人骨の遺存状態に影響するような、土坑墓間の埋蔵環境に違いはないという。この結果を重視すれば、土坑墓に埋葬された遺体は、その後一定の時間が経過した後に人骨が取り出され、ほかの土坑墓に再葬された場合があったとの解釈が可能である。合葬あるいは追葬として再葬されたことが、人骨の分析で検証されている三基の土坑墓の存在をあわせみると、人骨の出土が確認されていない一二基の土坑墓は、白骨化した後に人骨が取り出された結果、空になった状態で発見されたことになる。なお細かい骨片だけが少量遺っていた土坑墓は、再葬のため土坑から取り出す際に、取り残された人骨の一部であったと解釈してよいだろう。

栄養障害による疾患の痕跡　観音寺本馬遺跡で出土した縄文晩期の人骨は、被葬者の生前の成長や当時の儀礼や風習についても、解明の鍵となる痕跡を残していた。出土した人骨の歯の形成状態や、咬耗の進行状態によって年齢を区分すると、成人が一一体に対して未成人が一二体であった。その未成人には三・四歳前後に死亡した例が多く、それらの個体の歯には、多頻度でエナメル質減形成が観察できた。これは乳幼児期に多くあらわれる非遺伝性の疾患で、環境ストレスを受けることで発症することもあるが、タンパク質やビタミン欠乏による栄養障害や胃腸疾患が原因で生じることが多いとされる。誕生してから幼児期にいたる間に、たびたび生命の危機に曝されるような疾患に見舞われていたことを示す痕跡とみてよい。当時は幼児期を身体が健康な状態で、無事乗り超えることが相当困難であったことがうかがえる［大藪 二〇一七］。

抜歯の施術　歯に残された疾患痕跡とは別に、人為的に健康な歯を抜去（ばっきょ）した抜歯（ばっし）が施術されていたことが確認できる。抜歯された人骨が発見された遺跡は岩手、宮城、千葉、愛知、岡山県などに集中する傾向があるが、これらの地域には縄文晩期の貝塚が比較的多く存在し、人骨が貝層によって保護されるためで、本遺跡の抜歯人骨の事例は、藤井寺市国府（こう）遺跡と並んで内陸地で得られた数少ない資料として貴重である。

本遺跡で抜歯と判断できる個体は、それぞれ別々の土坑墓から出土した壮年女性一体、性別不明の壮年一体、壮年から熟年の男性一体の三体である。これら三体に共通するのは抜去された歯の位置で、上顎左右いずれかの犬歯、もしくは左右の犬歯とも抜去していることである。具体的には壮年から熟年の男性の個体は、上顎左右の犬歯に加えて、下顎右の側切歯、同じく左の第一小臼歯を抜去していた。壮年女性の個体は、上顎左の犬歯が抜去されていたが、下顎の歯列は顎骨破損のため不明である。性別不明の壮年の個体は、下顎右犬歯は破損のため不明だが、ほかの犬歯の抜去状態からみて、おそらく上下顎とも左右の犬歯が抜去されたものと考えられている。

愛知県渥美半島に所在する縄文時代晩期の貝塚から出土した人骨を扱った抜歯調査の分析がある。年齢による抜歯の施術状況をみると、一三歳の個体に抜歯施術例が最初に出現していて、一五歳では対象とした人骨のなかで一体を除いたほかの個体すべてで抜歯施術が確認できる［藤田 一九九七・二〇〇六］（図12）。縄文

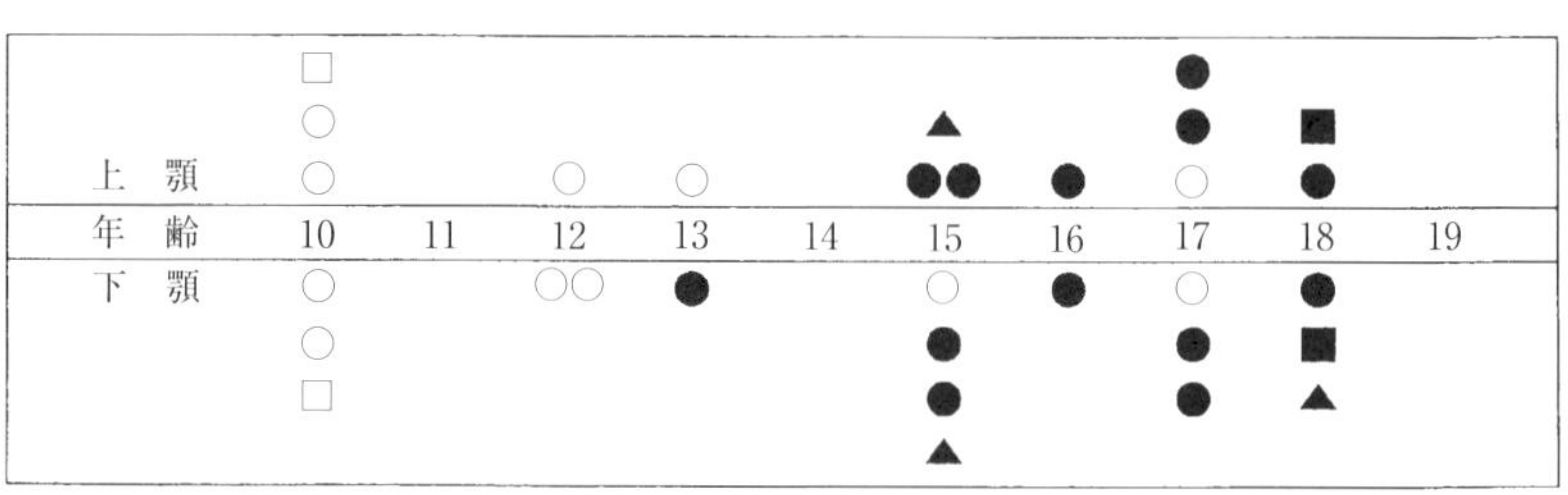

吉胡人骨抜歯非施術個体:○　保美人骨抜歯非施術個体:□　伊川津人骨抜歯非施術個体:△
吉胡人骨抜歯施術個体:●　保美人骨抜歯施術個体:■　伊川津人骨抜歯施術個体:▲

図12　渥美半島に所在する縄文晩期貝塚出土人骨の抜歯施術状況

晩期に限ると、成人人骨のほとんどが何らかの形で抜歯されていて、成人にとって抜歯は一般的な慣習と考えられ、なかには一人が合計で一〇本の歯を抜去した例も報告されている。抜歯の対象となった歯は上顎の側切歯Ｉ２、犬歯Ｃ、第１小臼歯Ｐ１、下顎の中切歯Ｉ１、側切歯Ｉ２、犬歯Ｃ、第１小臼歯Ｐ１に集中し、口を開けた時にどの歯を抜去しているか、対面した他者が容易に確認できる範囲にほぼ限られる。抜去する歯は施術時の年齢、性別、地域などによって異なるほか、抜去する順序も一定の決まりに則って執行されたと考えられ、抜歯から社会の仕組みを明らかにすることを目的に、抜歯型式が体系的に整理されている。

叉状研歯の施術頻度　観音寺本馬遺跡の土坑墓からは、抜歯とは別に、叉状研歯（さじょうけんし）と呼ばれる特殊な加工が施された歯が八例も確認されている。叉状研歯は非常に珍しい歯牙改変で、上顎の中切歯や側切歯に、一から三条の縦の溝を刻む特殊な施術で、人類学者の小金井良精氏が、国府遺跡で出土した人骨に施術された例を最初に報告したことで知られる［小金井　一九一九］。叉状研歯は現在までに全国で二九例の報告があるが、三河湾を中心とした愛知県東部の貝塚など八遺跡から二六例に加えて、大阪府国府遺跡で出土した三例に限られる［春成　一九九〇］。これらの遺跡がある愛知県東部から大阪府中

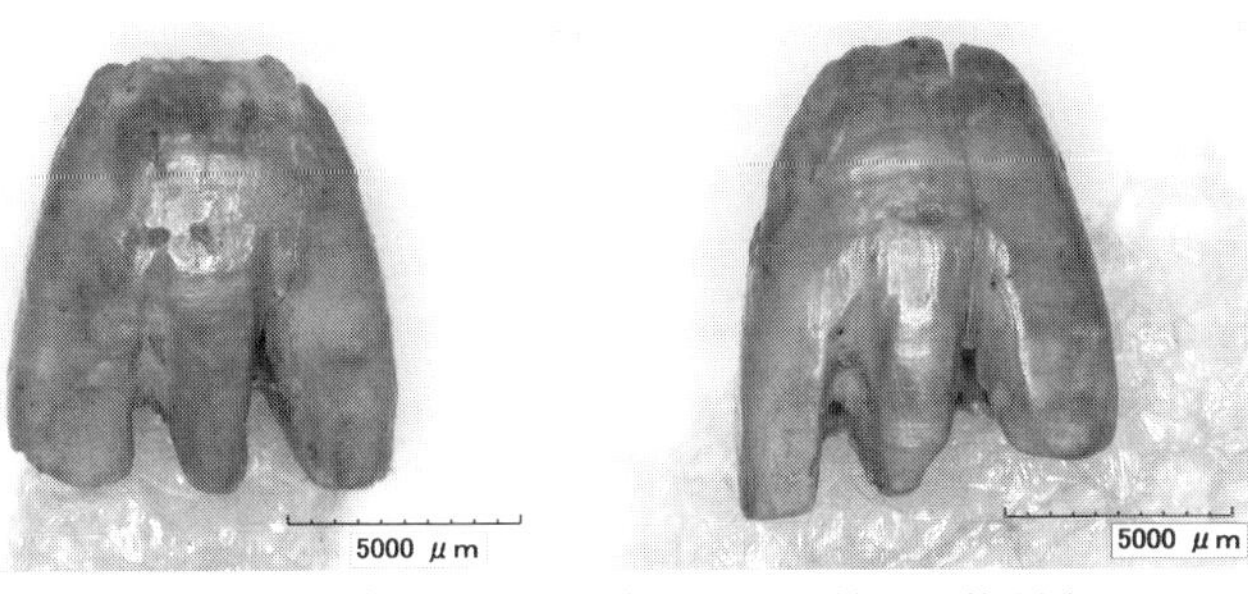

図13　観音寺本馬遺跡で出土した人骨の叉状研歯

部の範囲以外での事例には接していないため、時代と地域が限定できる縄文時代の習俗とみられていたが、本遺跡で発見された五個体の例がその地域間を埋める資料となった。

観音寺本馬遺跡の叉状研歯に話を戻そう。男性二体を含む最少個体数六体が埋葬された土坑墓からは、それぞれ別個体と思われる成人骨の、上顎左中切歯一点と上顎右中切歯一点が出土し、壮年女性と推定される単独葬の土坑墓からは、上顎左右の中切歯二点が出土している。性別不明の三体が埋葬された土坑墓の壮年の個体は、上顎左右の中切歯と上顎右の側切歯の計三点が出土しており、性別不明の壮年二体と幼児二体と推定される、最少個体数四体が埋葬された土坑墓からは、壮年の上顎左中切歯一点が出土している。このように埋葬施設全体で合計八点、施術個体数五体分の叉状研歯が確認されている（図13）。

本遺跡では土坑墓と土器棺墓をあわせて、晩期中葉の人骨二三体が発見されているが、そのなかの五体に叉状研歯が施されていた。したがって叉状研歯の施術率、すなわち発見個体数に対する割合は約二二％で、叉状研歯が確認されているほかの遺跡が、施術率一〇％前後であるのと比較すると、かなり高いことがわかる。かつ本遺跡の二三体のなかで成人に達していたと判断された一一体を対象とすると、実に半数に近い個体に叉状研歯が施術されていたことになる［大藪 二〇一七］。従来叉状研歯は集団内の特定の人物に限られた歯牙改変と考えられてきたなか、対象としたのが少数の発見個体数でみた施術率ではあるが、本遺跡での出現頻度が高率を示す意味を今後探る必要があろう。

ここで取り上げた抜歯や叉状研歯は、被施術者の成人や結婚など通過儀礼のほか、近親者の服喪などに際して執行されたと想像されるほか、個人の出自や身分をあらわすことを目的とした、慣行儀礼としての身体改変のひとつとも考えられる。葛城地域の縄文墓地から新たに得られた発掘調査の成果は、劣化を免れた有機遺物の出土も相まって、当時の社会構造や精神文化の解明に寄与する貴重な研究材料になるといえる。

参考文献

伊藤雅和・岡田憲一 二〇〇三『西坊城遺跡　奈良県文化財調査報告書』九〇　奈良県立橿原考古学研究所

大藪由美子 二〇一七「土器棺墓および土壙墓出土人骨の形質人類学的検討」『観音寺本馬遺跡』Ⅲ　奈良県立橿原考古学研究所

神庭滋・岡田憲一ほか 二〇一九「脇田遺跡の研究」『研究紀要』二三　由良大和古代文化研究協会

小泉俊夫・辻俊和・山下隆次 一九八〇「押型文土器を出土した香芝町下田東遺跡（一）」『青陵』四〇　奈良県立橿原考古学研究所

北中恭裕 二〇〇五「伏見遺跡二〇〇四―第一次・二次調査」『奈良県遺跡調査概報二〇〇四年（第二分冊）』

木許守・小泉翔太ほか 二〇一七『玉手遺跡 御所市文化財調査報告書』五二

久野邦雄・寺沢薫 一九七七「竹内遺跡発掘調査概報」『奈良県遺跡調査概報昭和五一年度』

小金井良精 一九一九「日本石器時代人の歯牙を変形する風習に就て」『人類学雑誌』三四―一一・一二

中井一夫・松田真一 一九八二「箸尾遺跡発掘調査概報」『奈良県遺跡発掘調査概報一九八〇年度』

橋本裕行　一九九八「竹内遺跡」『奈良県遺跡調査概報一九九七年度（第三分冊）』
春成秀爾　一九九〇「叉状研歯」『国立歴史民俗博物館研究報告』二一
坂靖ほか　二〇〇〇「南郷遺跡群Ⅳ」『奈良県立橿原考古学研究所調査報告』七六
樋口清之　一九三六「大和竹之内石器時代遺蹟」大和国國史會
平岩欣太　二〇一二『観音寺本馬遺跡』橿原市教育委員会
廣岡孝信　二〇〇一「西北窪遺跡」『奈良県遺跡調査概報二〇〇〇年（第三分冊）』
藤田　尚　一九九七「愛知県渥美半島出土の縄文時代人骨の抜歯」『古代』一〇四
藤田　尚　二〇〇六「歯の人類学 縄文時代人の習俗的抜歯」『老年歯学』二一—一
前澤郁浩　二〇〇一『遺跡調査報告ダイジェスト池田遺跡』大和高田市教育委員会
松田真一　二〇二〇『縄文文化の知恵と技』青垣出版
光石鳴巳　二〇〇一「箸尾遺跡第二八次」『奈良県遺跡調査概報二〇〇〇年度』
光石鳴巳ほか　二〇二〇『勢野東遺跡』奈良県立橿原考古学研究所
本村充保・鈴木一義・大藪由美子ほか　二〇一七『観音寺本馬遺跡』Ⅲ　奈良県立橿原考古学研究所
山下隆次　一九九四「狐井遺跡第八・九次調査」『香芝市埋蔵文化財発掘調査概報』二

第2章　初期農耕文化の展開と地域統合

第１節　葛城の弥生集落と水田開発

金澤雄太

１　水田の経営

弥生時代の始まり　弥生時代は、当初「弥生式土器」を用いた時代として「縄文式土器」を用いる縄文時代と区別されてきた。しかし、縄文土器と弥生土器それぞれの時期的・地域的多様性が明らかになるにつれ、縄文時代と弥生時代を何にもとづいて区分するかは様々に議論がなされてきた。そういった議論を経た現在では、「水稲農耕の始まり」「環濠（かんごう）集落の成立」「金属器の使用」という三つの要素が、弥生時代を特徴づける重要な要素として認識されているといえよう。以下では、この主たる三つの要素が葛城地域においてどのように認められるのか、二節にわたり論じることとしたい。

弥生時代の時期区分　本題に入る前に、これから論じる弥生時代がどのように細分され、どのような実年代が想定されているのかを簡単に述べておきたい。弥生時代は概ね、前期、中期、後期の三つの時期に大きく区分されるが、その始まりについては地域によって位置づけが異なっている。北部九州では、水稲農耕の存在が明らかになった縄文時代晩期を弥生時代早期と位置づけるが、この時期の水稲農耕は北部九州より東

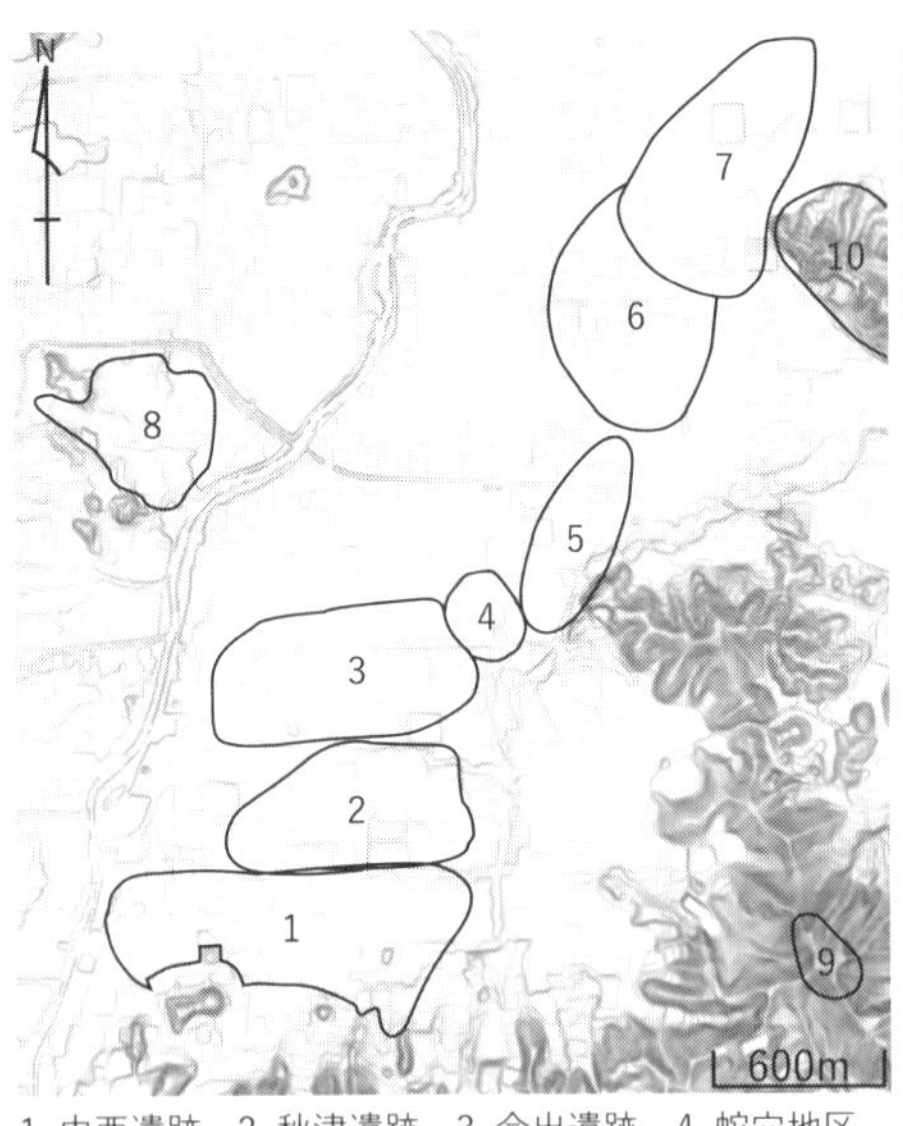

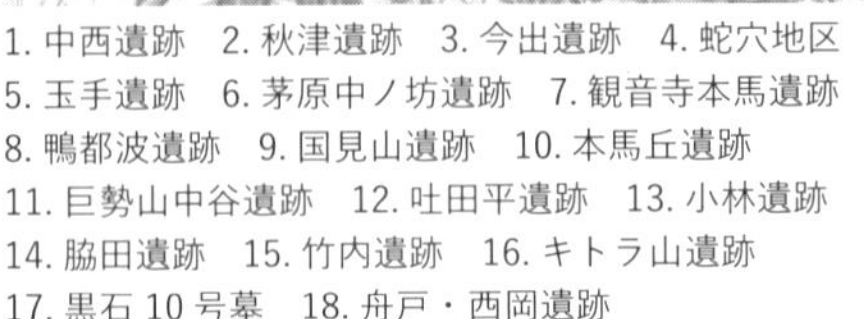

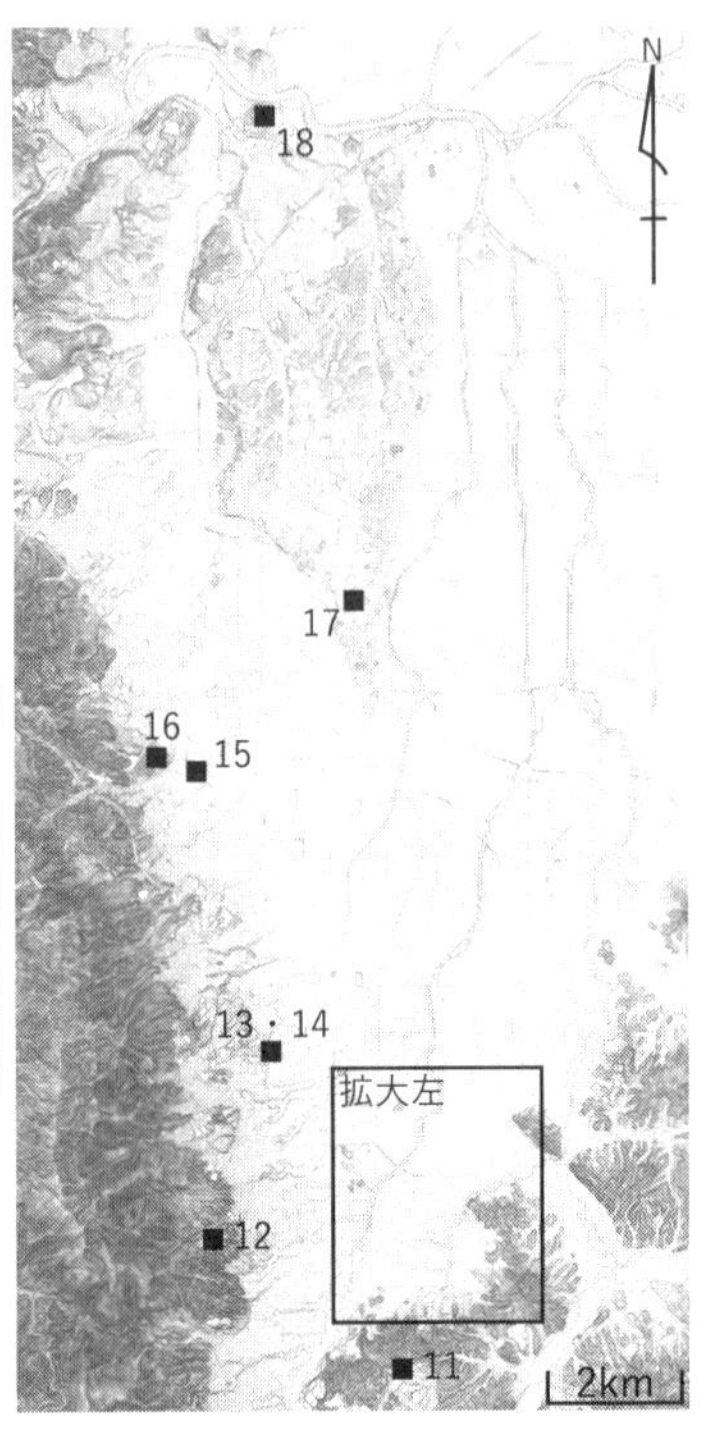

図１　本節で扱う遺跡

へは波及していかないため、北部九州の弥生時代早期は近畿地方では依然縄文時代晩期の後半頃として取り扱われている。弥生時代の終わりについては、庄内式（しょうないしき）と呼ばれる土器型式があらわれる時期を弥生時代終末期と位置づけるが、この段階を古墳時代に含めて考える見解もあり、その位置づけは古墳時代の開始をどのように捉えるかと絡んで簡単には結論づけることができない。

このような時期区分に対してどのような実年代を想定できるだろうか。弥生時代の始まりが五〇〇年さかのぼるというセンセーショナルな研究報告が、国立歴史民俗博物館の研究チームによって発表されてからはや二〇年が経とうとしている［春成・今村編 二〇〇四］。それを受けた考古学側の再検証が進められた結果、従前の年代観よ

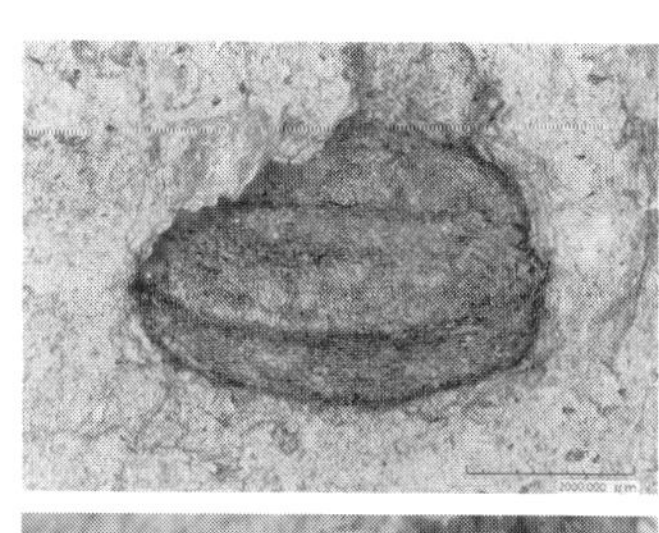

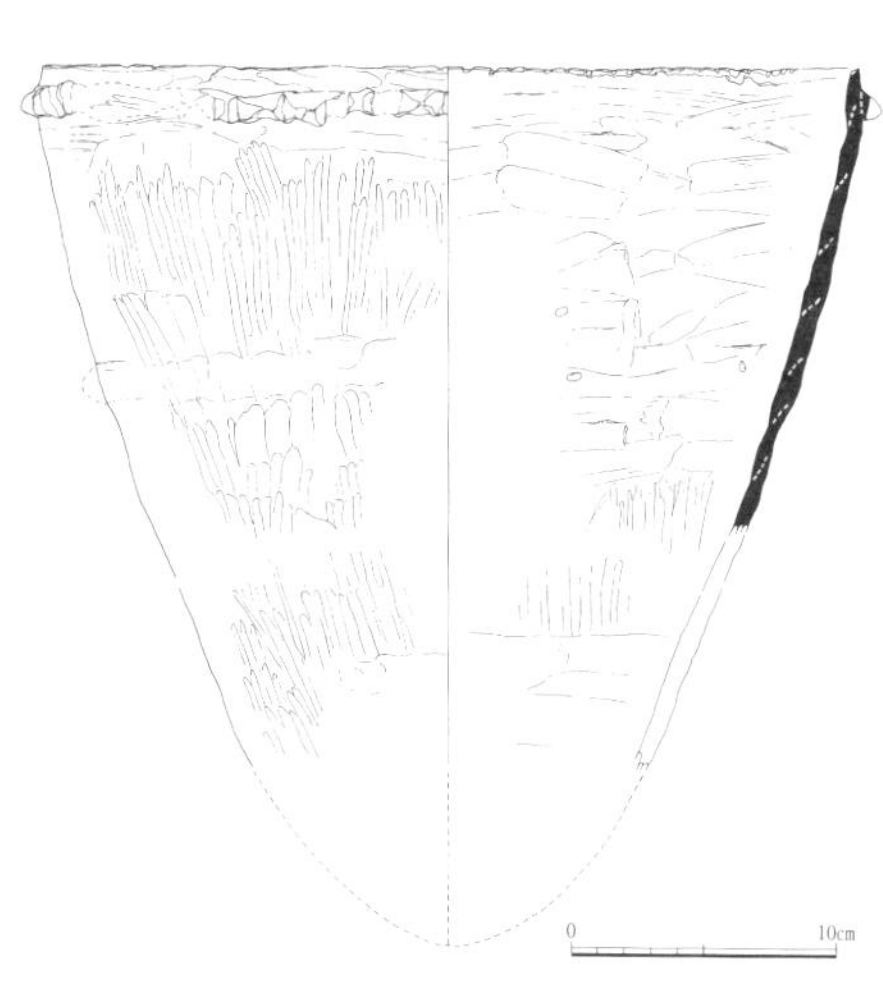

図２　御所市蛇穴地区出土凸帯文土器に付着したイネ籾圧痕

りは古くさかのぼるものの、歴博チームが発表した五〇〇年まではさかのぼらないという理解が全体としては多数を占めてきているようにうかがわれる。いまだ研究者間で若干の相違は認められるが、ここでは弥生時代早期の開始を紀元前八～七世紀、前期の開始を紀元前六世紀代、中期の開始を紀元前四～三世紀代、後期の開始を紀元後一世紀、終末期の開始を紀元後二世紀後半としておきたい。

葛城地域のイネの痕跡　水稲農耕の始まりが弥生時代幕開けの一要素であることを冒頭に述べたが、葛城地域には縄文時代にさかのぼるイネの痕跡がみつかっている。

葛城地域の南端に位置する御所(ごせ)市では、京都府南部から奈良県を貫き和歌山県へいたる京奈和(けいなわ)自動車道の建設にともなって大規模な発掘調査が実施され、様々な時代の画期的な成果が次々と報じられている。そういった数々の成果のひとつに、御所市蛇穴(さらぎ)における発掘調査で出土した縄文時代晩期後葉の深鉢形土器があげられる。この土器には計一九点にものぼる種子圧痕や炭化種子一点が観察され、その一部にはイネ籾の特徴的な形態が確認されたのである［米川ほか 二〇一〇］（図2）。弥生時代を若干さかのぼる時期にすでにイネが葛城地域に存在していた証左といえる。当該期における明確な水田遺構は確認されていないため、弥生時代の到来をこの段階に想定することは難しいが、灌漑（かんがい）施設をともなわない地理環境に合わせたイネの栽培がすでに縄文時代晩期後葉から行なわれていた可能性を指摘する意見もあり［岡田 二〇一九］、今後のさらなる検討が期待される。

広大な弥生水田の発見　では、「水稲農耕の始まり」を端的にあらわす水田はいつ頃から葛城地域に認められるだろうか。このことに関しても、京奈和自動車道建設にともなう発掘調査により歴史的な成果があがっている。それは現在御所南インターチェンジ・パーキングエリアとなっている地点で、二〇〇九年から今もなお継続して行なわれている秋津（あきつ）遺跡・中西（なかにし）遺跡（以後両遺跡併記の場合は秋津・中西遺跡と記す）の発掘調査である。

両遺跡の発掘調査では、四万㎡を超える広がりをもつ弥生時代前期の水田跡が検出された［岡田編 二〇一七、岡田 二〇二〇］（図3）。その広がりはさらに東へ続いていくことが確実視され、周辺の地形などを勘案すると一〇万㎡近くにも及ぶ、弥生時代前期としては国内最大の規模が想定されている。

重層的な水田跡　秋津・中西遺跡における重要な発見は、一時期の広大な水田跡にとどまらない。発掘調査の結果、弥生時代前期の中でも三時期の水田跡が重なっていた。さらに、大規模な洪水により前期の水田が埋没してしまった弥生時代中期においても、前期ほどの面的な広がりはみせないが、部分的に窪んだ地形を利用した水田跡がみつかっている。より小規模になるが、後期にも水田跡は見出されており、前期から後期にかけて様々な環境変化が生じながらも連綿と同一地において水田を営んでいたのである（口絵5）。

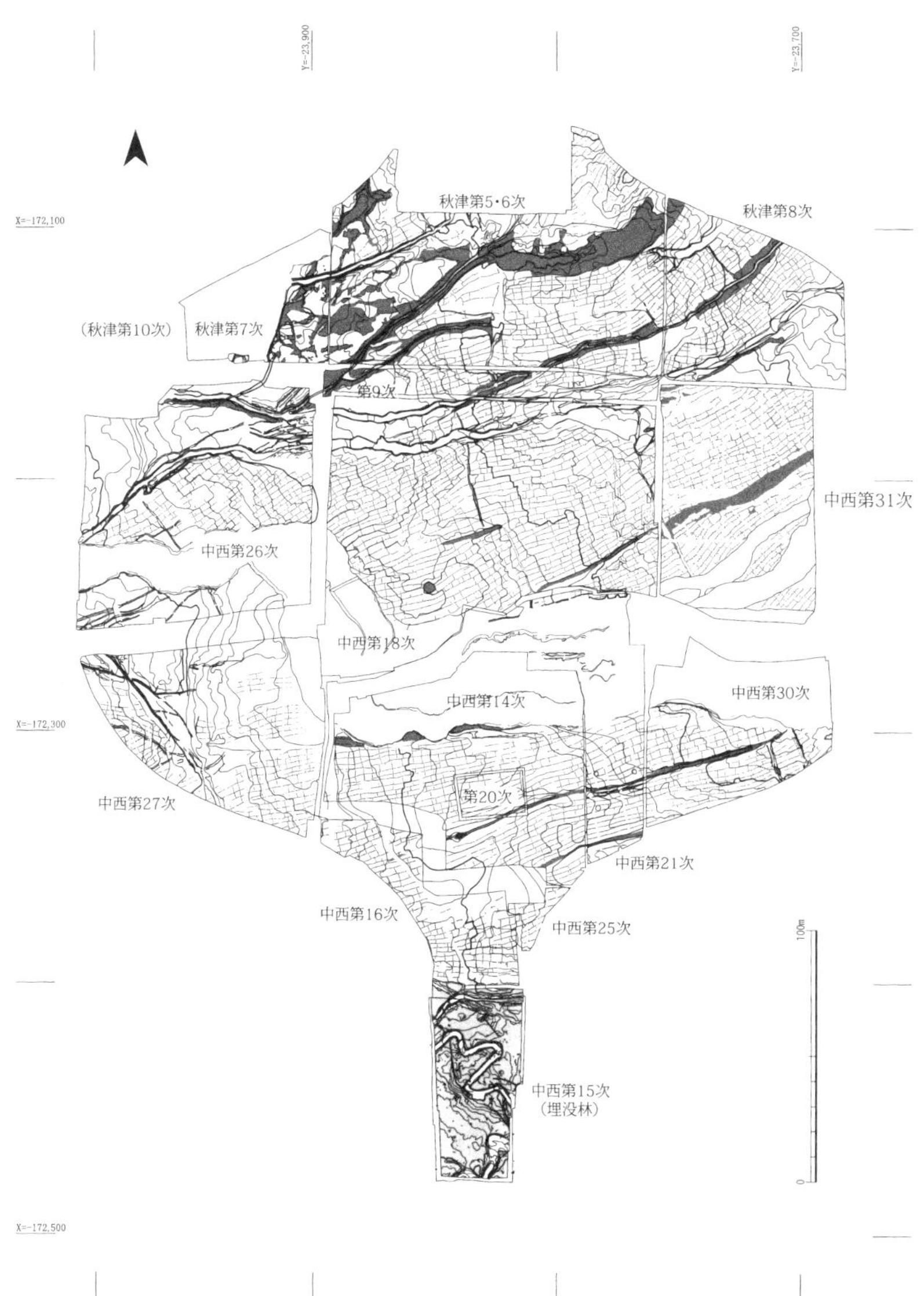

図３　秋津遺跡・中西遺跡で検出された弥生時代前期水田

図4　玉手遺跡の水田

これに加えて、弥生時代前期でも最も古い水田跡の基盤土壌は、縄文時代晩期後葉に形成されているが、自然科学分析の結果、縄文時代晩期後葉には比較的乾燥傾向であったこの土地が、弥生時代前期になってやや湿潤化が進んだことが明らかとなった。そうした環境変化に適応しながら広大な水田が開かれていったことがわかる。このような成果は、縄文時代から弥生時代にかけての通時的なヒトの環境適応過程を、ひとまとまりの遺跡の中で具体的に追うことができ、近畿地方における弥生時代開始プロセスの解明にひとつの道筋を示したとも評価できよう。

遺跡を越えた水田の広がり　秋津・中西遺跡を例にとって弥生時代の広大な水田の様子をみてきたが、このような水田の広がりは何もこの二つの遺跡に限った話ではない。秋津・中西遺跡の北東には、同じく京奈和自動車道の建設をきっかけに発掘調査が行なわれた遺跡が多数あり、それらの遺跡においても弥生時代の水田が数多くみつかっている。

南から順にみていくと、秋津遺跡の北に隣接する御所市今出（いまで）遺跡では弥生時代中期の五面以上の水田跡が［中野編　二〇一六］、先に紹介した御所市蛇穴地区でも中期の複数面の水田跡が［米川　二〇一二］、御所市玉手（たまて）遺跡では前期から後期にかけての複数面の水田跡（図4）と堰（せき）、護岸、導水施設といった灌漑設備が［木許ほか編　二〇一七］、御所市茅原中ノ坊（ちはらなかのぼう）遺跡では詳細な時期はわからないものの弥生時代の水田跡がみつかっている［花熊・木許編 二〇一八］。

これら南北三㎞にわたる弥生時代の水田は、すべて同時期のものではなく、傾向としては時代が降るにつれて北へ水田が移動しているように見受けられる。このような変化は、河川活動といった周辺環境の変化に当時の人々が適応した結果とも考えられ、今後自然科学分析の成果とともに検討が深められていくことだろう。

弥生時代の水田の構造　では、この広大な水田はどのような構造になっていたのだろうか。79頁に掲げた図3をみると一目瞭然であるように、右に記した遺跡でみつかった水田は、一つひとつの区画規模が小さい、いわゆる「小区画水田」と呼ばれるものである。区画ひとつの面積は平均七㎡程度であり、現代の水田風景とは大きく異なっている。ひとつの区画を小さくする理由はいくつか考えられるが、水田は水平につくる必要があるため傾斜面につくる場合の土を動かす量や、水が抜けた際の被害を最小限に抑えるといった目的があったものと思われる。

水田を区画するための土手状の高まりを畦畔（けいはん）という。中西遺跡周辺の弥生水田の畦畔を観察すると、いくつかの種類が認められ、それらは大きさによって幅一m以上の大畦畔と幅三〇㎝前後の小畦畔に分けることができる。大畦畔はヒトが十分に歩くことができる大きさであり、小区画水田を大きなまとまりに分けつつ、畦（あぜ）道としても利用されたのであろう。小畦畔はさらに、地形の傾斜に沿った基準となる幹線畦畔と、それに直交してつながる支線畦畔の二種に分けられる。支線畦畔は周りの土を寄せ集めたような高さ数㎝程度のものので、明確な水口（みなくち）が無い場合も多いことから、畦越しに水を供給していたと考えられる。

水田の周囲にはいくつかの河川とそこから堰によって水をとる人工的な水路がみつかっており、水路から小区画水田へ水を流し込み、下流へ畦越しに水を張っていた当時の水田経営の姿が浮かび上がってくる。葛城地域においても弥生時代の早い段階から整った灌漑農耕が大規模に展開していたのである。

水田の風景　このような小区画水田の広がりを一目みると、そのすべての水田に等しく稲穂が実る豊かな光景を想像してしまいたくなるが、そこは落ち着いて評価する必要がある。

秋津・中西遺跡で検出された水田耕作土中からは、イネの植物珪酸体（プラント・オパール）が多く検出されているものの、水田雑草の種子も多く含まれていた。このことは、単に水田管理が徹底されていない状況を示しているのかもしれないが、水田の一部が耕作放棄されていたり、もしかすると積極的な水田管理の一環として休耕させていた水田の可能性を示していると捉えられるかもしれない。

全国各地で発掘調査が進められ、弥生時代の水田に関するデータは昔と比べて大変充実してきている。しかし、水田の経営や管理の実像についてはいまだわかっていないことが多く、これらの水田にどのくらいのヒトがかかわり、どのくらいのコメが収穫できたのかといった素朴な疑問にも十分な回答は得られていない。葛城地域の発掘調査成果が弥生時代のそういった素朴な疑問に対する回答を導き出せるか、さらなる研究の深化を待ちたい。

中西遺跡の里山的景観　ここまで秋津・中西遺跡を中心に、弥生時代の水田の広がりやその内容について述べてきたが、中西遺跡では弥生時代前期の水田と同時期の埋没林がみつかっているため、ここで少し触れておきたい。

中西遺跡の中央やや東寄り、国道三〇九号線と京奈和自動車道が交差する地点の北側で、大規模な洪水により運ばれてきた砂に覆われるかたちで多数の樹木がみつかった（口絵５）。それらの樹種や年輪数（樹齢）を調べると、もともとツバキ属やアカガシ亜属などが存在したところにヤマグワなどが侵入し、最終的にヤマグワがこのあたりの主体を占めるようになっていたという流れが明らかとなった。

エノキ属の切り株にはヒトの手による伐採の痕跡があり、ちょうど大人の腰の高さぐらいで切り倒されていた。また伐採時には、火を用いて木の繊維を焼きながら伐採していた様子もうかがわれ、水田のそばの森林で樹木の伐採や木材の調達が行なわれていたと考えられる。まさに弥生時代の里山であったのだろう。

水田以外の生業　弥生時代の始まりを告げる水稲耕作ではあるが、当然ながら弥生時代のヒトは水田から収穫したコメだけを食べて生活していたとは考えにくい。縄文時代の終わりにはアワやキビといった雑穀類の栽培が想定されていることから、弥生時代になってもそういった生業は継続していたと考えられるし、動物性食料の獲得についても同様であろう。ただし、考古学的にそれらの痕跡をみつけだすことは十分にできてはいない。徐々に明らかとなってきた弥生時代の水田に対して、弥生時代の畠と考えられるものはそれほどみつかっておらず、大阪府瓜破遺跡や兵庫県周世入相遺跡で後期の事例がわずかに知られる程度といえる。

ここでいう畠とは、土を耕し畝を立てたものを指す。発掘調査では畝と畝の間にできる小さな溝をみつけることで畠と認識することが多い。中西遺跡でも、弥生時代前期の大畦畔に沿った地点で平行する小溝群がみつかっているものの、畠かどうかは定かでない。考古学における畠の認定自体に根本的な課題があることを脇に置いたとしても、施肥技術が未発達な弥生時代に大規模な畠作は困難という指摘もあり［安藤二〇〇九〕、弥生時代の生業主体は水稲耕作であったと考える方が理解はしやすい。弥生時代の複合的な生業の実態解明はもう少し先になりそうである。

2　拠点集落の成立と消長

水田に対応する集落　弥生時代の広大な水田を前にしたとき、誰しもの頭に浮かぶのは、この水田を営んでいた人々はどこに暮らしていたのだろうか、という疑問であろう。実はここまでに紹介してきた遺跡では、たくさんの水田がみつかったことと対照的に、住居といった建物の跡はほとんどみつかっていない。発掘調査がまだ行なわれていないすぐ隣の地面の下に、広大な水田を営んでいた人たちの集落が眠っている可能性は当然頭に置いておく必要はあるが、ここでは、すでに発掘調査で明らかになっている集落遺跡に目を向けてその問題について考えていきたい。

冒頭で述べたとおり、弥生時代の始まりにかかわる要素のなかに「環濠集落」の成立があげられる。近畿地方では明確にしがたいが、東日本を中心とする縄文時代の集落は、中心に広場や墓地があり、その周りを取り囲むように住居が配置される「環状集落」が一般的とされ、集落の周囲を濠で囲む環濠集落は、水稲農耕とともに大陸や朝鮮半島からもたらされた新たな集落のかたちと理解されている。

葛城地域では弥生時代の顕著な集落遺跡はそれほど知られていないが、その中でもとりわけ規模の大きな集落と考えられているのが、御所市の中心市街地で延喜式内社（えんぎしきないしゃ）の鴨都波（かもつば）神社や県立青翔（せいしょう）高校の付近一帯に広がる鴨都波遺跡である。

拠点集落としての鴨都波遺跡　鴨都波遺跡は、葛城山の東麓裾、柳田川と葛城川によってつくられた標高一〇〇ｍ前後の段丘上に位置する集落遺跡で、弥生時代から古墳時代を通して集落として機能していたことが明らかになっている。御所市の中でも早くから市街地化が進んだ地域であったため、大規模な発掘調査はあまり行なわれておらず、小規模な発掘調査が計二八次にわたって行なわれている。遺跡の広がりはおよそ二〇万㎡ほどあるものの、発掘調査はそのうち三・五％ほどの面積しか行なわれていないため、集落の細かな内容については明らかになっていない。しかし、左に記すような環濠と思われる大溝の存在や集落の継続性、さらには発掘調査面積に対して出土する土器などの遺物量が非常に多いことから、葛城地域南部を代表する拠点的大集落であったことは間違いない。

鴨都波遺跡の集落構造　それでは鴨都波遺跡の集落の様子を紹介していこう（図５・６）。集落を取り囲む環濠と考えられる大溝は、遺跡の東部および南西部において確認されている。南西部の大溝は最大幅三・九ｍ、深さ二・五ｍのＶ字断面を呈するもので、出土した土器からは弥生時代前期後半に掘られ、中期には埋没していたと考えられる（図７）。これらの大溝はどのように鴨都波遺跡を廻っていたのだろうか。奈良盆地の代表的な環濠集落として全国的に知られる磯城郡（しきぐん）田原本町（たわらもとちょう）唐古（からこ）・鍵（かぎ）遺跡では、集落を取り囲むような直径四〇〇ｍにもなる環濠が掘削されている。未調査部分も多く明確にはならないところもあるが、鴨都波遺跡の場合は、立地的にも北を流れる柳田川や南東を流れる葛城川を部分的に利用しながら、西から東へ手の指状に延びるいくつもの支尾根の間をつなぐように大溝を掘削し、集落の周囲を囲んでいたのではないだろう

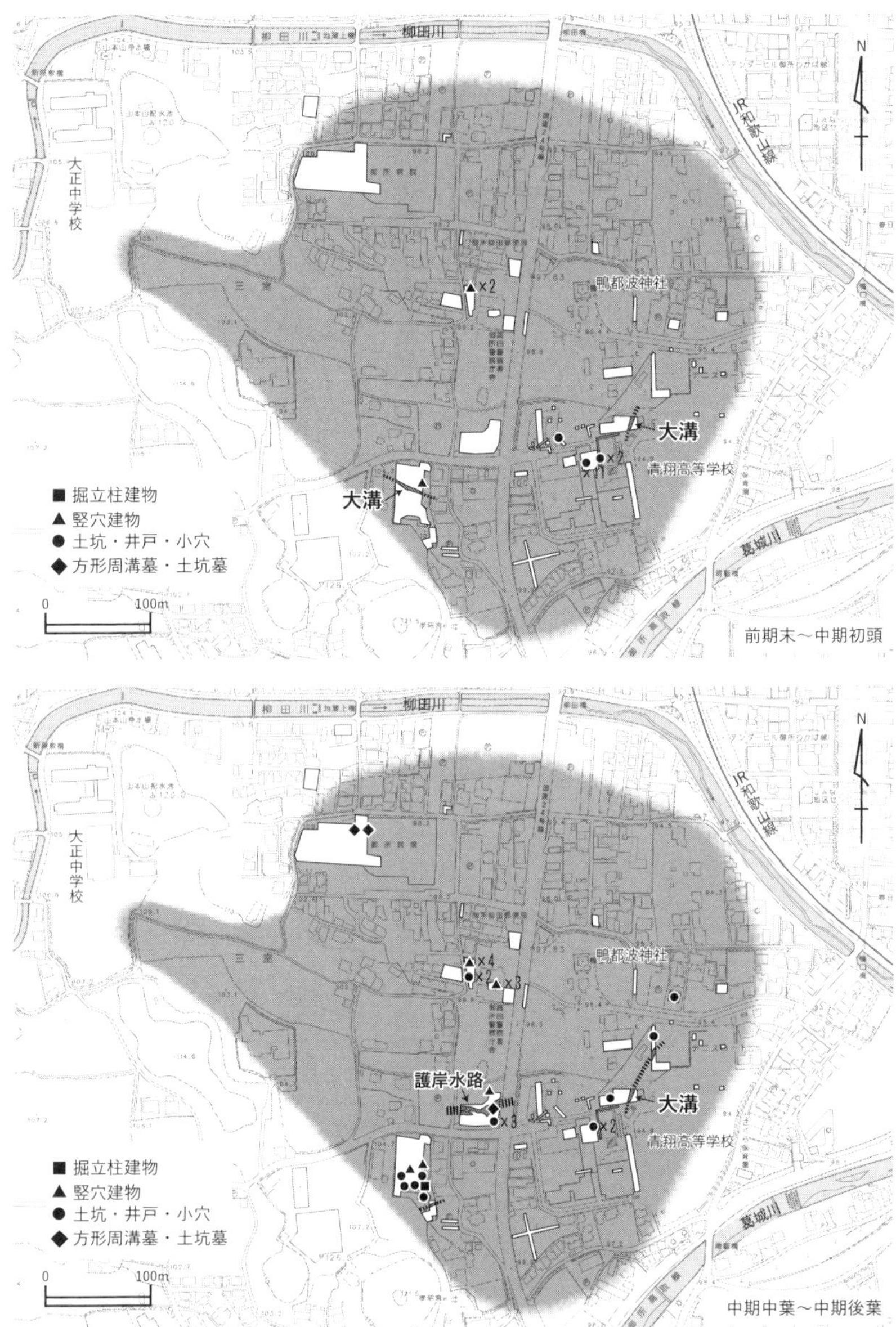

図5　鴨都波遺跡　弥生時代遺構変遷図（前期〜中期）

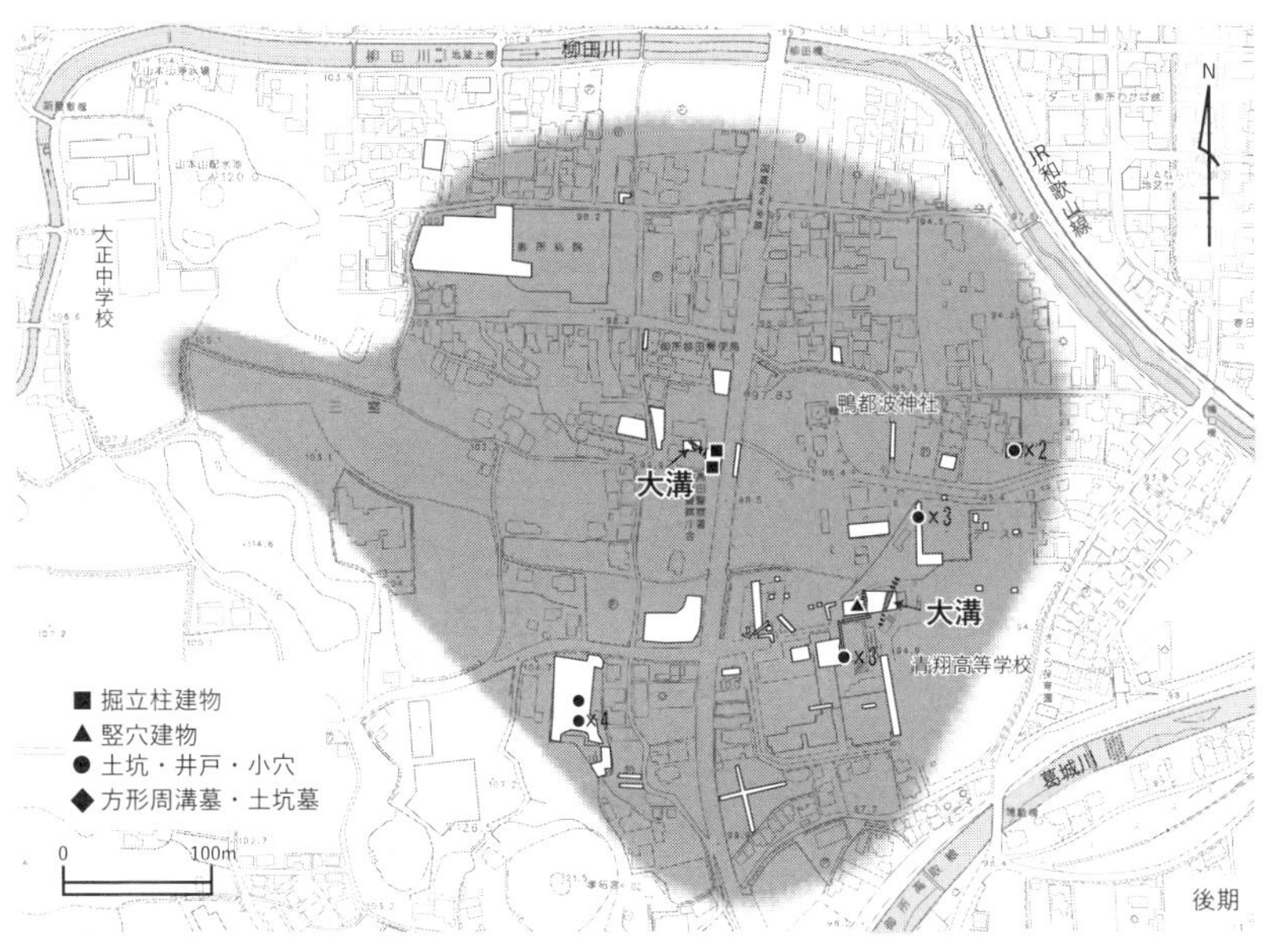

図6　鴨都波遺跡　弥生時代遺構変遷図（後期）

か。

建物跡としては、古いもので弥生時代前期末の竪穴建物がみつかっているが、量的には中期中葉以降のものが多くみつかっており（図8）、後期のものも存在する。倉庫としての利用が考えられる掘立柱建物については、平面プランが不明確なものも多いが中期から後期にかけて一定数認められるようである。

生活に欠かせない井戸も中期から後期のものが複数みつかっている。特に一一次調査で確認した弥生時代後期前半の井戸は、①土器をまとめて投棄する、②ある程度まで井戸を埋め戻す、③打ち割った壺形土器の口縁部のみを置く、④最後まで埋め戻す、という特別な手順を踏んで埋め戻されていた。利用し終わった井戸の廃棄にあたって、マツリが行なわれたのかもしれない（口絵6）。

一二次調査では、杭や矢板で護岸された中期後半の水路がみつかった。洪水のたびに補修を行なった

図7　鴨都波遺跡　弥生時代前期後半の大溝（11次調査）

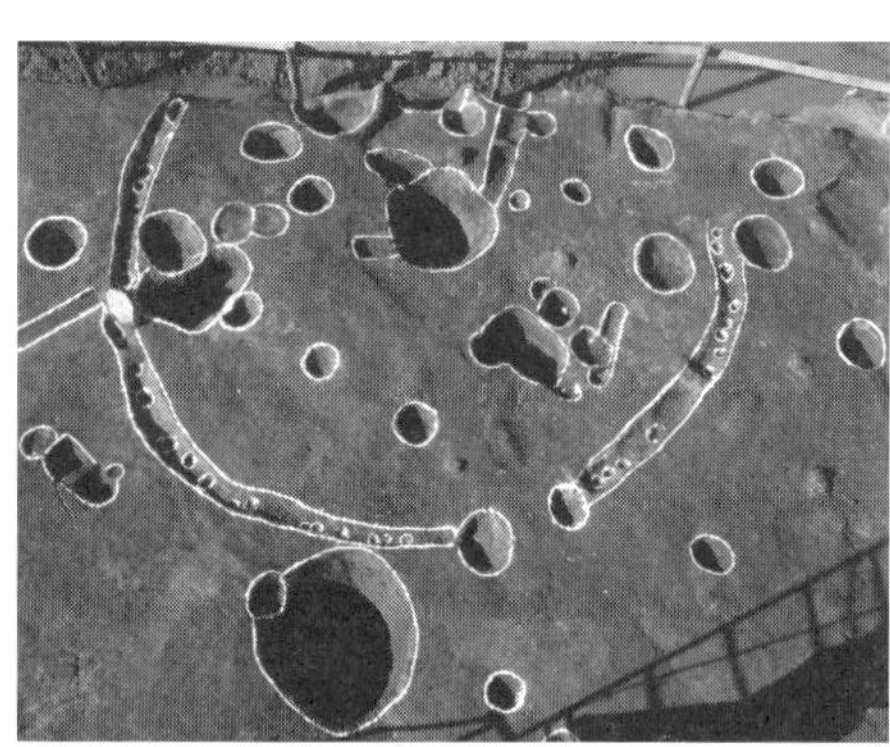
図8　鴨都波遺跡　弥生時代中期中葉の竪穴建物（11次調査）

ようで、少なくとも六回は付け替え工事が行なわれたとみられる。農具に加工途中の板材を護岸材に使っている様子をみると、水路補修の緊急性がいかに高かったかがうかがわれる（図9）。

このように鴨都波遺跡には、葛城地域では突出した内容の遺構や遺物量がある。そして全体像は不明確であるものの環濠を備える点においても、拠点集落としての歴史的評価がなされてきたが、そこに住んでいた人たちの生産域についてはよくわかっていなかった。水稲耕作に深くかかわる木製農具や石庖丁（いしぼうちょう）といった遺物は多く出土するが、立地的にも柳田川と葛城川に囲まれた鴨都波遺跡の範囲の中に水田の広がりを想定することは困難と考えられたのである。

しかし、中西遺跡をはじめとする広大な水田の発見は、その疑問への明快な回答になりうる。鴨都波遺跡と中西遺跡は直線距離で一・五㎞ほど離れており、その点をもって両遺跡の対応関係に否定的な見解もあるが、それはむしろ弥生人の日常的な活動範囲の広さを示しているものと考えるべきではないだろうか。この点を異なる視点からもう少しだけ確認しておきたい。

高地性集落の展開　中西遺跡の南には巨勢山（こせやま）丘陵と呼んでいる標高二八〇m程度の丘陵地が広がっている。古墳時代後期の大群集墳（だいぐんしゅうふん）である巨勢山古墳群が存在することでよく知られている丘陵であるが、この丘陵上には巨勢山中谷（なかたに）遺跡や巨勢山境谷（さかいだに）遺跡、巨勢山八伏（はちぶせ）遺跡といった弥生時代後期の高地性集落が営まれていた。

図９　鴨都波遺跡　弥生時代中期後半の護岸水路（12次調査）

特に遺構や遺物が一定量存在する巨勢山中谷遺跡は、平地との比高差が一五〇m程度あり、出土土器の内容から後期後半のごく短期間の集落であったと考えられる。高地性集落の機能については、争乱といった緊張状態に対応するために緊急事態を伝達する狼煙（のろし）台としての機能を担っていたとも考えられているが、遺跡ごとの様相は非常に多様であり、必ずしも特定の目的に限定できるものではない。しかし、少なくともこういった集落は単独での維持が難しいと考えられ、食料などの物資も平地のより大きな集落から供給されていた蓋然性が高い。巨勢山中谷遺跡の場合、より大きな集落の候補としては北に三㎞ほど離れた鴨都波遺跡以外には考えにくいのが実情であるから、集落間の距離において三㎞程度の距離は十分日常的なものと推測することが可能といえる。

遺物のみの出土ではあるが、御所市の吐田平遺跡や国見山遺跡、本馬丘遺跡においても弥生時代後期の土器や石器が確認されていることから、高地性集落があったと考えられる。これらの遺跡も概ね鴨都波遺跡との距離が二・五〜三kmであり、巨勢山中谷遺跡と同様の関係が想定できよう。

弥生時代の墓域　日常活動の終着点ともいえる墓については、弥生時代に一般的な方形周溝墓が葛城地域南部でもみつかっている。鴨都波遺跡（一五次調査）では中期前半のものが二基、御所市小林遺跡や隣接する葛城市脇田遺跡では、中期中葉頃のものが計三基である。後者では住居などの生活遺構はみつかっていないが、これらの墓に埋葬された人のもともとの居所については漠然と近隣に存在するのであろうと想像するしかなかった。

しかし、京奈和自動車道建設にともなって発掘された橿原市と御所市にまたがる観音寺本馬遺跡において、四〇基を超える方形周溝墓群が新たにみつかったことで、集落と墓の対応関係について改めて検討していく必要が生じている［本村編 二〇一七］（図10）。これら方形周溝墓群が営まれた時期は、多少の時期差はあるものの概ね中期前葉から中葉にかけてであり、同時期の生活遺構は近隣の遺跡からはみつかっていない。当然ながら発掘調査がなされていないところから対応する集落がみつかる可能性は否定できないが、奈良県内でも最大級の方形周溝墓群に対応する集落が、その痕跡すらみえていないということは考えにくいのではないだろうか。

このように考えたとき、この地域で注意を払うべき遺跡はやはり鴨都波遺跡ということになろう。鴨都波遺跡と観音寺本馬遺跡は直線距離で約二kmとやや遠い印象を受けるが、先ほどの中西遺跡や巨勢山中谷遺跡

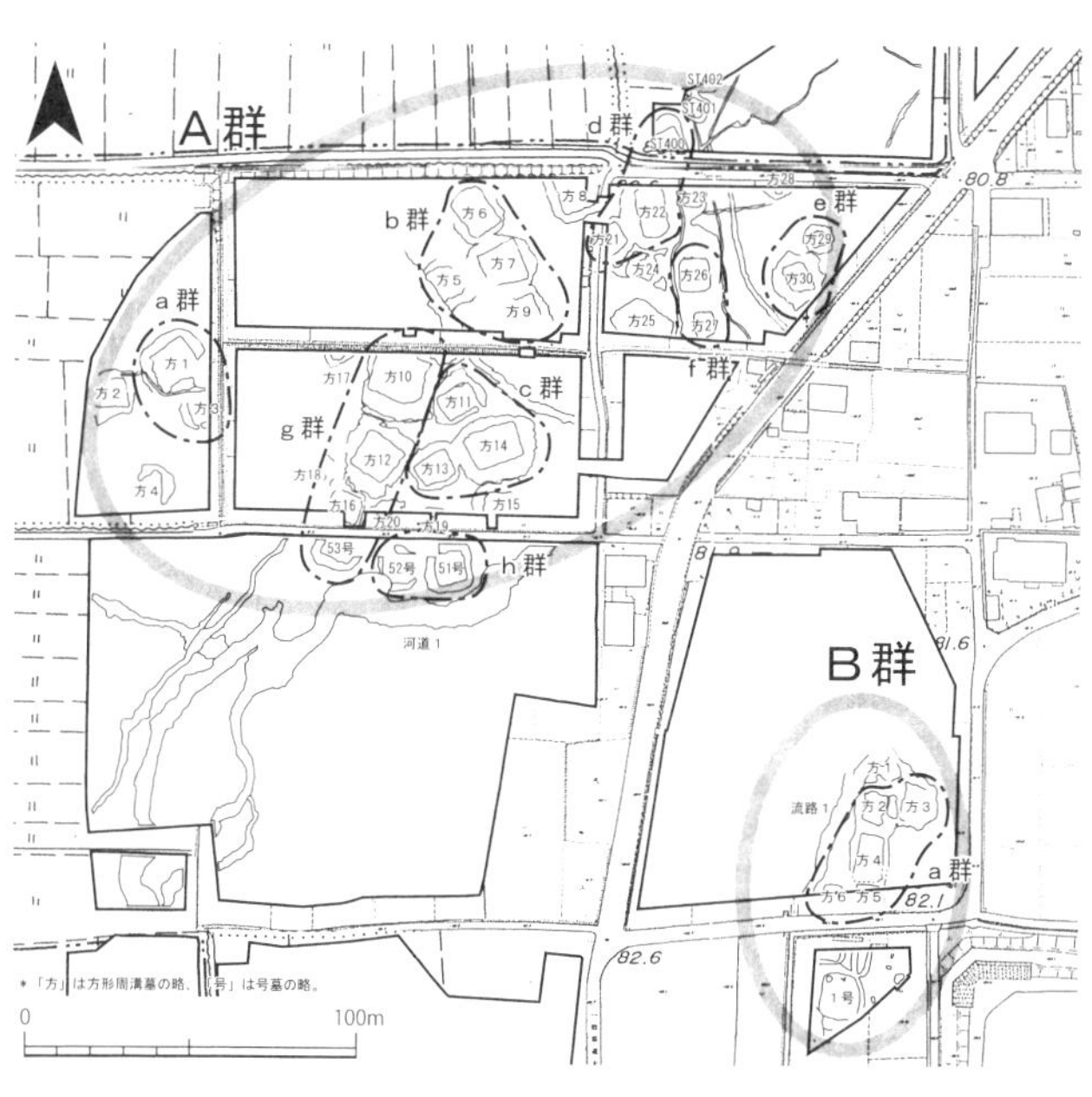

図10　観音寺本馬遺跡　弥生時代中期の方形周溝墓群

との距離を考えれば十分日常活動の圏内に収まるとも考えられる。ちなみに小林・脇田遺跡についても鴨都波遺跡からは約二㎞の距離である。観音寺本馬遺跡との直線距離での近さだけでいえば橿原市一町（かずちょう）遺跡なども拠点的集落として候補にあがりうるが、その盛期は後期以降と考えられるため、現時点で直接的な対応関係は読み取りにくい。

拠点集落を中心とした遺跡間のつながり　京奈和自動車道建設にともなう発掘調査の進展により、葛城地域でも特にその南部における弥生時代像が新たに描かれようとしている。これらの調査で注目されるのは、巨視的にみた場合、各遺跡ごとにみつかる要素が水田であれば水田、墓であれば墓、といった単独の要素が密集してみつかっている点である。これらがそれぞれに小規模な内容であれば、近隣の未発見集落の可能性の中で検討する余地もあろうが、この規模の大きさになるとそのよ

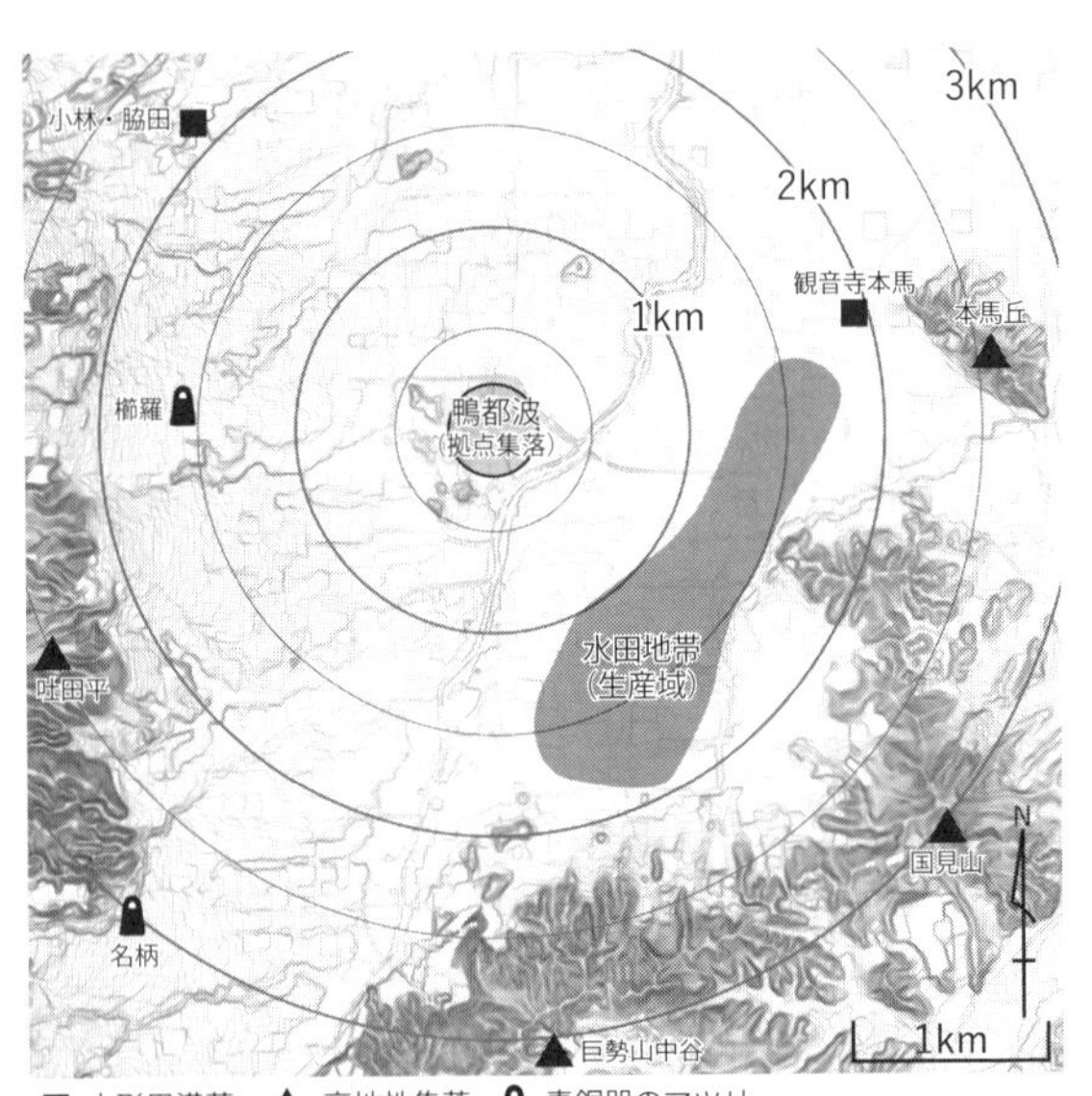

図11　拠点集落と周辺遺跡の関係

うな可能性も想定しにくいのではないだろうか。ここでは、鴨都波遺跡を中心とした半径三km程度の範囲を有機的なつながりを有する遺跡群として捉える考えをあえて前面に押し出したが（図11）、あくまでもこれは葛城地域南部における弥生時代を理解するためのひとつの仮説に過ぎない。京奈和自動車道にともなう発掘調査が当地域の弥生時代像に新たな光をあてたように、今後の発掘調査によってさらに検証を重ねていく必要があろう。

葛城地域中部以北の遺跡　なお、顕著な発掘調査成果の多さから、葛城地域南部の遺跡を主に取り上げたが、葛城地域中部以北にも詳細はわからないまでも注目すべき弥生時代の遺跡が存在しているため、最後に少しだけ触れておきたい。

葛城市竹内（たけのうち）遺跡は、日本最古の官道（かんどう）といわれる竹内街道の大和の入口にあたる要衝地に位置する遺跡である。弥生時代中期を中心としながらも、前期から後期を通した土器の出土が認められることから、当地の拠点的な集落遺跡の可能性が指摘されている。石器製作の痕跡も明らかとなっており、石器製作の拠点として評価されることもある［葛城市歴博 二〇〇七］。また、隣接する葛城市キトラ山遺跡は、高地性集落と考えられており、竹内遺跡とのつながりで理解される遺跡であろう。

北葛城郡王寺町と河合町にまたがる舟戸（ふなと）・西岡（にしのおか）遺跡は、舟戸山と呼ばれる大和川南岸に面した独立丘陵の頂部に位置する［鈴木　一九九八］。後期中葉頃の竪穴建物が一棟みつかっているのみであるが、標高は七〇m程度、平地との比高差は四〇m以上あり、高地性集落としての性格が付与されている。巨勢山中谷遺跡と鴨都波遺跡の関係を考えると、舟戸・西岡遺跡周辺にもより大きな拠点集落の存在が想定されるが、今のところ確認されていない。遺跡群のつながりという点からみれば、大和川北岸の竜田川流域との関係の中で理解すべき遺跡といえるかもしれない。

北葛城郡広陵町の黒石（くろいし）一〇号墓は、馬見丘陵上に単独で築かれた、陸橋部をもつ一辺一〇m程度の方形墳丘墓である［泉森　一九八二］。後期後半の築造とされ、奈良盆地内でも最古の墳丘墓として注目すべき遺跡であるが、集落等との対応関係は今のところよくわかっていない。

右記したような個別的に重要な遺跡は、葛城地域中部以北においても点的に認められるが、葛城地域南部のような遺跡間の有機的なつながりに言及できるほどの面的な情報は蓄積されていないのが現状である。今後の資料増加により葛城地域全体や周辺他地域との比較が可能となることが期待される。

参考文献

安藤広道　二〇〇九「弥生農耕の特質」『食糧の獲得と生産（弥生時代の考古学五）』同成社

池田保信・藤田三郎編　二〇〇三『奈良県の弥生土器集成』奈良県立橿原考古学研究所

泉森　皎　一九八一「新山古墳群―広陵南部特定土地区画整備事業地内の発掘調査概報―」『奈良県遺跡調査概報一九八八

○年度（第一分冊）』奈良県立橿原考古学研究所
大阪府立弥生文化博物館　二〇二〇『弥生農耕―田んぼとはたけ―』
岡田憲一編　二〇一七『中西遺跡Ⅰ』奈良県立橿原考古学研究所
岡田憲一　二〇一九「日本列島における水田稲作の導入と定着―奈良県中西遺跡・秋津遺跡に水田が定着するまで―」『弥生初期水田に関する総合的研究―文理融合研究の新展開―　講演要旨集』奈良県立橿原考古学研究所
岡田憲一　二〇二〇「中西遺跡第三一―二次調査（二〇一九年度）」『奈良県遺跡調査概報二〇一九年度（第二分冊）』奈良県立橿原考古学研究所
葛城市歴史博物館　二〇〇四『葛城の弥生時代』
葛城市歴史博物館　二〇〇七『竹内遺跡の弥生時代資料』葛城市歴史博物館資料目録一
木許　守ほか編　二〇一七『玉手遺跡』御所市教育委員会
鈴木裕明　一九九八「舟戸・西岡遺跡発掘調査概報」『奈良県遺跡調査概報一九九七年度（第三分冊）』奈良県立橿原考古学研究所
中野　咲編　二〇一六『今出遺跡Ⅰ』奈良県立橿原考古学研究所
花熊祐基・木許　守編　二〇一八『茅原中ノ坊遺跡』御所市教育委員会
春成秀爾・今村峯雄編　二〇〇四『弥生時代の実年代―炭素一四年代をめぐって―』学生社
本村充保編　二〇一七『観音寺本馬遺跡Ⅲ（観音寺Ⅰ区）』奈良県立橿原考古学研究所
米川裕治ほか　二〇一〇「京奈和自動車道蛇穴地区二〇〇九年度」『奈良県遺跡調査概報二〇〇九年度（第三分冊）』奈良県立橿原考古学研究所
米川裕治　二〇一二「蛇穴中地区」『奈良県遺跡調査概報二〇一一年度（第一分冊）』奈良県立橿原考古学研究所

第2節　稲作のマツリ

金澤雄太

1　神性を帯びた青銅器

前節では、弥生時代を特徴づける水稲農耕と環濠(かんごう)集落について、近年の発掘調査により葛城地域で明らかになってきた現状をまとめた。本節では、それらとも関連させつつ、この時代をさらに特徴づける青銅器を用いたマツリについて述べることにしたい。

青銅器の出現と普及　弥生時代の青銅器は、前期でも早い時期に、朝鮮半島から水稲農耕などとともに北部九州へやってきたところから始まるが、前期の出土例はまだ少なく、当初は実用の利器として用いられていたようである。出土例が増加しはじめるのは中期になってからであり、朝鮮半島製の鏡や武器が北部九州の有力者の墓に納められるようになる。ただし、この青銅製の武器には利器として使用された痕跡が見出せないことから、当初より威信財(いしんざい)である宝器として扱われていたと考えられる。これら青銅器の流入とほぼ時を同じくして、朝鮮半島にはあまりみられない形状の青銅器が確認されるようになることから、列島内での青銅器生産はこの頃から始まっていたとみられている。

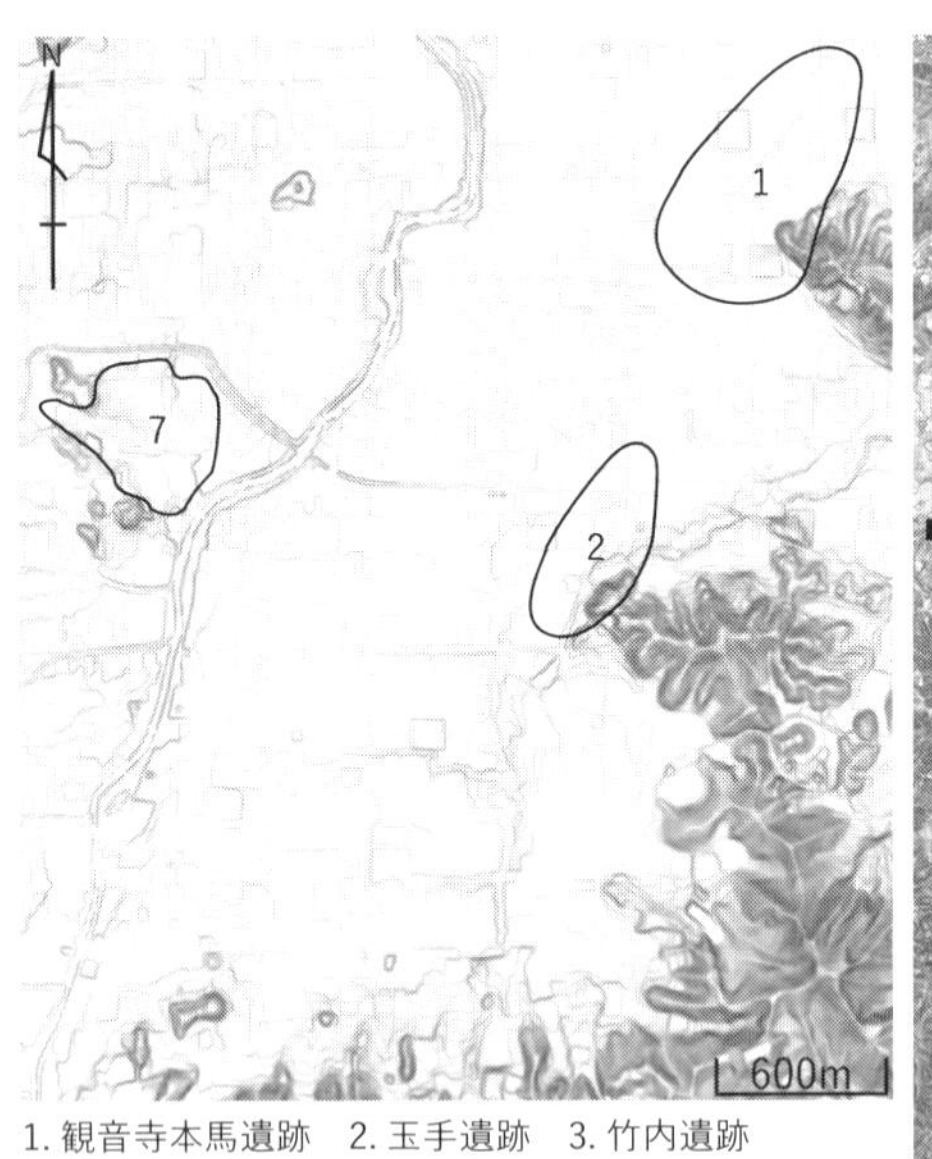

1. 観音寺本馬遺跡　2. 玉手遺跡　3. 竹内遺跡
4. 名柄銅鐸・銅鏡埋納地
5. 櫛羅高間田銅鐸埋納地（伝）
6. 上牧観音山銅鐸埋納地（伝）
7. 鴨都波遺跡　8. 田尻峠遺跡

図１　本節で扱う遺跡

縄文時代のマツリ　青銅器がマツリの道具として使用されるようになるのは中期前葉からと考えられており、その後、弥生時代を通して最高位のマツリの道具として扱われつづける。葛城地域の様相に触れる前に、前段階である縄文時代のマツリについて少しだけ触れておきたい。

縄文時代にも当然マツリと考えられる行為が行なわれていたが、それを示す代表的な遺物に石棒と土偶がある（図２）。

石棒は男性器を象徴したものと考えられ、必ずしもその使われ方が明らかになってはいないが、地面に突き立てられた状態で出土するなど、大地の豊穣を祈る意味合いがあったと解釈される場合が多い。

それに対して土偶は、女性、特に妊娠中の女性を象ったものと考えられ、女性器を

図２　観音寺本馬遺跡出土の石棒と土偶

誇張表現するものが認められることから安産や多産、腕部や脚部といった一部を欠いて出土するものが多いことから災厄などを祓う意味合いがあったと解釈されている。また、近畿地方の事例は少ないが、縄文土器のなかにヘビやカエル、ヒトの顔を造形したものが認められることも、石棒や土偶などと同様の意味合いがあったのかもしれない。

葛城地域でも、橿原市・御所市観音寺本馬遺跡や御所市玉手遺跡、葛城市竹内遺跡で石棒や土偶が出土している。

縄文時代は、自分たちの周囲にある様々なものを採集して生活していたことから、特に対象をしぼることなく、自然界全体の豊穣を祈るマツリが行なわれていたと考えられ、自然のあらゆるものに霊が宿ると考えるアニミズム的な信仰であったと理解されている。

銅鐸のマツリ　このような石棒や土偶を用いるマツリは、一部弥生時代前期にも継続して認められるが、弥生時代の青銅器を用いたマツリ、特に近畿地方を中心にみられる銅鐸を用いたマツリは、主に水稲農耕と強く結びついたマツリと理解されることが多い。銅鐸の表面にサギやツル（近年の発掘調査成果では、コウノトリの可能性も指摘されている）、カエル、カマキリ、トンボといった水田でみかける生き物が描かれ、弥生時代の人々の主たる生業が水稲農耕と考えられることをふまえると、そのような想定も当然のことといえる。

このような青銅器、とりわけ銅鐸を用いたマツリは何のために行なわれたのだろうか。弥生時代の人々の精神世界を推測することは容易ではない。ただ、水稲農耕との関連で考えるとするならば、やはり春の豊作祈願や秋の収穫感謝といった目的は十分蓋然性のあるものといえよう。そして水稲農耕の普及により人々の定住化が促進され、集団での協業の機会が増えたと考えるならば、マツリを通して集落内や集落間の結束を高める目的もそこには存在したものと考えられる。

ところで、何故に銅鐸は弥生時代のマツリの道具になりえたのだろうか。いくつかの要因が考えられるが、ここでは二つの要因を指摘しておきたい。ひとつは、青銅という素材自体の希少性である。青銅は銅と錫(すず)の合金であるが、当時は列島内でその素材を入手することはできず、朝鮮半島や大陸に求めなければならなかった。また、青銅を加工する技術が当時の人々にとって非常に高度な技術であったことも青銅器の価値を高めた大きな要因であったと考えられる。もうひとつは、青銅器が発する色や音である。地中から出土した我々が目にする青銅器は、その名の通り基本的に緑青(ろくしょう)に覆われた青い色調を有している。しかし、鋳造(ちゅうぞう)されたばかりの青銅器は、錫の含有量により多少の違いはあるが、銀や金に近い色調を有しており、光を反射するその姿は、土器や石器とは異なる神聖性が感じられたことだろう。

銅鐸は、舌(ぜつ)と呼ぶ青銅製の棒を内側にぶら下げ、それを銅鐸本体とぶつけることによって音を鳴らす鐘で

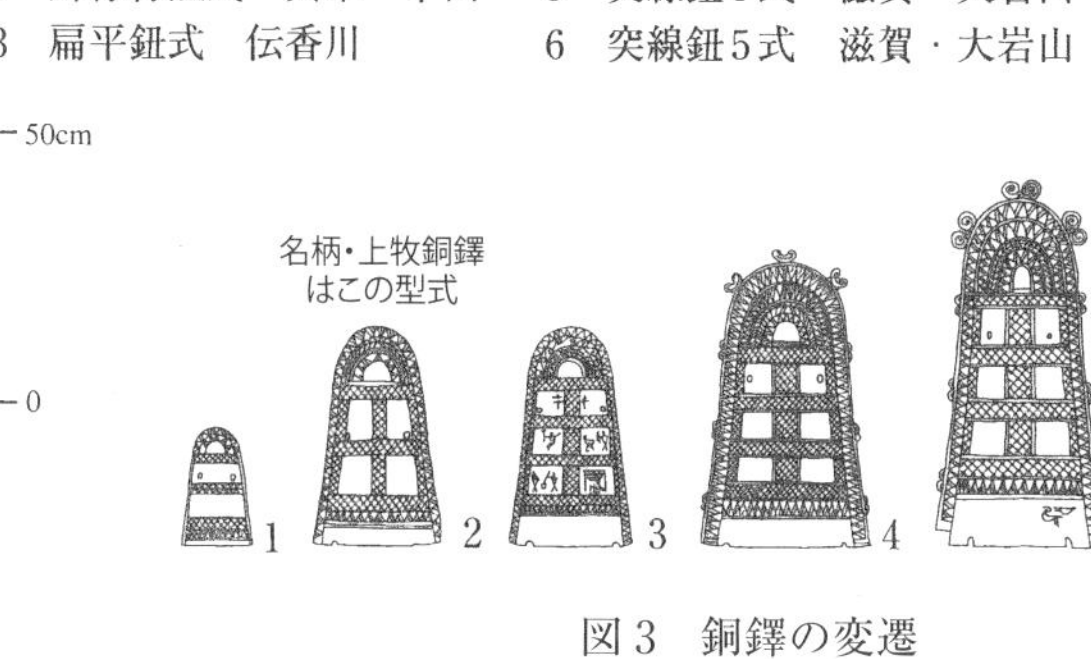

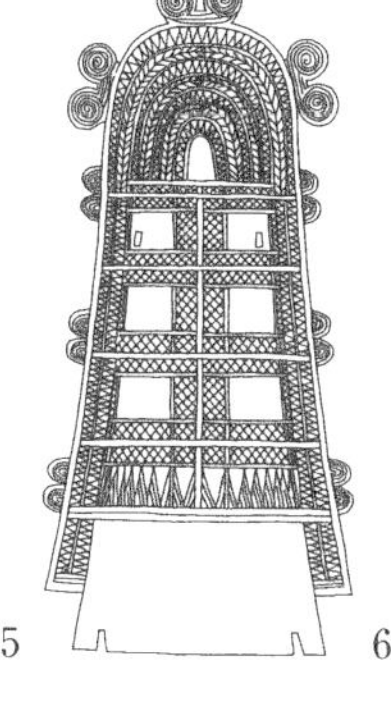

図３　銅鐸の変遷

ある。現代人も聞き慣れた寺院の梵鐘のように、青銅を叩いた時に発する音色が金属特有の神秘的な響きとして弥生時代の人々に受け入れられたため、マツリの道具として用いられたものと考えられる。

銅鐸の役割の変化　銅鐸は、弥生時代後期になると音を鳴らすという本来の機能が失われ、大型化・装飾化が進む（図３）。この現象を、田中琢（みがく）氏は「聞く銅鐸」から「見る銅鐸」への変化と表現する［田中　一九七〇］。「聞く銅鐸」にみられた農耕祭祀との関連を示す意匠は、「見る銅鐸」ではほとんどみられなくなり、音を鳴らした痕跡も確認できなくなる。この変化は、農耕祭祀に用いられていた祭器が、当時徐々にかたち作られていた首長層の政治的つながりを表すシンボルになったことを示すものと考えられている［福永　二〇〇一］。弥生時代から古墳時代へいたる社会の大きな変化がそこに映し出されているのである。

2　葛城地域出土の青銅器

名柄銅鐸・銅鏡　前節では秋津（あきつ）遺跡・中西（なかにし）遺跡を中心とした広大な

水田について紹介した。そうした水稲農耕の伝来とともに葛城地域にも青銅器のマツリが確認できるようになり、今のところ三例の青銅器出土地が確認されている。その代表的な事例が、御所市名柄でみつかった銅鐸と銅鏡である（口絵７）。

「名柄銅鐸」と呼ばれているこの資料は、一九一八年に当地で行なわれた溜池造成の際に偶然発見された［高橋　一九一九］。この溜池は小田中池と呼ばれていたが、現在は埋め立てて福祉施設が建てられている。この場所は現在の地域区分では名柄ではなく、御所市増の地域に位置している。名柄と増の境界付近であったため、聞き取りの際に錯誤があったのかもしれないが、「名柄銅鐸」という呼称がすでに一般化しているため、ここではその呼称を用いる。発見者からの聞書きによれば、この銅鐸と銅鏡は地下六〇㎝程度のところから出土したという。

銅鐸は、高さ二一・七㎝と小型で、身の主文様が片面は流水文、もう片面は四区袈裟襷文と異なっており、きわめて珍しい文様構成をしている。銅鐸の変遷は、主に吊り手状になっている鈕と呼ばれる部分の形で区分されており、名柄銅鐸は四段階に区分される変遷の二段階目にあたる「外縁付鈕式」に分類され、中期でも中頃につくられたものと考えられている。

銅鏡は、多鈕細文鏡と呼ばれる朝鮮半島製の銅鏡である。直径一五・六㎝の大きさで、鏡背面の片側に寄った位置に二つの鈕をもつ特徴的な形をしており、縁は断面蒲鉾形を呈し、精緻な幾何学文様が鋳出されている。鏡面が凹面となっている点もこの種の鏡の大きな特徴である。この鏡は、朝鮮半島や中国東北地方を中心に数多く発見されているが、日本ではこれまでに一〇面強の出土例しかない貴重な資料であり、現在は銅鐸とあわせて重要文化財に指定され、東京国立博物館にて収蔵・展示されている。

国内で銅鐸と銅鏡が一緒に出土した事例はこの資料が初めてであった。発見された当時、銅剣や銅矛（どうほこ）といった青銅器については、多鈕細文鏡との共伴事例があったためその年代観が了解されていたが、銅鐸の年代観についてはまだよくわかっていなかった。名柄銅鐸は、多鈕細文鏡との共伴により銅鐸の年代観を明らかにした学術的にも非常に重要な資料なのである。

櫛羅高間田銅鐸　御所市内ではもう一ヶ所銅鐸の出土が伝えられている。それは御所市櫛羅（くじら）字高間田（たかみだ）から出土した銅鐸で、一九五〇年に当時高校三年生であった田中幸弘氏が自宅裏の畑を耕していた際に、地下三〇cmほどから出土したようである［池田　一九八五］。この資料は、当時の県立御所高校（現在の県立青翔高校）に預けられたようであるが、その後の所在はわからなくなっている。御所高校は一九五八年に火事で校舎の多くが焼失しており、その時に銅鐸も失われてしまったのであろうか。

そのため、現在この銅鐸について知ることができる情報は、発見者である田中氏が後になって記した、『奈良県史』に掲載されている簡単なスケッチのみである（図４）。このスケッチには、出土した場所や時期、発見者の名前に加え、「横になって出土」という発見時の出土状態や、「高　四十センチ～五十センチ」という大きさに関する情報が記されている。

図４　御所市櫛羅字高間田出土銅鐸のスケッチ

図5　上牧町観音山出土の銅鐸

銅鐸のスケッチをみると、鈕は比較的装飾に乏しく、身の中央に斜格子文の横帯が廻り、その下に三人のヒトが横向きに並んで描かれている。発見時の記憶にもとづいて描かれたスケッチであることから、細部の信憑性については評価の難しい事例ではあるが、銅鐸編年の二段階にあたる外縁付鈕式を降ることはないものとみられる。

観音山出土の銅鐸　葛城地域で三例目となる資料は、北葛城郡上牧町（かんまきちょう）の観音山（かんのんやま）から出土したと伝えられている、通称「上牧銅鐸」である〔梅原 一九二七〕。この資料の発見は、葛城地域の他の例よりも古く、およそ二〇〇年前の江戸時代文化年間（一八〇四〜一八〇八）の初年といわれている。観音山という地名は現在残っていないが、明治期の地籍図にその地名が残されており、現在の地図と照合すると上牧町上牧にある浄安寺（じょうあんじ）の南一五〇m、「さね山」と呼ばれる山がそこにあたるらしい。

銅鐸の現物は、現在静岡県静岡市の静岡天満宮が所蔵し、静岡県指定文化財として静岡市立登呂（とろ）博物館で展示されている（図5。そのレプリカは、上牧町文化センター内ギャラリーにて展示）。この銅鐸は高さ二九・三cmと小さく、名柄銅鐸と同じく外縁付鈕式に分類されるが、型式学的には名柄銅鐸よりも古く、大和の中でも最古級の資料と評価される。身には四区袈裟襷文が鋳出されている。

銅鐸の鋳造は、外型と内型である「なかご」を用いて行なわれる。二つに分かれた外型を合わせ、銅鐸の厚みとなる隙間を厳密に保つようにして中になかごを収め、その隙間に青銅を流し込む。上牧銅鐸には、青銅を流し込む際に二つの外型が正確に合わず、少しずれていたために生じたと思われる痕跡がある。銅鐸鋳造時の技術的な過程を推測しうる貴重な銅鐸といえる。

また、上牧銅鐸のもうひとつの特徴は、一九九六年に島根県雲南市（当時、大原郡加茂町）加茂岩倉遺跡でみつかった三九口の銅鐸のうちのひとつと同じ鋳型からつくられた「兄弟銅鐸」である点である。加茂岩倉遺跡は、一ヶ所から出土した銅鐸数が全国で最も多い遺跡として著名であり、全国で最多の三五八本の銅剣、六口の銅鐸、一六本の銅矛が出土した島根県出雲市（当時、簸川郡斐川町）荒神谷遺跡とともに、弥生時代における出雲地域の重要性を物語る遺跡である。上牧銅鐸は、この三九口ある銅鐸のうち一七号と呼ばれている銅鐸と同笵関係にあり、鋳型の傷の進行具合から、加茂岩倉遺跡の銅鐸がつくられた後に上牧銅鐸がつくられたことが明らかになっている。兄弟銅鐸がどのような歴史的事象をあらわしているのかは議論がつづく問題だが、銅鐸の生産と流通や弥生社会のネットワーク、とりわけ弥生時代の大和と出雲のつながりを把握するうえでも興味深い資料といえる。

なお、これら銅鐸にかかわる青銅器生産の痕跡は今のところ葛城地域でみつかっていない。奈良県内で青銅器生産の痕跡がみつかっているのは、磯城郡田原本町唐古・鍵遺跡や桜井市大福遺跡、脇本遺跡、橿原市一町遺跡などがあげられる程度で、その分布は奈良盆地の東半分に限られている。葛城地域に埋納された銅鐸は、これらの遺跡でつくられたものがもたらされたのか、奈良盆地の外からもたらされたのか、はたまた葛城地域の拠点集落内にまだ見ぬ青銅器生産の痕跡がみつかるのか、今後の調査・研究の進展が期待さ

図6　鴨都波遺跡出土銅鐸形土製品（12次調査）

れる。

銅鐸を模した土製品　銅鐸そのものではないが、銅鐸を模してつくられたと考えられる土製品が、御所市鴨都波（かもつば）遺跡で出土している（図6）。一二次調査地の遺物包含層から出土したもので、明確な遺構にともなうものではないが、概ね弥生時代中期後葉頃のものと考えられる。残存する高さ四・七cm、幅三・四cmの小さな資料で、縦半分に割れているが、銅鐸の形を正確に写そうとしており、内面はヘラ削りにより中空につくられている。外面にはヘラ状工具で横帯文（おうたいもん）銅鐸を模したような上下二段の帯を描き、上段の帯には斜格子文を描くが下段の帯には右上がりの斜線を描くか、もしくは無文である。上下の帯に挟まれた区画にも横線や斜線が刻まれるが、その意匠は不明である。

唐古・鍵遺跡から出土している銅鐸形土製品に比べると、そのつくりや文様の施し方に稚拙さは否めないが、奈良県内で銅鐸形土製品を出土する集落遺跡がその地域の拠点集落であることをふまえると、このような土製品を用いたマツリは銅鐸のマツリと非常に密接なかかわりをもち、先に述べたような豊作祈願や収穫感謝、規模の大きな集団内及び集団間の結束を強化する目的で用いられた可能性も考えられる。

葛城地域の銅鐸の特徴　このように葛城地域では今のところ三例の銅鐸埋納例が知られているが、その特徴としては銅鐸の中でも古い型式に限定されていることがあげられる。大和の銅鐸埋納地について整理を行なった関川尚功（せきがわひさよし）氏は、外縁付鈕式という銅鐸の中でも古い型式の銅鐸埋納は、葛城地域を含む奈良盆地の西側縁辺部に偏っており、特に河内方面という西方地域を意識した経路の丘陵上に埋納された点を指摘している［関川 二〇一九］。奈良盆地の中では、扁平鈕式以降の型式の銅鐸が盆地東側縁辺に埋納されており、丘陵上だけでなく集落内にも埋納されるように変化していくが、銅鐸の埋納がどういった意図のもとになされたのかを推測するうえで示唆的な現象といえる。

銅鐸の埋納地　奈良盆地の中でも古い型式の銅鐸埋納が目立つ葛城地域であるが、その埋納地をさらに細かくみてみよう。名柄銅鐸と多鈕細文鏡が出土した御所市名柄という地は、金剛山と大和葛城山の間にある水越（みずこし）峠を、大阪側（千早赤阪村）から奈良側（御所市）に超えてすぐの場所にあたる。名柄周辺は、古墳時代中期末の豪族層の居館跡がみつかっており、近世には東西南北の街道が交わる宿場町として栄えた土地でもあり、交通の要衝地としての地理的な重要性が特筆される。

櫛羅高間田銅鐸は、その詳細な出土位置が明らかになっていないものの、延喜式内社（えんぎしきないしゃ）である鴨山口（かもやまぐち）神社にほど近い位置と考えられている。鴨山口神社は、元々現在の鎮座地から西へ六〇〇mほど上った岸野山と呼ばれる場所に鎮座し、土砂崩れによって現在の場所に流れてきたと伝わっている。祭神は大山祇命（おおやまつみのみこと）で、人々がコメづくりに必要な雨や風を祈願して奉られたものと考えられている。つまり葛城山への信仰と強く結びついた立地と解釈することが可能である。

上牧銅鐸が埋納された場所は、河内へ通じる交通路を臨む立地となっており、奈良盆地の中を臨むことができないことから、河内方面を強く意識した交通路上への埋納と考えられている。

先に記した通り、関川氏は葛城地域の銅鐸埋納を西方地域を意識した経路上にあることを指摘しているが、櫛羅高間田銅鐸を含めて考えると、単に交通の要衝という点にとどまらず、銅鐸のマツリを行なった人々にとって特別な意味をもった場所というように、やや幅広く捉える方がより実態に近いのではないだろうか。

銅鐸の埋納時期　葛城地域の銅鐸が型式学的に古い資料であることはすでに述べたが、それらが埋納された時期については、土器といった時間のものさしになる遺物とともに発見されていないため定かではない。銅鐸の埋納時期に関しては、その型式の新古にかかわらず弥生時代の終わりに一括して埋納されたとする考えや〔田中 一九七〇など〕、中期末から後期初頭と後期末の二度の埋納があるとする考えがあり〔森岡 一九七五など〕、後者が定説化したように思われたが、兵庫県南あわじ市で近年みつかった松帆（まつほ）銅鐸の内容などから、さらに細かな埋納段階を想定する意見も提示されている〔森岡 二〇一六〕。

葛城地域の埋納例は、名柄銅鐸が鏡と共伴はするものの基本的に銅鐸一口のみの埋納であり、右のいずれの説と触れ合うものなのか、判断が難しい。しかし、銅鐸の埋納例全体から考えると、外縁付鈕式段階の銅鐸は総じて後期初頭頃までに埋納されているため、葛城地域の例に関しても多分に漏れずそのあたりの時期に埋納されたと考える方が自然であろう。

銅鐸の埋納は、当時の社会の諸変革にあわせた行為と考えられており、上牧銅鐸はその埋納主体について考える材料が乏しいため一度脇に置くとして、名柄銅鐸や櫛羅高間田銅鐸の埋納についてはその埋納主体と考えられる鴨都波遺跡の動態と照らし合わせてみる必要がある。鴨都波遺跡では、遺跡南西部において環濠として機能したと考えられる大溝が前期に掘削されるものの、中期には埋没している。しかし、遺跡東部で検出された大溝は中期に掘削されたのち、後期にも残存していたようである。加えて、後期の竪穴（たてあな）建物や掘立柱建物が一定数みつかっており、土器の出土量も多いことから、決して後期に入り集落が衰退したという様相は認めがたい。つまり、他地域で想定されるような中期から後期にかけての集落の衰退に連動して銅鐸が埋納されたという考えは、鴨都波遺跡に関していえば今のところあてはめることが難しいということになる。

ただし、鴨都波遺跡の中期から後期にかけての動態には検討の余地も多く、各銅鐸埋納地と鴨都波遺跡の関係についても依然想定の域を出るものではない。葛城地域の銅鐸を用いたマツリの実態については、検討課題が山積している状態といえよう。

3　資源や情報の流通

弥生時代のモノの動き　資源や情報の流通は、人々の活動と不可分なものとして今も昔も様々な範囲・内容で行なわれている。モノの広域流通が縄文時代と弥生時代を画す要素と認識されていたこともあったが、近年の発掘調査・研究では、旧石器時代や縄文時代の頃からかなり広域に及ぶモノのやりとりがあったことが明らかになっており、そのモノの動きの裏側にはそれを媒介したヒトの移動が当然存在した。情報は視認することが難しい場合も多いが、ヒトの移動とともに、場合によってはモノそのものよりも早く遠くへ移動したこともあったであろう。

このような広域にモノが動く現象を弥生時代に求めると、弥生時代を特徴づける要素のひとつである青銅や鉄などの金属資源があげられよう。右でも少し述べたが、青銅や鉄という金属器の素材は、弥生時代においては列島内部での獲得ができない資源として朝鮮半島や中国大陸から入手する必要があった。その具体的な入手方法は定かではないが、葛城地域の場合、北部九州地域などを門戸として列島内にもたらされたものが、中間地を経由して運び込まれたものと考えられる。

サヌカイトの動き　弥生時代の物資流通を考える際、葛城地域には重要な資源が存在する。それは香芝（かしば）市の西部一帯に広がる二上山（にじょうさん）から産出する安山岩（あんざんがん）、いわゆる「サヌカイト」である。近畿において最大のサヌカイトの産出量を誇る二上山の北麓には、旧石器時代や縄文時代だけでなく、弥生時代中期の石器生産遺跡が集中して存在している。

弥生時代の石器には、磨製石器と打製石器の二種が存在し、前者には結晶片岩（けっしょうへんがん）や粘板岩（ねんばんがん）、頁岩（けつがん）、ホルンフェルスといった様々な石材が用いられるが、後者には広く二上山産のサヌカイトが使用された。前者の石材については、その産出地からの地理的距離に応じた分布の濃淡が指摘されている［酒井 一九七四］。弥生時代を特徴づける磨製石器、石庖丁（いしぼうちょう）を例にみてみると、紀の川南岸を産地とする淡緑色の結晶片岩を用いたものは畿内南部の遺跡から多く出土し、北へいくにつれてその出土量が減少していく。逆に中国山地から丹波山地にかけて広がる丹波層群を産地とする粘板岩を素材とした石庖丁は、畿内北部地域で多く出土する傾向があり、畿内南部へいくにつれてその出土量を減じていく。なお、ここでいう畿内地域は、飛鳥時代に定められた大和を中心とする範囲を便宜的に用い、概ね旧国の大和、山城、摂津、河内、和泉にあたる地域を指す。

二上山で産出するサヌカイトについては、特徴の異なる複数の素材採取地が想定され、その採取地ごとに異なる製品・未製品の地理的分布が確認されている〔塚田　一九九〇〕。香芝市田尻峠(たじりとうげ)遺跡では、サヌカイト原石の採掘遺構がみつかっており、大型打製石器に分類される石剣の未製品が多数出土している。それに対し葛城地域を含む畿内の拠点集落では、小型打製石器の素材と考えられる小さなサヌカイト原石は出土するものの、大型打製石器の素材となる大きな原石は出土せず、石剣の未製品および完成品しか出土しない。このような現象から、石材産出地に近接する遺跡で大型石材の採取とその粗加工が行なわれ、ある程度加工がされた未製品の状態で畿内各地の拠点集落へ運び込まれていた当時の流通の様子がうかがわれる。二上山の東麓に位置する竹内遺跡でも、石器の素材と考えられる多くのサヌカイト剝片が出土している。その内容から地域内の石器生産拠点と考えられており、田尻峠遺跡とともに畿内地域全体における段階的な石器生産を示す重要な遺跡と評価できる。

外来系土器の状況　日常的なヒトやモノの動きをあらわすものに外来系土器があげられる。葛城地域では集落遺跡の状況がそれほど明らかになっていないため断片的な情報にはなってしまうが、拠点集落と考えられる鴨都波遺跡と竹内遺跡の様相について触れておきたい。

鴨都波遺跡における外来系土器は、胎土に結晶片岩を含む紀伊産の土器が最も多く認められ、河内や北摂産の土器、播磨や瀬戸内、伊勢の影響が認められる土器なども含まれている。ただし、時期によって外来系土器の内容に変化があり、時期が新しくなると紀伊産の土器が減少し、大和型甕(かめ)と紀伊型甕の折衷型式と捉えられる四分(しぶ)型甕が増加するようである。竹内遺跡における外来系土器には、チョコレート色で角閃石(かくせんせき)を含んだ特徴的な胎土をもつ生駒西麓産土器といった河内地域のものや瀬戸内系の特徴が認められる土器が散見されるが、その主体を占めるのはむしろ紀伊地域の影響を受けた土器である。ただし、結晶片岩を含んだ胎土をもつ紀伊産の土器自体は多くなく、四分型甕が一定数認められる。

このように、葛城地域でも南半の拠点集落では、紀伊地域との関係がうかがえる土器が多く認められる。特に、紀伊産の土器そのものが流入するだけでなく、土器づくりにおける折衷型式である四分型甕の一定数の出土は、単なるモノの移動だけではない葛城地域と紀伊地域の日常的なつながりの強さを示すものと捉えられよう。

参考文献

池田末則　一九八五『奈良県史』一四　地名　名著出版
梅原末治　一九二七『銅鐸の研究』大岡山書店
大阪府立弥生文化博物館　二〇一一『豊饒をもたらす響き　銅鐸』
大阪府立弥生文化博物館　二〇一八『弥生のマツリを探る―祈りのイメージと祭場―』
葛城市歴史博物館　二〇〇四『葛城の弥生時代』
酒井龍一　一九七四「石庖丁の生産と消費をめぐる二つのモデル」『考古学研究』二一―二　考古学研究会
関川尚功　二〇一九「上牧銅鐸と大和の銅鐸出土地」『奈良県内市町村埋蔵文化財技術担当者連絡協議会年報―平成三〇年度―』奈良県内市町村埋蔵文化財技術担当者連絡協議会
高橋健自　一九一九「南葛城郡名柄發掘の銅鐸及銅鏡」『奈良縣史蹟勝地調査會報告書』第六回
田中　琢　一九七〇「「まつり」から「まつりごと」へ」『古代の日本　五　近畿』角川書店
塚田良道　一九九〇「弥生時代における二上山サヌカイトの獲得と石器生産」『古代学研究』一二二　古代学研究会
奈良県立橿原考古学研究所附属博物館　二〇〇九『銅鐸―弥生時代の青銅器生産―』

福永伸哉　二〇〇一『邪馬台国から大和政権へ』大阪大学出版会
森岡秀人　一九七五「銅鐸と高地性集落」『芦の芽』二七　芦の芽グループ
森岡秀人　二〇一六「大量銅鐸の多段階埋納は証明できるのか」『考古学は科学か』上　中国書店

第3節　ムラからクニへ

関川尚功

1　集落の動向

葛城地域の特性と遺跡　古代の葛城の地域は南北にかなり長く、そこに広がる弥生遺跡をすべて同じ地域としてみることはできない。そこでこれらの遺跡についても河川の流域や地勢により、およそ北部・中部・南部の三つの地域に大別して理解する必要がある。葛城地域を流れる主な河川は、金剛・葛城山より発して北流し大和川に合流するが、北部の遺跡は馬見丘陵西側を流れる葛下川の流域に位置する。これに対して南部の遺跡は馬見丘陵の東側を流れる葛城・高田川の流域にあたる。中部はその間の葛下川上流域となる。また馬見丘陵の東側は奈良盆地の西部に面しているので地形的にみても葛城の地域とはいえない。このため本来の葛城の範囲とは、北部が馬見丘陵西側の葛下川流域地帯になる片岡谷から南の二上山麓にかけてとなり、中部は竹内街道付近の南まで、南部は葛城・金剛山東麓と巨勢山北麓に広がる地帯というところになる。そして葛城地域の東限は、馬見丘陵南東端の南に伸びる突出部から、南部の国見山から北に延びる玉手の丘陵とその北の本馬丘陵にかけてのラインまでといえるであろう。

このような葛城地域は、大和の中でも南西方面に位置するので、盆地内部の集落との関係とともに、むしろ隣接する地域との関係が重要となる。葛城の地域は同じ大和の南西部にあっても生駒・金剛山系を挟んでそれぞれ中・南河内や吉野・紀伊という、異なった方面に接するので、その性格はかなりちがったものになってくる。

葛城の北部は河内潟に面した中河内に隣接している。この地域と結ぶ交通路はいくつかあるが、主な経路としては、馬見丘陵の北を流れる大和川に沿う竜田越（たつたごえ）と、馬見丘陵の南を通過して中河内と結ばれる大坂越（おおさかごえ）がある。馬見丘陵の南端の道路は、いわゆる「葛下斜向道路」〔秋山　一九七五〕とされるが、大坂越につながる中河内への最短距離になるので、盆地東南部より中河内への重要な経路とされていたことは明らかであろう。この二つの経路とともに、さらに南に下ると、葛城中部付近の竹内街道の名で知られる竹内峠を通過する経路は、飛鳥時代以降の横大路につながり、太子町鹿谷寺（ろくたんじ）銅鐸（どうたく）の存在にみられるように、弥生時代においても重要な経路ではある。ただし、標高の高い竹内峠を越えなければならないことと、港に通じる中河内ではなく、南河内への方向に向かうことになるので、飛鳥時代までは大坂越よりも重視された経路とはいいがたい。

一方、葛城南部はさらに南の南河内に通じる水越峠（みずこし）と、紀伊方面に抜ける風の森峠などが、大和と南河内・紀伊を結ぶ最も大きな経路となる。

葛城北・中部は奈良盆地の西部、葛城南部は南西部のそれぞれ門戸にあたり、西方地域からの文化や影響が最初に及ぶところとなる。この地理的な位置が大和において葛城という地域の大きな特性となった。このため弥生文化の受容や古墳文化の生成という西方からの影響が及ぶ時に、大和の中でも特に重要な位置を占める地域となった。

葛城の銅鐸出土地　このような葛城地域の性格をよく示しているのが出土銅鐸のありかたである。葛城の範囲では南北二ヶ所において、各一個の銅鐸が出土している。北部の上牧町（かんまきちょう）上牧銅鐸（102頁図5）と、南部の御所市（ごせし）名柄（ながら）銅鐸である。上牧銅鐸の出土地をみると、葛下川に沿う馬見丘陵の西縁部の丘陵上にあるので、ここからは東方の奈良盆地を望むことはできない。しかし、西方をみると大和から中河内への最大の交通路である大坂越の正面にあたり、その低い丘陵や河内の山々を見渡すことができる。このような西方への良好な眺望から、上牧銅鐸は奈良盆地方面ではなく、この銅鐸が入ってきたであろう河内方面からの経路や大和と河内の境界というものを意識して埋納されたものといえよう。

また南部の名柄銅鐸出土地も葛城から南河内へ抜ける水越峠に向かう経路に沿うところにあり、北東方向には奈良盆地がよく望める。ここでも南河内・紀伊方面へ通じる主要経路や、大和の南西端にあたるという、地域の境界が意識された銅鐸の埋納が考えられるのである。また名柄銅鐸は多鈕細文鏡（たちゅうさいもんきょう）とともに出土している。銅鏡が墓ではなく、銅鐸とともに出土していることは、銅鏡も銅鐸と同じような性格をもっていたことを示すのであろう。そしてこの時期には近畿でも数少ない大陸製の銅鏡が出土することは、西方地域からの入り口にあたる葛城という位置によるものといえる。この葛城の南北二つの銅鐸は、ともに外縁鈕（がいえんちゅう）1式という、盆地北西部の秋篠（あきしの）銅鐸とともに大和に最初に入ってきた最も古い銅鐸の一群である。これらの銅鐸や銅鏡の出土位置が、葛城という地域の特色をよく示しているといえよう。

葛城中部においては、竹内峠と岩屋(いわや)峠を西に越えた大阪側の合流地点において、鹿谷寺銅鐸が竹内街道の北側でまさに出土しており、葛城の二つの銅鐸とともに、大和の西方と結ぶこの径路の重要性を示している。

平地の集落動向　葛城地域では、弥生時代を通じて継続する、いわゆる大型の拠点集落は、南部の鴨都波(かもつば)遺跡のみである。名柄銅鐸出土地からも遠くはなく、ともに関連をもっていたのであろう。奈良盆地東南部に多い大型集落との関係をみると、鴨都波遺跡に最も近い拠点集落としては葛城西方の曽我川流域にあたる橿原市(かしはらし)新沢一(にいざわかず)遺跡がある。集落の連係という視点からみると、このルートでの盆地東南部の拠点集落群とのつながりが考えられる。鴨都波遺跡は、これらの大和の大型集落と、紀ノ川産の石包丁(いしぼうちょう)や土器の搬入にみるような紀伊方面とをむすぶ葛城地域の中心的な集落といえる。

図1　下田味原遺跡出土土器

一方、葛城北部においては、このような盆地東南部の方面につながる鴨都波遺跡に対比できるほどの拠点集落は今のところ確認できない。それでも出土遺物からみると、竹内街道の近くには縄文時代以来つづく竹内遺跡がある。また葛下川流域の水陸の要地にあたる香芝市下田付近には弥生中・後期、庄内(しょうない)期まで続く土器を多く出土する下田味原(しもだあじはら)遺跡があり、このような遺跡が上牧銅鐸の祭祀と埋納を主導した主な弥生集落であったと思われる（図1）。以上のような葛城地域の弥生遺跡と盆地東南部の主要集落との関係からみると、中河内方面とのつながりとともに、さらに紀伊方面との結び付きがより強かったように思われる。

2　高地性集落の出現

葛城北部の高地性集落　弥生時代の後期に入ると、その前後の時代にはなかった大きな動きがみられる。丘陵などの高所に立地する高地性集落の出現である。平地の集落遺跡と違い、高所の遺跡は知られる機会がかなり少ない。それでも丘陵上の古墳の調査で土器や遺構がみつかることがあるので、葛城地域ではその数は意外に多い。奈良盆地内のこれまでの高地性集落の調査では、東大寺山（とうだいじやま）遺跡のように住居址のほか、それをめぐる堀がみつかり、防御を主体とする遺跡もみられ、この種の遺跡の性格をあらわしている。そしてこれらの遺跡の多くに共通しているのは、その時期が弥生時代後期に限られていることと、遺跡から周囲への眺めのよさとがある。また、これらの遺跡の中には集落というよりも小規模な遺構や、土器のみがみつかるところもあるが、遺跡の存在はたしかであるので、ここでは便宜上、すべてを高地性集落と呼んでおきたい。

葛城地域の弥生高地性集落は、北は大和川近くの馬見丘陵の北端から、葛城・金剛山東麓を経て、南は巨勢山西麓まで、広い範囲で確認されている。大和川に面する馬見丘陵北端においては、耕作がきっかけで明らかになり、奈良県下でも最も大きな大型住居址が発掘された舟戸（ふなど）・西岡（にしおか）遺跡がある（図２下）。大和川・信貴山（しぎさん）方面の眺めが非常によく、大和川とそれに沿った中河内への経路にかかわる遺跡であることはたしかであろう。

この遺跡から南にかけては、馬見丘陵西縁の丘陵上に遺跡が点在している。まず葛下川と馬見丘陵内部の西側を流れる滝川との合流地点にあたる香滝（こうたき）・薬井（くすりい）遺跡では、丘陵上で弥生後期の土器が出土している。その南方の上牧銅鐸出土地の南側の尾根上には上牧久渡古墳群があるが、その最も高所にある1号墳の下層より弥生後期の土器が出土し、ここでは石鏃などサヌカイト製の打製石器の製作も行なっていた。上牧銅鐸出土地と久渡3号墳のような初期古墳が近接する高地性集落としてその関係が考えられる重要な遺跡である。さらにその南方の丘陵上では弥生後期の土坑がみつかった法楽寺山遺跡がある（図2上）。これらの遺跡はいずれも奈良盆地方面は望めず、葛下川とその流域を見下ろし、中河内方面への眺めが非常によいところである。

また馬見丘陵の南端の丘陵上においては鈴山城跡で弥生後期の土器が出土しているといい、さらに馬見丘陵に相対して南から延びてくる丘陵に位置する狐井稲荷古墳でも弥生後期の土器がみつかっている。この二つの遺跡は馬見丘陵南辺を通過し大坂越へ向かう、いわゆる「葛下斜向道路」を南北に挟む位置にあり、経路にかかわる高地性集落と考えられる。このように馬見丘陵周辺では各所で高地性集落が確認されるが、奈良盆地側にあたる馬見丘陵東側では今のところこの時期の遺跡や土器出土地は知られていない。これら葛城北部の高地性集落は、中河内方面からの動向に対して出現したものであろう。

図2　葛城北部の高地性集落
法楽寺山遺跡から見た二上山（上）
舟戸・西岡遺跡の大型住居址（下）

葛城中・南部の高地性集落　一方、葛城の中部から南部にかけても、山麓部の丘陵を中心に遺跡の存在が確認できる。竹内街道に沿う竹内遺跡の北側丘陵上のキトラ山では早くから石器の出土が知られており、高地性集落の存在が考えられているが、出土土器による確認がまだなされていない。さらに南の丘陵上には寺口和田古墳群があり、ここでは古墳調査時に弥生後期の土器が出土したとされていたが、その後、その南の丘陵上にある寺口布施遺跡でも弥生後期の土器がまとまって出土した。ここでは複数の丘陵にまたがる高地性集落の存在が考えられる。

葛城・金剛山麓においては、二つの高地性集落が注目される。葛城山麓では吐田平遺跡（標高三〇〇m）、金剛山麓では高天（標高四五〇m）というような、葛城地域ばかりではなく奈良盆地周辺の高地性集落の中では突出して標高の高いところにあることが注目される。また巨勢山山塊に分布する古墳群の調査時にみつかった境谷遺跡、やや山中に入るが八伏・中谷遺跡などで遺構が確認されており、ここでも高地性集落のひとつのまとまりを示している。そして巨勢山の北東には、北に丘陵が延びる国見山山塊があるが、この最高所の国見山（標高二二九m）山頂斜面でも多くの弥生後期の土器が出土しており、高地性集落の存在が知られる。この国見山遺跡はここからの眺望のよさと、葛城の東限というその位置をみるならば、遺構はまだ明らかではなくとも葛城南部の代表的な高地性集落のひとつといってもよいであろう。

これら葛城南部の高地性集落は、さらに風の森峠を南に越えたところの五條盆地所在の引ノ山・釜窪丈六堂遺跡のような、吉野川水系の高地性集落に連続するように立地している。葛城南部の高地性集落は、やはり紀伊方面からの動向に対して出現したものとみられる。

連係する高地性集落　高地性集落は、眺望のよいところに立地しているので、連係的に考えられることが多い。特に葛城南部の高地性集落は、紀伊方面という吉野川水系の遺跡と近い関係にあることに加え、奈良盆地南部の高地性集落とのつながりが考えられる。国見山遺跡からは、さらに東方の曽我川流域に所在する忌部山・上ノ山などの高地性集落につづくものと思われる。さらに盆地東南部周辺の桜井公園遺跡などの高地性集落に及んでいく。ここからは初瀬谷を経て奈良盆地東方地域への経路につながっていくと思われる。

奈良盆地ではほかに富雄川流域や六条山遺跡・郡山城など西ノ京丘陵に高地性集落が点在している。これらは大和川をはさんで葛城北部の葛下川下流域の遺跡にも通じ、さらに奈良盆地を北に越えた木津川水系の木津城山遺跡などの遺跡とのつながりが考えられる。また盆地東部では確実な高地性集落は多くはないが、その中でも東大寺山遺跡は石上銅鐸出土地や東大寺山古墳にも近く、奈良盆地東方地域への出入り口にあたるところにあり、盆地の境界と経路との関係のうえで出現したことがうかがえる。また杣之内向山遺跡も、竹内銅鐸出土地と東方への竹内峠の経路に近い。高地性集落の立地をみると、経路のほかに上牧銅鐸と上牧久渡古墳群のような、銅鐸出土地や前期古墳との関係が、盆地東部においてもみられるといえよう。盆地内部の高地性集落の地域分布をみると、葛城は高地性集落の遺跡数をみても、むしろ多い地域といえるであろう。高地性集落を成立させたのは西方の弥生社会からの動向が主因であり、その強い影響が奈良盆地の弥生社会に及ぶ時、紀伊・河内方面からの入口にあたるという、葛城地域の特性がここでもみられると思われる。

高地性集落出現の契機と影響　高地性集落は、在来の平地の集落とは立地が全く異なり、さらに存続時期が限られており、かなり特殊な条件で出現したものといえよう。しかも西日本を中心に広い範囲にわたっているということが重要である。瀬戸内方面などの遺跡が中期の終わりからみられることから、弥生後期が多くを占める大和の遺跡とは時期の差があるので、その影響は西方地域から及んできたとみられる。弥生文化は基本的に強い地域性をもつが、高地性集落は、その広がりにみるように、地域を大きく越えているところにその強い影響力をみることができる。

高地性集落には、やはり防御や監視という性格が想定されている［福家 二〇一二］。時には争乱をともなうような緊張関係の波及というものが、最もその大きな出現事情といえよう。そのような大きな社会変化により、後期の地域性の大きさが示すように、弥生時代中期の段階より、さらに広域に地域統合が進んだことを示しているようである。それとともに葛城北部においても数の多い在来の方形周溝墓（ほうけいしゅうこうぼ）から、丘陵上に築かれた古墳につながる墳丘墓があらわれることは、高地性集落の出現を経た弥生社会において、あらたに地域首長の台頭が顕著になってきたことを示すものといえよう。

参考文献

秋山日出雄　一九七五「日本古代の道路と一歩の制」『橿原考古学研究所論集』創立三十五周年記念　吉川弘文館
伊藤雅和　二〇〇三「新庄町寺口布施表採の弥生時代後期後半の土器について」『青陵』一一〇　奈良県立橿原考古学研究所
入倉徳裕　二〇〇二「下田味原遺跡第１次」『奈良県遺跡調査概報』二〇〇一年度　奈良県立橿原考古学研究所
御所市教育委員会　一九八五『巨勢山境谷10号墳発掘調査報告』
御所市教育委員会　二〇〇七『巨勢山古墳群Ⅳ』
下大迫幹洋　一九九七「法楽寺山遺跡第１次調査」『香芝市埋蔵文化財発掘調査概報八』香芝市教育委員会
十文字健　二〇〇三「御所市高天出土の弥生土器」『青陵』一一〇　奈良県立橿原考古学研究所
鈴木裕明　一九九八「舟戸・西岡遺跡第１次発掘調査概報」『奈良県遺跡調査概報』一九九七年度　奈良県立橿原考古学

研究所
関川尚功　一九八〇「大和西部における弥生高地性遺跡」『引ノ山古墳群』五條市教育委員会
関川尚功　二〇一八「大和西部の弥生高地性集落」『奈良県内市町村埋蔵文化財技術担当者連絡協議会年報―平成29年度―』
関川尚功　二〇一九「上牧銅鐸と大和の銅鐸出土地」『奈良県内市町村埋蔵文化財技術担当者連絡協議会年報―平成30年度―』
樋口清之　一九三六『大和竹内石器時代遺蹟』大和国史会
福家　恭　二〇一二「奈良県の高地性集落」『みずほ』四三

第3章　葛城氏の勃興と古墳文化

第1節　台頭した地域の首長層

関川尚功

1　葛城北部における首長墓の出現と系譜

弥生時代後期の高地性集落の出現は、弥生社会の大きな変化を示すものであり、その影響によるものと思われるのが、丘陵上に築かれる墳丘墓の出現である。ただし奈良県下の弥生時代の墳墓をみても方形周溝墓の多さに比べ、墳丘墓はきわめて少ない。その中でも葛城北部では馬見丘陵の南部、新山古墳群黒石支群の調査で弥生時代後期の黒石10号墓の存在が明らかになった。一辺一〇・四mの方形墓で二基の木棺が確認されたが、副葬品はみられない。周溝より弥生後期の土器がかなり出土したため、その時期が知られることになったのである。調査以前には古墳と認識されていたように、この弥生墳墓は古墳と全く同じ丘陵上に立地しており、しかも葛下斜向道路に接している位置にある。大和では弥生時代の墳丘墓の中で、全体規模と時期が判明するのは今のところ黒石10号墓のみである。さらに馬見丘陵南西の上牧久渡古墳群の3号墳は、低墳丘の一辺約一五mの方形墓で三基の木棺があり、中央の棺には画文帯神獣鏡一面（口絵8）と鉄製の剣あるいは槍、鉄鏃が副葬されており（図2）、さらに棺内より弥生後期型の甕の体部が出土している。

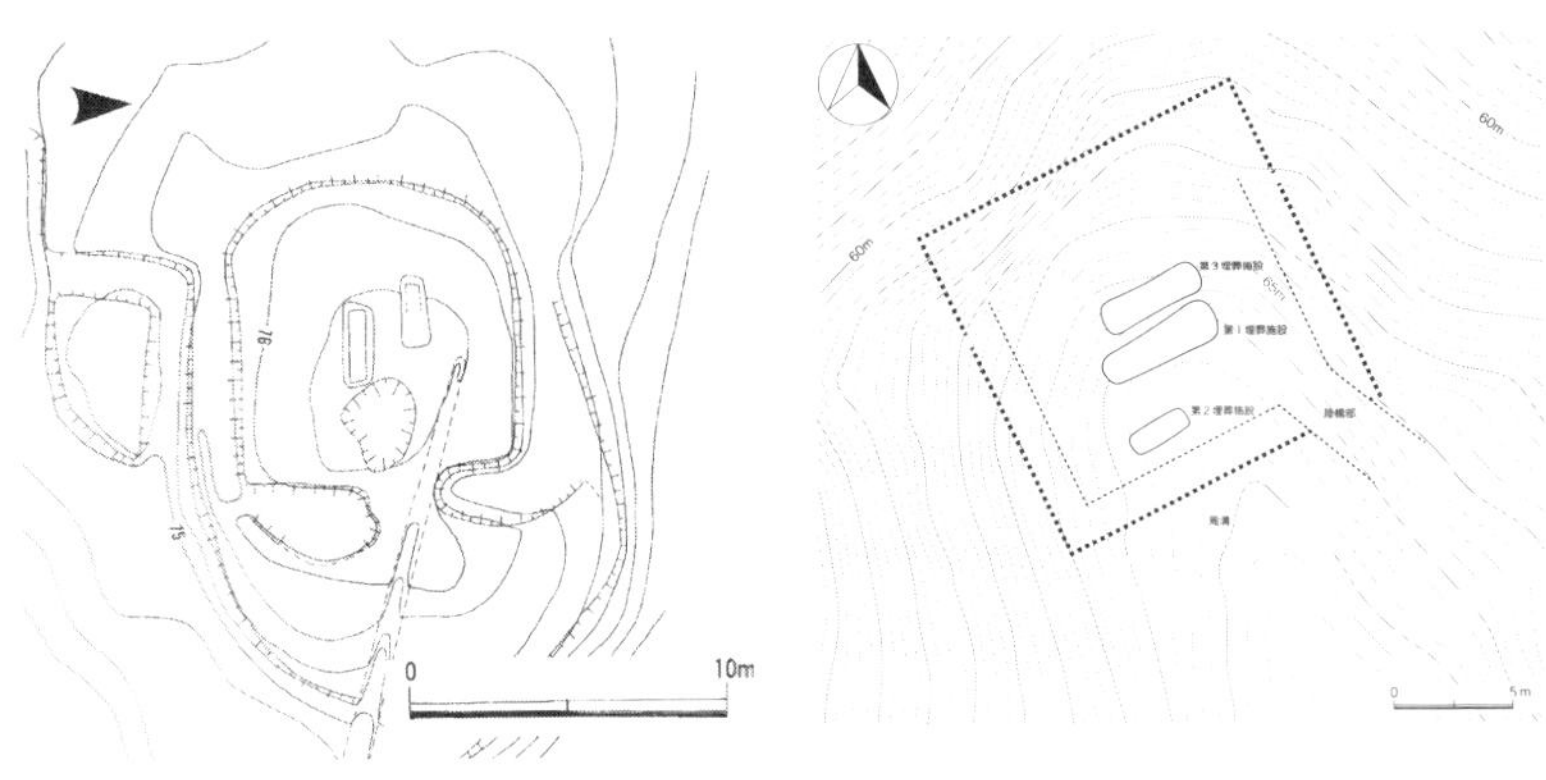

図1　黒石10号墳（左）と上牧久渡3号墳

出現期の古墳を考えるうえで特に重要なことは、前期古墳と同じような銅鏡や鉄製武器を保有する墳墓がいつから出現するかということである。3号墳では、墳丘は墳丘墓そのものである方形の低墳丘であり、弥生後期型の土器が出土していながら銅鏡・鉄製武器が副葬されている。このような墳墓が、盆地東南部をはじめ他地域でみられない以上、大和では最古級の初期古墳といえよう。棺内出土土器がかなり古く、鉄鏃の形式の初現時期も問題となるが、おそらく大型前方後円墳出現前の初期古墳であろうと推定される。さらに、3号墳近くの古墳時代後期の5号墳の周溝より、斜縁神獣鏡（しゃえんしんじゅうきょう）の破片二点が出土しており、この丘陵上には、5号墳築造以前に3号墳と近い時期の初期古墳がほかにも存在したのではないかと思われる。弥生後期の黒石10号墓においては、副葬品はみられなかったが、ここでは前期古墳と同じく銅鏡・武器を副葬すること、さらに銅鏡を副葬する初期古墳が、複数存在していると考えられることが重要である。

この上牧久渡古墳群で注目されるのは、ここから北にわずか百数十mに隣接する尾根は、上牧銅鐸の出土地であること、また丘陵最高所の古墳時代前期の久渡1号墳の下層には、弥生後期の高地性集落である上牧久渡遺跡が所在していることである。銅鐸・高地性集落、そして銅鏡・鉄製武器を保有する初期古墳と前期古墳が集中しているのである。ともに弥生時代から古墳時代への変化を連続してたどれることが、上牧久渡古墳群と周辺地域の特徴である。

このように葛城北部地域においては数がまだ少ないとはいえ、大和の中で弥生墳丘墓から初期古墳への流れをたどれるのに対し、他地域ではそれがみられないということは重要である。大型前方後円墳出現以前にあたる時期に、大和の中では最も早く有力首長の出現と古墳文化成立への動きが、大和において盆地東南部に先行して葛城北部において始まっていることになる。この地域が経路を通じて中河内に最も近いところにあたっていることが西方地域からの動きが大和で最も早く反映されることになり、それが馬見古墳群の成立にもつながるのであろう。

図２　上牧久渡３号墳の銅鏡・鉄製武器類・土器（奈良県指定文化財）

２　葛城南部における首長墓とその特色

葛城北部地域の古墳出現への動きと対照的なのは、葛城南部の状況である。ここでは弥生後期の墳丘墓や初期古墳というものが、今のところ認められない。さらに前期古墳は存在するが、大型古墳というものが存在しない。弥生大型集落が存在する地域であるにもかかわらず、古墳時代に入っても大型古墳出現への機運が認められないのが葛城南部の特徴である。ここでは小規模な前期古墳がいくつか知られており、これらが葛城南部で最初にあらわれた古墳である。調査によって三角縁神獣鏡や武器・武具をはじめとする副葬品内容が明らかになった鴨都波1号墳がある。また西浦古墳でも多くの副葬品が知られており、獣帯鏡・筒形銅器のほか、刀剣・鏃・勾玉が出土したという［梅原 一九二二］。また実態は不明だが前方後円墳かとされる山本山古墳も存在する。このほか調査により判明した巨勢山419号墳は、一辺一一・二mの小型方墳とされ、木棺内に剣が副葬されていた。埴輪（円筒・朝顔・形象）が出土しており、報告では前期の可能性が述べられている［御所市教委 二〇〇一］。

鴨都波遺跡と前期小型古墳　これらの古墳の副葬品の内容は通常の前期古墳と変わるところはない。葛城南部では前期の大型古墳が存在しないことが特異といえる。これら小型古墳の分布をみると、鴨都波1号墳・山本山・西浦古墳は鴨都波遺跡内か、それに隣接しているのが特徴である。これは鴨都波遺跡を中心として出現した前期古墳群とみなすことができよう。いずれもこの遺跡を基盤とする複数の首長の古墳であることは明らかであろう。このことは古墳時代に入っても、弥生時代以来継続する在地の首長層によって築かれた古墳であることを示している。また巨勢山419号墳は、さらに南の巨勢山西麓に単独的に所在する。この古墳は埴輪の検討によれば、前期古墳というよりも、やや降る中期初めに位置すると思われるが、それでも室宮山古墳より先行する古墳とみられる［上田 二〇〇二］。この古墳の位置は、南葛城より紀伊方面への経路を見下ろす位置にあり、小型の単独墳であるので、鴨都波遺跡内外の古墳群とのつながりが考えられる在地的な古墳とみられよう。

鴨都波遺跡の埴輪棺　鴨都波1号墳の調査においては、その近くで一基の埴輪棺が出土した（図3）。高さ七〇数cmの小型の朝顔形埴輪を棺に転用したものである。この埴輪は近くの山本山古墳の墳丘に立てられていたものと推定されている。葛城南部の前期古墳は小型古墳が多く、ほかにこの時期の埴輪は知られていない。山本山古墳の内容が不明なだけに、確証はないが、この埴輪の形態は初源期の朝顔形埴輪に含まれるものであり、葛城地域でも最も古い埴輪といえる。この埴輪の存在により、葛城南部においても大型古墳は存在しなくとも、新山（しんやま）古墳と時期的に変わらない古い古墳が存在するとみられ、葛城地域においては古墳文化の成立自体は、前期中頃とかなり早かったといえよう。

埋葬形態が判明した鴨都波1号墳　鴨都波遺跡の北東部に位置する鴨都波1号墳は、葛城南部で調査により初めて明らかになった前期古墳である。南北二〇m、東西一六mの方形墳で、中央に被葬者（ひそうしゃ）の頭位を北に向けた長さ四・三m、幅四三cmの木棺を納めた粘土槨（ねんどかく）が位置する。棺内及び墓坑内は、攪乱を受けずその状況がよく残されていた。棺内には玉類・銅鏡一面・剣などがあり、棺外西部に銅鏡三面・方形板革綴短甲・靫（ゆぎ）・槍が、棺外東部には大刀・靫があり、南小口外には剣・鉄斧・鉇（やりがんな）がまとめて置かれている（口絵9）。四面の鏡はすべて三角縁神獣鏡である。前期古墳の埋葬形態で副葬品配置が明瞭にわかる数少ない古墳である（図4）。周溝内より出土した多くの土器より前期後半が古墳の時期とされる。豊富な副葬品を有する古墳でありながら、鴨都波遺跡の中にあり、しかも調

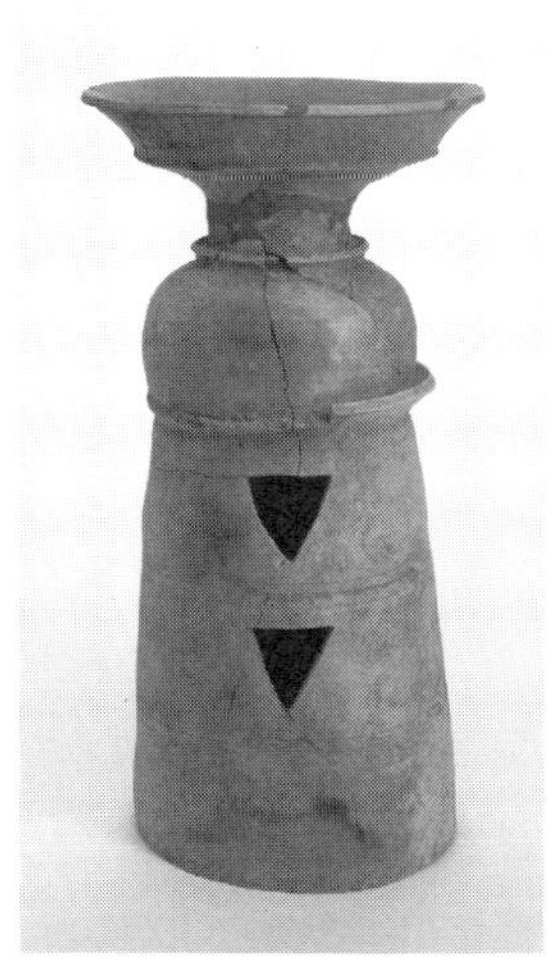

図3　鴨都波遺跡の埴輪棺

図4　鴨都波1号墳の銅鏡（左）と玉類・紡錘車形石製品

査概報でも述べられているように、弥生時代以来の方形周溝墓の系譜を引く在地の首長の古墳とみられるが、同じ古墳群の中では丘陵上に築かれた西浦・山本山古墳とは対照的である。在来の伝統的な性格を強く持った古墳といえよう。

槍の漆塗装具と石見型盾形埴輪　鴨都波1号墳では靫など漆塗製品の遺存が非常によい。その中で二本の槍先に残る漆膜の形状が、調査概報において「あたかも石見型盾形埴輪の正面形に似ている」とされていることは注目される。石見型盾形埴輪が何の形状を示しているのか、これまで類例が知られていなかった。詳細な報告はないが、それが「槍の漆塗装具」の形状であるという指摘は、重要である。槍の穂先を覆う装飾の付いた装具が石見型盾形埴輪のモデルであれば、立てた槍の穂先にふさわしい形状と思われる。

参考文献

上田　睦　二〇〇二「巨勢山419号墳の埴輪の特徴とその位置付け」『巨勢山古墳群Ⅲ』御所市教育委員会
梅原末治　一九二二『佐味田及新山古墳研究』岩波書店
梅原末治　一九二二「大和御所町附近の遺蹟」『歴史地理』三九―四
上牧町教育委員会　二〇一五『上牧久渡古墳群発掘調査報告書』
上牧町教育委員会　二〇一七『上牧久渡古墳群発掘調査報告書Ⅱ』
御所市教育委員会　二〇〇一『鴨都波1号墳調査概報』学生社
奈良県立橿原考古学研究所　一九八二「広陵町新山古墳群」『奈良県遺跡調査概報』一九八〇年度

第2節　馬見古墳群と葛城の天皇陵

関川尚功

１　馬見古墳群

古墳研究の始まりと馬見古墳群　葛城地域とその周辺において、大型古墳群として知られるのは馬見丘陵に広がる馬見古墳群である。この古墳群が古墳研究史で知られているのは、今からほぼ百年前、一九二一年に刊行された梅原末治氏の『佐味田及新山古墳研究』による。一八八一・八五年に河合町佐味田宝塚古墳と広陵町新山古墳より、近畿では初めてといってよい、それぞれ三〇面を越える多くの銅鏡をはじめとする多くの副葬遺物が出土したが、それを詳細に調査・研究のうえ、その成果を公表したのが梅原のこの著書である。この時代に古墳の調査報告を刊行するというのはかなり困難なことであったと思われるが、梅原によれば、この本の出版を岩波書店に紹介したのは和辻哲郎氏であったという。

この研究報告書の内容は、今日の古墳研究につながるような綿密な調査により、本の体裁とともに後の古墳報告書の模範となったものである。当時『古寺巡礼』や『日本古代文化』を著したことで知られていた和辻も、梅原のこの著書の意義と価値を認めたため、出版社を紹介したのであろう。本格的な古墳研究は、この新山・佐味田宝塚という二つの古墳の調査報告から始まったといっても過言ではない。馬見古墳群は古墳研究の先がけとなったのである。

馬見古墳群の成立　馬見丘陵は南北八㎞、東西三・五㎞の広がりをもち、西の滝川、東の佐味田川の二つの河川で分けられる西・中・東の三つの小丘陵より成り立っている。主要な古墳の広がりは東丘陵の南辺から東縁にかけて北群・中央群・南群の三群に分かれて古墳が分布している。その範囲は南北約七・五㎞に及ぶ。馬見古墳群の始まりを考えるには、まず前期古墳の分布状況をみておく必要がある。

古墳群の中で最も前期古墳が集まるところは新山古墳（墳長一三七ｍ）、築山古墳（墳長二一〇ｍ）で代表される東丘陵南辺の南群である。東丘陵の中央群においては、円墳の別所下古墳（径六〇ｍ）やナガレ山北3号墳（径六〇ｍ）がある。このほかは、中丘陵中央部に佐味田宝塚古墳（墳長一一二ｍ）と実態の不明な貝吹山古墳（前方後円墳？墳長一〇〇ｍ？）がある。そして西丘陵南西の上牧久渡1号墳（前方後円墳？墳長六〇ｍ？）と近くに前期の埴輪棺とされる遺構の存在にみられる小規模なまとまりがある。馬見丘陵の前期古墳は南群を中心に四ヶ所に分布している。

この中で最も早くあらわれる大型古墳は、前期中ごろの新山古墳である。その墳形は前方後方墳であるが、これは新山古墳の出現に先行する黒石10号墓や上牧久渡3号墳が方形墓であることと関係することも考えられよう。

なお、ほかには新山古墳近くの黒石5号墳（墳長五〇ｍ）も前方後方墳とされているが、この墳形の古墳は少ない。

図1　新山古墳西（左）と西区の埴輪（右）

新山古墳の出現時期は、天理市大和（おおやまと）・柳本（やなぎもと）古墳群の初期の大型古墳に次ぐものであり、馬見古墳群の成立は佐紀（さき）古墳群の出現よりも早いことになる。そして前期の後半には新山古墳の南方に築山古墳（墳丘長二一〇m）があらわれる。馬見古墳群では、墳丘長二〇〇mに達する代表的な古墳は、四基存在するが、築山古墳以外は中期古墳であるので、大型古墳の出現にみる馬見古墳群の本格的な拡大は、新山・佐味田宝塚古墳以降、さらに隔絶した規模と、それにともなう古墳をもつ築山古墳の出現からといえよう。

新山・築山古墳が位置する馬見丘陵の南端の突出部分は奈良盆地の西端にもあたり、ここから西へ進むと、もはや盆地内を望むことはできない。さらに新山古墳と築山古墳の間には、河内へ向けて延びる古道である葛下（かつげ）斜向道路が存在しており、前期大型古墳の出現が、この経路と盆地の境界を意識したものであることを示していよう。馬見古墳群の形成はこのような要因から始まっていることになる。この経路の西方にはさらに前期古墳が存在し、前方後円墳のモエサシ3号墳（墳長八〇m）や土山（どやま）古墳（墳長六五m）のほか、小規模な円墳の城山（しろやま）2号墳（径二〇m）、長谷山（はせやま）古墳（径一〇m）などが築かれている。

このような最も多い南群の前期古墳の存在に対して、先の小規模な前期古墳の三群の古墳は、馬見丘陵内の南辺を離れた西・中・東の各小丘陵において、ほぼ東西方向に並ぶような位置にある。この中で最も有力な古墳は佐味田宝塚古墳で、その立地は馬見丘陵の中央部という周囲の眺望のきかない孤立的な位置にあることが特異である。この古墳から南西三〇〇mには古墳時代末期の牧野(ばくや)古墳が存在するが、これも前期古墳が所在する墓域としての認識があったため、ここに大型横穴式石室墳が築かれたのであろう。なぜこのような見通しの悪いところに築かれたのか明らかではないが、古墳の多くが経路に沿うことを考えれば、牧野古墳の位置するところは北東から南西に向く谷地形となっており、その前面には経路の存在が考えられる。

　そしてこの谷地形は牧野古墳から佐味田宝塚古墳をへてさらに北東に伸びて佐味田川流域に出るが、その川の対岸には前期のナガレ山北3号墳があり、別所下古墳も近い。ここは馬見古墳群の中央群の西部にあたり、古墳前期の段階でも佐味田宝塚古墳とこれら馬見中央群中の前期古墳はこの経路で結ばれていることになる。このようにみると丘陵中の佐味田宝塚古墳は必ずしも孤立しているわけではない。

　また佐味田宝塚古墳周辺の地形をみるとここは中丘陵の中間で、馬見丘陵中央の脊梁部(せきりょうぶ)にあたり、古墳は最も高所の峠にあたるところに所在している。馬見丘陵内には西の滝川、東の佐味田川が北流するように河川に沿った南北の経路が主体で、この丘陵を東西に横断する経路は地形上困難であるが、馬見丘陵内の谷地形は北東に向くところが多く、そこで丘陵内部の東西経路に代わるものとして、この方向の谷に沿う間道的な経路が存在していたとみられるのである。佐味田宝塚古墳は丘陵内の経路の峠付近のところに築かれた古墳であるといえよう。

広瀬郡に集中する馬見古墳群　馬見古墳群の主要古墳は南北に非常に長く広がる。これは前期から後期の初めにかけて、丘陵の東縁において南群から北群へと古墳群の中心が移動するためであるが、これらをそれぞれ別の古墳群とする見方もある。しかしこれら大型古墳はいずれも馬見丘陵に所在、あるいは密接して築かれており、また各群の動きが葛城北部の南群から始まり、中期前半の中央群、そして中期後半から後期初めの北群までと連続性をもって移動している。

この馬見古墳群の古墳の広がる範囲は、古代の郡でいうと、ほぼ広瀬郡の域内に含まれる。唯一、南にずれる築山古墳も郡界に近い。この広瀬郡は、その範囲の形状をみると本来は葛下郡に属していたものが、その後にその北東部が分離したものであるとされる［白石 二〇一四］。広瀬郡の郡界をみると、北は大和川で東は曽我川である。葛城の地理的な特性である大和の西と南西の境界域というよりも、そこからは東にかなり離れ、むしろ水運交通に至便なところである。広瀬郡はもともと葛城郡として扱われながら、本来の葛城の地域とは異なる地勢にあることと、このような大古墳群が造営されつづけるような特別な性格をもった地域となったため、後に葛下郡より分離されることになったのであろう。馬見古墳群の南北が広瀬郡の中でまとまっていることは、やはり葛城北部から発した一つの古墳群としてみることができる。広瀬郡の成立には馬見古墳群のもつ性格も関係しているようである。

葛城の中期大型古墳の動向　葛城地域で大型古墳の出現は、前期の新山・築山古墳からであるが、葛城の南北全域にわたって大型古墳があらわれるのは中期に入ってからである。馬見古墳群では中央群で巣山古墳が出現し、やや遅れて葛城南部ではこれを凌ぐ葛城地域最大の室宮山古墳（二三八ｍ）があらわれる。葛城の南北においては対照的な位置関係ともいえるが、葛城最大の大型古墳が南部に出現することの意味は大きい。

古墳時代中期には、近畿中部の大型古墳分布の中心が、百舌鳥・古市古墳群の出現にみるように奈良盆地から大阪平野へと移動する。これにともなって、奈良盆地内部においても中期の大型古墳は盆地東南部を離れ、佐紀・馬見古墳群そして葛城地域へと、奈良盆地の中で大型古墳が西半部に移ることになる。このような中期に始まる大型古墳の古墳立地の大幅な移動という大きな動きの中で、馬見古墳群では古墳造営の最盛期を迎え、葛城南部では初の大型古墳である室宮山古墳の出現をみることになる。

また葛城南部から紀伊方面への延長路上にあたる五条盆地では近内古墳群が出現することも、中期に入って葛城南部を中心とする紀伊ルートの活発化によるものであろう。そして葛城南部の東縁では掖上鑵子塚古墳（墳長一五〇ｍ）が出現する。この古墳は国見山山塊の尾根の間に位置し、眺望がきかないところであるが、ここは盆地東南部と葛城を結ぶ経路上にあたる須坂峠の横にあたるところである。それがここに掖上鑵子塚古墳が築かれた大きな理由であろう。このことはかなり早くから認識されてきた［山本　一九四二］。須坂峠は小さな峠ではあるが、ここは古代の主要経路であるとともに、葛城南部の東の境域界となる。ただし掖上鑵子塚古墳が位置するところは葛城側ではなく、峠の東の曽我川流域である。この古墳は葛城の古墳としてみられることが多いが、厳密には盆地東南部方面からみると葛城地域の入り口手前にあたるところに位置している。ここからは葛城・金剛山を望むことはできず、葛城地域を向いているのではない。むしろこれは馬見古墳群南群において経路に沿って築かれた新山・築山古墳がともに奈良盆地側に築かれていることと同様の位置関係である。盆地東南部の政権とかなり密接な関連をもったうえでの大型古墳の出現といえよう。

この経路は葛城に入ると室宮山古墳に及び、ここで紀伊方面と南河内への水越峠方面に分かれる。また反対に、掖上鑵子塚古墳より東方への経路は、おそらく曽我川に沿って橿原市新沢500号墳から桝山古墳、さらに現宣化陵付近で後の山田道の延長につながり、盆地東南部の宮室の地域につながると思われる。葛上郡においては、このルートと北に並行する「葛上斜向道路」が有力視されているが［秋山 一九七五］、この掖上鑵子塚古墳と室宮山古墳を通過する経路が、古墳時代においては盆地東南部の宮室所在地域から葛城南部地域にいたる最短の経路となる。『日本書紀』には雄略天皇の一事主神にかかわる葛城行幸の説話がみられるが、中期大型古墳により結ばれる交通路が重視されていたのであれば、雄略の葛城行幸はこの経路であったかもしれない。

大型古墳とその周辺の古墳　馬見古墳群の大型古墳は、新山・佐味田宝塚古墳以降は、前期後半の築山古墳、中期前半の巣山・新木山古墳、中期後半の大塚山古墳である。これらの古墳は古墳群の中で突出して規模が大きく、しかも墳丘長が約二〇〇ｍとほぼ同規模であることは、かなり規格性があるといえる。この四基の古墳が中心となって実質的に大型古墳群としての馬見古墳群が成り立っているといえよう。

馬見古墳群では、この大型古墳四基を中心に、ともなう古墳の数や墳形に違いはあっても、前方後円墳・帆立貝形古墳・円墳などとともに群を成している。特にこの大型前方後円墳にともなう大型の帆立貝形古墳がこれまでより注意されてきた［河上 二〇〇六］。それらはセットとなるものがあると考えられている［吉村 二〇〇三］。これらの各群の主な古墳の主軸方向については、およそ南北と東西の二つの方向に向くものが多い。大型古墳四基では南の築山・新木山が東西方向、北の巣山・大塚山古墳は南北方向ということである。

特に巣山古墳は盆地側に面しているため、そこからの側面観は有効なものとなろう。このほかの前方後円墳や帆立貝形古墳の主軸も、およそ同じような方向を向くものが多く、ひとつの傾向といえそうである。

ここで各群の四基の盟主墳とそれにともなう古墳との関係をみてみると、南群の築山古墳では、前期ではなく中期後半の前方後円墳の狐井塚古墳（墳長七五ｍ）とともに、中期前半の大型円墳三基をともなうことが特徴である。築山古墳は馬見丘陵最南端の突出部の中央に位置するため、その周囲にこれら中期の古墳がめぐる形になる。大型円墳はコンピラ山古墳（径九六ｍ）、茶臼山古墳（径五〇ｍ）・かん山古墳（径五〇ｍ）であり、特にコンピラ山古墳は国内でも最大級の円墳であり、南群では大型円墳の存在が突出している。中央群においては、巣山古墳南の新木山古墳（墳長二〇〇ｍ）では、後円部側に帆立貝形で同一主軸の三吉石塚古墳（墳長四五ｍ）をともなっているが、巣山古墳に近いためなのか、ほかの盟主墳に比べ、三吉石塚古墳のほかには周囲に顕著な古墳がみられず、四基の大型古墳の中では最も単独的である。

中央群を代表する巣山古墳（墳長二二〇ｍ）では、そこから北方の池上古墳にかけて多くの古墳が群在している。これは巣山古墳自体が幅の狭い東丘陵の東縁に造営されているため、これにともなう古墳の造営は、その西側から北側の丘陵部に制約されることになる。巣山古墳の西と北に広がる古墳の中で前方後円墳は倉塚古墳（墳長一八〇ｍ）、一本松古墳（墳長一三〇ｍ）、ナガレ山古墳（墳長一〇五ｍ）、ダダオシ古墳（墳長五〇ｍ）の四基がある。倉塚古墳の墳丘規模の大きさは注意されるが、この古墳の内容は明らかではない。帆立貝形では全国最大として知られる乙女山古墳（墳長一三〇ｍ）のほか池上古墳（墳長九二ｍ）・三吉2号墳（墳長九三ｍ）・佐味田狐塚（墳長八六ｍ）と大型の帆立貝形古墳の存在が目立つ。このような帆立貝形古墳の分布をみると中央群に集中しており、南群や北群の中にはみられない。これらのほとんどは巣山古墳出現後の中期前半の築造に限られる。帆立貝形古墳は馬見古墳群のピーク時である中期前半において、巣山・新木山古墳を中心とする中央群に限って存在しているという特性があるといえよう。

円墳としては、前期に別所下・ナガレ山北3号墳が存在した中央群においては、中期に入るとその近くで坊塚古墳（径六〇ｍ）が存在するのみである。その互いに近接した位置から、坊塚古墳は前期の円墳の系譜を意識して築かれたような印象を受ける。

北群においては盟主墳の中期後半の大塚山古墳（一九九ｍ）を中心に前方後円墳の中良塚（墳長八八ｍ）・城山古墳（墳長一〇九ｍ）がある。特に城山古墳は後期前半の築造と思われ、馬見古墳群の大型前方後円墳としては最も新しい古墳ということになる。円墳の丸山古墳（径四八ｍ）は、時期も近い大塚山古墳にともなうものであろう。また中良塚古墳にはその西側に三基の円墳がともなっているのは、盟主墳に準じた古墳分布のありかたのようである。

馬見古墳群で数少ない方形墳は、いずれも中期古墳で、それぞれ特色ある立地と内容をもつ。馬見中央群では長持形石棺を有すると思われる文代山古墳（辺四五ｍ）がほかの古墳のように丘陵上ではなく、丘陵縁辺からやや離れて単独的に所在しているのが特徴的である。また巣山古墳と三吉2号墳の間には埴輪棺を埋葬部とする小規模な三吉3号墳（辺一二ｍ）がみられ、周溝内に埴輪円筒棺を納めた一本松2号墳（辺一四ｍ）が一本松古墳の東に位置する。これらは埴輪棺と関係のある方墳ということになる。このほか、乙女山古墳の南にカタビ1号墳（辺一二ｍ）がほかの小円墳の中に単独的に位置する。

馬見北群には、大塚山古墳の外堤に接するように築かれた九僧塚（くそうづか）古墳（辺三五ｍ）がある。この古墳については、「九僧塚古墳は人体埋葬のための独立した古墳であるというより、大塚山古墳に伴って造られた鉄製品等の副葬品埋納用の墳丘であると考えられ、大塚山古墳の一部と位置づけることができよう」とされている［吉村　二〇〇三］。

以上のような馬見古墳群のありかたを葛城南部の大型古墳と比較してみると、盟主墳にともなう古墳に大きな差はあるが、類似点もいくつかみられる。葛城南部においても大型前方後円墳とそれにともなう円墳あるいは方墳との関係がみられる。室宮山古墳の外堤北に大型方墳のネコ塚（づか）古墳（方六三ｍ）があり、「明治二十一年ごろ、発掘された当時は割石積の竪穴式石室（たてあなしきせきしつ）を発見し、内部から鉄器を出した由」とされる［山本　一九四二］。これまでもその破片が採集されており、多くの鉄製品が副葬されていたようである。このネコ塚古墳の室宮山古墳との位置関係をみると、大塚山・九僧塚古墳と全く一致しており、ネコ塚も九僧塚古墳とほぼ同じ性格の古墳であるといえよう。

ネコ塚古墳と九僧塚古墳との違いは、ネコ塚がはるかに規模が大きいことと、時期が中期前半と古いことである。この時期の大型方墳はかなり少なく、大和で比較できるのは桝山古墳（辺八五ｍ）である。桝山は現宣化陵の近くに所在するが、それよりも古く中期前半においては単独墳である。大型方墳であるネコ塚と桝山は、ともに築造時期が近いことと、葛城から盆地東南部への経路で結ばれているという共通性がある。

つぎに大型古墳と円墳の関係をみると、室宮山古墳の東方三〇〇ｍにはほぼ同時期の大型円墳である、みやす古墳（径五〇ｍ）がみられる。やや距離はあっても室宮山古墳と時期も近く、大型前方後円墳にともなう大型円墳という関係がみられるものといえよう。

また掖上鑵子塚古墳は、単独墳ではなく、隣接して先に築かれた円墳の掖上鑵子塚南古墳（径三〇ｍ）をともなっている。この古墳は地元では「ショーコ塚」（焼香塚）と呼ばれていたようで、「鑵子塚の西南にあるショーコ塚から弓の矢、勾玉、管玉、刀等も沢山出たが刀は鞘が腐って居た。矢の羽の方に勾玉や管玉があったもので、それらの物は粘土の上に更に朱を置いて、その上に置かれてあり、その上を又粘土で覆ふて居たものである」とされ、埋葬施設の構造がおよそ知られる［山本 一九四二］。このように室宮山古墳と掖上鑵子塚古墳は、近くに円墳一基がともなうという点が共通しているといえよう。

馬見古墳群と葛城氏　馬見古墳群は近畿中部の大型古墳群のひとつに数えられているが、やはりこの古墳の被葬者（ひそうしゃ）が問題となる。古墳、特に大型古墳においては古代氏族との関係が考えられがちであるが、氏族の問題は文献上のことであり、それを現実の古墳に結びつけることには、かなりの確証を必要とする。

馬見古墳群で特徴的なことのひとつは、墳丘長二〇〇ｍに及ぶ大型古墳が四基も含まれているにもかかわらず、文献上からはこの古墳群を含む広瀬郡内には古代の天皇陵の存在が認められないことである。近畿中部の五つの大型古墳群の中で、唯一、天皇陵の存在が認められないのは、ほかの大型古墳群とは異なるところである。そして馬見古墳群の被葬者として、最初に考えられたのは葛城氏との関係である。しかし葛城氏の領域を古代氏族の分布図［岸 一九五九］（10頁図3）にみるように、葛城郡のすべてにわたるとなれば、ほかの豪族との比較からみても、突出して広くなる。

葛城氏と古墳との関係を考えるのであれば、まずその時期と地域が問題となる。文献上、葛城氏の祖とされる葛城襲津彦の登場とその活躍の時期は、『日本書紀』に引く『百済記』の記載より、四世紀末から五世紀の初めごろとされている［井上　一九八五］。このような葛城氏の始祖的な人物の大型古墳となれば、それは前期古墳ではなく、中期の古墳ということになる。馬見古墳群は新山古墳のように前期の中ごろから始まっており、築山古墳のような大型古墳もすでに出現している。馬見古墳群は葛城氏が登場する以前に、すでに古墳の築造が始まっていることになり、葛城氏と関係づけることはできなくなる。そして葛城地域において、大型古墳が中期に入ってから出現するのは、室宮山古墳にみられるような葛城南部の地域である。このため葛城最大のこの古墳の突発的な出現こそ葛城氏の登場を示すということが、これまで無理なく考えられてきたのである。このように、葛城氏の出現とその領域は葛城南部のことと考えられるのである。

馬見古墳群の被葬者　馬見古墳群では、ほぼ同規模の四基の大型古墳が前期末から中期後半にかけての古墳群の盟主的な古墳となっている。そして、馬見古墳群は広瀬郡にほぼ集中している。その中で佐味田宝塚古墳近くには、古墳時代末期の大型横穴式石室墳の牧野古墳が築かれているが、すでに存在する佐味田宝塚・貝吹山古墳により、古墳造営可能な墓域としての認識があったのであろう。

この牧野古墳の被葬者は、『延喜式』により、ほぼ敏達天皇の第一皇子の押坂彦人大兄皇子の墓に相当するとされており、さらに天武天皇の第一皇子の高市皇子や斉明・孝徳天皇の父にあたる茅渟王の墓も広瀬郡内にあり、それらはこの馬見丘陵とその付近に存在したことはたしかとされる。しかし、この時期においても天皇陵の存在はなく、天皇を支える位置にある有力な王や皇子たちの墓に限られるというのが葛下・広瀬郡内の飛鳥時代墳墓の目立った特色である。このことは、天皇陵は存在しなくとも、大型古墳が多いという同じ広瀬郡に広がる馬見古墳群のひとつの性格をあらわしているとみられるのではないだろうか。馬見丘陵の大型古墳は、北群の城山古墳の後期前半以降、後期末葉の牧野古墳まで時間的な間隔と距離はあるが、古墳群としての伝統は飛鳥時代末期まで受け継がれたことが考えられるのである。

先にふれたように、古墳時代末から飛鳥時代末までのほぼ一世紀の間に葛下・広瀬郡内には敏達第一皇子の忍坂彦人大兄皇子・茅渟王・高市皇子墓という有力な王や皇太子クラスの皇子の墓が三基存在したとされる。馬見古墳群では前期末より中期後半までの間には四基の大型古墳が存在する。これらの古墳の墳丘規模がほぼ二〇〇ｍとかなり規格性があり、相互の古墳間に大きな格差があまりみられない。飛鳥時代の状況からみても、馬見古墳群においても同じように、古墳時代前期末から中期後半までの有力な王や皇子にあたるような、高位の人物四名の古墳と推定してもよいのではなかろうか。天皇陵が存在しないという馬見古墳群の特色は、飛鳥時代の広瀬郡内の王や皇子の墓の存在と類似しているのである。

馬見古墳群と古市古墳群　大和・河内・和泉の東西に並ぶ大古墳群の中で、馬見古墳群に後続して出現し、地理的にも最も近い大型古墳群は古市古墳群である。馬見古墳群は、大和の中では大和・柳本古墳群と佐紀古墳群と並ぶ大型古墳群であるが、位置関係や中期に盛行するという築造時期の近さをみると、むしろ河内の古市古墳群との関係が考えられる。東西に並ぶ四大古墳群のうち、生駒・金剛山系を挟んで東の大和側に馬見古墳群、西の河内側に古市古墳群という対称的な関係になる。さらに、その築造開始時期についても前期古墳から始まる馬見古墳群から中期古墳主体の古市古墳群へという連続性があり、大和の大型古墳の河内側への延長ともいえる。大型古墳群には、連続性と連係がみられるのである。

馬見古墳群で最も大きな古墳は、中央群にある中期初めの巣山古墳である。古市古墳群の中でこの巣山古墳とかなり近い古墳が最古の大型古墳である津堂城山古墳（墳長二〇八ｍ）である。ともに築造時期も、墳丘規模もほぼ同じであり、外堤や周濠内の出島や水鳥型埴輪の存在など類似するところが多い。巣山古墳の出現は、馬見古墳群の最盛期にあたるが、そのほぼ同時期に古市古墳群では、津堂城山古墳が出現して古市古墳群の形成が始まるということになるのである。古市古墳群は、いわば馬見古墳群のさらに河内側への延長路上に新しくあらわれた古墳群といえる。さらに中期後半になると馬見古墳群の中心はさらに北方の大和川南の大塚山古墳を中心とする北群となるが、この大和川の下流域には古市古墳群が位置している。馬見古墳群は奈良盆地の西端にあり、南の大坂越と北の竜田越に沿うところにあり、古市古墳群も大阪平野東端の大坂越・竜田越の収束地点付近にあたっている。ともに陸路と河川経路を通じて結ばれている、いわば生駒・金剛山系を挟んで東西の対称的な大型古墳群となるのである。

葛城中部の中期古墳の出現　葛城の中期古墳は北部の馬見古墳群と南部の室宮山古墳などが注意されるが、竹内街道南近くに新たにあらわれる葛城中部の中期古墳の動向も注意される。中期の前半には鍋塚古墳（径四〇ｍ）、寺口和田１号墳（径二四ｍ）のような規模の大きな円墳と前方後円墳の塚畑古墳（墳丘長四〇ｍ）が出現する。中期後半以降、屋敷山古墳（墳丘長一四五ｍ）・火振山古墳（墳丘長九〇ｍ）、飯豊陵（墳丘長八五ｍ）が出現する。ここでは後期前半まで主要古墳が継続して築かれていることが注意される。さらに六世紀の大型横穴式石室墳につづくところで、中期後半以降、馬見古墳群や室宮山古墳と異なるかなり葛城の在地色が強い首長の存在が考えられよう。

葛城地域の天皇陵　葛城地域の古墳・飛鳥時代を考えるうえで天皇陵の存在はきわめて重要である。古代の天皇陵は『延喜式』にみえるように、律令国家の祭祀である奉幣の対象となるのであり、古代に存在したことは確実である。葛城地域所在の天皇陵は南北に存在するが、そこに特色がある。先にふれたように、大型古墳が最も多く存在する馬見古墳群には天皇陵に比定される古墳が存在しないことである。また所在天皇陵が『記紀』などにいう歴代では、第五代の孝昭陵から第七代の孝霊陵までの三基と、第二三代の顕宗天皇陵と第二五代の武烈陵という、総数五基の天皇陵が歴代により二つのグループに分かれて存在していることである。また、その所在位置は孝昭・孝安陵が葛城南部、孝霊・顕宗・武烈陵が葛城北部とされている。このうち孝昭・孝安・孝霊陵はいわゆる欠史八代の天皇陵で、実在が疑問視されている天皇である。しかし、その三代の天皇陵がなぜ葛城地域に所在するのかということは、古代史と古墳とのかかわりの中で説明される必要があろう。

片岡の孝霊陵　そこでまず、北部の第七代の孝霊陵からふれてみたい。『記紀』には片岡（片丘）に孝霊陵の存在が記されている。『延喜式』には大和国葛下郡所在の「片丘馬坂陵」とされている。孝霊天皇は、箸墓古墳の被葬者である倭迹迹日百襲姫命や吉備津彦の父にあたる天皇である。

孝霊陵の位置はこれまで片岡の「馬坂」の名より推定されてきた。松下見林の『前王廟陵記』（一六九六年）では「片丘馬坂は今の馬瀬坂これなりと」とされている。また戦国期の文献に出てくる「馬ヶ脊城」が現孝霊陵南の峠をはさんだところの中世城郭にあたるものとされている［王寺町教委 二〇〇九］。「片丘馬坂陵」がこのような「馬瀬坂」「馬ヶ脊城」という名称との関連性からみると、古代の孝霊陵の位置も、現孝霊陵の付近とみてよいのであろう。

『王寺町史』に引く陵墓図に描かれる孝霊陵には巨石が描かれている〔王寺町役場 一九六九〕。古墳の石材との関係は不明だが、この地域の古墳は、畠田古墳や達磨寺古墳群のように、六世紀末から七世紀初めごろの横穴式石室墳が多いが大型石室墳ではない。しかもその立地は丘陵上ではなく、低地部に多い。峠の頂部付近に位置する現孝霊陵とはかなり立地が異なる。丘陵頂部にあたる馬ヶ脊城の調査でも古墳にかかわる遺構・遺物はみられず、現状では現孝霊陵付近に古墳の存在は明らかではない。

孝霊陵の古墳としての内容については不明であっても、注意されるのはその立地である。現孝霊陵と馬ヶ脊城の間の峠は、片岡の地域から越えて大和川流域に入り、中河内に及ぶ経路となる。「馬坂」が後に「馬ヶ脊」あるいは「馬瀬坂」と呼ばれたのは、片岡方面からみると、ちょうど馬の背のように峠部分がくぼんでいる様子をいうのであろう。これをみると古代の孝霊陵はこのような片岡より河内へ向かう経路上の峠付近に存在していたものと考えられる。

古代の天皇陵には、坂・坂上・丘上・道上などの陵名をもつものが多い。これは古代天皇陵が交通路に沿う坂や丘のある地域の境界に存在していることを示していよう。孝霊陵の位置も片岡谷から西方の中河内への経路に沿う、馬坂という峠のある境界域に存在している。これは片岡地域の西の境界ばかりではなく、大きくみれば大和の西の境界のひとつにもなる。

片岡と馬見古墳群の各群の所在地との地形や眺望の大きな違いは、馬見古墳群のある広瀬郡は奈良盆地に面しており、盆地方面が望めるが、片岡は奈良盆地からは隔離され、そこを望むことはできないところである。奈良盆地を西に離れた片岡は、大和の最も西の地域といえるところである。

葛城地域を含め、大和ではこのような経路や地域の境界に立地するのは天皇陵ばかりではなく、大型古墳においてもみられることが多い。古代に存在した孝霊陵の位置も古墳の立地と変わるところはないといえるのである。

孝霊陵が片岡に設定された時期については、その契機が重要である。片岡の地域には古墳時代前・中期の古墳やその時期の遺跡はみられない。古墳時代後期末以降は古墳が増加し、飛鳥時代に入ると片岡王寺や尼寺廃寺が建立されるが、これはいわゆる敏達天皇系王統の広瀬郡・葛下郡への進出とされることとも関連しよう。古代の孝霊陵がここに設定されたのは、古墳時代末期以降、片岡が王家にかかわる重要な地域となったことが大きな契機となったのではなかろうか。

神武天皇第一皇子と片岡　片岡の名が『日本書紀』に登場するといえば、「推古紀」の肩（片）岡池の築造（六〇七年）や聖徳太子の片岡遊行（六一三年）などが知られる。しかし、片岡の名が初めてみられるのは、その年次でいえば、さらにその以前となる「綏靖天皇即位前紀」であり、孝霊陵が存在することにもかかわると思われるのでここでふれておきたい。片岡の名が初めて登場するのは綏靖天皇の即位前の皇位継承争いの説話の中のことである。『日本書紀』の記載の中ではいわゆる欠史八代とされる綏靖から開化までの天皇の事績はほとんどなく、記載は簡略である。しかしこの綏靖の即位にかかわる記述についてのみはかなり詳細で、異例ともいえ、そこに片岡があらわれるのである。

綏靖は第二代の天皇であるが、神武天皇の皇子の中では第三皇子にあたる。綏靖の即位前に、片丘（片岡）

の大窖（大室）にいた皇位をめぐり不仲であった第一皇子の手研耳命に対し、兄の神八井耳命とともに先手をとって襲撃したが、怖気づいた兄に替わり、綏靖が自ら弓矢を取って射殺し、その後、兄より譲られて第二代の天皇に即位したというのがこの説話の筋である。この中では、神武天皇の第一皇子の居所が片岡と記されているが、なぜここに片岡の地名が出てくるのかということである。

ここで想起されるのは、先にもふれたように、古墳時代末期から飛鳥・奈良時代の初めにかけて片岡を含む葛下・広瀬郡に、皇太子クラスの皇子や王の領地が存在し、王の居地でもあったということである。『日本書紀』では神武天皇第一皇子の登場する説話にその居所を明らかにする中で、片岡が選択されたのであろう。綏靖天皇の存在は伝承的ではあるが、『日本書紀』の編纂が始まった天武朝においては、片岡の地は天武第一皇子である高市皇子の領地であり、『日本書紀』完成時にはその高市皇子の子である長屋王が片岡を受け継いで領地としていた。古くから王家の直接領地であったため、神武天皇第一皇子の居所として片岡が取り上げられたのであろう。このようなところから古代の片岡の重要性がわかるが、そこに伝説的な孝霊天皇の陵が王家の領域の境界に設定された所以があったものとみたい。

なお、この綏靖天皇の即位にかかわる一連の物語で注目されるのは、この説話が六二六年に唐の皇帝の座を争ったことで起こった「玄武門の変」ときわめて類似することである。この事件は唐代初めの第二代の皇帝の座をめぐる継承争いである。これは唐初代皇帝である高祖の第二皇子である後の太宗が、唐長安城の玄武門で、弟とともに兄の皇太子を待ち伏せて襲撃し、弓矢をもって殺害したという事件である。この結果、太宗が唐の第二代皇帝となり、唐王朝の基礎が固められた。綏靖の説話の類似点とは、この事件の首謀者で

図２　二上山を望む狐井城山古墳（左）と狐井稲荷古墳（右）

ある太宗は唐の第二代の皇帝であり、綏靖天皇も第二代の天皇である。そして、太宗は兄の皇太子を、綏靖も兄の第一皇子を自ら襲撃している。しかも、その方法がともに弓矢をもって殺害するところまでもが共通している。

玄武門の変は日本では推古朝の末年にあたり、『日本書紀』成立時は唐との国交も再開してその関係が深まった時代である。建国まもない唐の基礎を固めた英主とされる太宗の即位にかかわる事情について、日本でもよく知られていたのであろう。『日本書紀』にこの唐王朝建国ごろの大事件が神武天皇のあとを継いだ綏靖天皇の事績に取り入れられた可能性はかなり大きいのではなかろうか。その中で片岡の地名がはじめて『日本書紀』に登場することになったのであろう。

顕宗・武烈陵の存在　馬見古墳群の中には文献からみて、天皇陵と伝承される大型古墳は存在しないが、葛城地域の天皇陵としては、『記紀』『延喜式』ともに、顕宗陵と武烈陵が存在することが記されている。大型古墳としての天皇陵は崇神（すじん）陵から始まるが、それ以後、古墳時代の天皇陵が明確に葛城地域に存在するとされているのは顕宗・武烈陵のみであり、この時期の葛城北部において天皇陵が存在することの意味は大きいと思われる。

『延喜式』には大和国葛下郡に顕宗天皇「傍丘磐杯丘南陵」と武烈天皇「傍丘磐杯丘北陵」がある。「傍丘」の南北の位置関係にあるという二つの天皇陵であり、これまで馬見丘陵東側の片岡谷には、中期末から後期初頭ごろの天皇陵に比定できる大型古墳はみられないため、さらに南の南北に並ぶ前方後円墳である狐井城山古墳と狐井稲荷古墳がその可能性が高いという見解がある［塚口 二〇二〇］。この二つの古墳の立地は、二上山北東麓方面から延びる低丘陵上に築かれており、明確に馬見古墳群とは異なる古墳である。馬見古墳群の中には天皇陵は存在しなくとも、奈良盆地がうかがえない葛城北部に顕宗・武烈陵が存在することは、このころの葛城北部で天皇陵が築かれるようなかなり特別な事情にあったことを推定させる。

顕宗・武烈陵と古市古墳群　『日本書紀』によれば、古墳時代中期後半ごろとされる雄略天皇以後の天皇陵については、清寧陵は「河内坂門原陵」、仁賢陵は「埴生坂本陵」といい、『延喜式』ではそれぞれ河内国の古市郡と丹比郡にあるとされる。清寧・仁賢陵はともに古市古墳群の中にあるとみられる。古墳そのものの対応関係については、検証はできないが、文献からみる限り雄略以後の天皇陵の四代の所在地は、清寧陵（古市）―顕宗陵（葛城北部）―仁賢陵（古市）―武烈陵（葛城北部）という順序になり、ほぼ五世紀末葉から六世紀の初めにあたる清寧陵から武烈陵までの天皇陵は、古市古墳群と葛城北部地域で交互に築造が行なわれているということになる。古市古墳群の中ではこれらは後半期にあたる天皇陵であるが、そのころに葛城北部の天皇陵と古市古墳群との位置関係が考えられるのである。

葛城南部の天皇陵　北部の孝霊陵とのかかわりで、南部に所在する天皇陵についてもふれておきたい。『日本書紀』には、第五代孝昭天皇の「掖上博多山上陵（わきのかみのはかたのやまのえのみささぎ）」、第六代孝安天皇の「玉手丘上陵（たまてのおかのえのみささぎ）」があり、『延喜式』にはいずれも葛上郡所在とされ、葛城南部域に存在したとされる。孝昭陵については、所在が掖上であれば、『推古紀』の「掖上池」、また『持統紀』にみえる天皇行幸の「掖上陂（つつみ）」がその池の堤（つつみ）とされるので、地名上から御所市（ごせし）・池之内町のあたりと比定されているので、葛城南端部の範囲であるといえる。また、そこが「博多山上陵」であれば葛城南辺の古墳が築かれるような丘陵地帯となろう。また考安の「玉手丘陵」は、国見山より北に伸びる丘陵の先端の玉手山と呼ばれている丘とされている。山頂には中世の玉手山城（たまでやまじょう）が存在するところである。ここから国見山との間が、掖上鑵子塚古墳のある須坂峠となるように、玉手山も地形的に葛城とその東方地域の境界にあたるところである。また孝昭天皇の宮は「掖上池心宮（わきのかみのいけごころのみや）」とされるが、この「池」とは掖上池であれば、孝昭天皇の存在が明確になるのは、掖上池築造の推古朝以後のことになるのではないか、との見方もある。このような天皇陵の存在は、やはり葛城氏の支配より後のことで、経路を通じた葛城南部の境界が意識されているように思われる。

　また、このほかの陵墓として、日本武尊（やまとたけるのみこと）のいわゆる「白鳥三陵」のうち、『景行紀（けいこうき）』にいう大和の「琴弾原（ことひきのはら）」に、伊勢の能褒野（のぼの）から白鳥が飛来し止まったところに築かれたとされる陵が、現在、御所市富田に治定されている。『延喜式』では、白鳥陵の記載は、三陵のうち能褒野陵のみで、大和の白鳥陵については記載がないので『続日本紀（しょくにほんぎ）』の大宝（たいほう）二年（七〇二）の条にみえる「倭建命陵」も能褒野陵かもしれず、確定はできない。『景行紀』の「琴弾原」の位置についても、『允恭紀（いんぎょう）』にみえる、来朝した新羅使（しらぎ）が帰国のため通過したという「琴引坂」と近いところであれば、おそらく大和から河内への経路上に存在したことになる。大和の白鳥陵が葛城の範囲の中に存在した可能性はあろう。

葛城南部の孝昭・孝安陵というような伝説的な天皇陵であっても、およその位置をみると、孝霊陵と同じように、経路に沿い、しかも地域の境界にあたるようなところに所在しているように思われる。これは畝傍山周辺に集中する神武から懿徳までの四代を除くと、それ以降はこれまで述べた葛城南部の孝昭・孝安と葛城北部の孝霊陵とつづくが、そのつぎも山田道に沿い飛鳥の西の入口にあたる劒池の孝元陵、そして盆地北部の経路と境界にあたる開化陵［関川 二〇一九］となる。これらは伝説的な天皇陵で、その所在地はいずれも古墳時代の天皇陵が存在しないところであるが、大和の重要地域の境界や経路付近に選択的に立地しているといえるのではないかと思われる。

葛城南北地域と支配者像　以上のように弥生時代より古墳時代までの状況をみると、これまでふれたように、かつての葛城郡を中心とする広範囲な葛城という地域は、南部と北部でかなり様相が異なっていることがわかる。葛城地域といえば、葛城氏の名が知られているため、どうしてもその葛城氏の領域であった南部の地域に限定しやすい。しかし、葛城地域とは奈良盆地の西部から南西部にかけて盆地外の地域に隣接する広い地域をいうものであり、葛城氏の領域にのみ限定できるものではないであろう。

特に、馬見古墳群から外れる葛城北部地域に顕宗・武烈陵が存在するとされていることは、やはりこの地域が古くから王権の直接領地として存在したためであろう。さらに片岡は、『日本書紀』には神武天皇第一皇子が居したところとされ、孝霊陵も所在する。このような伝承が成立するように、古代には王家とかかわりのあった地域とされているのである。近年では中大兄皇子が造営を主導した川原寺にかかわるとみられる瓦が散布する上牧町大谷瓦散布地の存在も、それを示すように、次第にその実相が明らかになってきている。このことは奈良時代初めの長屋王家木簡の「片岡司」などと記された木簡の出土によりほぼ裏付けられているが、さらにそれが明らかになりつつある。飛鳥時代の後半にはこの地域は中大兄皇子から高市皇子、そしてその子である長屋王へと伝領されたとされる。この葛城北部地域は河内や難波からの大和への最も大きな経路が存在するところであり、天武朝には龍田山と大坂山に関が設置され、現在でもここには「関屋」の地名が残る。このことは、大和の西の関門という重要な地域であるがため、ここの経路の管理や西の門戸というこの地域の守備を目的として王家による直接領域とされたものであろう。その起源は馬見古墳群の前期大型古墳のうち始まりの新山古墳や築山古墳がこの経路に沿って存在することから、かなり早いものであったと思われる。

一方、葛城南部においては、前期大型古墳の存在はみられず、中期前半の室宮山古墳の出現をもってこの地域の発展が始まる。それは葛城北部のありかたとは対照的であるが、有力豪族の葛城氏がここに登場した結果であろう。葛城南部地域の重要性の高まりとともに、おそらく葛城北部地域と同じく、大和南西部の関門の守備と紀伊ルートの警備を主たる任務とし、さらに半島外交にもかかわり、さらに后妃を出すような大きな力を持った氏族がこのころの葛城氏であったといえよう。室宮山古墳に先行する大型古墳はみられず、突如として中期の初めに葛城地域で最大の古墳が出現する事情については、その前段階と比較しても非常に大きな違いを感じさせる。

葛城氏の登場は、鴨都波1号墳の被葬者のような在地豪族が自立的にそのまま成長したものとは考えがたい。おそらく前期末ごろに対外関係の活発化による葛城南部地域の重要性の高まりにおいて、ここにその重要経路と地域を直接支配するという任務を負った氏族がここにあらたに登場し、対外関係の活動をも担ったのであろう。このように葛城氏は、王家に準ずる政権の最有力の構成者であり、この地域から自生した在地豪族とはいいがたいのではなかろうか。葛城氏の興起もこの地域に有力氏族が配置されるような、大和政権全体の地域支配の中で考える必要があろう。

このような葛城氏の登場が在地的とは思われないのは、ほかの氏族の位置との比較をみても明らかである［岸　一九六四］。盆地東南部の宮室の地域を中心に北には物部氏が、配置されている。物部氏は石上神宮の祭祀とその王権中枢地域北辺の防備も担っていたのであろう。また、その南には大伴氏が位置するが、物部氏と同じく軍事氏族であり、これもその中枢地域南の防備を職掌としていたのであろう。宮の地域は北を物部氏、南を大伴氏で護られていたといえる。そして古墳時代後期には紀伊ルートは巨勢谷が重視されるが、この経路に沿って巨勢氏や蘇我・羽田氏が連なっているが、これも地域と経路の支配・防備のためであろう。

このように大和各地に所在する有力豪族は、本来の根拠地とは別に、宮の所在する大和においては、その周辺地域及び宮にいたる経路の支配と守衛を通じて政権に参画していたと思われる。このような事例をみると、葛城地域は特に大和西方からの重要な関門にあたるので、北部は皇太子クラスの有力王家が、また南部は王家に次ぐ実力をもつ葛城氏が地域の直接支配とともに経路の防備や維持にかかわっていたのであろう。

葛城北部と百済　古代の大和では渡来系遺物などから大陸諸国との通交をうかがわせるものが多い。その中でも、大和の中で最も百済にかかわる遺物・遺構や文献記載が多くみられるのは広瀬・葛下郡の地域ではないかと思われるのでここでふれておきたい。

その中で注目されるのは、巣山古墳周辺の三ヶ所で出土する百済直系の軒丸瓦である（図３）。その出土地は巣山古墳外提北東部と三吉３号墳周溝内、およびその南の讃岐神社付近である。特に巣山古墳外堤では軒丸瓦とともに平瓦や丸瓦も多く、炭化物の出土もあり、この付近でこの瓦を焼いた瓦窯の存在が推定されている。伴出の平瓦は薄く、凸面はすり消され、飛鳥時代でも前半期の特色に通じるものである。また丸瓦も、やや小ぶりで玉縁がかなり短く、その接合部の段も深いなど特徴的であり、通常の飛鳥時代丸瓦とは異なるところがある。軒丸瓦とともに百済系の渡来工人により製作された丸・平瓦とみてよいであろう。これらの瓦の色調は黄白色、胎土は軟質であり、馬見丘陵内の瓦窯出土瓦と同じ胎土の傾向をもつので、やはりこの付近で製作・焼成された瓦とみられる。この瓦を使用した寺院や仏堂は明らかではないが、百済地域でこの軒丸瓦と酷似するのは、烏含寺の瓦とされる［清水 二〇〇五］。烏含寺は六一五年ごろに造営された百済王家発願の寺院という。百済王家との関係が強い瓦なのであれば、この瓦は大和において仏教信仰に厚い百済王家のための寺院なり仏堂建立を目的として製作されたことになり、それがここで焼成された意味は重要である。

図３　三吉３号墳出土百済系軒丸瓦

古墳時代から飛鳥時代にかけて、百済との通交の中で、「質」（人質）や使者として百済の王族が大和に及ぶことが多く記されている。このような王族たちは侍者をともなうであろうから、その在留地がどこかという問題がある。この百済系瓦の出土は、たんに百済の瓦工人が渡来したというばかりでなく、百済王家と直接の関係が考えられるところに重要性があろう。

このほか百済系の考古資料としては百済土器特有の器種である陶質の瓶形土器の出土がある。奈良盆地内では新沢千塚古墳群内の281号墳と石光山古墳群内の43号墳があるが、広陵町百済の南にあたる大和高田市土庫遺跡群長田遺跡で五世紀の韓式土器とともに出土している。この瓶形土器は形態とともに胎土が須恵器と全く異なるので、模倣品ではなく百済地域からの搬入品と思われる。また飛鳥時代の葛城地域では有数の古墳である香芝市平野塚穴山古墳の石室形態が、百済の王陵群とされる扶余陵山里古墳群の古墳石室構造に類似するところから、百済系の渡来人の墳墓である可能性まで考えられている［奈良県教委　一九七七］。しかし平野塚穴山古墳の石室にみられる凝灰岩加工の系譜は、むしろ飛鳥地域の陵墓級の古墳に近い。しかもこの古墳は隣接する平野2号墳など、大型横穴式古墳を含む古墳群としての継続性があるので、この古墳のみを渡来系人物の古墳とすることはできない。それでも百済の陵山里古墳群・東下塚古墳との類似は事実であり、その評価は変わっていない［香芝市教委　二〇二〇］。

文献史料にみる百済との関係　これまでも文献史料などからも広瀬・葛下郡と百済とのかかわりはたびたび指摘されてきた。それらをみてみると、まず広瀬郡内では「百済」の地名が残り、現在でも鎌倉時代の三重塔で知られる百済寺が存在する。また敏達天皇は「百済大井宮」を営んだとされるが、敏達の殯は広瀬で行なわれているので、この百済大井宮とは広瀬郡とされる。「おそらく百済という地名がついていることから考えて、当地には敏達朝に大井宮が造営される以前から百済王族や百済系高官が住まいする敷設が建てられていたのであろう」と考えられている〔塚口 一九九〇〕。さらに『武烈紀』には百済人の意多郎を葬ったところが「高田丘上」とあるが、「高田丘が大和高田市岡崎付近の地であるとすれば、広陵町南部から大和高田市北部にかけての地域は百済王族ゆかりの地であった可能性が強いのである」とされる〔塚口 一九九〇〕。

また『新撰姓氏録』左京皇別にみえる大原真人は、皇親氏族で敏達天皇の孫の「百済王」からの出自とされるが、その百済王とは敏達の百済大井宮との関係からみて茅渟王の別称とされる〔塚口 一九九〇〕。法隆寺所蔵の「観音菩薩造像記」（六九四年か）においては、造像を行なった三僧は、大原博士（大原史）の族といい、さらに「百斉在王、此土王姓」とあり、百済にあっては百済王の一族で、日本にあっては王姓である、とされる。しかし、これについては「百済王の一族で、日本にあっては王姓というのはおかしい。史料にみえる限りでは、百済王を名乗ったのは、百済の義慈王の王子で、日本に人質となっていた百済王善光（禅広）の子孫である。大原史の伝承には混乱がある。こうした混乱の原因となったのは、敏達天皇の孫に百済王という人物がいたからだと思われる」とされる〔和田 一九九七〕。たしかに史料の上では明確に百済王を名乗ったのは百済王善光以降なのであろうが、それ以前の史料や考古資料から、広瀬・葛下郡の中に在留百済王家の存在が想定されるとなれば、また別の解釈も可能になる。大原はかつての片岡に存在した地名であること、そして大原真人はこの地域に根拠を置いた茅渟王の後裔とされる。そのような中で、これまでよりたんなる百済系渡来人とみられていた大原史が、実際にはかつて広瀬・葛下郡に存在したであろう百済王家とのつながりがあり、その末裔であると述べていることは、むしろこの地域における在留百済王家の存在を反映したものであると考えられる。

このほか、注目されることは、『延喜式』において、桓武天皇の外祖父にあたる高野乙継の「牧野墓」が広瀬郡に所在すると記されていることである。高野乙継は奈良時代の官人であるが、『続日本紀』によれば、百済の武寧王の王子である純陀太子を出自とする百済系の人物である。香芝市下田の法楽寺には、この高野乙継とのかかわりをもつという伝承がある。広瀬郡内に築かれた高野乙継の墓が『延喜式』に記載されたのは、乙継の娘が後に光仁天皇妃となり、さらに桓武天皇の生母となったためである。その墓が広瀬郡に存在することは乙継の家系が広瀬郡あたりに居住しており、百済の純陀太子より出るというのは、この地域の百済王家関係者とかかわりをもっていたためではないかと思われる。

このほか『続日本紀』には、宝亀五年（七七四）に卒した国中公麻呂は、「本是れ、百済国の人なり」とされるのは、祖父が百済滅亡時に帰化したためである。公麻呂は東大寺大仏鋳造の功で叙位され、葛下郡国中村に居していたため、その地によって氏の名としたという。葛下郡に鋳造技術に長けた百済系の高位の人物がいたのである。

なお、葛下郡は、中世以降は鋳物師産業で栄えるが、この国中公麻呂との関係は明らかではない。しかし平安時代の『堤中納言物語』には、「片岡に鋳るなる鉄鍋」という記述があり、あるいは奈良・平安時代にも葛下郡には国中公麻呂のような百済系の鋳造技術をもとにした鋳造業の伝統がつづいていたのかもしれない。

以上のように、これまで判明している百済関係の遺物や史料は、広瀬・葛下郡におけるたんなる百済からの渡来人ではなく、古墳時代後期から飛鳥時代にかけての、百済王家との関係を示すものといえよう。特に巣山古墳周辺における百済直系の瓦生産の存在はさらにその予想を深めることになり、まだ実態が明らかではない百済王家と葛城北部地域との関係を考えるうえでさらに重要な手がかりとなったと思われる。

2　王墓と石棺

新山古墳の古式の石棺　近畿中部の大型古墳で石棺が出現する過程で注目されるのは新山古墳で報告されている石棺である。この石棺についての聞書き報告によれば、竪穴式石室の床面下に石棺が存在したとされている。「此の石材を見るに所謂(いわゆる)箱式棺の用材に類(たぐい)多き剝(は)げ石の類なり」というので、おそらく未加工の自然石の板石なのであろう［梅原 一九二二］。この竪穴式石室床面に埋め込み形式の石棺の存在は、前期古墳の奈良県櫛山(くしやま)古墳、京都府妙見山(みょうけんやま)古墳、山梨県大丸山(だいまるやま)古墳で知られているものである。

石棺が床面に埋め込み式となっているのは、箱式石棺からの影響を示すものであろう。未加工の板石では組み合わせた石棺が自立できないため、石棺の周囲を埋めて自立させるということになるが、これは箱式石棺成立時からの工法である。新山古墳以降、古墳時代前期末葉には、長持形石棺の成立につながる組合せ式石棺があらわれるが、その出現については、箱式石棺が盛行していた九州方面からの影響も考えられよう。

盆地東南部の大和・柳本古墳群では櫛山古墳の長持形系石棺が知られているが、そのほか周辺でも出土古墳は不明でも加工石棺材が複数知られている。これらは新山古墳のような未加工ではないので、今のところ新山古墳の石棺がたしかなものであれば、近畿の大型古墳群で採用された最も古い石棺ということになる。新山古墳は前期古墳でも早く金銅製帯金具や滑石製品を有するが、石棺の採用も大和では最も早いといえ、新山古墳のもつ先行性は葛城北部地域ということにかかわるのかもしれない。

葛城地域の長持形石棺　葛城地域では、新山古墳の石棺に次ぐ、初期の長持形石棺はまだ確認されてはいない。前期大型古墳が少ないとともに、その内容が不明なところが多いからである。古墳時代中期では大型古墳が増加し、南部では室宮山古墳と屋敷山古墳において、古墳にともなう典型的な播磨産石材の定形長持形石棺が知られている。掖上鑵子塚古墳でも石棺の存在が推定されている［奈良県南葛城郡役所　一九二六］。おそらく長持形石棺の可能性が高いであろう。一方、葛城北部では確実に大型古墳にともなう石棺は明らかではないが、馬見丘陵南辺付近には古墳より搬出された長持形石棺とその破片がいくつか知られている。狐井城山古墳付近では三基の長持形石棺の蓋があり、大和高田市では小池寺に長持形の蓋が石棺仏として転用されており、専立寺にも長持形石棺の突起部分が保有されている。また葛城北部では石棺と同じように、古墳から搬出された竪穴式石室の蓋石も各所で確認されている。

馬見古墳群においては、大型古墳にともなう長持形石棺は不明だが、方形墳の文代山古墳近くでは、長持形石棺の底石があり、この古墳のものとみられている。この石棺はやや小型であるが、石材は播磨産であり、定形的な長持形に準じる石棺であろう。このように葛城地域全体の中期から後期の初めにかけての大型古墳を中心に長持形石棺はかなり普及していたとみられる。

図４　巣山古墳の出島と水鳥形埴輪
巣山古墳の出島（左）・水鳥形埴輪（右）

図５　巣山古墳の準構造船と外堤北の船形埴輪
巣山古墳模造準構造船（左）・巣山古墳外提北出土船形埴輪復元図（右）

3　埴輪や木製品にみる古墳の葬祭

馬見古墳群を代表する大型古墳は巣山古墳（墳丘長二二〇ｍ）であるが、この古墳の周濠より州浜をもつ方形の出島と双円形の小島が、水鳥形などの形象埴輪をともなって発掘された（図４、口絵10）。このような出島遺構は古市古墳群中の津堂城山古墳にもあり、そこでも水鳥形埴輪がみられる。古墳の周濠と水鳥との関係は、『日本書紀』において仲哀（ちゅうあい）天皇が父の日本武尊をしのんで、その墓の周濠で白鳥を飼おうとしたという説話にも通じるものがある。古墳の周濠の一角に州浜をもつ出島や小島、そしてそこへ水鳥埴輪が立つのであれば、それは古墳よりもむしろ後の苑池（えんち）のような情景を思わせるものである。この石材を多用した州浜をもつ出島や小島の存在は、性格は違っても飛鳥時代の苑池遺構に通じるところがあるからである。

また、巣山古墳の周濠からは、準構造船の部材が出土しており、これを復元すると船の長さは八ｍを超えるという（図５、口絵10）。これが葬送の船とされていることは重要である。このような船の存在は、『継体紀』に、半島で活動し帰還途中の対馬で死んだ近江毛野臣（おうみのけぬのおみ）を載せ、近江まで淀川を笛吹（ふえふき）のぼると詠われた葬送船の描写にみられる。また、『古事記』には「喪船」という表現もある。さらに巣山古墳では、外提北で家形埴輪などとともに直弧文（ちょっこもん）を描いた船形埴輪が出土している。巣山古墳には船にかかわる遺物が複数出土していることは注目される。

巣山古墳の周濠で明らかになった出島遺構や船材の出土は、大型古墳がたんなる墓所としてではなく、現世においても、古墳のもつ世界を表現する場としての性格を示しているといえよう。

参考文献

秋山日出雄　一九七五「日本古代の道路と一歩の制」『橿原考古学研究所論集』創立三十五周年記念　吉川弘文館
井上光貞　一九八五「帝紀からみた葛城氏」井上光貞著作集第一巻　初出は一九五六
梅原末治　一九二一『佐味田及新山古墳研究』岩波書店
王寺町教育委員会　二〇〇九「馬ヶ脊城跡発掘調査」『奈良県内市町村埋蔵文化財技術担当者連絡協議会年報―平成20年度―』
王寺町役場　一九六九『王子町史』
香芝市教育委員会　二〇二〇『国史跡　平野塚穴山古墳発掘調査報告書』

門脇禎二　一九八四『葛城と古代国家』教育社
河上邦彦　二〇〇六『大和葛城の大古墳群　馬見古墳群』新泉社
岸　俊男　一九五九「古代豪族」『世界考古学大系三　日本Ⅲ』平凡社
広陵町教育委員会　二〇〇五『巣山古墳調査概報』学生社
清水昭博　二〇〇五「百済系瓦工渡来の足跡」『飛鳥文化財論攷』
白石太一郎　二〇一四「古墳からみた葛城地域の政治勢力の動向」『ヤマト王権と葛城氏』大阪府立近つ飛鳥博物館
関川尚功　一九九八「奈良県大和高田市専立寺境内の石棺」『網干善教先生古稀記念考古学論集』
関川尚功　二〇一六「馬見古墳群の成立と新山古墳」『塚口義信博士古稀記念日本古代学論叢』和泉書院
関川尚功　二〇一九「上牧銅鐸と大和の銅鐸出土地」『奈良県内市町村埋蔵文化財技術担当者連絡協議会年報―平成30年度―』
塚口義信　一九九〇「茅渟王伝考」『堺女子短期大学紀要』二五
塚口義信　二〇二〇「顕宗陵・武烈陵研究の現状と課題」『葛城の大王墓と太古の祈り』香芝市二上山博物館
奈良県南葛城郡役所　一九二六『奈良県南葛城郡誌』
奈良県教育委員会　一九七七『竜田御坊山古墳 付平野塚穴山古墳』
奈良県立橿原考古学研究所　二〇〇三『三吉2号墳・ダダオシ古墳』奈良県文化財調査報告書一九七
奈良県立橿原考古学研究所　二〇一一『巣山古墳・寺戸遺跡』奈良県文化財調査報告書一四一
東影　悠　二〇一九「巣山古墳外堤北出土の船形埴輪」『青陵』一五六　奈良県立橿原考古学研究所
前澤郁浩　二〇一五「狐井塚古墳の研究」『河上邦彦先生古稀記念献呈論文集』
大和高田市教育委員会　二〇一〇『土庫遺跡群』大和高田市埋蔵文化財調査報告九
山本賢三　一九四一『日本武尊の白鳥陵と武内宿禰の墓の新考証』文興堂
吉村公男　二〇〇三「馬見丘陵の古墳」『大和の古墳Ⅰ』近畿日本鉄道
和田　萃　一九七九「紀路と曽我川」『古代の地方史　畿内編』朝倉書店
和田　萃　一九九七「古代の片岡」『伊達先生古稀記念古文化論叢』

第3節　葛城南部の初代首長と拠点集落

千賀　久

1　葛城と葛城氏

葛城氏の祖・葛城襲津彦　奈良盆地の南西部、古墳時代中期（五世紀ごろ）の葛城地域には、『古事記』と『日本書紀』（以下、記・紀とする）に記す「葛城氏」につながる地域集団の拠点が営まれていた。古墳時代の葛城地域を考えるときには、古代豪族の葛城氏のことについてふれておく必要があるだろう。その祖とされる葛城襲津彦（かづらきのそつびこ）は、記・紀にいくつかの伝承ののこる人物である。その女（むすめ）の磐之媛命（いわのひめのみこと）は、仁徳（にんとく）天皇の皇后で、履中（りちゅう）・反正（はんぜい）・允恭（いんぎょう）の三人の天皇の母である。この時期には、大王家の外戚として葛城氏が大きな政治力を維持したと評価されている。

つぎに、よく知られた襲津彦伝承のなかで、葛城の地域にかかわるところから話を始めることにする。

先にふれたように、葛城襲津彦は、記・紀に朝鮮半島とのかかわりで力をえた人物と伝える。『古事記』の孝元（こうげん）段には、葛城長江曾津毘古（ながえのそつびこ）と記し、建内宿禰（たけしうちのすくね）の七男の一人とする。「長江」の名は、葛上郡長柄（かつじょうぐんながら）（御所市名柄（ごせしながら））の地名に通じ、その本拠地を知る手がかりになると考えられる。

『日本書紀』では、①神功五年三月条、②同六二年条、③応神一四年是歳条、一六年八月条、④仁徳四一年三月条の記事にみられる。①と②は新羅、③と④は百済との外交関係の記事である。なかでも②で、「百済記」からの引用記事の「沙至比跪」は襲津彦のことと考えられ、実在が確認できる人物として、井上光貞氏以来注目されている〔井上　一九六五〕。

なお、これらの『日本書紀』の襲津彦像について、加藤謙吉氏は、特定の人物のことではなく、朝鮮半島での外交や軍事行動にかかわった葛城地域の土豪たちの活動を、襲津彦という一人の英雄的な武将の姿に託したもの、と考えている〔加藤　二〇〇二〕。以下、この指摘をもとに襲津彦伝承を扱うことにする。

つぎに、葛城にかかわる①と②の記事をみる。ともに、葛城地域にやってきた渡来人のことがテーマになっている。

葛城の勢力範囲　①の記事に、葛城の勢力範囲を知る手がかりがある。襲津彦が新羅に遠征し草羅城を攻め落として、連れ帰った俘人（捕虜）等は、今の桑原・佐糜・高宮・忍海の四邑の漢人等の始祖である、という。

「四邑」のうち「佐糜」は、風の森峠の南に御所市東佐味・西佐味の地名がのこる。近くには、古墳時代の道路跡が調査された鴨神遺跡がある。「忍海」は、葛城山東麓の葛城市脇田遺跡を中心とする地域を想定できる。

そして「高宮」は、仁徳の皇后磐之媛が那羅山（奈良山）から葛城を望んで、「我が見が欲し国は　葛城高宮　吾家のあたり」（『日本書紀』仁徳三〇年条）と詠んだことから、父・襲津彦の本拠があったとみられる。

「高宮」については、金剛(こんごう)山東麓の御所市南郷(なんごう)遺跡群の発掘調査によって、葛城地域の本拠にふさわしい調査成果が得られたことで、その有力な候補地になった。調査担当者の坂靖(ばんやすし)氏は、一言主(ひとことぬし)神社のある森脇から名柄・南郷遺跡群までの広い範囲を想定する［坂 二〇〇七］。もう一人の調査担当者、青柳泰介氏は、「高宮」は坂氏の想定と同じで、「桑原」は御所市掖上鑵子塚(わきがみかんすづか)古墳の付近とし、「四邑」のそれぞれの内部構造は、南郷の状況とほぼ同じであったと考えている。それらは、吉野川への風の森峠越えの南北道路と、南河内へ通じる水越(みずこし)峠越えの東西道路沿いにあり、集落を集約的・重層的に配置し、それらの開発に渡来人を積極的に活用したと考えた［青柳 二〇〇三a］。ともに、「四邑」の南葛城地域を葛城の勢力範囲とみる立場である。

和田萃(あつむ)氏は、延喜(えんぎ)式内社(しきないしゃ)の「葛木」のつく神社名などの検討から、古代葛城の範囲を金剛・葛城山東麓から二上山(にじょうさん)東麓までとする考えを、早くに提示している［和田 一九八八］。

これに対して、北の馬見(うまみ)丘陵を含めて、律令期の葛上・忍海(おしみ)・葛下(かつげ)・広瀬の四郡の範囲とみる考え方も、早くから知られている。白石太一郎氏は、馬見丘陵の大型古墳群・馬見古墳群に川西町島(しま)の山(やま)古墳を含めて、この地域内の大型古墳の分布から五つの有力な政治集団を想定し、それらが連合して「葛城政権」と呼ぶべき地域的首長連合が存在したと考えた［白石 一九九九］。

拠点集落としての南郷の位置づけを前提にする立場との違いが、ここにあらわれている。白石氏も、葛城地域の古墳以外の遺跡の調査・研究の成果に期待しつつも、「それらの遺跡の正しい評価には、さらなる調査の進展と研究を待つ必要がある」とされている［白石 二〇一四］。

筆者は、南葛城地域（現在の御所市と葛城市域）を、葛城地域連合の範囲と考えている。そのおもな根拠は、南郷遺跡群の政治・経済の拠点としての重要性であり、その機能が、のちに忍海地域に継承されたと想定できることにある。これによって、南郷から忍海への拠点集落の移動が実現し、忍海地域でもその経営方針を継承したことで、多くの渡来系工人を受け入れた工房が維持できたと考えられる。それらに対応する首長墓は、初代の室宮山古墳に始まる大型古墳であり、拠点集落とそれを治めた首長の墓域が、それぞれの領域内に営まれたと考えることができる。

2　葛城にやってきた渡来人

渡来の契機・「俘人」と「質」　襲津彦伝承のなかにも、渡来人たちが葛城地域にやってきた事情を伝えるところがある。それは、「俘人」と「質」そして「新羅の美女」である。

①の記事の「俘人」は、捕虜の意味で使われるが、当時の朝鮮半島情勢を考えると、戦乱を逃れた亡命者、または倭からの援軍の見返りとして派遣された工人などを、受け入れたことを伝えているのだろう。

五世紀の朝鮮半島では、北の強国・高句麗の南下政策によって、南部の百済・新羅・加耶地域で政情不安がつづいていた。それに対抗するために、百済は倭に援軍を要請し、倭はそれに応じていた。その見返りに、鉄の原材料と先進技術を得るというのが、倭の外交政策の基本方針であったと考えられる。

また、①の記事には「質」とある。新羅から倭に送られた質の一時帰国に、襲津彦がそれにともなったが途中で逃げられたというのが、彼が新羅に遠征したときの経緯である。このときの「質」とは、人質というようなイメージではなく、仁藤敦史（にとうあつし）氏によると、新羅や百済からの倭国への「質」は、「対等な外交関係の手段で、外交戦略の選択肢の一つ」であった。なかでも百済からの質は、倭国に軍事的な協力を要請するために、「請兵使」という外交使節としての性格が強い［仁藤 二〇〇四］。

このような政策的な要因でやってきた貴人（渡来系貴人）には、工人集団などがともなったのだろう。このことに関連して、②の記事の上井久義（うわい）氏の解釈が興味深い。

「新羅の美女」とともに　②では、「百済記」の記事を引用してつぎのように記す。新羅からの朝貢がなかったので、襲津彦を派遣して新羅を討たせた。新羅はこれを迎えて、美女二人を飾って沙至比跪（襲津彦）におくった。沙至比跪はこの美女を受け入れて、新羅を討たずに加羅（から）国を討った。（以下略）

田中俊明氏によると、それまでに友好関係にあった金官（きんかん）国または安羅（あら）国を足場として、襲津彦の軍が、さらに内陸部の加羅（大加耶）に進出しようとしたが、百済の派遣した軍の攻撃で失敗した、ということを伝えているようである［田中 二〇一二］。

この話で上井氏が注目したのは、「新羅の美女」の役割についてである。彼女たちは、「新羅の王に近い立場の女性」であり、その婚姻を成立させるために、「新羅国王」は、「姫君を襲津彦におくると同時に、その名代に相当する技術者集団をこれにそえて送りだした」と想定した［上井 二〇〇六］。ここでの「新羅の美女」と同じように、政策的な役割で海を渡って来た渡来系貴人には、滞在中の生活を支援する従者とともに、工人集団・知識人などがともなったと考えられる。そのなかでも女性の場合は、上井氏の想定のように、婚姻という要素を加えることによって、その役割と立ち位置がわかりやすくなる。

たとえば、畿内地域の渡来人の女性の墓、奈良県橿原市新沢126号墳、大阪府柏原市高井田山古墳（石室内の東棺）、葛城市寺口忍海D－27号墳（石室内の東棺）のなかで、後二者の例は、在来系男性との婚姻による可能性も考えられる。そして、彼女たちの棺にともなった青銅製熨斗と石製紡錘車は、同行した集団のなかでの彼女の役割を示すものとして、自ら携えてきたのだろう。いずれも布・布製品にかかわる道具であり、それは祭祀・儀礼用の衣ではないだろうか［千賀 二〇二〇］。

つまり、彼女たちは宗教的・象徴的な立場で、同行した工人集団を取りまとめていたと考えられる。そして、その工人たちの仕事が、それぞれの地域の発展につながったことで、彼女たちは優遇されて丁重に葬られたのだろう。そのことは、つぎのような遺跡の例からもわかる。新沢126号墳と橿原市内の新堂遺跡など、高井田山古墳と大県遺跡、寺口忍海古墳群と脇田遺跡の関係が想定できる。ただし、葛城の渡来人たちは、無条件で受け入れられたわけではないようである。①の記事では、渡来人たちを「四邑」に分散させて受け入れている。このときの彼らは再編成されたのだろう。

このように、人びとが海を渡った契機としては、朝鮮半島の政情不安による亡命、「質」などの政策的な役割をはたした貴人、それに同行した工人集団、援軍の見返りとしての工人や知識人などがあげられる。このことに対応するように、これからふれる南郷遺跡群や脇田遺跡では、朝鮮半島からの渡来系工人集団を受け入れて、それぞれの地域が発展した様子がわかってきている。

3　初代の首長

初代首長墓・室宮山古墳　御所市南部に造られた、五世紀前半の墳丘長二三八ｍの大型前方後円墳である。葛城地域の初代首長墓に位置づけられる。古墳の後円部には、南北二つの埋葬施設がある。一九五〇年に南石室を発掘調査、竪穴式石室に竜山石（兵庫県高砂市など加古川流域産）製の長持形石棺を納める。盗掘にあっていたが、三角縁神獣鏡や鉄製甲冑、刀剣、各種の玉、滑石製模造品などの副葬品が出土した。

その人物像は　室宮山古墳の調査内容から、初代首長の人物像に近づくことにする。古墳の後円部に同規模の石室が二つ並ぶと想定できるので、その二人が初代の首長にあたると考えられる。おそらく同世代の二人が役割を分担しながら、この地域を治めていたと考えればいいだろう。

なお、二〇〇ｍを超えるこの古墳の規模を、南葛城の古墳の変遷でみると、突如として大型化したことがわかる。それで、この古墳に葬られたのは、地域の有力者層が成長したとみるよりは、ヤマト王権（百舌鳥・古市古墳群の被葬者集団）の有力構成員のなかからこの地を託された人物、と考えるのが妥当だろう。

王権との関係の深さについては、竜山石製の長持形石棺からも読みとれる。同じ石材・仕様の石棺は、五世紀代の大王家の墓域、百舌鳥・古市古墳群の大型古墳に継続して採用されていて、これらの王墓の棺に共通する特徴をもつ。

一九九八年の台風被害のときに、未調査の北石室付近で、朝鮮半島南部の加耶（韓国の咸安地域）系の船形陶質土器（とうしつ）がみつかった。もとは、北石室内の副葬品であったのが、盗掘されて持ち出されたものだろう。このことから、被葬者と加耶地域とのかかわりを想定できるようになり、朝鮮半島に出かけていた初代首長の人物像に近づく資料が追加できた。

初代首長と南郷遺跡群との関係の深さについては、二〇〇五年の極楽寺（ごくらくじ）ヒビキ遺跡の調査によって裏づけられた。その中心の大型建物・祭殿（さいでん）の遺構が、室宮山古墳の大型建物埴輪（はにわ）（175頁の図２）の特徴に共通することがわかり、南郷を拠点にした葛城の首長、という具体的な姿をイメージできるようになったのである。

このように葛城地域を治めた初代の首長は、もとはヤマト王権の有力構成員であったと考えられ、南郷を拠点にしていたこと、生前には朝鮮半島の南部地域とかかわったらしいことなど、首長墓・室宮山古墳を通じて知ることができた。

南郷遺跡群の発掘調査の成果などから、初代首長が企画・設定した主要事業を読みとると、つぎのようなことがあげられる。

①拠点集落の設定　金剛山東麓の開発
②首長権威の創出　儀礼空間の設定、初代首長墓の造営
③新しい産業の定着　渡来系工人と在来系の人たちとの集住
④交通路・流通ルートの整備　周辺地域との連携

つぎからは、①・②は本節で、③・④は第４節で具体的にみていくことにする。

4　拠点集落の設定

金剛山東麓の開発　室宮山古墳の南西に広がる金剛山の東麓一帯で、県営圃場（ほじょう）整備事業にともなう発掘調査（一九九二〜二〇〇四年度）によって、南郷遺跡群の存在が確認された。一・五×一・二㎞の広範囲に及び、五世紀前半から中葉に最盛期を迎える、大規模な集落遺跡であることがわかった。まず、この地域の開発と整備の過程について、復元的にみてみよう。

南郷地域の開発の最初の拠点は、北に隣接する御所市名柄から一言主神社（御所市森脇）までの一帯にあったと想定できる［坂　二〇〇七］。そこは、東西・南北の道が交差する交通の要衝に位置する。名柄遺跡のこれまでの調査では、五世紀後半の建物跡（石垣と堀割（ほりわり）のなかの大型竪穴建物、時期は未確定）がみつかっている。南郷遺跡群の盛期の居館も、その付近に営まれていたのだろう。この地は南郷の北の盆地側に位置し、工房群の製品の搬出に適していること、それと同時に人の往来の要所をおさえて、主要な工人とその技術を管理する役割もはたしていたのだろう。

そこから、南に広がる金剛山麓の丘陵地帯の開発が始められた。そのきっかけとなったのは、渡来系集団の受け入れであり、彼らの技術を活かした鍛冶（かじ）生産を主要産業にとり入れたことにあった。南の吉野川ルートからの原材料を受け入れやすく、必要な燃料が豊富に確保できる金剛山麓は、常時火を使う工房と居住域を分けて営めるところとして選ばれたのだろう。

このようにして整備されたのが南郷の集落（181頁の図1）である。名柄地域から南に離れて、一般層と中間層の生活・生産空間、さらに南に首長の儀礼空間が位置する。このような地域開発、土地利用のマスタープランを実現させた、強いリーダーシップを持つ首長＝葛城の初代首長の存在を、そこにみることができる。

5　首長権威の創出

葛城地域の開発を進める際に、渡来系と在来系の人たちの集団をとりまとめるために、首長権威の象徴性を強調する演出が必要とされたのだろう。その具体策として考案されたのが、儀礼空間の設定と初代首長墓の造営だと考えられる。

①儀礼空間の設定

南郷遺跡群では、首長の祭殿と水の祭祀場が、同じ川筋にまとめられている。最も南の奥まったところに極楽寺ヒビキ遺跡、そこから東へ下って南郷大東遺跡、南郷安田遺跡とつづく。

首長の祭祀場　極楽寺ヒビキ遺跡は、北の葛城山麓から奈良盆地までを一望できる高所に位置する。周囲に石垣を積んだ堀がめぐり、南側の堀の中央の土橋を通って中に入ると、右に広場、左に大型建物がある。その南面には三重の塀または柵列が巡り、高殿あるいは祭殿のような特別な建物という印象が強い（図1）。

黒田龍二氏は、建物本体・身舎は二間×二間、その周囲に五間×五間の縁が取り付く高床建物に復元した。身舎の柱は分厚い板状柱（幅五八～八四cm、厚さ一〇～一六cm）で、室宮山古墳の入母屋造りの大型建物埴輪の

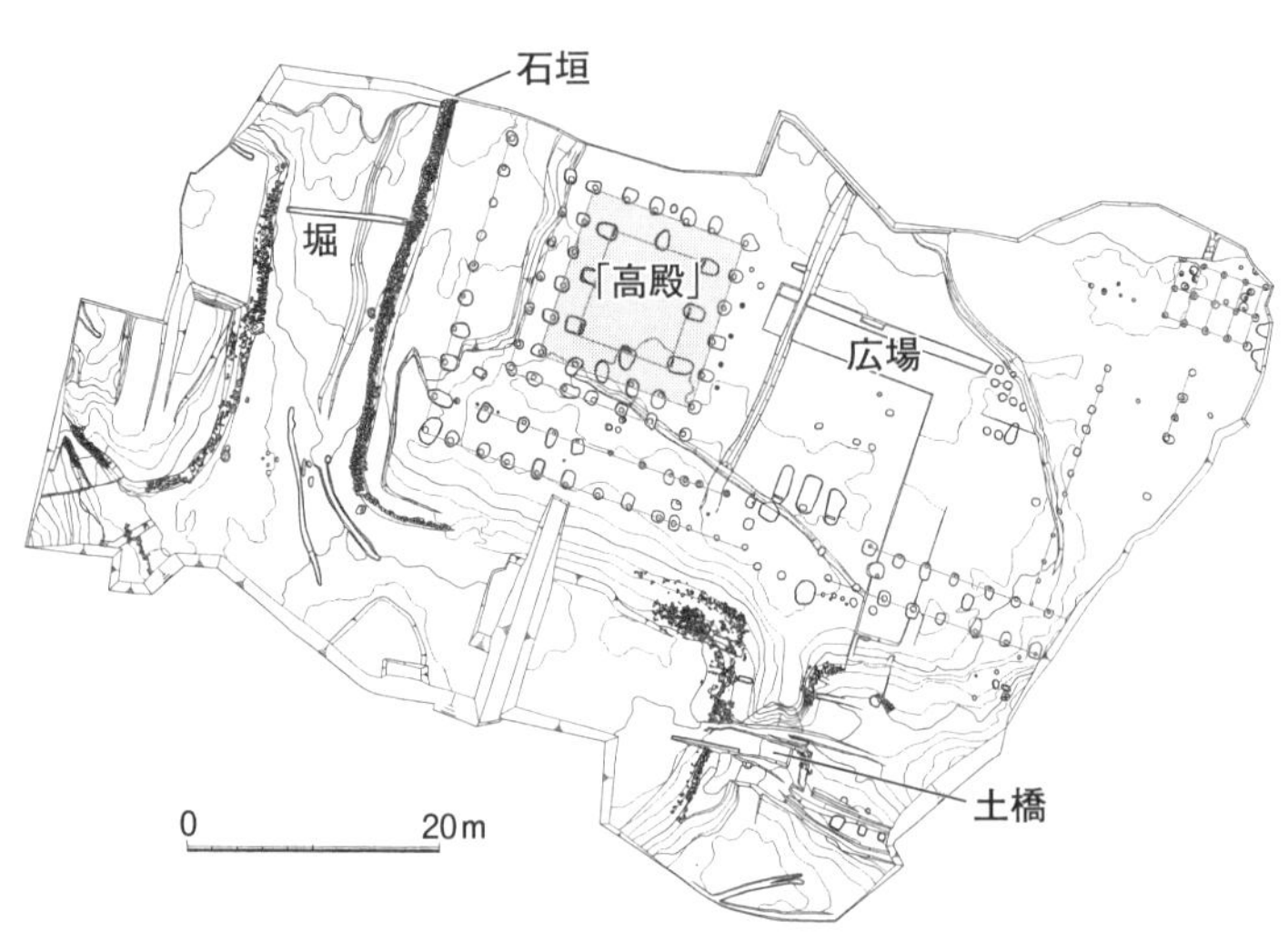

図1　極楽寺ヒビキ遺跡の遺構

特徴（柱間と板状柱、四周に縁を回す高床建物）に共通すると指摘した［黒田 二〇〇六］（口絵12）。

その埴輪（図2の建物①）は、断面が長方形の板状柱が特徴で、表面に直弧文（ちょっこもん）が線刻されている。極楽寺ヒビキの建物でも、このような装飾を強調する必要から、幅の広い柱を採用したのだろう。加工に手間のかかる板状柱を使用することに、この首長の強い意図が感じられる。

水の祭祀場・南郷大東遺跡は、上流の貯水池から木樋（もくひ）で水をひき、その先の大きな木樋を覆屋（おおいや）と垣根（かきね）が取り囲む。これは浄水を得る装置であり、貯水池・貯水ダムは、南郷地域の開発にともなう治水技術を象徴的に再現したものとみられる。そこでは、治水にかかわる儀礼が執り行なわれたのだろう（口絵11）。

現地調査した青柳泰介氏は、儀礼の様子をつぎのように復元した。時期は五世紀中葉、季節は不明、時間帯はもえさしなどから夜間、参加者は首長クラスと渡来人の有力者のごく限られた人たち。そこには在地系と渡来系の土器が置かれ、数多くの木製祭祀具と犠牲用の動物（ウマ、ウシ、イノシシ、イヌ、ハタ科の魚など）、モモ、ヒョウタン、塩などは、土器や木製容器に盛られていた。これらは、その場面ごとに入れ替えられ、すべての儀礼の終了後、破砕され燃やされて、飲食物の残滓とともに投棄された［青柳 二〇〇三b］。

低地に位置する南郷安田遺跡は、周囲を塀（柵）で囲まれた空間に、竪穴建物と大型掘立柱建物が配置されていた。大型建物の三重の柱列は、すべて円柱であった。

これら三ヶ所の遺跡は、南郷の首長の一連の祭祀場とみられる。集団にとって特別な政治的判断が必要なときに、首長は、南郷安田の祭殿から水の祭祀場での儀礼を経て、極楽寺ヒビキの高殿で重要な政策を宣言したのだろうか。このような、もっとも晴れやかな場面を、首長墓の建物埴輪で象徴的に再現したと考えられる。

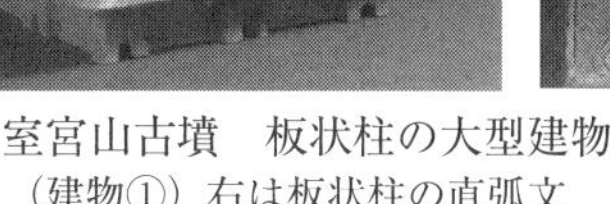

図２　室宮山古墳　板状柱の大型建物埴輪（建物①）右は板状柱の直弧文

祭祀場を再現した埴輪　一九九五年の特別展の準備で、室宮山古墳の出土埴輪片を再整理し、入母屋造りの大型建物埴輪の破片を三棟分ほど選別できた。そのうちの全体を復元できたのが、直弧文の板状柱と大きな堅魚木をのせる建物（図２の建物①）である。のこりの二棟は破片が少ないが、屋根に鰭飾りを多用した建物（図３の建物②）、そして、太い中空の円柱がともなう裾飾りと同じ直弧文で飾る大きな破風板があり、これが同一個体であれば装飾性豊かな大型建物（図４の建物③）になる［奈良県立橿考研博 一九九五］。

図3　室宮山古墳
鰭飾りの大型建物埴輪（建物②）

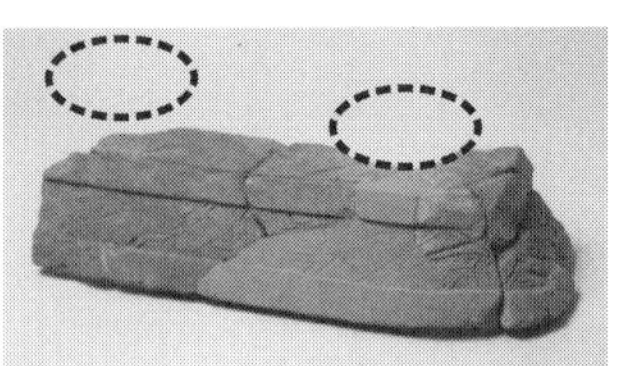

図4　室宮山古墳
円柱の大型建物埴輪（建物③）
直弧文の破風板と円柱　2間×2間の建物か

南郷安田遺跡の大型建物は、三重の柱列の柱通りが悪いことから、黒田龍二氏は、二間×二間の二階建ての本体に、二階と一階に縁が取り付く、楼閣（ろうかく）風二階建ての建物に復元した［黒田 二〇〇六］。室宮山古墳の円柱の建物③には、建物①と同じように二間×二間の身舎に縁がともなったとみられる。当時の建物は円柱を使うのが一般的だが、この埴輪のように殊更（ことさら）に中空の円柱を表現するのは珍しい。実在の建物に祭殿のような特別な意味があったから、太い円柱を強調して表現したのだろう。

このほかにも出土埴輪片のなかに、南郷大東遺跡の祭祀場につながる木樋形土製品が含まれることが、その後確認されている［奈良県立橿考研博 二〇二二］。

室宮山古墳の南石室上部には、各種の武器形と家形埴輪を並べた長方形区画がある。調査を担当された秋山日出雄氏から、古墳の石室上に数棟分の大きな家形埴輪の破片があったと聞いていたので、これらの埴輪がそれにあたると考えていいだろう。いずれも、被葬者にとって特に重要な建物・施設であったことは間違いない。

このように、首長の居住域とその墓とのあいだを、考古学資料で結びつけることができたという点でも、重要な成果といえる。

図５　北の平野部から見た室宮山古墳

②初代首長墓の造営

初代首長の象徴性　ここでは、室宮山古墳のもつ象徴性について注目する。

北の平野部からこの古墳を眺めると、遠くからでもその大きな姿に圧倒される。つまり、墳丘の主軸を東西に設定したことで、古墳の最も大きな側面をみせるという、築造時の意図が成功していることがわかる。このように、初代首長墓に託された象徴的な役割を、今でも現地で実感することができるのである。

白石太一郎氏は、南葛城の五世紀以降の前方後円墳（御所市掖上鑵子塚古墳と葛城山麓の新庄古墳群）は、室宮山古墳の被葬者との系譜関係を意識して造営されたと想定した［白石　二〇一三］。この地域のまとまりを理解するうえで重要な視点であり、初代首長の評価をもとに墓のことを考えれば、つぎのようになる。

初代首長は、金剛山東麓の開発から新しい産業の定着を推進した人物と考えられる。なお、室宮山古墳の築造・埋葬時期を五世紀前半の早い時期に想定すれば、彼がかかわったのは、その企画から各事業を手がけたところまでという可能性もあるだろう。それでも、この地域の発展の基礎をつくった人物であり、その墓が初代首長墓としての象徴的な役割をはたしていた可能性は、十分考えられる。そして、この墓の被葬者を共通の祖とする思い、精神的・信仰的なつながりによる同族関係（擬制的同族関係）が、それ以降の葛城地域連合の成立の契機になったと考えればいいだろう。

ここにあげた儀礼空間・祭祀場と自身の墓の築造、どちらも首長の権威を目にみえる形で表現したという点で、共通するところがある。そうすると、効果的な場所を選んで、祭祀場と墓の築造を同時に進めていた可能性は十分考えられるだろう。

なお、坂靖氏は、南郷遺跡群は須恵器生産の開始後に盛期を迎えるが、室宮山古墳は須恵器生産の以前（埴輪の焼成法が根拠）の築造で、南郷を経営したのは二代目の掖上鑵子塚古墳の被葬者と想定する［坂 二〇〇七］。このように埴輪による年代観では、室宮山古墳は先代の墓ということになる。しかし、先にみたように、室宮山古墳の石室上の埴輪が再現する儀礼空間・祭祀場の内容は、南郷とのかかわりの深さを示している。そのことを重視すると、南郷の開発の企画から施工の途中までは、この南石室の被葬者のもとで進められ、外交面を担当した北石室の被葬者とともに、初代首長の彼らが、葛城地域の発展の基礎を築いたと考えるのがふさわしいだろう。

参考文献

青柳泰介　二〇〇三ａ「葛城とワニ」『古代近畿と物流の考古学』学生社
青柳泰介　二〇〇三ｂ「第5章　まとめ」『南郷遺跡群』Ⅲ　奈良県立橿原考古学研究所報告七四
井上光貞　一九六五『日本古代国家の研究』岩波書店
上井久義　二〇〇六「葛城氏の実像と忍海部女王」『かづらき』五　葛城市歴史博物館年報・紀要
加藤謙吉　二〇〇二『大和の豪族と渡来人』吉川弘文館
黒田龍二　二〇〇六「極楽寺ヒビキ遺跡大型掘立柱建物（建物1）の復元とその諸問題」橿原考古学研究所紀要『考古学論攷』第二九冊
白石太一郎　一九九九「古墳からみた古代豪族―葛城地域の政治勢力の動向を中心として」『考古資料と歴史学』吉川弘文館
白石太一郎　二〇一三「葛城周辺の古墳からみた蘇我氏の本拠地」『大阪府立近つ飛鳥博物館館報』一七
白石太一郎　二〇一四「古墳からみた葛城地域の政治勢力の動向」『ヤマト王権と葛城氏』大阪府立近つ飛鳥博物館館特別展図録
田中俊明　二〇二一「『日本書紀』朝鮮関係記事と百済三書」『京都産業大学日本文化研究所紀要』二六
千賀　久　二〇二〇「古墳時代の女性像」『飯豊皇女と忍海』葛城市歴史博物館特別展図録
奈良県立橿原考古学研究所附属博物館編　一九九五『古代葛城の王』特別展図録
奈良県立橿原考古学研究所附属博物館編　二〇二一『大和の考古学』常設展示図録
仁藤敦史　二〇〇四「文献よりみた古代の日朝関係」『国立歴史民俗博物館研究報告』一一〇
坂　靖　二〇〇七「葛城の王都―遺跡からみた古代豪族の支配構造」『ヤマトの開発史（1）』奈良女子大学二一世紀COEプログラム報告集一七
和田　萃　一九八八『大系日本の歴史2　古墳の時代』小学館

第4節　葛城の経済基盤

千賀　久

1　新しい産業の定着

渡来系工人集団の集住　南郷遺跡群では、首長の儀礼空間より北の丘陵地に、中間層の住まいと工房、そして一般層の居住域と工房群が集められていた（図1）。遺跡群のなかでも低地に一般層の居住域がある。そこでは、鍛冶・鉄器づくりの工房とともに、玉つくり（おもに北陸地方産の緑色凝灰岩が原材料）の工房も営まれていた。

南郷の集落で出土する朝鮮半島系土器（渡来人が故郷から持ってきたものと、こちらでつくったものとが含まれる）は、百済（百済南部の栄山江流域が中心）と加耶地域のものが目立つ。それらの土器は各集落で出土するが、いずれも在地の土器・土師器に少し含まれるほどの量であった。つまり、渡来人だけで集まって暮らしていたということではなく、在来系の人たちとともに生活していたとみられる。彼らは定住に際して、再編成されて受け入れられたのだろう。はじめての外来者に対する受け入れ側の警戒感が、そこにあらわれている。

南郷角田の複合生産　これらの住居群より高台に位置する南郷柳原遺跡には、石垣をともなう敷地に大壁

首長の居住空間

名柄から北の一言主神社
付近までの一帯

一般層・中間層の
生活･生産空間

渡来人の中間層
住居　南郷柳原の大壁建物
職場　南郷角田工房
矢印は、分業システムのイメージ
集落内の各工房から角田
工房へ、部品や鉄素材の
供給

首長の儀礼空間

図１　南郷遺跡群の空間利用

建物（外からは柱のみえない土壁または板壁の建物、百済に系譜）がある。一般層の住まいにはない広さの敷地が確保されていて、渡来系工人の中間層＝指導者層として優遇されたことがわかる。

　そこから西に上がったところの南郷角田工房が、彼らのおもな職場であったと考えられる。彼らの優れた技術を活かした特殊工房で、鉄製甲冑の部品片など各種製品の一部も出土した。ここでは、製品までの仕上げを専門にしていた可能性がある。製品の候補として、甲冑などの鉄製武器をはじめ、金銅製や銀製の装身具、各種のガラス玉などがあげられる。

　この工房では、鉄製品と金・銀・銅製品の加工を同時に行なっていた。つまり、材質の違いや作業内容によって、複数の専門工人が一緒に働く工房だから、そこで作業工程の分業化＝「工房内分業」が考え出された可能性がある。

さらに、この工房の生産の効率化をはかるための、工房群内での分業生産＝「工房間分業」を実現させていた可能性もある。つまり、近隣の工房が下働きとして、良質な鉄素材と鉄板・鋲などの部品を供給すれば、あとはそれらを加工して製品に仕上げることができるということである。

このような分業生産システムの導入に、渡来系工人の経験とアイデアが活かされたのだろう。このノウハウこそが、彼らがもたらした最新技術の重要な要素であり、その情報は工房のなかでは継承されても、ほかの工房や地域には伝えられなかったのだろう。そのために、特殊製品の製作をこの南郷角田工房に集中させて、工房の工人とその技術を指導者層のもとで管理していたとみられる。

南郷工房群の生産力　南郷角田工房の操業期間は、角田遺跡の下層の時期、五世紀前半（堺市大庭寺遺跡の須恵器窯、ＴＧ二三二型式期）にあたる。そのあとは、竪穴建物をともなう一般集落に変わる［坂 二〇一二］。そのあいだに、鉄素材が安定的に供給されて、工人たちが生産に集中できる環境が整っていれば、たとえ短い期間であっても、ある程度の生産量は確保できたのだろう。このなかでは、鉄素材の供給が最も重要な課題であったことは、つぎにふれるとおりである。

それでは、この工房群の生産力は、畿内地域のなかでどのように位置づけられるのだろうか。坂靖氏は、南郷角田工房のことを、「首長層に関わる特定の製品を生産した工房」と性格づけた。［坂 二〇一二］。南郷で、渡来系工人を受け入れて武器生産を進めていたころというのは、河内平野の百舌鳥・古市古墳群で、大量の鉄製武器や甲冑の副葬・埋納が盛行しはじめた時期にあたる。五世紀に量産された甲冑については、「百舌鳥・古市古墳群の被葬者集団によって製品として導入され、または開発、生産され、彼らの意図によって一元的に供給された」とする考え方［田中 二〇〇一］が一般的である。

先に想定したように、南郷工房群内で分業生産システムを実現できていれば、独自製品の生産とともに、王権（百舌鳥・古市古墳群の被葬者集団）の武器工房の役割を、南郷角田工房が分担していた可能性が考えられる。前者では、紀伊への交通路を維持するために、宇智の有力者に贈った五條猫塚古墳の蒙古鉢形眉庇付冑など、後者は規格性の高い甲冑が、製品の候補にあげられる。ほかにも、天理市布留遺跡（物部氏につながる集団の大和の拠点集落）の工房などは、その候補にあげられる。つまり、王権による「一元的な」武器生産の実態とは、このような王権を支持する畿内地域の有力集団が営んでいた、各拠点集落での生産のことではないだろうか。これまでに調査された畿内地域の鍛冶関連遺跡のなかで、王権の武器工房をあてはめるとすれば、このような想定が妥当なところだろう。

2　交通路・流通ルートの整備

周辺地域との連携・河内への道　初代首長墓の室宮山古墳は、東西・南北の道が交差する交通の要衝を選んで築かれた。これらの交通路の掌握と、この地域の開発・整備を一体的に推進した首長の姿を、そこにみることができる。

このなかで河内に通じる道は、二つのルートがある。西の金剛山と葛城山の間の水越峠越えは、南河内の石川上流域に抜ける。そして北へ向かう道は、葛城山麓の忍海地域を経て、竹内峠越えか穴虫峠越えで河内平野南部の東西道路、丹比道（近世の竹内街道）に通じる。

竹内峠越えの東麓に広がる葛城市竹内遺跡では、泉北丘陵の陶邑窯跡産の初期須恵器（五世紀前半）の破片がまとまって出土していて、この付近が、奈良盆地内への物流の拠点であったと想定できる。峠越えの道のすぐ南に、同じ時期の鍋塚古墳（径四六mの円墳）がある。そこに葬られたのは、この交通路を直接管理し、力を得た當麻地域の有力者（地域首長）とみられる。その背景には、河内への交通路の確保を意図した、葛城の首長（広域首長）の意向があったと考えられる。なお、このルートの使用が本格化するのは、拠点を忍海に移してからのことである。

紀伊・宇智との連携　葛城からの南北道、南の風の森峠を越えると、五條・宇智から吉野川・紀ノ川流域にいたる。南郷に拠点を置く葛城の首長にとって重要な課題は、南郷の工房への鉄素材の安定供給である。そこで、当時のヤマト王権が主導する、河内平野を経由するルートに頼るのではなく、独自に南の吉野川・紀ノ川ルートを整備したと考えられる。

紀ノ川の河口付近には、和歌山市鳴滝遺跡（掘立柱建物が七棟整然と並ぶ倉庫群）があり、南郷と同じころに物流の拠点の役割をはたしていた。そこは、紀伊の勢力（のちの紀氏）の本拠であり、「紀伊水門」（『日本書紀』神功元年条）があったと伝えられる。朝鮮半島からの人とモノを確保するために、彼らとともに九州の勢力との連携をはかったのだろう。このときの水運は、紀伊の勢力による海上交通網が大きな役割をはたしたとみられる。

五世紀の和歌山平野では、鳴滝遺跡とおなじ紀ノ川北岸に、主要な前方後円墳が継続的に築かれた。和歌山市木ノ本古墳群（茶臼山古墳・車駕之古址古墳など）と、大谷古墳（五世紀後半の前方後円墳、長七〇m）などである。さらに、その北の淡輪地域（大阪府岬町）には、淡輪ニサンザイ古墳（長一七〇m）と西陵古墳（長二一〇m）の、五世紀代の大型前方後円墳が海に面して築かれている。『日本書紀』の雄略九年条には、朝鮮半島で新羅との戦いのなかで、病死した大将軍紀小弓宿禰の墓を「田身輪邑」につくったと伝える。この地域も紀伊に含まれると考えられ、葛城と同じように紀伊からも朝鮮半島で活動していたことを、この伝承から読みとれる。

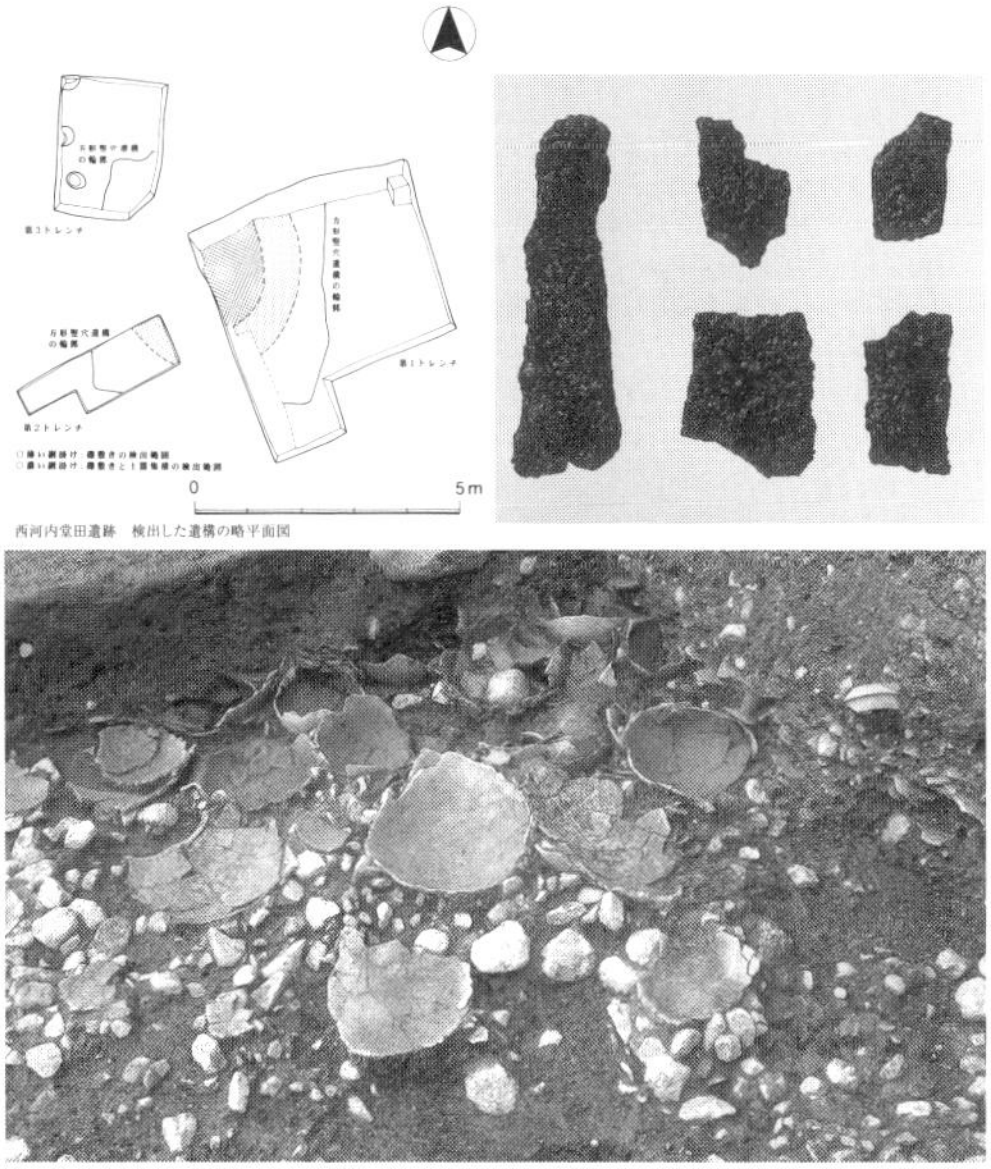

西河内堂田遺跡　検出した遺構の略平面図

図2　五條市西河内堂田遺跡　祭祀遺構
右上は小型鉄鋌（左の長さ6.8cm）

さらに、葛城までの中継地の五條・宇智地域では、五條市近内古墳群に、五世紀を通じて大型の円墳と方墳が集中して築かれた。五條猫塚古墳の鍛冶具の副葬はよく知られていたが、それに対応するように五條市西河内堂田遺跡（五世紀前半～中葉）で、朝鮮半島系土器と小型鉄鋌（鉄素材）などがともなう祭祀遺構がみつかった（図2）。その周辺でも、朝鮮半島系土器の出土例が増加していて、この地域に定住した渡来人の足跡が確認されつつある。このころから、渡来系工人を含む生産工房が開始されたと想定でき、それが地域振興につながったといえるだろう。

　このように葛城の主導によって、吉野川・紀ノ川ルートが整備された。それとともに、葛城と連携したこれらの地域では、五世紀にそれぞれの盛期を迎えていて、渡来系集団を受け入れたことの経済効果を、葛城と同じように得ていたとみられる。

3　南郷から忍海へ

列島内の情勢　南郷の代表的な遺跡、首長の祭祀場・極楽寺ヒビキ遺跡と南郷大東（おおひがし）遺跡は、五世紀前半から中葉まで、そして鉄器生産の南郷角田工房は、五世紀前半の短期間の操業であったことが確認されている。その要因について、ヤマト王権との関係で理解しようとする考え方がある。

　大和では、南郷と同様の大規模鍛冶生産の集落として、天理市布留（ふる）遺跡がある。刀剣などの武器生産が特徴的であり、五世紀から六世紀を通じて生産が継続する。首長墓（長一〇〇m前後の前方後円墳、西乗鞍（にしのりくら）古墳〔長一一八m〕が最初）が五世紀後半から築かれていて、そのころに生産が本格化したとみることができる。この操業期間の長さは、南郷の様相と異なる。菱田（ひしだ）哲郎氏は、その職掌で王権に奉仕する物部（もののべ）氏のような連姓（むらじ）の豪族とは違って、葛城氏はそのような性格の氏族ではなかったことが、南郷の生産が短命に終わった理由のひとつであると想定した〔菱田　二〇〇七〕。

　これに対して、工房群の主要な生産はこのときに廃絶されたのではなく、葛城の首長層が忍海に移設したあとに、工房の経営が王権のもとに組み込まれたという流れを考える。

朝鮮半島の情勢　ここでの要点は、朝鮮半島の急激な情勢変化によって、葛城の外交方針の変更をせまられたことにある。

葛城と紀伊の勢力は、独自のルートで朝鮮半島の鉄素材を入手していたが、五世紀中葉ごろにはそれが困難になったのだろう。朝鮮半島では、倭と友好関係にあった百済が、高句麗（こうくり）との戦いに圧倒されていたころのことである。百済に援軍を派遣していたヤマト王権は、その情勢が緊迫化し、援軍の見返りに鉄素材などを確保するという外交政策に支障をきたすようになったと考えられる。そのような情勢のなかで葛城・紀伊連合は、半島からの撤退を決めたのだろう。

首長墓の移動とともに　そこで、王権からの鉄素材の供給を受けるために、河内平野とのあいだの陸路・水路ともに便利な忍海の地に、拠点を移したと考えられる。

そのころの忍海に築かれた二基の首長墓の火振山（ひふりやま）古墳と屋敷山古墳には、小さな古墳が集中する群集墳（ぐんしゅうふん）がともなう。それらは山麓の各所にみられ、一〇基前後で銅鏡や甲冑を副葬品にもつ在地系有力者層＝中間層の墓地（初期群集墳）と、一〇〇から二〇〇基の古墳からなる渡来系集団を含む一般層の墓地（後期群集墳）が含まれる。このように、集団構成員の墓がともなうことから、このときに拠点集落が忍海に移されたと考えられる。

これは、先にふれた葛城地域連合のなかでの移動であり、「葛城四邑」のなかでの「高宮」から「忍海」への拠点機能の移動といいかえることもできる。

襲津彦系葛城氏の衰退　このあとに、百済が高句麗に大敗する四七五年の戦い（百済王が殺害され漢城（ハンソン）〔ソウルの東〕の都が陥落、熊津（ウンジン）〔公州（コンジュ）〕で再興をはかる）を迎える。

この事態をうけて、雄略の王権は国力強化の政策をすすめたのだろう。その具体策として、畿内地域の鍛冶集落を再編し王権の経営に集約させること〔花田 二〇〇二〕と、馬生産の本格化を実現させたと考えられる。それと同時に、大王墓の墳丘規模の縮小化を実践したのだろう。現・雄略陵の高鷲（たかわし）丸山古墳（羽曳野市、径七五mの大型円墳）を雄略陵の有力候補にあげた、森浩一説〔森 一九九〇〕に改めて注目できる。このような時代の流れに連動して、忍海工房群が途中から王権の経営に組み込まれたのである。

このころの王権と葛城氏との確執について、『日本書紀』雄略即位前紀に大泊瀬皇子（おおはつせのみこ）（のちの雄略大王）が葛城の首長・円大臣（つぶらのおおみ）を殺害した事件を伝えている。このときに、葛城氏の主要勢力は滅亡したとする説がある〔加藤 二〇〇二〕。これに対して、葛城氏には襲津彦系の葛城氏と、葛城国造（くにのみやつこ）系の葛城直（あたい）氏との二系統があり、雄略紀で衰退したとされるのは前者であり、後者の氏族は続いていたとする考え方がある〔吉村 二〇一五〕。ここでは吉村武彦氏の説に沿って、表記のようにしておく。襲津彦系葛城氏を、玉田宿禰（たまたのすくね）系（葛城南部を拠点）と葦田（あした）宿禰系（葛城北部を拠点）に分けて考える塚口義信氏の説では、雄略に滅ぼされたのは玉田宿禰系の円大臣一族となる〔塚口 一九九二〕。

南郷のその後　その後の南郷について、ここでは馬とのかかわりに注目する。遺跡群のなかでは一一ヶ所の遺跡で、五世紀から六・七世紀の馬の歯・骨が出土した。そのなかの南郷大東遺跡の馬に、東日本の内陸部からやってきた馬が含まれると、理科学的分析で指摘されている〔青柳・丸山・覚張ほか 二〇一七〕。

遺跡群の範囲のうち、圃場整備事業の工事計画との関係で、調査されたのはその二%ほどにすぎない［坂・青柳 二〇一二］。そのため、これらの出土例を積極的に評価すれば、南郷にはさらに多くの馬がいたと考えられる。そして、遺跡群の変革期にあたる五世紀後半から六世紀にかけて、馬の歯・骨の出土地点が増加することから、鍛冶生産のあとの生業として、馬の飼育を候補にあげておく［千賀 二〇一九］。

南郷での牧の範囲と規模、そして馬の生産・飼育の具体的な内容など、不確定な要素は多い。しかし、五世紀後半のころには、ヤマト王権が、河内の牧（四條畷市とその周辺）を中心に馬生産を本格的に進めていて、それに連携して、馬の供給ルートにおける大和の拠点の役割を担った可能性もある。そう考えれば、南郷大東遺跡に東国から運ばれた馬が含まれる背景も、河内の牧経由ということで説明しやすくなる。

4　首長墓の消長と葛城氏の盛衰

首長墓の変遷　室宮山古墳のあと五世紀中葉から後半に、東の御所市掖上地域と北の葛城山東麓の忍海地域・新庄古墳群に分かれて、首長墓が築かれた。

掖上鑵子塚古墳は、墳丘長一四九mの前方後円墳で、室宮山古墳から東に二㎞ほど離れたところに位置する。後円部には、室宮山古墳と同様の埋葬施設があったようである。初代を継承して南郷の開発と経営にあたったこの人物の墓は、「高宮」の名柄から東への延長線上にあたり、東西交通路の要衝の地を選んでいる。その先は、奈良盆地南部のヤマトへ、または巨勢谷越えの吉野川ルートが考えられる。先にふれたように記・紀によれば、葛城氏と王権との親縁関係も、時期が降ると疎遠になると伝えている。そうすると、後者のルートをおさえて王権を牽制するための選地とみることもできる。そのあとに、高取地域の首長墓の市尾墓山古墳（六世紀前半）と市尾宮塚古墳（六世紀中葉）に、系譜的につながるとみる考え方もある。

これと同じころに、拠点集落の忍海への移動にともなって、五世紀中葉から後半の首長墓、火振山古墳（墳丘長九五m以上）と屋敷山古墳（長一三五m）が、二世代つづいて築かれた。屋敷山古墳は、竪穴式石室に竜山石製の長持形石棺を納めている（口絵13）。石室の天井石に竜山石を使用することも室宮山古墳に共通し、その系譜を受け継ぐことがわかる。この古墳が、葛城氏の首長墓系譜で最後の大型古墳にあたる。

葛城氏系王族の陵墓伝承

なお、この地域の有力古墳は、屋敷山古墳で途切れるのではなく、葛城市北花内大塚古墳（現・飯豊陵）がつづく。五世紀末から六世紀初頭の前方後円墳（長八三m）である。屋敷山古墳に比べると、墳丘規模は五〇mほど縮小するが、同一水面の周濠と周堤が巡り、周囲から目立つ平野部に築かれた古墳である。このような良好な立地環境と古墳の年代観から、伝承の飯豊皇女のように、忍海地域の集団によって支援された、葛城氏の政治・経済基盤を継承した有力者の墓と想定できる。ここでは、忍海地域を基盤にした人物が、一時的に王権の中心的な役割をはたしたという伝承があることに注目しておく。

新庄古墳群では、この後に葛城市二塚古墳（六世紀中葉の前方後円墳、長約六〇m）、方墳の団子山古墳（一辺約二二m、六世紀末～七世紀前半）、切石石室の神明神社古墳（七世紀後半）まで、有力古墳の系譜はつづく。これらの古墳は、葛城直氏とつながる可能性を指摘されている［白石 二〇一三］。

飯豊皇女によって即位を支援された兄弟の皇子の弟・顕宗陵と、兄の仁賢の子・武烈陵、ともに『日本書

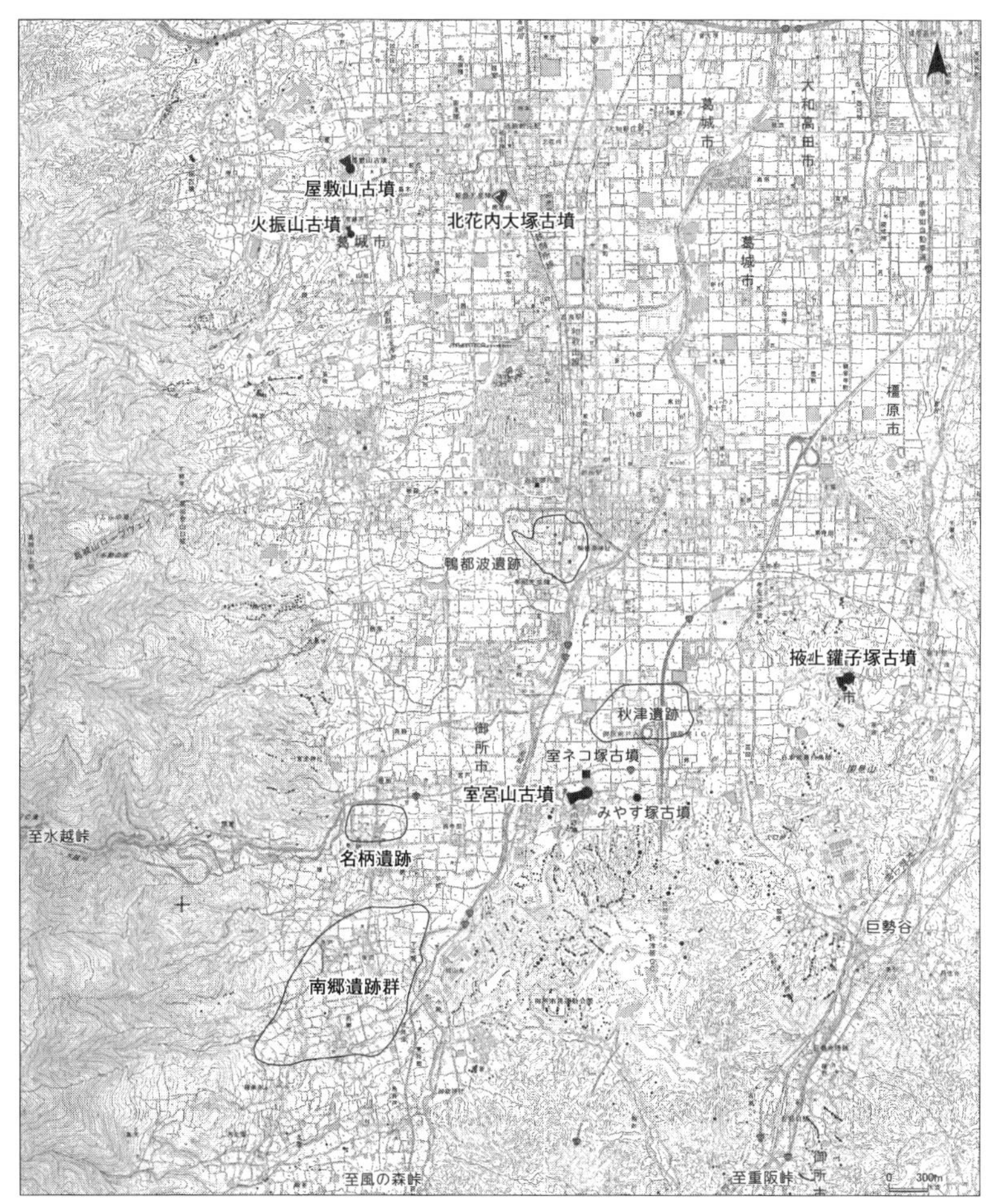

図3　金剛・葛城山麓地域の主要古墳と遺跡

紀』に「傍丘磐杯丘陵」と記す。その候補にあげられるのが、馬見丘陵の南、狐井丘陵にある二つの前方後円墳である。

香芝市狐井城山古墳は、長約一五〇m、五世紀末から六世紀初頭の時期としては、規模の大きな古墳である。その北の狐井稲荷古墳は、長八〇mほどで、狐井城山古墳に先行するとみられる。付近には、竜山石の石棺材が知られていて、これらの古墳に使用されたのだろう［香芝市二上山博 二〇二〇］。これは、葛城氏に縁の深い石棺であり、それぞれの古墳の被葬者像を考える上で注目できる。

塚口義信氏は、顕宗陵＝狐井稲荷古墳、武烈陵＝狐井城山古墳を想定している［塚口 二〇二〇］。そして白石太一郎氏は、狐井城山古墳を顕宗陵の候補に考えている［白石 二〇一一］。

首長墓にみる葛城氏の盛衰　ここまでの首長墓の変遷で重要な画期として、つぎのようなことがあげられる。

①二〇〇m級の大規模な初代首長墓が出現する。

②首長墓の規模が一〇〇m級に縮小し、掖上地域と忍海・新庄地域に分かれて築かれる。

③新庄古墳群では、有力古墳の規模が八〇m級に、さらに六〇m級に縮小する。

①では、ヤマト王権から葛城地域を託された人物を中心に、南郷地域などの開発を進めた時期にあたる。葛城の「四邑」に渡来人を受け入れた首長の政策は、『日本書紀』に伝えられている。このときの開発の対象は、「高宮」だけではなかった。「忍海」の脇田遺跡では、四世紀後半から五世紀前半の遺構と遺物が確認されていて、このころに地域の開発が始まったことがわかる［神庭・青柳ほか 二〇一九］。つまり、「四邑」の開発は同じように進められたとみられる。

初代首長による渡来人政策で重要なのは、「襲津彦」のモデルになった在地有力者たちが、自ら朝鮮半島南部に出かけて、彼らとともに帰ってきたらしいということにある。そして、彼らを葛城の地に受け入れたのである。そのときに、工房の指導者（中間層・南郷の大壁建物の住人）に率いられた集団を含む、渡来系と在来系の人びとによって形成されたのが、南郷の拠点集落であったと考えられる。

彼らの受け入れ体制として、生活の場（住居と農地）の提供、生活環境の安全保障、彼らの技術・知識が活かせる仕事の場の整備、などが準備されたのだろう。そして、彼らへの優遇策も考えられたようである。それをつぎの忍海でも継承していたとすれば、それは群集墳の造営、つまり造墓の容認だろう。

このようにして渡来系集団を受け入れたことで、葛城地域の発展につながった。それをまとめるとつぎのようになる。これらは、初代と二代目首長の功績とみることもできる。

ⓐ地域開発にともなう開墾、治水工事。

ⓑ鍛冶生産の開始、新しい金工技術の定着。

ⓒ工房群での分業生産システム、「工房内分業」と「工房間分業」を実現させた可能性あり。

ⓓ馬飼育の開始。

前頁①から②のときに、南郷から忍海に拠点集落を移す大きな転機が訪れた。その要因は、朝鮮半島の情勢変化にある。その後は、ヤマト王権からの鉄素材の供給に頼ることになり、葛城のそれまでの独自性がみられなくなり、首長墓の規模も縮小する。

②の忍海地域では二世代続く首長が、南郷の首長の政策を継承していた。南郷には渡来人の有力者（中間

層）がみられたが、忍海では、在地の中小有力者層（中間層、初期群集墳の被葬者）が成長し、彼らによる地域支配体制をめざしたとみられる。それで地域の安全を確保し、彼らのもとで渡来系集団がまとめられ、再編成して受け入れられたのだろう。後期群集墳（渡来系集団の墓を含む）もこのころから始まる。

②から③のときに、雄略の王権による畿内の鍛冶集落の再編政策の対象になり、忍海工房群は王権の管理下に移されたようである。それでも、工房群の操業はその後も変わらず継続していた。そのことは、葛城山麓に集中する群集墳の古墳が増加することからもわかる。つまり、忍海工房群の経営主体は変わっても、この地域で葛城氏によって進められた基本政策は、その後も継承されたと考えられるのである。そのことは、先にふれたこの時期の首長墓・北花内大塚古墳について、葛城氏の政治・経済基盤を継承した有力者で、忍海地域の集団に支援された人物という被葬者像を想定したことに通じる。

このころの葛城氏と雄略の王権との関係に連動して、葛城の交通路にも大きな変化がみられる。まず、西の河内平野への峠（竹内峠・穴虫峠）越えの道に面して、當麻地域に前方後円墳の葛城市塚畑古墳（五世紀後半、長約七〇ｍ）が築かれる。そして、南の風の森峠を越えた五條市近内古墳群でも、唯一の前方後円墳の今井1号墳（五世紀中葉～後半、長約三五ｍ）が、向山丘陵の東の道沿いに築かれた。この道は、重阪峠から巨勢谷を経て、雄略の泊瀬朝倉宮（桜井市脇本遺跡）に通じる。今井1号墳は、近内古墳群から離れたところにつくられていて、王権から派遣された人物の墓の可能性が考えられる。

これらの前方後円墳が道沿いに築かれた背景には、雄略の王宮からの交通路として優先的に使用するために、王権からの強い政治力がはたらいたと想定できる。このときの道は、葛城氏が整備した河内平野への峠越えのルートと吉野川・紀ノ川ルートであり、紀ノ川河口の紀伊水門は王権の外港（大阪湾の難波津と住吉津が主要な役割をはたしていた）に加えられたと考えられる。これらは、葛城氏の独自性をささえた交通路と外港であり、これにつづいて忍海工房群の経営が王権のもとに組み込まれたとみられる［千賀 二〇二二］。

その後の忍海工房群は、安定した経営のもとで生産力を高めていたようである。忍海の集団が支持した飯豊皇女が、一時的に王権の中心的な役割をはたしたという伝承にも、忍海地域の経済力の豊かさを読みとることができる。

参考文献

青柳泰介・丸山真史・覚張隆史ほか 二〇一七『国家形成期の畿内における馬の飼育と利用に関する基礎的研究』平成二六〜二八年度科学研究費基盤（C）（一般）成果報告書、奈良県立橿原考古学研究所
香芝市二上山博物館 二〇二〇『葛城の大王墓と太古の祈り』企画展図録
加藤謙吉 二〇〇二『大和の豪族と渡来人』吉川弘文館
神庭滋・青柳泰介ほか 二〇一九「脇田遺跡の研究―奈良県葛城地域における大規模集落の一様相―」『由良大和古代文化研究協会研究紀要』二三
白石太一郎 二〇一一「葛城の二つの大王墓―顕宗陵と武烈陵の問題」『大阪府立近つ飛鳥博物館館報』一四
白石太一郎 二〇一三「葛城周辺の古墳からみた蘇我氏の本拠地」『大阪府立近つ飛鳥博物館館報』一七
田中晋作 二〇〇一『百舌鳥・古市古墳群の研究』学生社
千賀　久 二〇一九「古代葛城の馬と牧」白石太一郎先生傘寿記念論文集『古墳と国家形成期の諸問題』山川出版社
千賀　久 二〇二〇「渡来系移住民がもたらした産業技術―畿内地域の鍛冶生産と馬生産―」『シリーズ古代史をひらく渡来系移住民―半島・大陸との往来―』岩波書店

千賀　久　二〇二一「雄略大王の宮からの道」『葛城の古道を辿る』葛城市歴史博物館特別展図録
塚口義信　一九九二「日本の古代豪族・葛城氏―その発展と没落―」『堺女子短期大学紀要』二七
塚口義信　二〇二〇「武烈・顕宗天皇の虚像と実像」（一九九五年の論文を抄録）、「顕宗陵・武烈陵研究の現状と課題」（二〇二〇年の論文を転載）、香芝市二上山博物館『葛城の大王墓と太古の祈り』企画展図録に収録
花田勝広　二〇〇二『古代の鉄生産と渡来人―倭政権の形成と生産組織』雄山閣
坂　靖　二〇一二「複合工房」『古墳時代の考古学』五　同成社
坂　靖・青柳泰介　二〇一一『葛城の王都　南郷遺跡群』新泉社
菱田哲郎　二〇〇七『古代日本国家形成の考古学』京都大学学術出版会
平林章仁　二〇一三『謎の古代豪族　葛城氏』祥伝社新書
森　浩一　一九九〇『図説日本の古代五　古墳から伽藍へ』中央公論社
吉村武彦　二〇一五『蘇我氏の古代』岩波新書

第5節　忍海の渡来人

神庭　滋

1　葛城のなかの忍海

忍海地域とは　「忍海」という地名は、『古事記』『日本書紀』（以下記・紀と表記する）にも登場し、現在も地域名称として使いつづけられている。現在は「おしみ」と呼称するが、『古事記』では「おしぬみ」、『日本書紀』では「おしぬみ」または「於戸農瀰（おしのみ）」、『和名類聚鈔』（承平年間〔九三一〜九三七年〕成立）では「於之乃美（おしのみ）」の訓を付す。「忍海」の二字は、「おしぬ（の）み」という音に対する当て字であり、地名の由来は定かではない。

忍海地域は、葛城山（標高九五九・二m）の東麓に位置する。範囲については、近代まで存在した忍海郡が参考になるだろう。忍海郡の歴史は古く、「忍海評」と表記された時代までさかのぼる。忍海評については、藤原宮朝堂院の回廊東南隅部の調査でみつかった木簡のなかに「山下首得麻呂　忍海評」がある。忍海郡については、『続日本紀』大宝元年（七〇一）八月丁未（七日）条で、「大倭国忍海郡の人三田首五瀬を対馬に遣わす」とある。また、平城宮からは「忍海郡」の文字が墨書された和銅六年（七一三）五月一〇日付けの

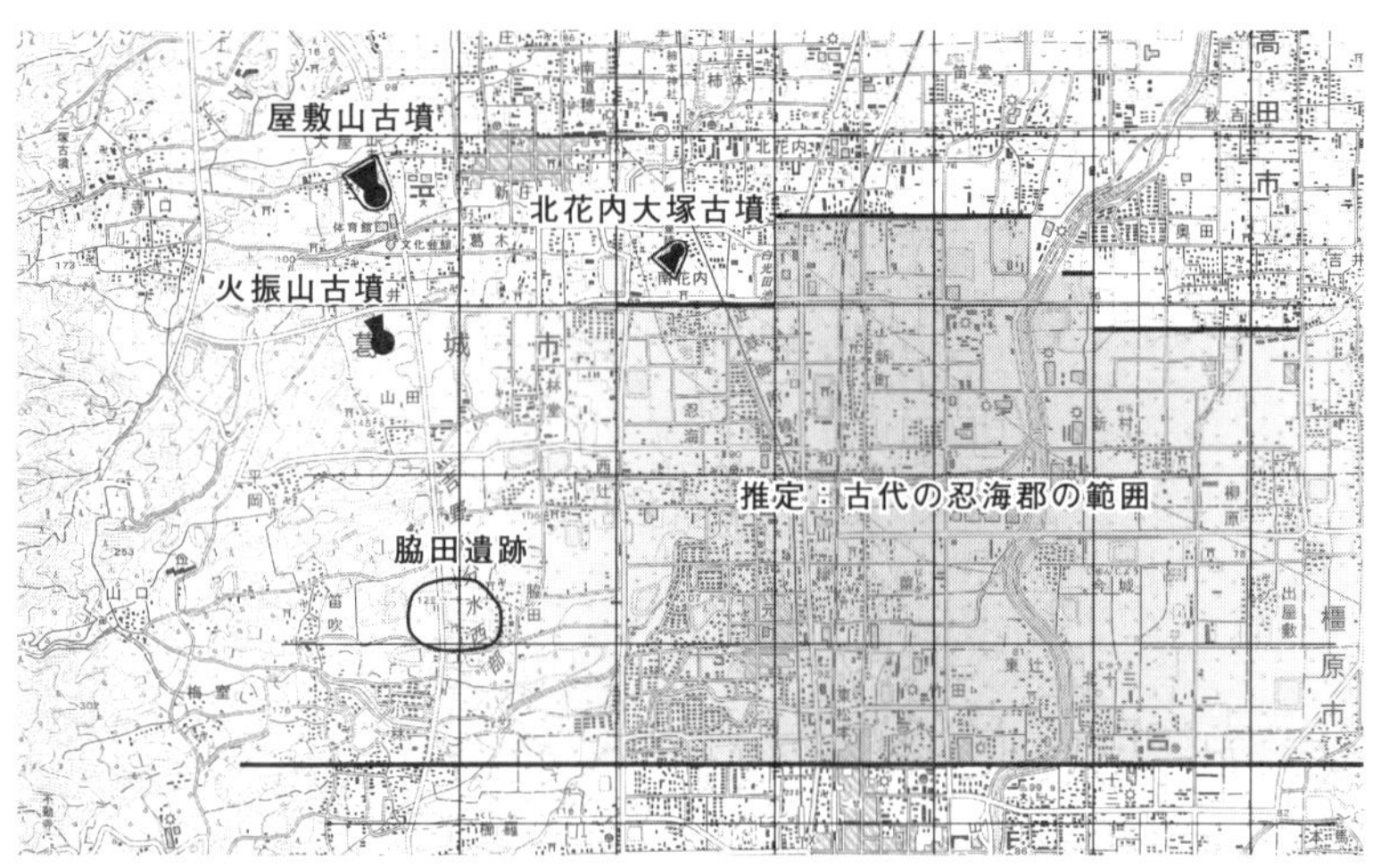

図１　忍海の位置

木簡がみつかっている。

「評」の表記が「郡」へと変化する時期については、大宝律令制定（七〇一年）以降とされる。忍海評と記された木簡があることから、忍海郡に相当する区域は、遅くとも七世紀末には成立していたと考えられる。

忍海郡は、北に隣接する葛下郡、南に隣接する葛上郡の間に挟まれるように位置する。その範囲は、延久二年（一〇七〇）の『興福寺雑役免坪付帳』（興福寺の荘園管理のための土地台帳）に記された内容から、南北約二km、東西約七kmと狭小であったと推定される。忍海郡は、一八九七年まで、その大きさをほとんど変えることなく存続した。

葛城のなかの忍海　後に忍海郡となるこの地域が、葛城と総称される地域の一部であったことは間違いない。『古事記』清寧段には、清寧天皇と顕宗天皇の間、ごく短期間ではあるが政務を担ったとされる忍海郎女（飯豊王）の在所として「葛城忍海之高木角刺宮」の宮名がみえる。また『延喜式』（平安時代に編纂された法令の施行細則）神名帳には、忍海郡内の神社として「葛木坐火雷神社二座」があげられている。いずれも葛城・葛木の名が冠されていることから、忍海が葛城の一地域であったことがわかる。

このように、葛城の一地域であった忍海地域が、忍海評・忍海郡となり、その後千年以上存続することになった理由を考えるとき、五世紀という時期に注目しなければならない。

2　葛城の渡来人

葛城の王と渡来人　五世紀代の葛城地域は、記・紀では葛城氏と呼ばれる豪族の勢力下にあったとされる。当時の大王に対し、次々と妃をおくるなどして大王家と縁戚関係となり、政治的に大きな権勢を誇った氏族とされる。その始祖となる人物を、葛城襲津彦という。この人物については本書でもふれた。葛城地域でも最大級の前方後円墳である御所市室宮山古墳（全長二三八m・五世紀前半）は、この地域の発展の礎を築いた初代葛城の王の墓である。葛城襲津彦は、その被葬者の最有力候補とされる。

襲津彦について記・紀は、朝鮮半島との外交に一定の役割をはたした人物とする。『日本書紀』においては、その活躍記事が約一五〇年の間に散在することから、複数人の業績を一人のものとしている可能性も考えられている。

襲津彦に関する記事のひとつに、『日本書紀』神功皇后摂政六二年条の新羅への派遣記事がある。そのなかで百済の歴史書のひとつ『百済記』が引用される。『百済記』では、三八二年に「沙至比跪」が新羅に派

図2　室宮山古墳と南郷遺跡群

遺されたことを記す。この人物が、襲津彦のことであるとされる。他国の歴史書にも登場することから、四世紀末頃に、襲津彦に相当する人物が実在したとも考えられる。

この襲津彦になぞらえられることもある室宮山古墳の被葬者＝初代葛城の王が、外来文化に触れ、これを積極的に活用していたことは間違いない。

室宮山古墳の南西側、金剛山東麓の広い範囲に、御所市南郷(なんごう)遺跡群が位置する。五世紀の早い段階より営みが開始され、様々な性格を有する遺構群によって構成される。

五世紀前半から中頃にかけて、南郷遺跡群各所で鍛冶(かじ)の痕跡が顕著となる。鍛冶生産の過程で排出された不純物である鉄滓(てっさい)や、フイゴに付属する土製羽口(はぐち)などが数多くみつかり、鍛冶集落の様相が色濃くあらわれている。

南郷遺跡群各所では、韓式(かんしき)系土器が出土している。韓式系土器とは、朝鮮半島から持ち込まれたものと、その製作技法を用いて列島内で焼成されたものとがある。いずれであっても、渡来人の関与が考えられる。このことから、遺跡群内に渡来人が居住していたことは間違いない。彼らの存在は、百済の影響が指摘される大壁（おおかべ）住居や、カマドから床下に煙を引き込むオンドル状の施設を持つ竪穴（たてあな）住居などの遺構からも、うかがうことができる。

　渡来人たちは、鍛冶を中心とした各種手工業に、技術者として関与していたと考えられる。技術あるいは技術者は、単体ではなくパッケージとして存在することによって、はじめて機能する。したがって、彼らは集団として存在したはずである。そのなかには、集団を取りまとめる役割をもった人物も存在したであろう。葛城の王のもと、一般層に位置付けられる技術者以外に、より上位の階層に属する渡来人もいたと推察される。渡来人と渡来文化の受容が、南郷遺跡群を中心とする金剛山東麓地域の、飛躍的な発展を支えたと考えられる。同時に、それらをまとめ上げ、いわばこの地域の「都」を具現化することに成功した、先進性をもった葛城の王の姿が浮かび上がる。

　南郷遺跡群の開発・発展は、渡来人らのもたらした技術や文化を積極的に導入・活用することで実現したのだろう。各種手工業に先進技術と文化を導入し、そこから産み出された様々な製品群は、葛城の王を経済的に支える柱のひとつだったと考えられる。そういった力を背景に飛躍を遂げた地域首長の姿が、大豪族葛城氏として記・紀に著されたのではないだろうか。

忍海の渡来人　葛城地域の渡来人を考えるとき、『日本書紀』神功皇后摂政五年三月条の記事が象徴的に引用されることが多い。そこでは、襲津彦が新羅に遠征し、草羅城（さわらのさし）を攻め落としたこと、帰還の際に現地の人びとを連れ帰り、葛城の四つの地域に住まわせたことが記されている。「是（こ）の時の俘人（とりこ）等は、今の桑原（くわばら）・佐糜（さび）・高宮（たかみや）・忍海（おしぬみ）、凡て（すべて）四邑（よつのむら）の漢人（あやひと）等が始祖（はじめおや）なり」と、葛城地域の漢人（渡来人）の渡来経緯を記す。その内容をそのまま事実として受け入れることはできないが、『日本書紀』編纂段階にあたる飛鳥・奈良時代において、葛城の四ヶ所に居住する漢人の渡来経緯とその時期を、襲津彦の事績に求めていたことが読み取れる。同時に、忍海地域が葛城の一地域であることが再確認され、葛城の王の管理する地域のひとつであったことがうかがわれる。

南郷遺跡群は、五世紀後半を待たずして各種手工業の部分で衰退する傾向がみられる。その機能を代替するように発展をみせるのが、忍海地域である。

過去の発掘調査で、忍海地域に区分される葛城市脇田（わきだ）遺跡および笛吹（ふえふき）地内で、渡来人の所在を示す韓式系土器がみつかっている。脇田遺跡では、造り付けカマドを持つ竪穴住居もみつかっており、渡来人の定住を示す。また、葛城山東麓の尾根筋上に位置する各群集墳の古墳の様相や副葬品からも、その足跡を見出すことができる。忍海地域の発展の背景には、南郷遺跡群同様、渡来人が大きな役割をはたしていたことが推察される。次項で、この点について詳しくみていきたい。

3　脇田遺跡

脇田遺跡の概要　葛城市脇田遺跡は、葛城山から派生する山麓地域から、低地へといたる地形の変換点に位置する。遺跡の範囲は、南北約二二〇m、東西三〇〇mである。遺跡の南北には、東西方向の谷地形が入り込むことから、その規模は限られてくるものの、東西についてはその限りではない。緩やかな緩斜面に沿っ

図3　脇田遺跡と周辺の古墳群

て、西は現在の葛木坐火雷神社（笛吹神社・葛城市笛吹・延喜式内大社）の所在地近くまで拡大する可能性がある。

縄文時代早期の土器が出土しており、遺跡の始まる時期がうかがわれる。以降、縄文時代晩期まで各時期の縄文土器がみつかっている。弥生時代では、中期の土器をともなう方形周溝(ほうけいしゅうこう)墓(ぼ)が複数基みつかっており、墓域を営む集落が近隣に位置していたと推測される。同時期の方形周溝墓が、脇田遺跡の南西に隣接する御所市小林(こばやし)遺跡でもみつかっている。両者が無関係とは考えづらく、これら墓域の分布範囲が、集落の位置を読み解く材料となるかもしれない。

つづく古墳時代においても、前期の土器や竪穴住居がみつかっており、継続的に生活が営まれていたことがわかる。また、最新の研究成果では、出土した土器の様相より、四世紀後半から五世紀前半に活発な活動があったことが指摘されている。韓式系土器の大多数も、同時期に帰属するとされる［青柳ほか 二〇一九］。渡来人をともなった開発が行なわれたことが推察される。

室宮山古墳の築造時期より、脇田遺跡の開発時期は、初代葛城の王の活躍期と重なると想定される。先に紹介した南郷遺跡群の状況とあわせて考えたとき、脇田遺跡の古墳時代における飛躍の契機もまた、葛城の王による地域経営にあったと考えられる。

その後、古墳時代中期を迎えると、脇田遺跡は生産遺跡としての性格を色濃くみせはじめる。

脇田の鍛冶工房　脇田遺跡では、南郷遺跡群同様、鍛冶を示す鉄滓やフイゴ羽口がみつかっている。それ以外にも坩堝や、高温にさらされることで生じる発泡土器、砥石といった金属器生産に関係する遺物がみられる。これらの詳細な検討により、五世紀代は鍛冶が中心で、六世紀以降に鍛冶とあわせて銅製品の生産が開始されたと考えられている。

脇田遺跡の鍛冶は、五世紀に開始され、五世紀後半から六世紀前半に大きく発展し、以降七世紀まで継続する中心的な生業であった。遺跡からは、馬具などを装着する際に使用される鉸具（バックル状の鉄製品）や、同じく馬具に用いられたと考えられる鉄製方形板、鉄斧や鑿といった農工具、釘などがみつかっている。断定はできないものの、これらの鉄製品が、脇田遺跡でつくられた製品の一端を示すと考えられる。

玉つくりを示す資料もある。金属器生産関連の資料として紹介した砥石のなかには、玉つくりに用いられたものが含まれているのかもしれない。南郷遺跡群と同様、多岐にわたる手工業が営まれていた可能性が考えられる。その規模は、現在部分的に明らかになっている脇田遺跡の範囲にとどまらないと想定される。その様子を表す言葉として「忍海工房群」が提起された［千賀 二〇一九b］。

忍海地域発展の背景　脇田遺跡の北方約一・六㎞には、葛城山東麓地域では最大の前方後円墳となる葛城市屋敷山古墳（全長一三五m・五世紀中葉～後半）や、それに先行する葛城市火振山古墳（全長九五m以上・五世紀中葉）が、連続して築かれる。屋敷山古墳は、竪穴式石室に竜山石を利用した長持形石棺を納める埋葬施設であった。これは、室宮山古墳と同様の構造であり、両者のつながりを示している。火振山・屋敷山古墳は、室宮山古墳につづく葛城の王墓とみなすことができる。

主要な前方後円墳の築造地が、金剛山東麓地域から北方の葛城山東麓地域へと移動した。脇田遺跡がみせる様相から、これと歩調をあわせて、南郷遺跡群の生産にかかわる主要な機能も、忍海地域へと移されたと想定される。脇田遺跡について、古墳時代における発展契機を葛城の王に求めた。五世紀における生産遺跡への性格の変化と発展についても、葛城の王によって主導されたと考えられる。

4　忍海の渡来人

脇田遺跡と寺口忍海古墳群　南郷遺跡群の機能移転にともない、人間も移動したことは、想像に難くない。

機能移転前にも渡来人の集住はあったが、そこに渡来系技術者集団が加わったものと想定される。彼らは、忍海工房群の形成に手腕を発揮したと考えられる。そのようにして忍海地域に集住した渡来人が、どのような集団であったのか、より具体的な姿を探っていきたい。

脇田遺跡の西方約一km、葛城山系を形成する山々から東西方向にのびた尾根筋上に、葛城市寺口忍海古墳群（総数約二〇〇基）が位置する。五世紀後半より造営が開始され、その当初より横穴式石室を埋葬施設として採用する。古墳群内でも最初期に築かれたD－27号墳（円墳・径一六・五m・五世紀後半）では、右片袖式の横穴式石室に、鉄釘を使用した二つの木棺が東西に並んで埋葬されていた。西棺には武器類が顕著に副葬され、東棺には石製紡錘車やガラス小玉がともなう。このことから、男女を並べて合葬したと考えられている。石

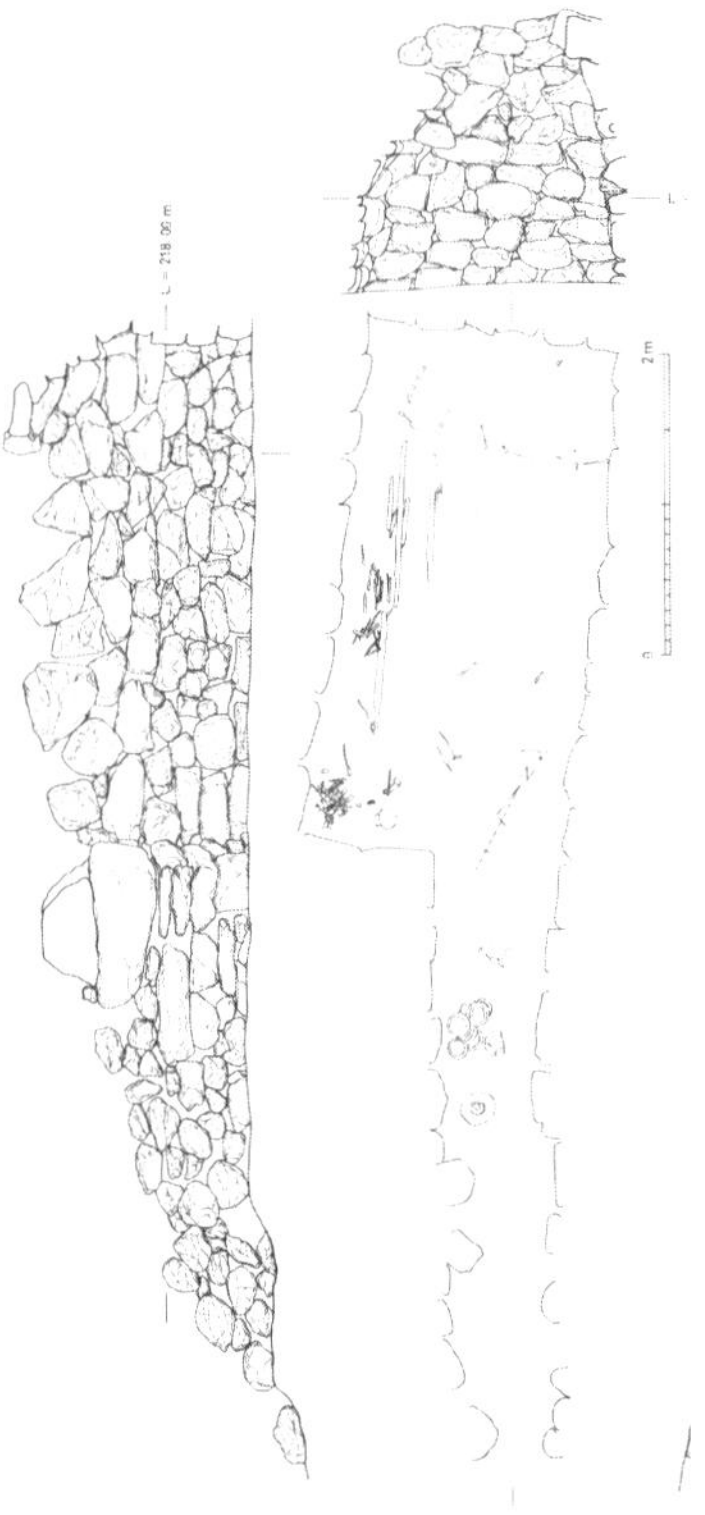

図4　寺口忍海 D-27 号墳　横穴式石室

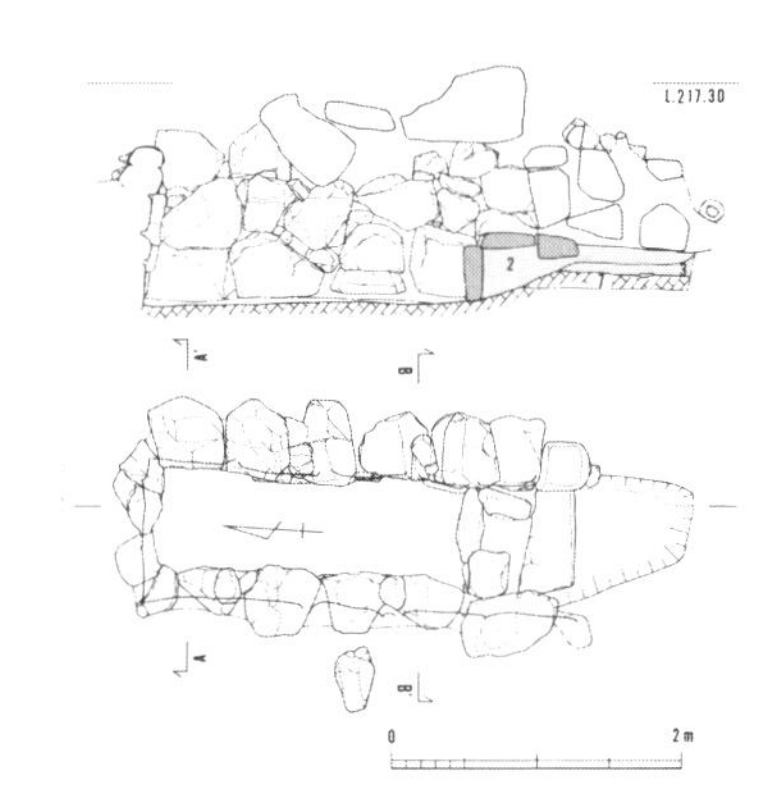

図5　寺口忍海 H-37 号墳　竪穴系横口式石室

室内には、須恵器が副葬されていた。

D-27号墳の埋葬施設にあらわれた特徴は、同時期の百済の墓制に似ている。男女のいずれか、あるいは両方が百済に出自を持つ渡来人であった可能性が考えられる。古墳群内には同時期、異なる形態の石室を採用する例（H-16号墳）があり、古墳群が当初より多様性をもって営まれていたことがわかる。

D-27号墳と異なる石室とは、石室入り口に階段状の段差をもつ竪穴系横口式石室である。竪穴系横口式石室については、朝鮮半島南部（加耶か）からの系譜が指摘されている。寺口忍海古墳群では、これに長短の羨道（玄室にいたる通路）を加えた例も多くみられる。付け加えられた羨道の長短の差は、副葬品の品数や内容の差としてもあらわれている。竪穴系横口式石室を採用する各古墳の被葬者間であっても、格差があったことがわかる。

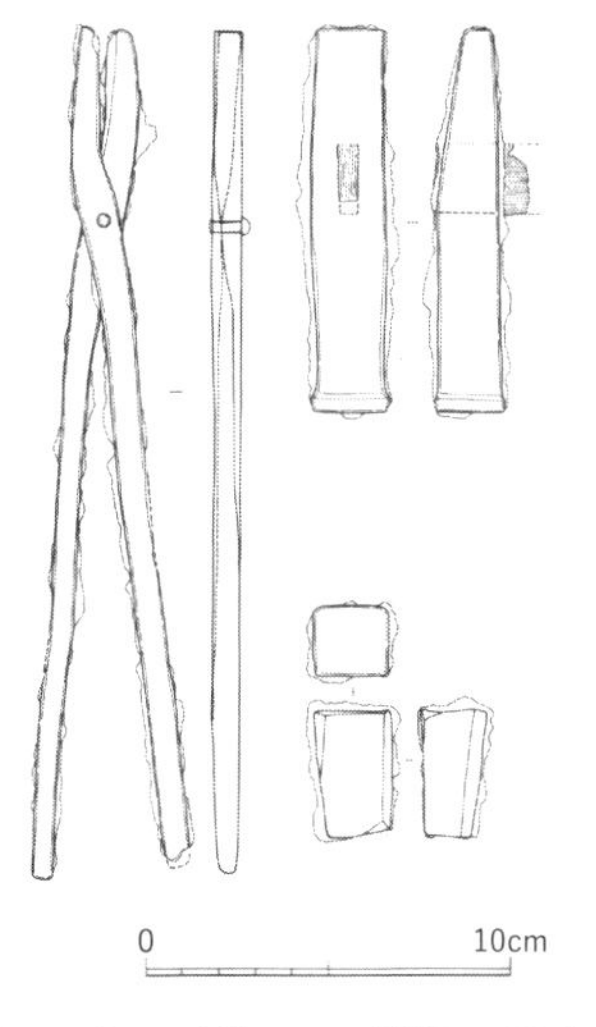

図6　寺口忍海 H-16 号墳　鍛冶具

寺口忍海古墳群で被葬者が渡来人とみられる古墳の比較から、集団内に出身地の異なる渡来人がおり、そのなかで序列があったことが考えられる。

寺口忍海古墳群では、鉄鉗・鉄鎚・鉄床に砥石を加えた鍛冶具や、鉄滓・鉄塊といった鍛冶にまつわる副産物、鉄素材とも考えられる鋳造鉄斧（鋳型で成形された斧状の鉄製品。鉄純度が高く、鉄素材として利用したと考えられる）が供献される例がみられる。被葬者のなかに、鍛冶に従事した人びとが含まれていることは間違いない。地理的な位置関係より寺口忍海古墳群に葬られた人びとは、脇田遺跡を中心とする忍海工房群を生活の場としていたのだろう。

葛城・忍海の渡来人の実態　寺口忍海古墳群で確認できた渡来人集団にかかわる様相は、忍海工房群を含め、葛城地域に集住した渡来人の実態を物語っている。百済や朝鮮半島南部など、出身地域の異なる人びとを混在させ、序列のある集団を形成していたことなどは、葛城の王による渡来人統制のための政治的な手法であったのではないかと考えられている。

葛城の王を頂点とする地域支配構造の一端は、古墳の分布状況にもあらわれていると想定されている。葛城の王の地域支配体制は、土地の利用を規定するほど高度なかたちで確立されており、渡来人もその枠組みのなかで生活していたと考えられる。

5　忍海工房群の生産力

忍海工房群と葛城山麓の群集墳　寺口忍海古墳群のほかにも、鍛冶関連遺物・渡来系遺物が出土する古墳群が、脇田遺跡の周辺に位置している。

鉄滓の出土が知られる御所市石光山(せっこうざん)古墳群（総数約一〇〇基・五世紀後半〜七世紀前半）、葛城市島ノ山(しまやま)・車ヶ谷(くるまだに)古墳群（総数五基・五世紀後半〜六世紀後半以降）・笛吹古墳群（総数七四基・六世紀初頭〜六世紀後半以降）、鋳造鉄斧が出土した葛城市寺口千塚(てらぐちせんづか)古墳群（総数一七一基・六世紀前半〜七世紀前半）などは、脇田遺跡を含む忍海工房群に集住した人びとの墓地とみなせるだろう。

ここにあげた古墳群に、寺口忍海古墳群を加えた古墳総数は、約五五〇基となる。時間をかけて累積した結果ではあるが、古墳を築きえなかった大多数の人びとの存在を考慮すれば、忍海工房群の操業規模の大きさが推し測られる。

忍海工房群でつくられた製品　脇田遺跡で出土した鉄製品の断片より、製品のいくつかが予測されている。これに加えて、周辺の各群集墳でみつかった副葬品が参考になるだろう。

千賀久氏は、特に馬具に注目され、つぎのように想定されている。

①寺口忍海古墳群で出土する馬具について、最初期より加耶系の特徴をもつ馬具が継続的に副葬されており、脇田遺跡で生産される馬具の手本として、渡来人たちが故郷から持ってきたものである可能性がある。

②石光山古墳群で出土する馬具について、特に８号墳（前方後円墳・全長三五ｍ・五世紀末）出土の金銅装（こんどうそう）の飾り（かざ）馬具について、列島製の初期の新式（金具の表面を金銅板で飾る）馬具であり、忍海工房の初期の製品で、指導者へ献上されたうえ、その墓に納められた可能性がある。

これらの想定より忍海工房群は、継続的に朝鮮半島との人・モノのやりとりがあり、そのつど新たな技術を導入していたことや、その新技術に対応できる技術者が、工房群には存在したことが考えられるとされた[千賀 二〇二〇]。

近年、南郷遺跡群出土の馬歯や馬の骨の見直し調査が行なわれている。五世紀後半から六世紀にかけて、これらの資料が増加する傾向が報告されている。南郷遺跡群が手工業生産拠点としての機能を忍海工房群へと移行させた後、馬の飼育を中心生業にすえた地域へと変化したと考えられている。忍海工房群で製作されたと想定される馬具の一部は、南郷の牧へ供給された可能性が指摘されている［千賀 二〇一九b］。

ヤマト王権と忍海　記・紀では、豪族葛城氏は、後に雄略（ゆうりゃく）天皇として即位する大長谷王（おおはつせのみこ）により、その本宗家を滅ぼされたとされる。経緯の真偽はともかく、以降、葛城氏の管理していた地域は、王権の直轄地となった。このことは、『日本書紀』推古（すいこ）三二年冬一〇月条において、時の権力者であった蘇我馬子（そがのうまこ）より、本来は自分たちの「本居（うぶすな）（蘇我氏は、葛城氏の同族であることを主張していた）」であったとして「葛城県（かづらきのあがた）（倭（やまと）の六県（むつあがた）のひとつ。大王の直轄地）」の返還を求められた際、これを推古天皇が拒否するという記事により傍証される。

ヤマト王権が葛城の地を欲した理由は、これまで紹介してきたとおり、忍海工房群をはじめとする葛城地域の人・モノを含めた資産的な価値にあったことは想像に難くない。忍海地域は、南郷遺跡群の経営で培われた様々な経験から、地域利用の面でより洗練されていたと考えられる。そのあり方は、王権にとって、手に入れたいと思うほど魅力的だったのだろう。

脇田遺跡や周辺古墳群の動態をみる限り、王権直轄地への移行が想定される五世紀後半において、大きく動揺した様子は見出せない。それは、地域の管理者が葛城の王からヤマト王権へと移っただけで、彼らの営みに変化がなかったためと思われる。ヤマト王権が、葛城の王の管理体制をそのまま引継ぐかたちで、この地域の経営にあたったと想定される。このこともまた、忍海地域の継続的な発展を支えた要素となったのであろう。

五世紀末頃の出来事と想定される、飯豊青皇女の短期間の執政から始まる一連の出来事も、忍海地域を考えるうえで、欠くことのできないトピックである。

記・紀は、雄略天皇の没後に即位した清寧天皇には子がおらず、後継者について問題を抱えた事態になったことを記す。そのとき、清寧の後継として名をあげられたのが飯豊青皇女（『古事記』では、忍海郎女・飯豊王）である。

忍海部女王（おしぬみべのひめみこ）の別名をもつことから、彼女は忍海地域の支援を背景にその任にあたったことが想像される。『日本書紀』顕宗即位前紀では、「倭辺（やまとへ）に　見が欲（ほ）しものは　忍海（おしぬみ）の　この高城（たかき）なる　角刺（つのさし）の宮（みや）」と、彼女の宮を褒め称える歌が紹介されている。宮の実態はともかく、忍海の渡来系技術者集団の存在と、その技術力があったからこそ、この歌の内容は『日本書紀』編纂段階において、誰もが納得できるものとして受け入れられたのであろう。

飯豊青皇女の後、オケ王・ヲケ王という兄弟が、顕宗（ヲケ王・弟）・仁賢（にんけん）（オケ王・兄）天皇として即位する。その二人の姨（おば）とも姉ともされる彼女が、兄弟が即位するにあたって、大きな役割をはたしたと考えられる。雄略天皇に、父である市辺押磐皇子（いちのへのおしはのみこ）を殺害された兄弟が身を隠していたのは、播磨国（兵庫県）で、『古事記』では「志自牟（しじむ）」、『日本書紀』では「縮見屯倉（しじみのみやけ）」（いずれも兵庫県三木市付近か）とされる。『日本書紀』では、その管理者として忍海部造細目（おしぬみべのみやつこほそめ）の名を上げる。飯豊青皇女の後ろ盾でもあった忍海部が、兄弟の保護にも主体的な役割をはたしていたことを示唆している。清寧の没後から顕宗の即位にいたる過程において、大王家の直轄地であった忍海地域と、渡来系技術者集団を含む忍海部と呼ばれる集団が、重要な役割を担っていたことが記・紀より想像される。

五世紀中頃以降、葛城の王の施策により飛躍を遂げた忍海地域は、その後ヤマト王権管理のもと継続的に発展した。五世紀末から六世紀初頭に想定される王権の混乱期に象徴的な役割をはたした後、七世紀末までに忍海評・郡として地域的なまとまりを得て、その後解体されることなく明治時代まで存続した。忍海地域のこのような歴史を考えたとき、その発展の礎を築くうえで、この地域に集住した渡来系技術者集団が大きく寄与していたことは間違いないだろう。

参考文献

青柳泰介ほか　二〇一九「脇田遺跡の研究―奈良県葛城地域における大規模集落の一様相―」『研究紀要』二三　由良大和古代文化研究協会
千賀　久　二〇一五『古代忍海の渡来人を探る―葛城市寺口忍海古墳群―』葛城市歴史博物館企画展図録一四　葛城市歴史博物館
千賀　久　二〇一九a『発掘　葛城山麓の古墳―奈良県立橿原考古学研究所附属博物館蔵品　里帰り展―』葛城市歴史博物館企画展図録一七　葛城市歴史博物館
千賀　久　二〇一九b「古代葛城の馬と牧―南郷の牧と忍海の馬具工房―」『古墳と国家形成期の諸問題』白石太一郎先生傘寿記念論文集編集委員会　山川出版社
千賀　久　二〇二〇「第３章　忍海の拠点集落」『飯豊皇女と忍海―古墳時代に活躍した女性―』葛城市歴史博物館特別展図録二〇　葛城市歴史博物館

第６節　黄泉の世界

神庭　滋

１　横穴式石室の導入

新来の墓制　竪穴式石室（たてあなしきせきしつ）や粘土槨（ねんどかく）（木棺を粘土で覆（おお）い密封した埋葬施設）といった、古墳時代前期より採用されてきた埋葬施設に、新たに横穴式石室が加わるのは、近畿では概ね五世紀後半のことと考えられている。横穴式石室は、玄室（げんしつ）と呼ばれる遺体を納める空間と、そこにいたるための通路である羨道（せんどう）からなる。羨道の入口は、石を積み上げて塞ぐが、再度開くことができる。つまり、何度でも埋葬が行なえるという構造上の特徴をもつ。

それまでの埋葬施設が、基本的に一人を葬るためにつくられているのに対し、横穴式石室は、当初より複数を埋葬することを前提としている。このことは、それまでの埋葬のあり方と大きく異なる。また、人びとの死者に対する向き合い方にも、変化をもたらしたと推測される。

それまでの埋葬施設の場合、埋葬を終えてしまえば、死者の眠る場所に再度立つことはない。しかし、横穴式石室であれば、新たに埋葬するたびに、その場所へと立ち入る必要が生じる。このとき、人びとは死者の世界、「黄泉」と呼ばれる世界をみたのではないだろうか。

黄泉の世界　死者の世界について、古代の人びとがどのように考えていたかを知るうえで、『古事記』や『日本書紀』（以降、記・紀と表記する）にある神話・説話は参考となる。記・紀には、国産み・神産みで著名なイザナギが、亡くなった妻のイザナミを追って黄泉国を訪れるという説話がある。ここで描写される内容は、横穴式石室で見知った現実をもとに構想されたものではないか、という考え方が以前より提起されている。そのことにともない、例えば横穴式石室から出土する数多くの土器をはじめとした出土遺物について、記・紀の記述よりその意味を読み解こうという試みもなされてきた。古墳時代後期の葬送行為を、復元的に解釈するうえで、記・紀の説話は参考になるのかもしれない。

しかし、横穴式石室が新来の墓制であることを考えると、当時の列島の人びとの死生観を根本的に転換させたという訳ではないと考えられる。横穴式石室の導入によって、死者の世界の印象はより具体的なものとなり、その後の考え方に影響を与えたであろうことは否定できない。だが、人が死した後どうなるのか、ということについて、列島の人びとのなかで連綿と培われてきた思想にまで影響を与えたのかということについては、慎重に判断していくべきであろう。

三郷町勢野茶臼山古墳（前方後円墳・全長四〇m・六世紀中葉）や平群町烏土塚古墳（前方後円墳・全長約六〇m・六世紀中葉）では、横穴式石室の前に、家形埴輪など形象埴輪が立て並べられていた。

家形埴輪は、盾形埴輪、蓋形埴輪（貴人に差しかける日傘を象った埴輪）とともに、形象埴輪のなかでも早い段階に成立した種類のひとつである。奈良市佐紀陵山古墳（前方後円墳・全長二〇七m・古墳時代前期中葉）の

図1　うきは市鳥船塚古墳の壁画

図2　柏原市高井田3－5号横穴　線刻壁画

例より、埋葬施設にともなって形成される埴輪配列のなかで、早い段階から中心的な位置をしめていたことがわかる。その後、形象埴輪が配列される位置は、古墳の造(つく)り出(だ)し部や墳丘を取り囲む堤(つつみ)の上などへ移動するが、家形埴輪の扱いに変化はみられない。

人は死した後、肉体から魂が離れるという考え方は、中国大陸では秦(しん)・漢(かん)代（紀元前三世紀後半～紀元前一世紀頃）から存在する。このような思想は、弥生時代後期頃には日本列島にもたらされたと考えられている。古墳時代になってもその当初より、大陸の神仙思想をモチーフにした図柄をもつ鏡が重用されることから、この考え方は列島でも受け入れられ、深化していったと推測される。

肉体から離れた魂が、別の世界へ旅立つという思想が存在したことは、石室に描かれた壁画や、埴輪に描かれた絵画などから想定できる。そこでは、死者の魂は船に乗り、鳥に導かれて旅立つ様子が描かれている。そして、古墳に並べられた、家形埴輪を中心とする埴輪配列に表現された世界こそが、旅立った魂が休まる先として認識されていたのかもしれない。なかでも家形埴輪は、魂が依(よ)りつき安らぐ場所と位置付けられたのではないだろうか。数ある形象埴輪のなかでも、家形

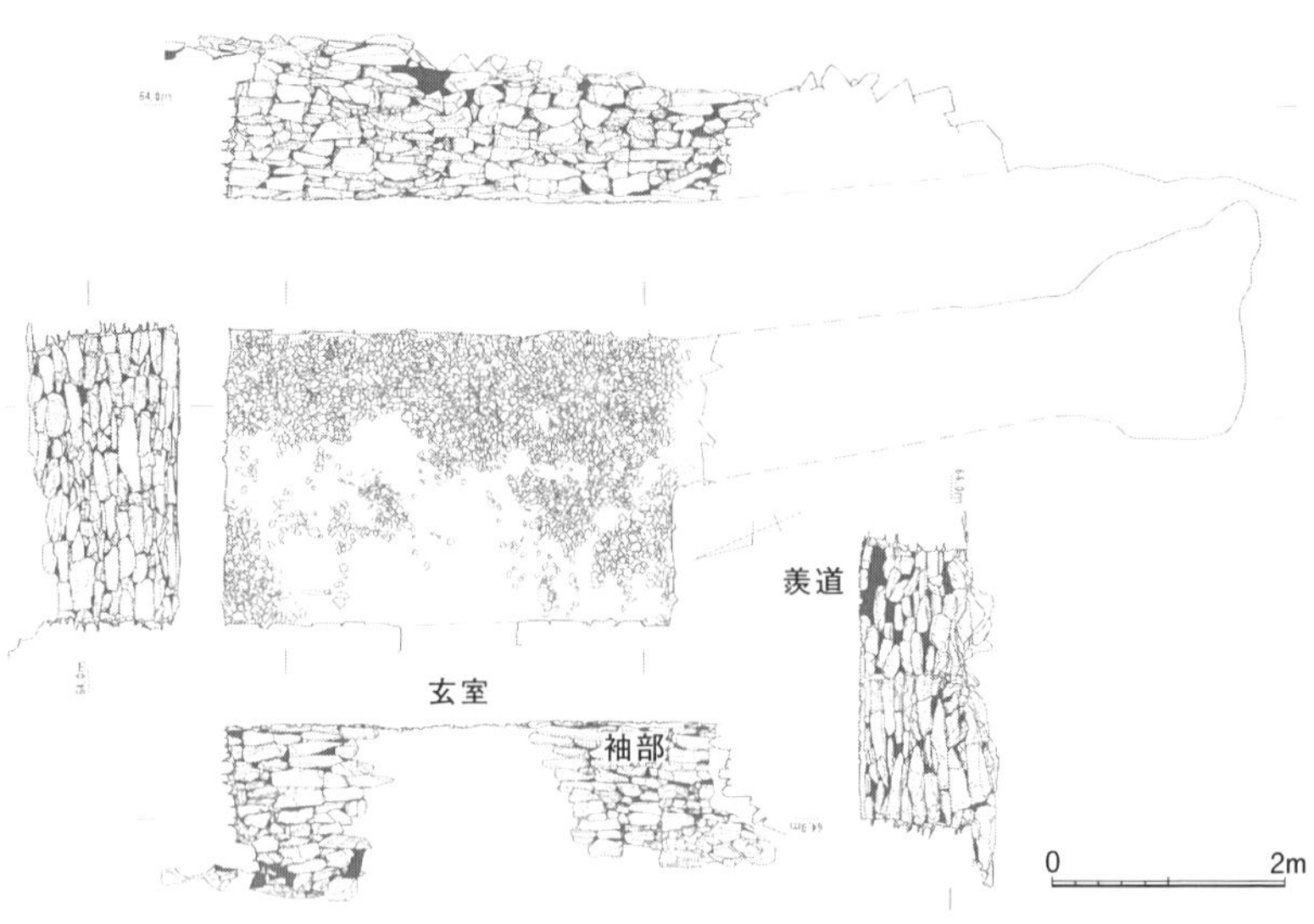

図3　高井田山古墳の横穴式石室

埴輪は重要な意味をもたされていたと考えられる。

この家形埴輪が、横穴式石室の前に並べられていたことに注目しなければならないだろう。それは、古墳時代前期から変わらない葬送のあり方である。少なくとも畿内においては、人の死後についての考え方が、根本的なところで変化していないことをあらわしているのではないだろうか。

横穴式石室の導入　横穴式石室をはじめ横穴系の石室の源流は、大元をたどれば中国大陸にある。日本列島については、大陸のそれに影響を受けて朝鮮半島でつくられるようになった横穴系の石室に、直接的な系譜を求めることができるだろう。列島と朝鮮半島との交流が活発化するなかで、新たな埋葬施設として横穴式石室はもたらされた。

地理的に近い北部九州地域では、四世紀後半に導入された。これに対して畿内への導入時期は、五世紀後半である。時間差がある理由について、畿内の横穴式石室が北部九州地域から伝播した結果という訳ではない。畿内の横穴式石室は、半島から直接もたらされたと考えられており、その経緯は両者で異なることに注意しなければならない。

後に詳述するが、畿内において横穴式石室は、①中・小型の古墳、②地域首長墓、③大王墓というように採用されたと考えられている。一方で、畿内では大王墓とされる大型前方後円墳の埋葬施設が明らかではない。その内容によっては、将来的に時期の見直しがあるかもしれない。

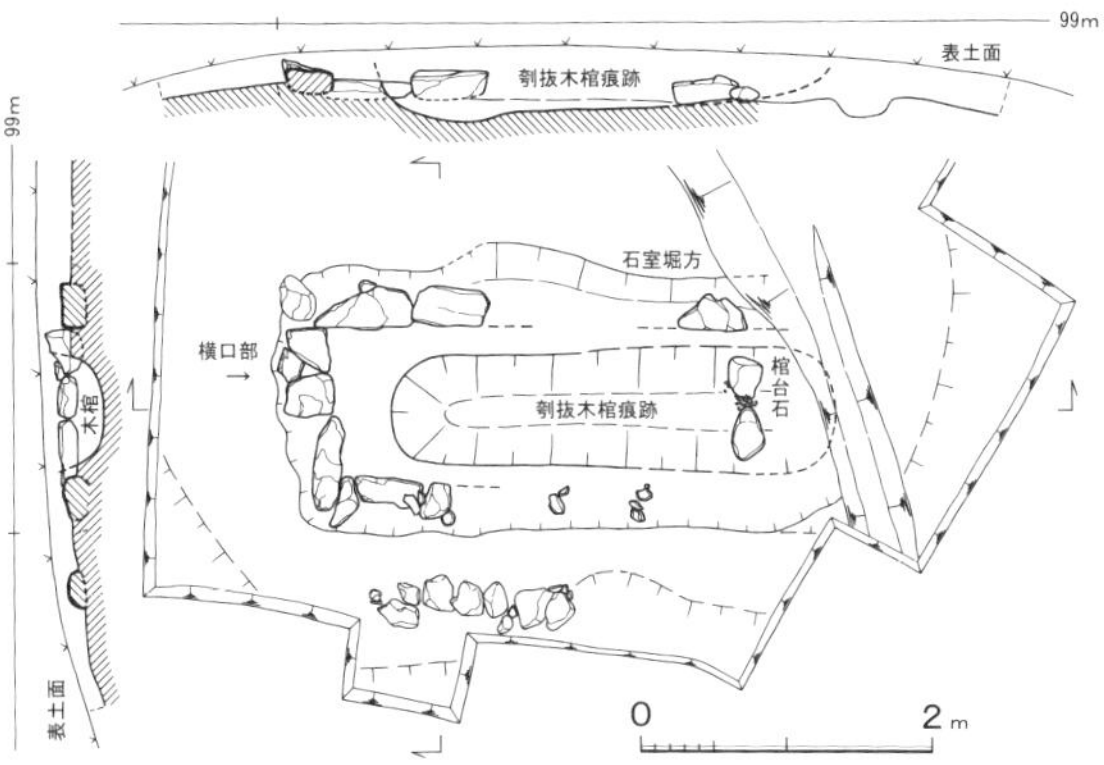

図4　剣上塚古墳の竪穴系横口式石室

2　畿内の横穴式石室

畿内の初期横穴式石室　畿内において、初期段階に横穴式石室を採用する古墳は、大阪府藤井寺市藤の森古墳（円墳・直径約二二m）、大阪府柏原市高井田山古墳（円墳・直径二二m）、平群町剣上塚古墳（円墳・直径約二三m）などがあげられる。藤の森古墳・高井田山古墳の横穴式石室は、片袖式と呼ばれる平面形態をとる。

横穴式石室における袖部とは、羨道幅と玄室幅の差によって生じる隙間を埋める構造体をさす。玄室の奥から羨道をみたとき、袖部が右側にあれば、右片袖式、左にあれば左片袖式と呼ぶ。時期が降ると、両側に袖部がある両袖式が登場する。また、玄室と羨道の幅に差がなく、袖部を有しない無袖式もある。畿内における初期横穴式石室は、概ね片袖式の平面形態をとる。藤の森古墳・高井田山古墳の横穴式石室も右片袖式で、長方形の玄室に短い羨道が取り付く。壁体(へきたい)は、板状の石を積み上げて構築している。

剣上塚古墳の石室は、これらと異なる。上部をほとんど失っていて詳しい構造は不明だが、入り口となる部分と玄室の間で、床面に階段状の段差をもつ。竪穴系横口式石室(たてあなけいよこぐちしきせきしつ)と呼ばれる石室形態であると考えられる。このように、横穴式石室導入の初期段階において、畿内では形態の異なる二系統の石室が、ほぼ同時期に併存していたことがわかる。また、いずれも直径二〇m程度の円墳で採用されていることが注目される。

横穴式石室の拡散　つづく五世紀末から六世紀初頭では、桜井市稲荷(いなり)西2号墳（旧名：桜井公園2号墳・墳形不明）など、引き続き小型の古墳に採用される一方で、高取町市尾(いちお)墓山(はかやま)古墳（前方後円墳・全長六六m）、天理市東(ひがし)乗鞍(のりくら)古墳（前方後円墳・全長七二m）など、地域首長墓と思われる前方後円墳に、横穴式石室が採用されはじめる。

稲荷西2号墳の石室は右片袖式で、長方形の玄室に短い羨道が取り付き、壁体にはやや扁平な石を積み上げている。市尾墓山古墳・東乗鞍古墳の石室は、平面形は右片袖式と変わらないが、玄室規模が拡大する傾向がみえる。壁体もこれまでのものとは異なり、使用される石材が大ぶりな自然石へと変化する。このことは、石室規模の拡大に寄与していると考えられる。大型化した玄室には、木棺ではなく家形石棺が納められる。この段階において、外来の横穴式石室が、畿内において一般化されたと考えられている。以降、この形式の横穴式石室が、畿内において主流となる。

大型の前方後円墳に採用される例は、六世紀前半の築造とされる大阪府高槻市今城塚古墳（前方後円墳・全長約一八一m）がある。今城塚古墳は、真の継体陵と考えられており、大王墓への横穴式石室採用の時期を考えるうえで指標となる。なお、今城塚古墳の横穴式石室については、発掘調査で石室の基盤となる敷石層がみつかっただけであり、形状も含め明らかではない。

このように、畿内における横穴式石室の採用は、初期には中・小型の円墳などから始まり、時期をおかずして上位階層へと広がっていく傾向が確認できる。その過程で現地化をはたし、以降六世紀代の中心的な埋葬施設として拡散することとなる。

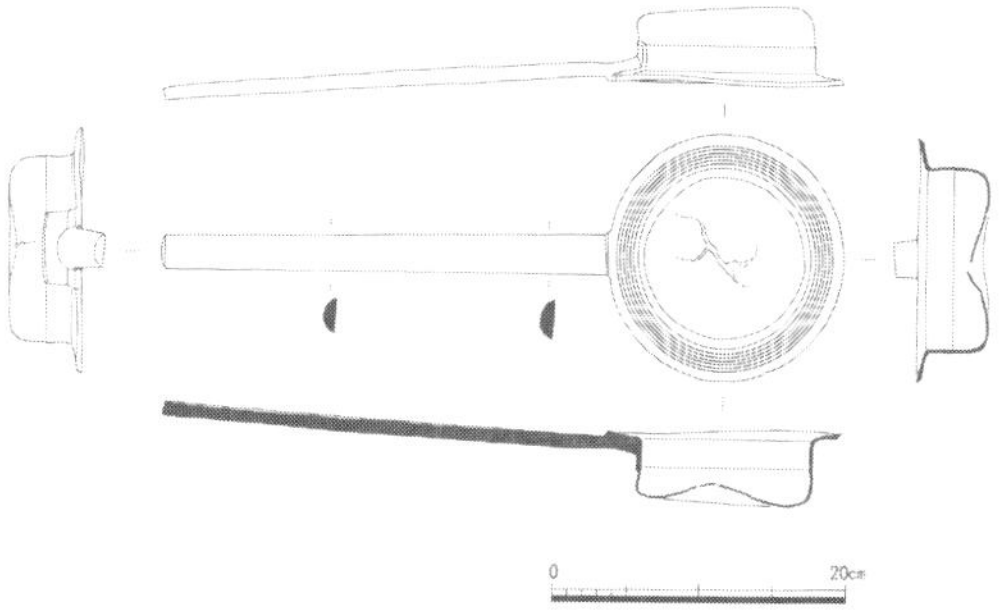

3　横穴式石室を築いた人びと

副葬品にあらわれた特徴　横穴式石室の採用初期に位置付けられる各古墳の副葬品には、特徴がみられる。藤の森古墳では、木棺の板材を組み合わせるのに使用した鉄釘や鎹が出土している。これらの金具を用いた木棺は、横穴式石室とともに導入されたと考えられている。

高井田山古墳の横穴式石室には、鉄釘を利用した木棺が、東西に二つ並んで埋葬されていた。そのうち東棺の副葬品として、熨斗（フライパン形のアイロン）が出土している。この熨斗は、百済の武寧王陵の王妃の棺に副

図5　高井田山古墳　熨斗

葬されたものに酷似する。このことから、東棺の被葬者は女性であると考えられる。西棺には、武器・武具が副葬されており、男性である可能性が高い。つまり一組の男女が埋葬されていたと想定される。この一組とは、夫婦であろう。夫婦合葬の風習もまた、横穴式石室とともに導入された葬制とされる。また、石室内からは数多くの須恵器が出土している。葬送の祭祀に利用されたと推察される。石室内で土器を用いた祭祀を行なうことも、横穴式石室とともに新たに取り入れられた儀礼である。

剣上塚古墳から出土した馬具に、初期の剣菱形杏葉がある。先進的な馬具であり、朝鮮半島南部の加耶のものに共通すると考えられている。

このように、初期段階に築かれた横穴式石室には、副葬品や埋葬のあり方に朝鮮半島からの影響が色濃くあらわれている。稲荷西2号墳でも、鉄釘を使用した二つの木棺が東西に並葬されており、そのうち東棺にともなって銀製の釵子（双脚のかんざし）が出土している。この装身具も、半島との交流でもたらされたと考えられている。稲荷西2号墳のあり方は、高井田山古墳とよく似ていることがわかる。

これらのことから、畿内の横穴式石室は、渡来人が被葬者である古墳から採用が始まったと考えられる。基本的に夫婦とみられる男女一組が埋葬されているが、その両方あるいはいずれかが渡来人なのであろう。

横穴式石室伝来の背景　四世紀後半以降、朝鮮半島では、高句麗と百済の対立を軸とし、そこに新羅や加耶諸国が加わり衝突を繰り返す動乱の時代を迎えていた。大王を頂点とし、対外的に倭と呼ばれた列島の勢力も、おもに百済に加勢するかたちでこれに関与していた。百済は、高句麗との対立が激化する過程で、倭に対し何度となく援軍の要請を行なっていることが、記・紀の記述からうかがわれる。倭は、当時需要が伸

郵　便　は　が　き

料金受取人払郵便

神田局
承認

1244

差出有効期間
2023年2月
20日まで

(切手不要)

101-8791

514

東京都千代田区神田小川町 3-8

八木書店出版部

行

ご住所　〒 TEL		
お名前（ふりがな）		年齢 歳
E メールアドレス		
ご職業・ご所属	お買上書店名 都府県　市区郡　書店	

お願い　このハガキは、皆様のご意見を今後の出版の参考にさせていただくことを目的としております。また新刊案内などを随時お送りいたしますので、小社からのDM・メールマガジンをご希望の方は、連絡先をご記入のうえご投函賜りたく願いあげます。ご記入頂いた個人情報は上記目的以外では使用いたしません。

上げ書名

＊以下のアンケートにぜひご協力ください＊

ご購入の動機

書店で見て
書評を読んで（新聞・雑誌名：　　　　　　　　　　　　　　　　　　　　）
広告を見て（新聞・雑誌名：　　　　　　　　　　　　　　　　　　　　　）
ダイレクトメール
メールマガジン
八木書店のWebサイト・Twitterを見て
その他（　　　　　　　　　　　　　　　　　　　　　　　　　　　　　　）

、ご意見・ご感想をご自由にお聞かせください。

3、機会があれば、ご意見・ご感想を新聞・雑誌・広告・小社ホームページなどに掲載してもよろしいでしょうか？

□はい　□匿名掲載　□いいえ

ありがとうございました。

びていた鉄素材や、百済・加耶のもつ先進的な文物を見返りとして、この要請に応じていたと想像される。

そのようななか、四七五年に百済の王都漢城が、高句麗の攻撃により陥落する。その後百済は、都を南方の熊津（公州・四七五～五三八年）へ移動させ、北方からの高句麗の圧力に対抗していく。畿内への横穴式石室の導入は、このような時期に行なわれた。特に百済・加耶からの渡来人が、列島へ渡来した背景がみえてくる。

彼らには、逼迫する母国のために、倭からの援助を引き出す役割が与えられていたのではないだろうか。

図6　朝鮮半島の状況

そのために、個人ではなく、例えば技術者集団などをともなって渡来したと考えられる。彼らが携えてきた技術は多岐にわたったであろう。鍛冶の技術もそのひとつであり、葛城地域へ渡来人の集団が移住した背景も、ここに求められるだろう。横穴式石室の構築を可能とする石工集団（石材の加工をはじめ、石室構築技術を有する集団）もまた、そのなかに含まれていたと想定される。

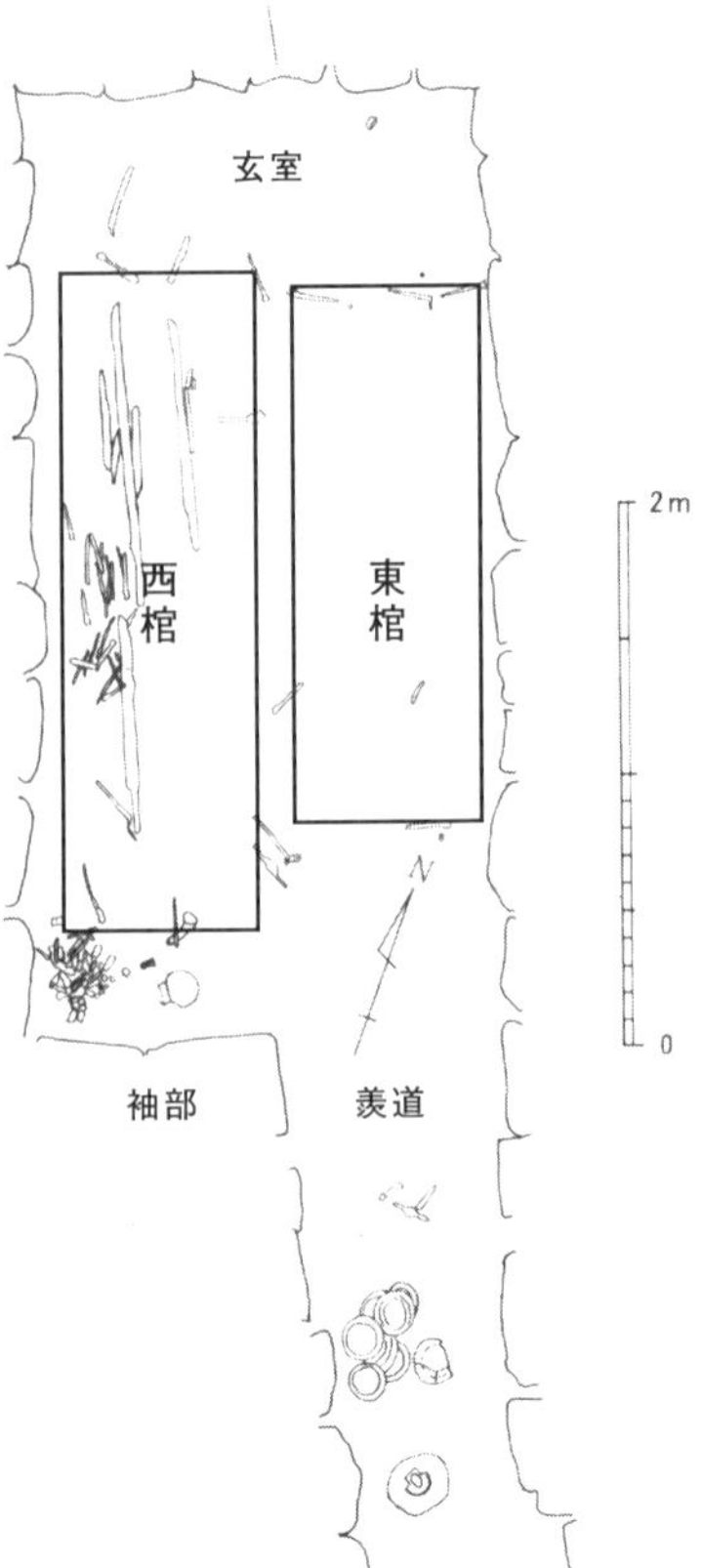

4　寺口忍海古墳群

葛城市寺口忍海古墳群は、造営開始段階より横穴式石室を採用する群集墳（ぐんしゅうふん）である。総数約二〇〇基の古墳のほとんどで、横穴式石室もしくは竪穴系横口式石室といった、横穴系の埋葬施設が採用されていると推測される。その造営期間は、五世紀後半から七世紀中葉と長期間にわたる。

古墳群内で初期に位置付けられるD－27号墳の築造時期は、墳丘から出土した須恵器の編年観より五世紀後半とされる。畿内における横穴式石室の採用時期と、ほぼ同時期である。

図7　寺口忍海D-27号墳　木棺配置

D－27号墳は、①鉄釘を使用した木棺の採用、②男女のものと考えられる二つの木棺の並葬、③石室内への須恵器の副葬、といった特徴を有している。これは、先に紹介した高井田山古墳の例とよく似ている。D－27号墳の横穴式石室は、百済の墓制に則っていると考えられる。

D－27号墳とほぼ同時期に築かれたE－21号墳では、石室内への須恵器の副葬はあるものの、鉄釘を使用した木棺ではなく、刳抜式（くりぬきしき）木棺が床面に据え付けられていた。これは、列島の伝統的な木棺形態である。新来の墓制と伝統的な墓制が、共存することもあったことがわかる。

同時期に古墳群内ではこれらと異なる形態の石室を採用する古墳も築かれる。H－16号墳では、石室入り口に段差をもつ竪穴系横口式石室を採用する。

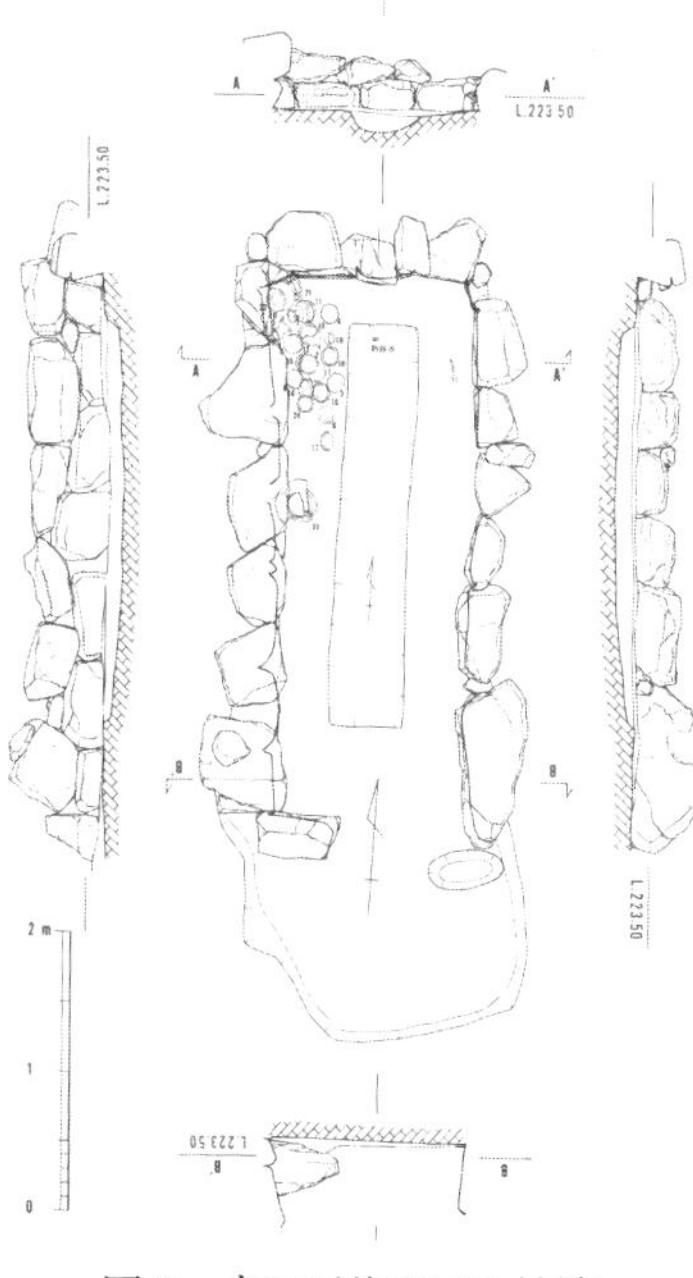

図8　寺口忍海E-21号墳

竪穴系横口式石室は、朝鮮半島南部（加耶か）に源流がもとめられるとの考えがある。先に紹介した剣上塚古墳は、副葬品に加耶と共通する馬具をもつ。竪穴系横口式石室と加耶を結びつける例のひとつと考えられるだろう。

このように寺口忍海古墳群では、百済や加耶の系譜をひくと思われる石室が、造営当初より採用されていた。これは、被葬者の出自が異なることによる結果と考えられる。出自の異なる人びとで混成された集団が、寺口忍海古墳群の造営集団であり、この地域に集住した渡来人たちの実像であったことが読み取れる。

寺口忍海古墳群で初期に属する古墳で確認できる事柄は、前項までにみてきた畿内への横穴式石室導入の姿と重なる。寺口忍海古墳群では、最初から最後まで右片袖式の横穴式石室が継続して築かれる。竪穴系横口式石室を含む無袖式の石室は、六世紀後半で姿を消す。六世紀末から七世紀初頭以降、両袖式で規模の大きな石室が現れる。これは、大和における横穴式石室に対応した変化であると考えられている［千賀二〇一五］。

5　横穴式石室の埋葬のあり方

横穴式石室は、当初より複数人が埋葬されることを前提としている。そのあり方については、合葬（がっそう）、片付け、追葬（ついそう）という言葉でいいあらわされる。それぞれについて、寺口忍海古墳群の例を参考にみてみたい。

合葬とは、二名以上が同一石室内に葬られることをいう。D－27墳は、この例にあたる。片付けとは、追葬を行なう前に実施された行為であり、先に埋葬された被葬者の遺骨や添えられた品物を、石室内の一ヶ所にまとめることをいう。そうして、新たな被葬者を葬ることを追葬と呼ぶ。E－12号墳では、片付けをしながら追葬を行なった過程が明らかになっており、合計九名の埋葬が想定されている。また、片付け後、新たに床面を貼り直す事例がH－34号墳で認められる。

Ｈ－34号墳の最初の埋葬行為は六世紀後半で、石室内に凝灰岩（ぎょうかいがん）製の石棺を納めるものであった。その後、つづいて木棺が追葬されている。それらを片付けた後、新たな床面を貼り、四名を埋葬している。この追葬が行なわれたのは、七世紀中葉以降のことである。両者の間には一世紀近い時間差があることから、最初の被葬者と追葬時の被葬者は、異なる小集団に属する人びとである可能性が考えられている。このような事例を「再利用」と呼ぶ。再利用が行なわれる背景には、古墳時代が終焉に向かう過程において、古墳の築造ができない規制が生まれたことによるものと推測されている。

このように、横穴式石室では様々な埋葬行為があったことが、発掘調査の結果より明らかになっている。それらの事例が確認できたことは、寺口忍海古墳群の特徴である。また、長期間の使用が可能な横穴式石室ならではの特徴ともいえるだろう。

６　葛城の大型横穴式石室

大型横穴式石室の登場　六世紀中葉を迎えると、地域首長や大王家の墓とみなせる古墳にも、横穴式石室が一般的な埋葬施設として採用される。そのなかで、主に単独で築かれた古墳に、大型の横穴式石室がつくられる。六世紀初頭に、市尾墓山古墳など単独の前方後円墳で横穴式石室が採用されることは前述した。この段階で最初の大型化をはたしているが、この時は埋葬空間である玄室で顕著であった。六世紀中葉以降になると、墳丘に対する横穴式石室の構築位置が、それまでに比べて低い位置へと移動する。これにともない、大きな墳丘をもつ古墳であるほど、羨道が長大化する。また、玄室の平面形は片袖式ではなく、両袖式が採用される。玄室幅が拡大し、結果的に玄室の高さも増大する。このような大型横穴式石室は、奈良盆地各地でつくられる。葛城地域の代表例としては、葛城市二塚古墳（六世紀中頃）・平林古墳（六世紀後半）、御所市水泥塚穴山古墳・條ウル神古墳（六世紀後葉）、広陵町牧野古墳（六世紀末）があげられる。

大型横穴式石室の被葬者像　二塚古墳は、葛城山系から東西方向に派生する尾根筋を、L字状に大きく削ってつくり出された平坦面に築かれている。周辺の屋敷山古墳（全長約一三五m・五世紀中葉）・火振山古墳（全長九五m・五世紀後半）・北花内大塚古墳（全長八三m以上・五世紀末〜六世紀初頭）が、山麓域や沖積地に築かれているのに対し、標高約二〇〇mの高所にある。二塚古墳の墳丘東に立てば、広く奈良盆地を見渡すことができる。

全長約六〇mの前方後円墳で、後円部に加えて前方部、造り出し部にそれぞれ石室を有する。後円部の横穴式石室が最も大きく、玄室・羨道をあわせた長さは一六・四mをはかる。両袖式の玄室は、長さ六・七m、幅三m、高さは四・一m。葛城地域のみならず、畿内を代表する大型横穴式石室のひとつに数えられる。玄室内には、凝灰岩製の家形石棺が納められていたほか、金銅装の金具で飾られた木棺が追葬されていたと考えられる。

これに対し前方部の石室は右片袖式で、石室全長九m、玄室幅一・九mと小型である。造り出し部の石室は、長さ七・八m、幅一・四mと小型で、玄室と羨道の床面の間に段差をもつ竪穴系横口式石室である。

後円部の石室は早くから開口しており、徹底的な盗掘を受けていたため、目立った遺物はない。前方部の

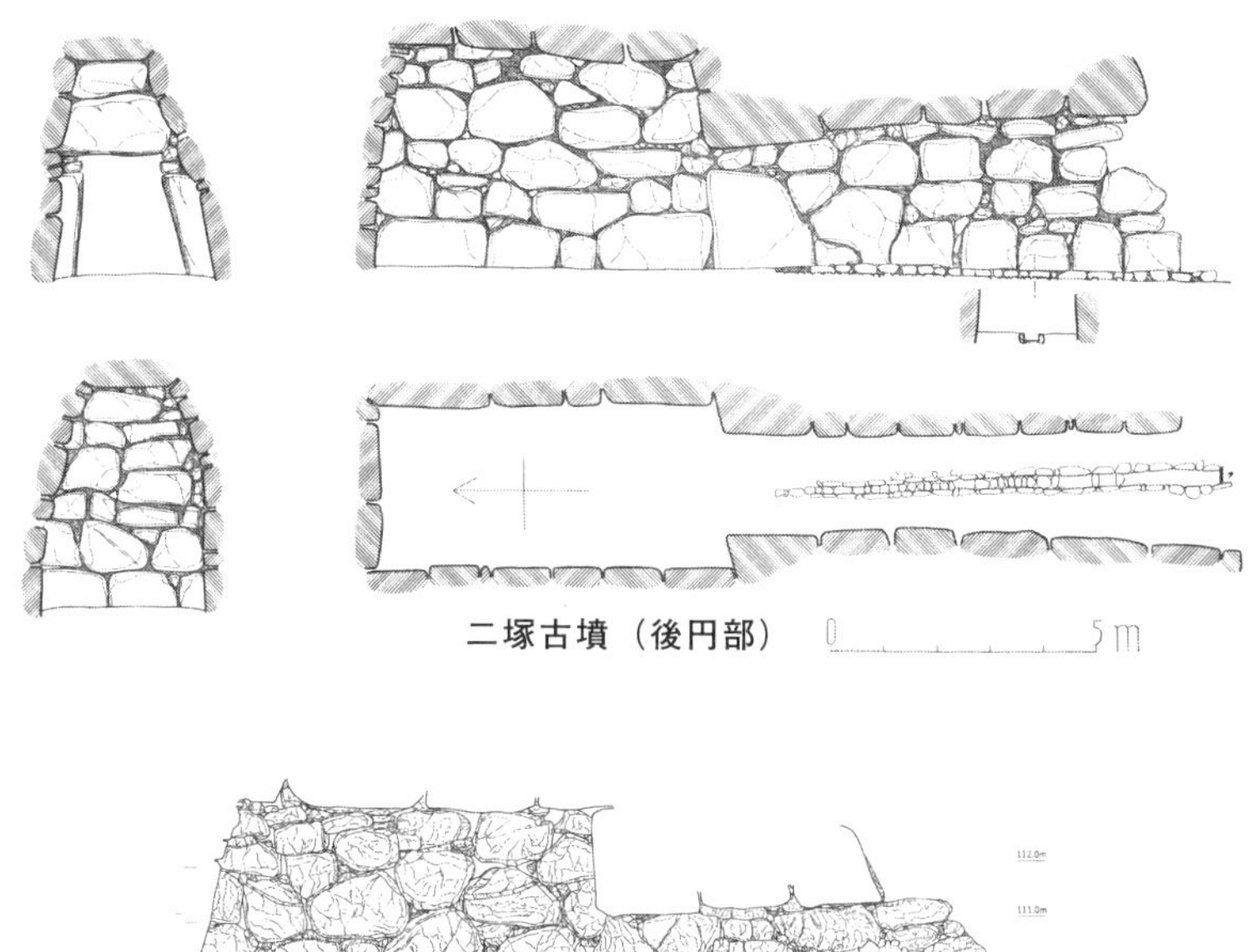

條ウル神古墳

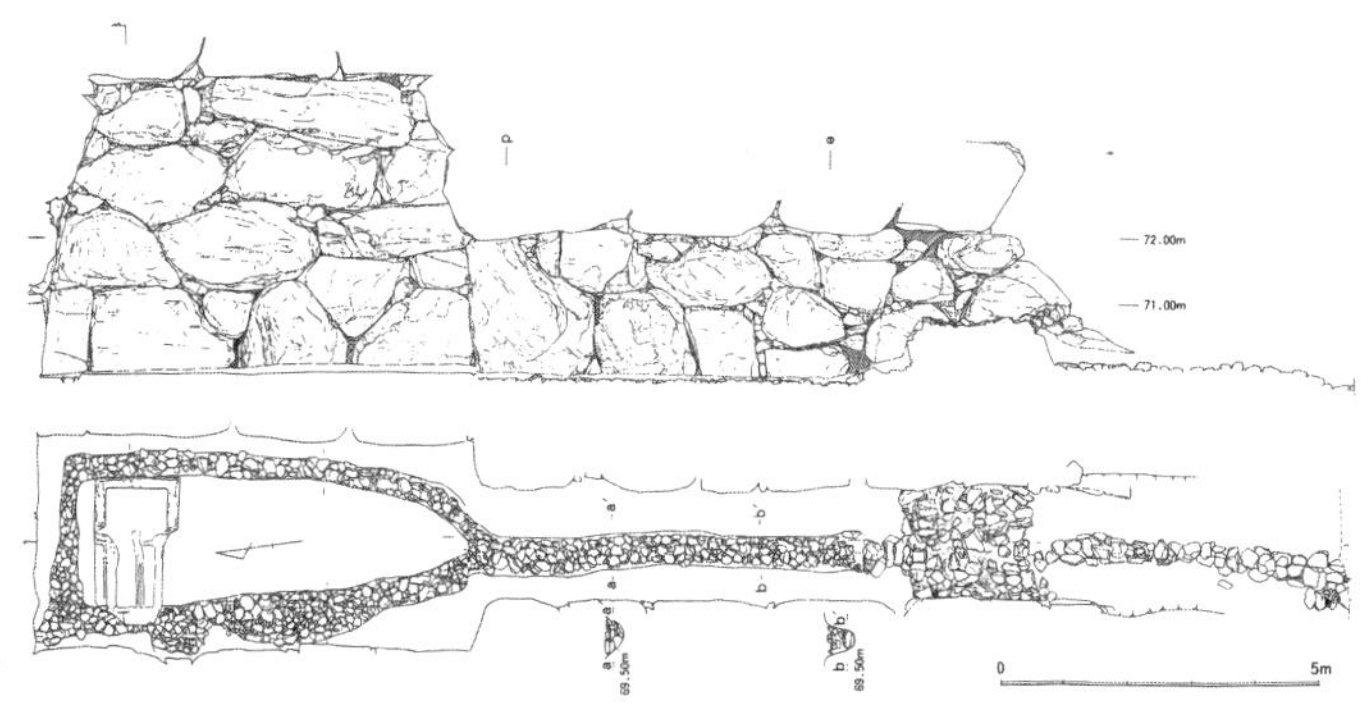

牧野古墳

図9　葛城地域の大型横穴式石室

石室についても、早い段階で盗掘を受けていたようである。これらに対し、造り出し部の石室では、大量の須恵器が埋納された状態でみつかった。注目されるのは、鉄素材としての利用が考えられる鉄鋌（てってい）である。これは、列島内では最も時期の降る例とされる。

二塚古墳の横穴式石室のうち、後円部を除いた二例は、周辺に位置する群集墳でもみられる石室形態である。片袖式の横穴式石室は、寺口忍海古墳群で継続的に採用された。また、石室の大きさも群集墳でみられる例と大差はない。竪穴系横口式石室は、寺口忍海古墳群のほか、二塚古墳北側の谷を挟んだ尾根上に位置する寺口千塚古墳群で、中心的な埋葬施設として採用されている。また、鉄鋌の出土は、二塚古墳の南約二・二㎞に位置し、古墳時代の鍛冶集落である葛城市脇田（わきだ）遺跡を想起させる。

二塚古墳について、後円部の横穴式石室を除くほかの石室や、出土した品物をあわせて考えたとき、地域に根差した被葬者像が浮かび上がってくる。それは、地域首長と呼ばれる存在であろう。

周辺には火振山古墳、屋敷山古墳という五世紀代に築かれた一〇〇m級の前方後円墳が位置する。このうち屋敷山古墳は、竪穴式石室に長持形石棺を納める埋葬施設を有している。葛城地域で最大級の規模を誇る御所市室宮山（むろみややま）古墳と共通の埋葬施設であることから、火振山古墳とあわせて、室宮山古墳以降の葛城の王墓と考えられている。二塚古墳と比べ、より広域地域の首長墓と位置付けられる。

二塚古墳とそれ以前の大型前方後円墳との間に想定できるこのような性格差は、地域の統括者が葛城の王からヤマト王権へと移行したという政治的な変遷を体現していると推察される。

葛城地域の大型横穴式石室のほとんどが、ある種の地域性を有している。平林古墳は、全長六二mの前方後円墳で、後円部に二塚古墳の後円部石室とよく似た平面形をとる横穴式石室を採用する。平林古墳のある尾根の南側には、五世紀から七世紀後半にかけて古墳が造営される葛城市太田古墳群があり、それらを築いた人びとをまとめる地域首長の姿がみえてくる。

平林古墳の築造時期は六世紀後半で、二塚古墳に後続する。両者は、約一・三㎞の距離で近接した位置関係にある。隣接した地域に、近い時期に異なる地域首長が並存していたことがわかる。

また、平林古墳は、五世紀前半の葛城市鍋塚古墳（円墳・径約四六ｍ）から始まり、塚畑古墳（前方後円墳・全長約七〇ｍ・五世紀後半）、横穴式石室を採用する芝塚２号墳（円墳・径約二五ｍ・六世紀前半）を含む芝塚古墳群とつづく地域首長墓系列に連なると考えられている。これらの古墳の被葬者が蟠踞した地域は、二塚古墳のそれとは異なる歴史的過程をたどってきたことが想定できる。と同時に、五世紀代に葛城の王墓が築かれた地域で二塚古墳が築造されたことで、六世紀代において両地域がほぼ同等の立場であったことが読み取れるのである。

図10　平林古墳の横穴式石室

水泥塚穴古墳（円墳か・直径二〇ｍ）は、御所市の巨勢谷地域で継続的に築かれた、単独墳かつ横穴式石室を採用する古墳のひとつである。巨勢谷地域の横穴式石室は、御所市権現堂古墳（六世紀中頃）を嚆矢として、徐々に大型化をはたし、水泥塚穴古墳で最大化する。そこに、巨勢谷に根

図11　條ウル神古墳の横穴式石室

差した地域首長の漸進的な変化がみえてくる。ここを本拠地としていたのが、巨勢氏と呼ばれる氏族である。継体大王の擁立にかかわって頭角をあらわし、平安時代まで高級官僚を輩出した。ここで紹介した横穴式石室墳を築いた集団と想定されている。

條ウル神古墳（墳形不明・六世紀後葉）は、巨勢谷地域へいたる大口（おおぐち）峠の出入口付近に位置する。交通路沿いへの占地は、意図的なものと考えられる。條ウル神古墳の被葬者については、横穴式石室の玄室形態や納められた家形石棺の特徴などから、以前より巨勢氏と結びつけられてきた。しかしその立地は、大口峠を挟んで、巨勢谷とは異なる地域であることを重視したい。條ウル神古墳の被葬者は、巨勢谷地域の地域首長とは異なる地域首長であったのではないだろうか。

これらに対して、金剛・葛城山麓より北に離れた馬見（うまみ）丘陵に位置する広陵町牧野古墳の被葬者には、大王家に連なる人物が想定されている。

牧野古墳　直径六〇mの大型円墳で、横穴式石室の規模は全長一七・一m、両袖式の玄室は長さ六・七m、幅三・三m、高さは四・五mである。玄室内には、凝灰岩製の刳抜（くりぬき）式・組合せ式の二つの家形石棺が納められていた。玄室内からは多数の須恵器のほか、装身具・木製容器・木芯金銅椀（こんどうわん）・武器・馬具など多数出土している。須恵器の編年観より、六世紀末の築造と考えられている。

この時期、畿内では前方後円墳の築造が終焉を迎える。そのなかで、直径六〇ｍの円墳は、きわめて大型の部類に含まれる。石室の規模もあわせて考えた時、古墳の被葬者がこの時期の有力な人物であったことは容易に推察される。横穴式石室については、その形態が桜井市赤坂天王山古墳（方墳・一辺約五〇ｍ・六世紀末）のものによく似ていると指摘される。この古墳については、真の崇峻陵ではないかと考えられている。

六世紀末という時期において、墳丘・横穴式石室のいずれも最大級をほこり、大王の墓と考えられる古墳のそれとよく似た石室をつくることができた牧野古墳の被葬者もまた、大王家に連なる人物ではないかと考えられるのである。

牧野古墳の被葬者については、具体的な人物名をあげることができる。『延喜式』（平安時代に編纂された法令の施行細則）の諸陵寮式には、牧野古墳のある旧広瀬郡に、三名の墓があることが記録されている。それらの人物の活躍年代と、古墳の帰属時期との整合性より、候補は一名に絞られる。それが、敏達天皇の皇子で舒明天皇の父となる忍坂彦人大兄皇子である。牧野古墳の北西約三㎞には、香芝市平野古墳群、平野窯跡群、尼寺廃寺など飛鳥時代の遺跡が集まる場所がある。これらの造営主体には、敏達王家が想定されている。牧野古墳が、忍坂彦人大兄皇子の墓である可能性は高いと考えられており、この地域と敏達王家が関与しはじめる時期について参考とすることができるだろう。

大型横穴式石室の出現にみる列島の基層文化　横穴式石室の大型化とは、埋葬空間の拡大にほかならない。そのことはまず、六世紀初頭段階において、石室を構築する石材の大型化により達成された。その目的は、木棺ではなく大型の石棺を玄室に納めるためであったように思える。その後、六世紀中葉段階に両袖式が登場し、玄室幅が拡大する。このことは、結果的に玄室の高さの増大をもたらした。これらは基本的に、単独立地する地域首長層以上の古墳で顕著となる。横穴式石室であることから、追葬が行なわれているが、斑鳩町藤ノ木古墳（円墳・径約四八ｍ・六世紀後半）のように、埋葬が一度きりである例もみられる。

埋葬空間が大型化することによって得られる利点とは、横穴式石室の性格を考えるならば、より多くの人びとを埋葬できることにあると思われる。しかし、大型横穴式石室の内容をみていけば、それが被葬者の社会的地位を表現するための装置であったり、玄室における祭祀を行なうために必要な空間確保のためであったりと、純粋に埋葬空間の拡大といった理由ではないことが理解できるだろう。その発想は、横穴式石室導入前のものと同じであり、古墳に対する基本的な価値観に変化がないことがわかる。

横穴式石室は、それまでの埋葬概念を大きく転換させる埋葬施設ではあったが、現地化の過程でそれまでの列島文化に馴染んでいき、古墳時代後期を代表する埋葬施設となった。

六世紀末には前方後円墳の築造がみられなくなり、古墳時代は終末期と呼ばれる時期へ向かう。列島の古墳に対する考え方の大きな変化は、その過程であらわれることとなる。

参考文献

白石太一郎　二〇〇七　「横穴式石室誕生」『横穴式石室誕生―黄泉国の成立―』大阪府立近つ飛鳥博物館図録四五　大阪府立近つ飛鳥博物館

千賀　久　二〇一五　『古代忍海の渡来人を探る―葛城市寺口忍海古墳群―』葛城市歴史博物館企画展図録一四　葛城市

歴史博物館

千賀　久　二〇一九『発掘　葛城山麓の古墳─奈良県立橿原考古学研究所附属博物館蔵品 里帰り展─』葛城市歴史博物館企画展図録一七　葛城市歴史博物館

第4章

仏教の隆盛と律令制度の確立

第１節　葛城の終末期古墳における改葬墓

—三ツ塚古墳群の分析を中心にして—

泉　武

１　三ツ塚古墳群と改葬墓

三ツ塚古墳群の概要（図１）　三ツ塚古墳群は金剛山地の北端に位置する二上山と岩橋山の中間点で平石峠を奈良盆地方面に下った道の南斜面に所在する。この主嶺線は大阪府南河内郡河南町との境でもあり、平石峠を西に下れば近つ飛鳥の地域である。

調査地は東西約一八〇ｍ、南北約六〇ｍである。終末期古墳や奈良時代の古墓は斜面地から検出され、尾根上には五世紀中ごろの古墳が二基確認されている［奈良県立橿考研　二〇〇二］。

築造時期は古墳群の開始時期を六世紀末とするものの、大半は飛鳥時代が主流を占めている。いわゆる終末期に限定された遺跡といっても過言ではない。その後、火葬墓や土坑墓の開始など、空白時期があるものの継続して奈良時代まで墓地が営まれた。

三ツ塚古墳群は古墳が一五基、小石室一四基、木棺墓三基、土坑墓二基、火葬墓一九基、火葬墓関連遺構四二基、土器埋納坑一基である。火葬墓から土器埋納坑までは古墓群として扱われて、古墳から土坑墓まで

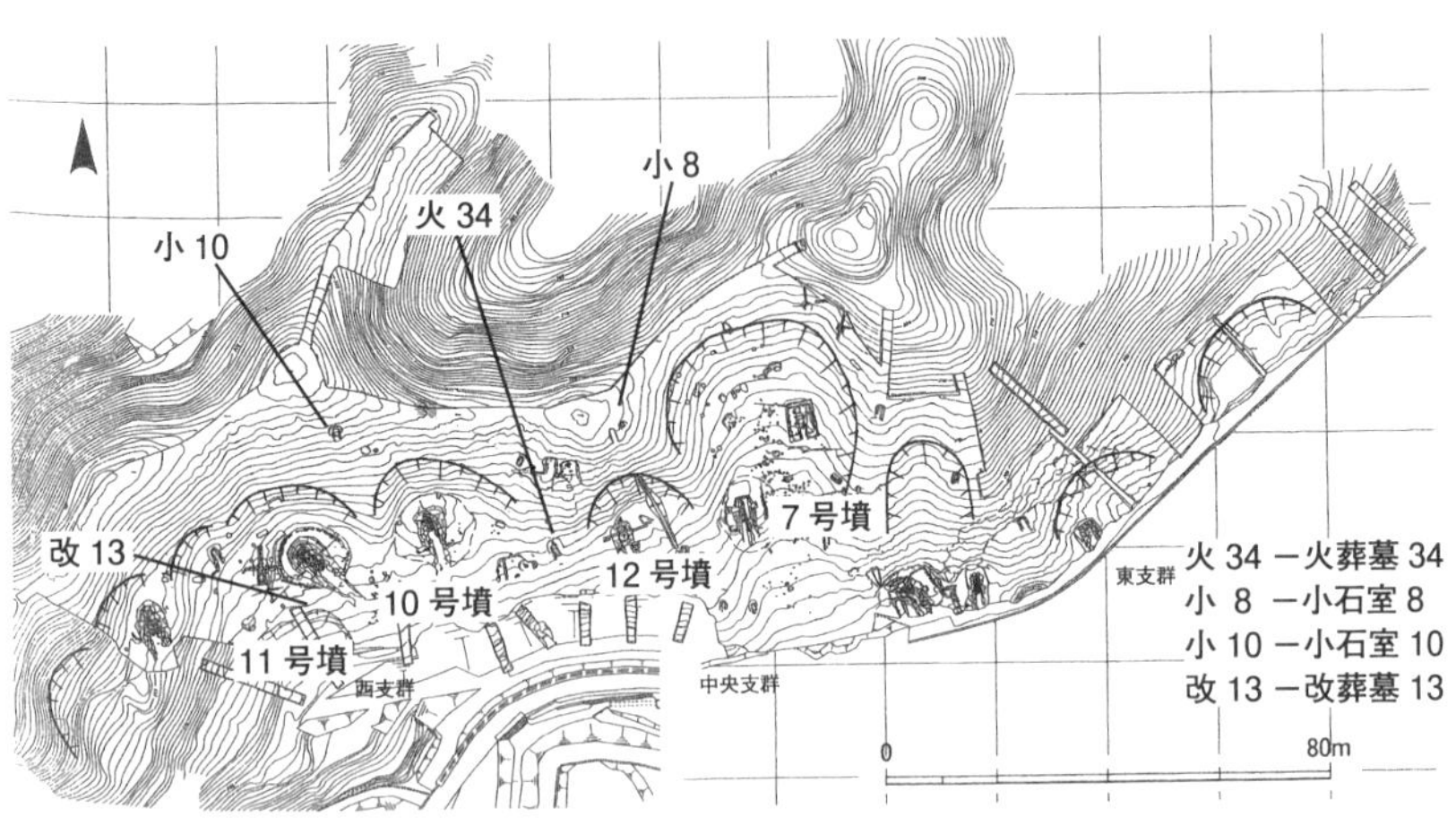

図1　三ツ塚古墳群

の葬法と区別されている。

古墳は六世紀末から七世紀末まで築造され、小石室は七世紀中から末の築造で古墳に連動している。土坑墓は七世紀後半である。木棺墓は七世紀後半に集中する。したがって、古墳時代の葬法は、古墳と小石室、木棺墓である。古墓群の範疇でも木棺墓が九世紀後半から一〇世紀に再びつくられる。

古墓群は火葬墓と火葬墓関連遺構が大半を占める。火葬墓の開始は八世紀前半であるが、八世紀後半から九世紀初頭にかけては中断時期がある。造墓が再開されるのは九世紀中ごろで、その後一〇世紀後半にその活動が終焉を迎えた。

小論では三ツ塚古墳群を中心にして、葛城地域での追葬と改葬の視点で古墳時代と奈良時代の葬法を分析する。

初葬と追葬・改葬　三ツ塚古墳群の横穴式石室の初葬には木棺と石棺が使用される。木棺は鉄釘などの出土から3・14・15号墳の三基にとどまる。石棺は凝灰岩(ぎょうかいがん)製であるが、破片の形状によって刳抜(くりぬき)式か組合せ式かの区別が困難な事例も多い。石棺を使用するのは5・6・7・8・10・11・12号墳の七基である。

この中で追葬として再利用されたのは10・11号墳で、10号墳の場合は追葬に木棺が使用された。初葬が木棺で追葬が石棺という事例はみられない。

追葬は同一の墓に対する再利用の葬法である。墓主との関係性は不詳ながら家族なり親族であったことが想定される。このばあい横穴式石室への追葬にあたっては、複数遺体の一定場所への集骨をともなうことが多いという［森岡 一九八九］。

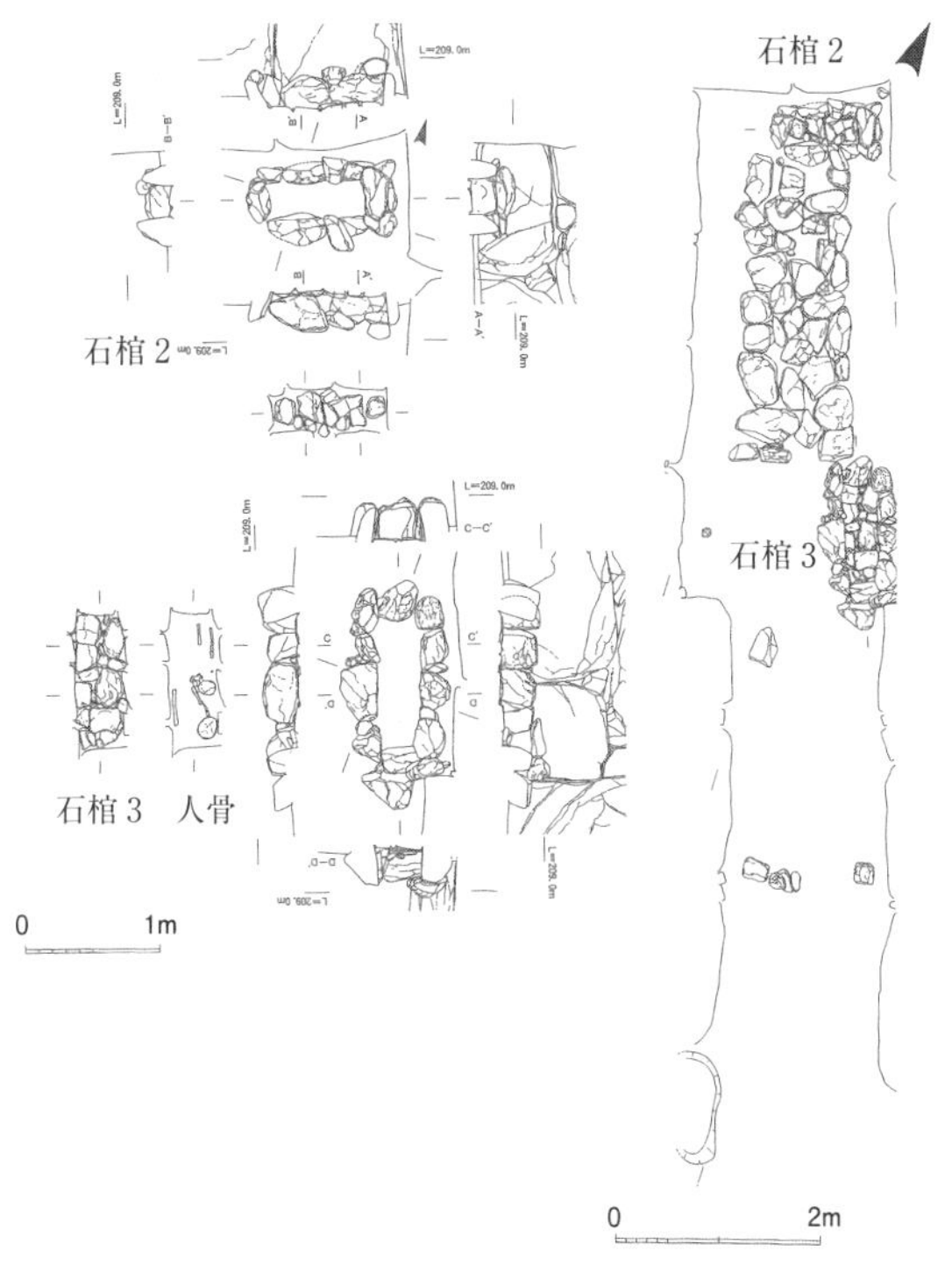

図２　10号墳石室と石室内の石棺２・３

改葬は追葬でも行なわれたが、楠元哲夫氏は「死者を葬るのに二度の手続きをする」と表現した［楠元 一九八二］。つまり他所で意識的に骨化することが一度目の手続きであり、骨化された遺骨を別に葬ったものが改葬なのである。

三ツ塚古墳群の横穴式石室における追葬と改葬（10・11号墳）　10号墳（図２）は、西支群の円墳であり墳丘には外護列石が積まれている。埋葬施設は南に開口する両袖式横穴式石室（りょうそでしきよこあなしきせきしつ）である。石室の規模は全長一〇・三m（西側）、玄室長さ四・八

m、玄室部幅一・九m、高さ三mである。玄室床面には置土を入れ、中央に幅一・二m、長さ二・九mの範囲に自然石の敷石面をつくる。

　石室内の敷石と石棺片や鉄釘の出土状況から複数の棺配置が復元された。敷石は石室主軸にあわせてほぼ中央で奥壁に近い場所を占めている。岩屋（いわや）峠で産出する凝灰岩製石棺であるが、刳抜式石棺であったのか組合せ式石棺であったのか不詳である。

　追葬の痕跡は、玄室内の石敷の配石とは異なる三石があり、ここから奥壁部にかけて鉄釘が集中して出土したことから、奥壁の北端に接して木棺が東西方向に据えられていたと推定された。

　さらに、玄室北東隅に自然石を組合せた石棺（石棺2）と、玄室東袖部に同構造の石棺（石棺3）が検出された。木棺と石棺2との前後関係は、石棺2に重複する範囲から鉄釘が出土していないため、木棺の腐朽段階に石棺2を据え付けるための片づけがあったと想定されている。石棺2の規模は、内法で長さ八五cm、幅二五〜三〇cm、高さ一八cmである。石棺3の規模は、内法で長さ九五cm、幅四〇cm、高さ三〇cmである。石棺3には頭蓋骨二体分と四肢骨が遺存していた。このため、石棺2・3は内法が成人の遺体を埋納できる規模ではなく、骨化された状態で埋納されたことが想定される。

　木棺の規模は復元されていないが玄室奥壁の幅は一・八五mあり、奥壁から家形石棺の棺台北端まで約九〇cmの空間があることから、木棺には遺体の状態で埋納されたと推測される。よって、初葬の家形石棺への遺体埋納は飛鳥Ⅰ期（六〇〇〜六六〇年ごろ）の時期であり、木棺への遺体埋納は飛鳥Ⅱ期（六六〇〜六七五年ごろ）である。石棺2・3への改葬骨埋納は飛鳥Ⅲ期（六六〇〜六九〇年ごろ）である。

11号墳は10号墳の西側に位置する円墳で直径は一四ｍである。埋葬施設は東南方向に開口する両袖式横穴式石室で、規模は全長一〇ｍ、玄室奥幅二・一ｍである。玄室床面には全面にわたって敷石が施されている。奥壁から南に三・五ｍ付近までが初葬時の家形石棺が置かれた空間である。

追葬が復元されるのは、床面の敷石を境にして南側の石材は大ぶりであり、鉄釘の出土状況と釘頭の形状の違いと出土位置の違いによって、二種類の木棺が玄室両袖部と羨道（せんどう）に置かれたと復元された。初葬は組合せ式家形石棺が使用され、追葬の時期は木棺が二棺置かれたのである。11号墳の初葬時期はＴＫ四三／二〇九型式（五八五～六〇〇年ごろ）と10号墳より一時期古い築造である。追葬は飛鳥Ⅰ・Ⅱ期（六〇〇～六七五年ごろ）まで継続した。

以上のように、10・11号墳は横穴式石室を再利用した追葬が複数回認められ、初葬には家形石棺、追葬は木棺が使用されるという共通した葬法が確認された。さらに10号墳には石棺が二組配置されたが、小規模であることから遺体は骨化した後の改葬のための石棺である。

２　改葬の諸相

改葬のための横穴式石室（７・12号墳）　改葬が確認されるのは、既述した10号墳のほか７・12号墳と小石室８・11である。なお改葬された人骨は一括して後述する。

７号墳（図３、口絵14）は、中央支群でも上方に位置する。墳丘は二重に外護列石がめぐる方墳で、埋葬施設は南に開口する片袖式石室である。石室の規模は、東壁で全長四・六五ｍあるものの、玄室幅一・二ｍ、長さ二・八ｍ、高さ一・二ｍと小規模である。注目されるのは玄室内に置かれた刳抜式家形石棺である。蓋・身とも破壊されることなく遺存していた。身は上面で長さ一・六ｍ、幅六九cm、厚さ四一cmあり、内刳りの内法は、長さ一・二六ｍ、幅三六cm、深さ二一cmである。蓋は長さ一・四六ｍ、幅七一cm、

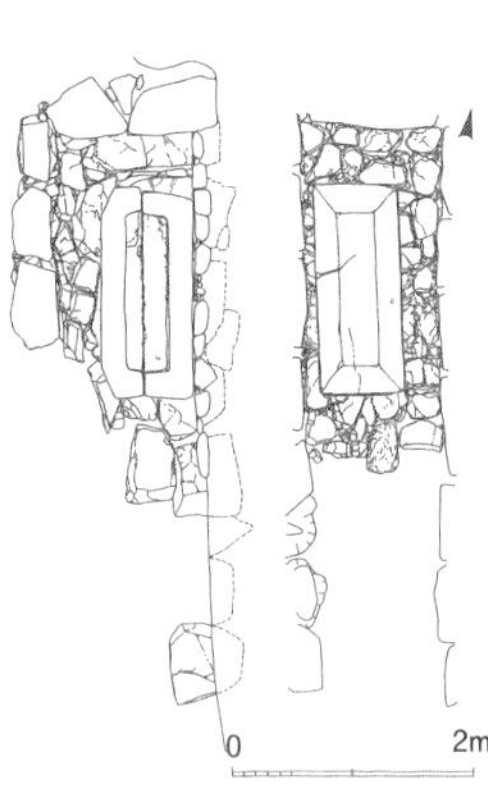

図３　７号墳石室と家形石棺

厚さは三六cmである。身の内法は、長さ・幅・深さが狭小なサイズで、大人の遺体をそのまま納めることはできない。石室と石棺の関係は、石室の高さが天井石まで一・二ｍとするが、床面には石敷があり、この上に石棺の身・蓋あわせて七五cmの高さである。このため、石棺蓋と天井石までは三五cmの隙間が残るだけで石室そのものも狭小なのである。

７号墳の石室と家形石棺の規模を勘案すれば、①家形石棺は石室床面の敷石を配置した段階で納棺された。②石棺の規模から想定されるのは、７号墳が構築される当初から、つまり初葬の段階から改葬墓としての墓づくりであったことが推測される。石棺内には人骨の一部が遺存していたようであるが、改葬骨であるのか人骨鑑定からは判断できないという。７号墳が築造されたのは飛鳥Ⅲ期古相（六六〇～六九〇年ごろ）である。さらに奈良時代前半と平安時代前期に再利用があったという。これらも改葬骨を入れたのであろう。

12号墳は、中央支群の一画にあるが墳丘形態は明らかになっていない。埋葬施設は南に開口する片袖式石室である。石室の規模は東壁側で全長五・二ｍ、奥壁幅一・三ｍ、高さ一・七ｍである。石棺材が砕片になっ

て出土したことから、凝灰岩製家形石棺を初葬として使用したことが想定される。

改葬墓としての痕跡は、玄室中央の西寄りから人骨が南北に長軸をそろえて束にした状態で出土したことである。これには牛骨も混じっていたという。人骨の周囲には木箱を想定できるような木板などは出土していない。12号墳の築造時期は飛鳥Ⅱ古相（六六〇～六七五年ごろ）を示す須恵器が出土している。

小石室の改葬墓（小石室8・11）　小石室は1～14までの一四基が確認され、その立地は丘陵の裾部から尾根筋に近い高所まで分布する。特徴的なのは、石室規模が全長・幅・高さともに小規模なことである。高さは小石室2では四五cm、小石室8は五〇cm、小石室9は三五cm、小石室13では四〇cmであり、埋葬に際して天井石を置く前に石室内に安置されたと想定される。人骨が出土した小石室8と小石室11について検討を進める。

小石室8（図4）は、中央支群の尾根頂部付近の南斜面に位置する。石室の内法は、東壁幅六七cm、西壁幅六〇cm、奥壁幅三六cm、南小口幅三九cm、高さ五〇cmである。石室内中央には、長軸方向に揃えられた四肢骨と鉄釘三八点、鉄製金具が出土した。出土した鉄釘には、底板や小口板、側板などが鉄銹に付着していたことから、長さ約五五cm、幅約三五cm、高さ約三〇cmの木櫃が復元された。築造時期を知る遺物に欠けるが飛鳥Ⅲ以降（六六〇～六九〇年ごろ）と推定される。

小石室11（図4）は、9号墳が立地する尾根の裾にある。石室の規模は長さ二・六m以上、幅九五cm～一m、高さ一・一mである。7号墳に比較しても小規模である。玄室にはつくりつけの石棺がある。石室と同じ自然石を用い、床面を掘りくぼめて積み上げていた。石棺の内法は長さ一・一m、奥幅三六cm、高さ三〇cmである。

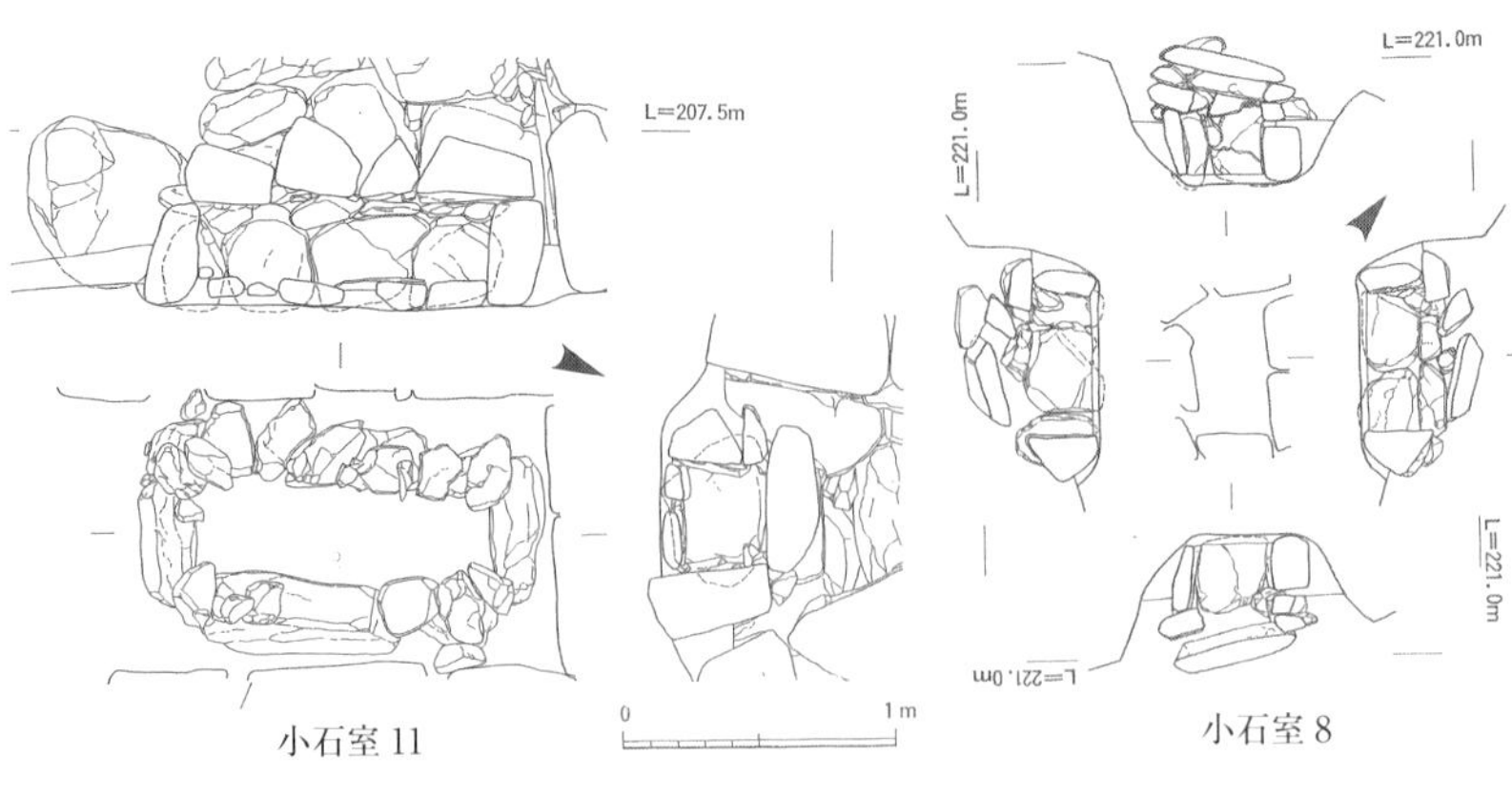

図４　小石室８・11

四枚の天井石で蓋をしていた。

注目されるのは、石棺内に一体分の人骨が埋納されていたことである。人骨の配置は南側に頭蓋骨、北半から肋骨を交えた四肢骨である。小石室11の築造時期は、須恵器が飛鳥Ⅱ、土師器は飛鳥Ⅱ新相（六六〇～六七五年ごろ）である。

分析からみる人骨（図５）　10号墳の石棺３の人骨について、「成人と子供の二体分の頭蓋骨、長骨の断片、歯が確認できた。しかしながら保存状態が悪く、成人骨の性別、両者の死亡年齢も不明であった（下略）」という（以下の分析は［奈良県立橿考研　二〇〇二］により、適宜ルビを付した）。

石棺３は玄室右袖部に設置された石棺である。10号墳は初葬の家形石棺と、つぎの埋葬に使用された木棺は遺体の埋葬用であった。その後に、木棺を片付けた場所と袖部に改葬骨用の石棺を設置したのである。しかも３号石棺に成人骨と子供の骨が納められたことは、この二体は親族関係にあった蓋然性が高いと思われる。初葬用の石棺を追葬に利用するため、骨化したものを片づけて改葬したのであろう。初葬に使用された凝灰岩製家形石棺は破片が少量出土しただけである。中央の石敷からは追葬の痕跡は検出されていない。

11号墳の人骨は「大腿骨（だいたいこつ）の断片が一つ、大腿骨もしくは脛骨（けいこつ）と思われる断片が三つ、その他に骨種を同定できない骨片が数個残存する。長骨片については、その形状と厚さから人間のものであることは確かである」とするが、骨の状況が悪く詳細な観察にはいたらなかったようである。

12号墳の人骨は「いくつかの人骨の破片がある。それらは左右が不明の上腕骨の骨体上部、脛骨の骨体、左の大腿骨らしきものの骨体、左右いずれかの大腿骨の骨体である。上腕骨、脛骨、大腿骨は全体に非常に小柄である。この他にウシの右中足骨が一点、人骨とともに出土しており、この骨体に四個所の解体痕がある。この人骨の性別ならびに死亡年齢は不明である」という。

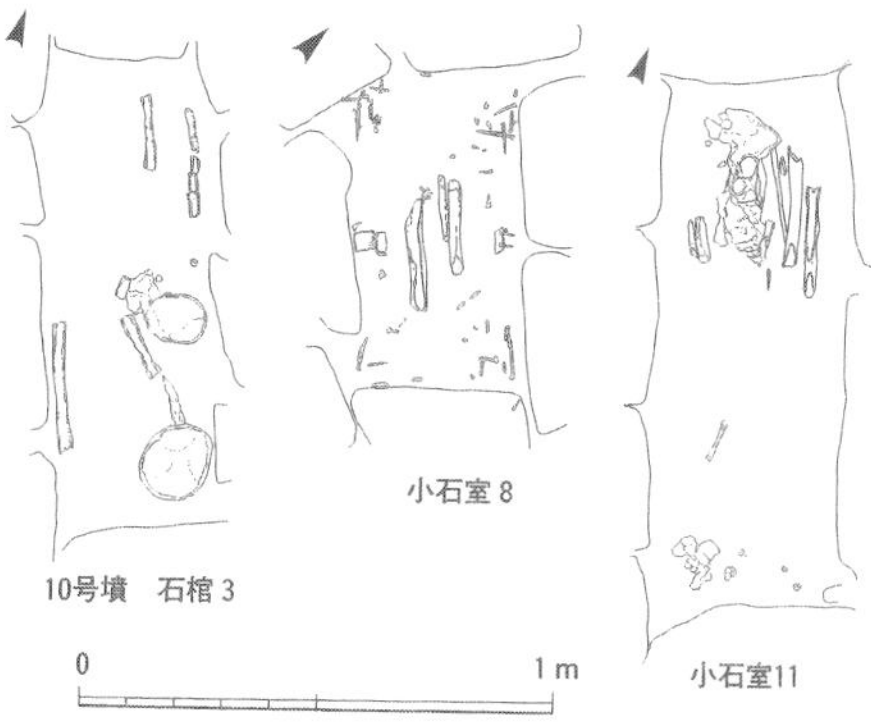

図5　人骨出土石室・石棺

注意されるのは、人骨について①人骨は小柄であること、②解体痕跡があること、③牛骨が共伴していることである。牛骨も生体が解体され、骨化した骨に意図的に傷をつけたうえで人骨と束にしているのである。

小石室8の人骨は「同定できたのは、歯と尺骨と大腿骨のみである。歯は三個ばかり残っており、上顎の左中切歯と左第二小臼歯、それに左右が不明であるが側切歯である。中切歯は複シャベル状を呈しており、歯冠の唇側に浅く、舌側に深いシャベルが認められる。また、咬（こう）耗（もう）状態（著者注、硬いものを咬みすぎることで生じる歯のすり減り）から鋏（きょう）

状咬合（じょうこうごう）（著者注、上の歯が外側に出てしまうこと）であったことがわかる。

左尺骨は骨体上部の断片が残り、動物による咬痕がある。大腿骨は三つの断片が残存し、うち一つは左大腿骨のものであると同定できる。この左大腿骨は柱状性の発達が弱い。これら大腿骨には尺骨と同様に動物の咬痕がみられる。性別であるが、大腿骨の骨体の頑丈さと中切歯が相当に大きいことから判断すると、どちらかといえば男性である可能性が高い。

死亡時の年齢を判断できるのは歯の咬耗のみである。すべての歯は咬耗が強く、象牙質が露出している。第二小臼歯では歯冠の一／二から二／三までを咬耗しており、少なくとも熟年の年齢には達していたと考えられ、老年で死亡した可能性も強い」という。

小石室8の人骨は一体分の男性骨である。①死亡年齢は熟年から老年に達していた。②尺骨と大腿骨には動物の咬（か）み跡が観察されたということである。

小石室11の人骨は長文の報告がされている。「（残存状況）頭蓋骨、鎖骨、肋骨、橈骨（とうこつ）、腰骨、脛骨、腓骨（ひこつ）、歯が同定できるか、いずれも破損が著しく、完形を留めるものはない。また、残存する骨に重複するものがないことから、一体分の人骨だけが埋葬されていたのは間違いない。出土時、鎖骨、肋骨、腰骨、長骨が石棺の奥に一ヶ所に重なるように集まり交連状態になく、頭蓋骨は石棺の南付近に位置していた。また、全身の骨が見つかっているわけではなく、一部の骨しか出土しなかったことから、さらし骨となったのち、いくつかの骨が選ばれて骨が石室内に埋葬されたと考えられる。すなわち改葬墓であると判断できる。

【性別】女性と同定できる。その理由として、恥骨下角と大坐骨切痕の形態が女性的な特徴を示すこと、耳状面の下部に妊娠痕がみられること、鎖骨がかなり小さく華奢(きゃしゃ)であること、前頭骨の眉上(びじょう)隆起が弱く前頭結節が明瞭にあること、各長骨が細く小さいことなどがあげられる。

【死亡時の年齢推定】死亡時の年齢は壮年後半から熟年前半の頃であったと推定できる。

【骨損傷】残存骨には骨損傷のようなものは認められない。しかし、右眼窩(がんか)の上縁と左橈骨の骨体の外側部に動物の咬み跡のようなものが確認できる。」

小石室11の人骨の分析で判明したことは、①人骨は一体分である。②性別は女性で壮年後半から熟年前半に死亡した。③妊娠の痕跡がみられた。④全身の骨がくまなく収骨されてはいない。さらし骨になった後に一部の骨が埋葬された。⑤骨損傷は認められないが、動物による咬み跡が確認できるということである。

ここで、三ツ塚古墳群から出土した人骨の鑑定結果についてその特徴的な事項をまとめておきたい。10号墳では石棺3から二体分の頭蓋骨と四肢骨が残っていたが、鑑定では成人と子供の人骨であり性別は不詳であるという。しかし保存状態が悪く改葬骨であるか判然としない。11号墳では木棺付近から人骨が出土したが3棺の追葬の中での特定はされていない。鑑定でも詳細は不詳である。12号墳では玄室中央の西寄りに人骨が長軸をそろえて束にした状態で出土した。鑑定では一体分の人骨で小柄で大腿骨と上腕骨、脛骨である。骨には四ヶ所に解体痕跡を確認している。つまり全身骨が束になっているわけではない。牛骨も人骨の束の中にあった。小石室8では歯と尺骨、大腿骨で、性別は男性である。大腿骨と尺骨に動物の咬み跡が観察された。小石室11では一体分の人骨で性別は女性である。頭蓋骨や歯、鎖骨など種類は多いものの、くまなく収骨されていないと観察された。また人骨が「交連状態にない」という記述は、関節が接した状態ではなく解体を経ていることを指す。さらに人骨は動物による咬み跡が観察された。

3　葛城地域の改葬・追葬
—人骨が出土している古墳—

茶山古墳（六世紀後半　図6）　茶山（ちゃやま）古墳（竹内第34号墳）は、三ツ塚古墳群が所在する谷の入り口部のキトラ山東端に位置する。この丘陵上には、前方後円墳を含む後期の群集墳（ぐんしゅうふん）が集中している。茶山古墳の調査は奈良県教育委員会によって行なわれ（一九四六年）、再調査が葛城市教育委員会によって、石棺の保存のための調査が行なわれた（二〇一七・二〇一八年）。

古墳は東にのびた尾根頂上部から南の斜面地に立地している。再調査時には墳丘は認められなかったが、直径約五mの小円墳であることが想定された。埋葬施設は横穴式石室を構築せず、凝灰岩製の組合せ式家形石棺を直葬する。棺外北に須恵器杯身・蓋が一二個体まとまって出土した。これは初葬にともなう棺外副葬品で時期は六世紀後半である。

特異なのは家形石棺の規模である。蓋石二枚と棺身小口石二枚、側石四枚、底石五枚で構成され、規模は上面で長さ二・二八m、幅九八cmである。石棺の内法は床面で長さ一・九一m、幅七〇cm、高さ六二cmであり、

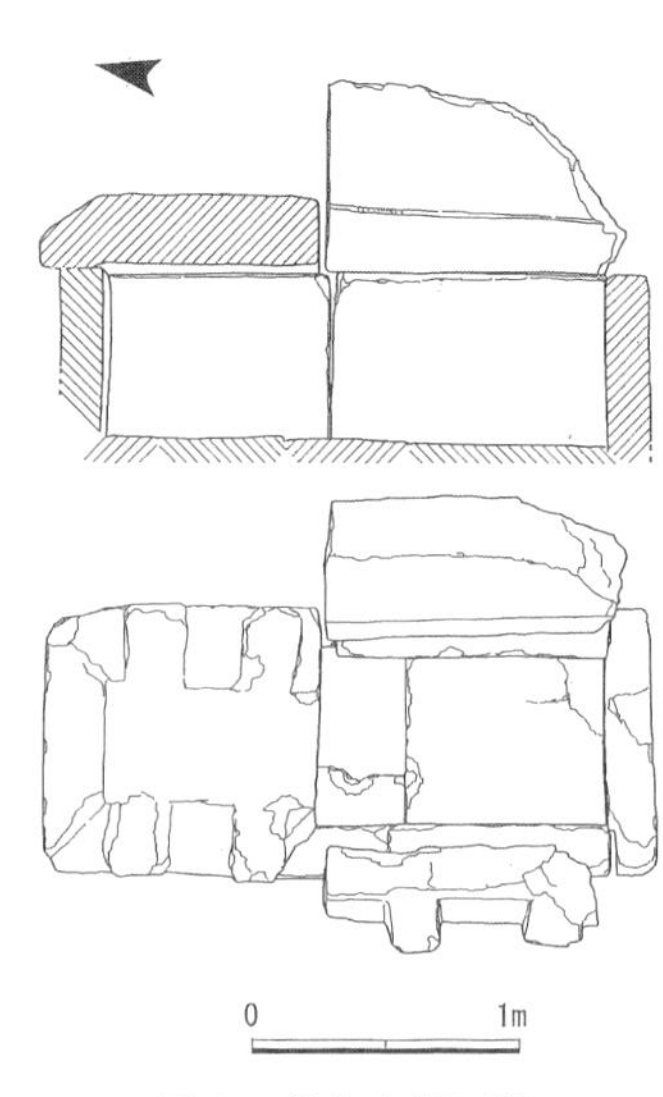

図6　茶山古墳石棺

伸展（しんてん）して埋葬した。一九四六年の調査時において、石棺内南寄りに頭蓋骨三個体分と下顎骨三体分が出土したが全身骨は揃っていなかったという。

再調査を行なった神庭滋（かんばしげる）氏は、石棺内南寄りに集積した人骨は改葬骨であろうとし、「追葬時に家形石棺の南側蓋石のみを開き葬った。南側蓋石の縄掛突起下方に残る剝離痕も、繰り返し蓋石を開いた結果生じたと想定される」と指摘された［葛城市教委 二〇二〇］。当古墳の埋葬で注目したいのは初葬時は遺体の状態で埋葬し、追葬から改葬墓として利用したことである。

寺口忍海H-34号墳（初葬六世紀後半、改葬七世紀中葉　図７）

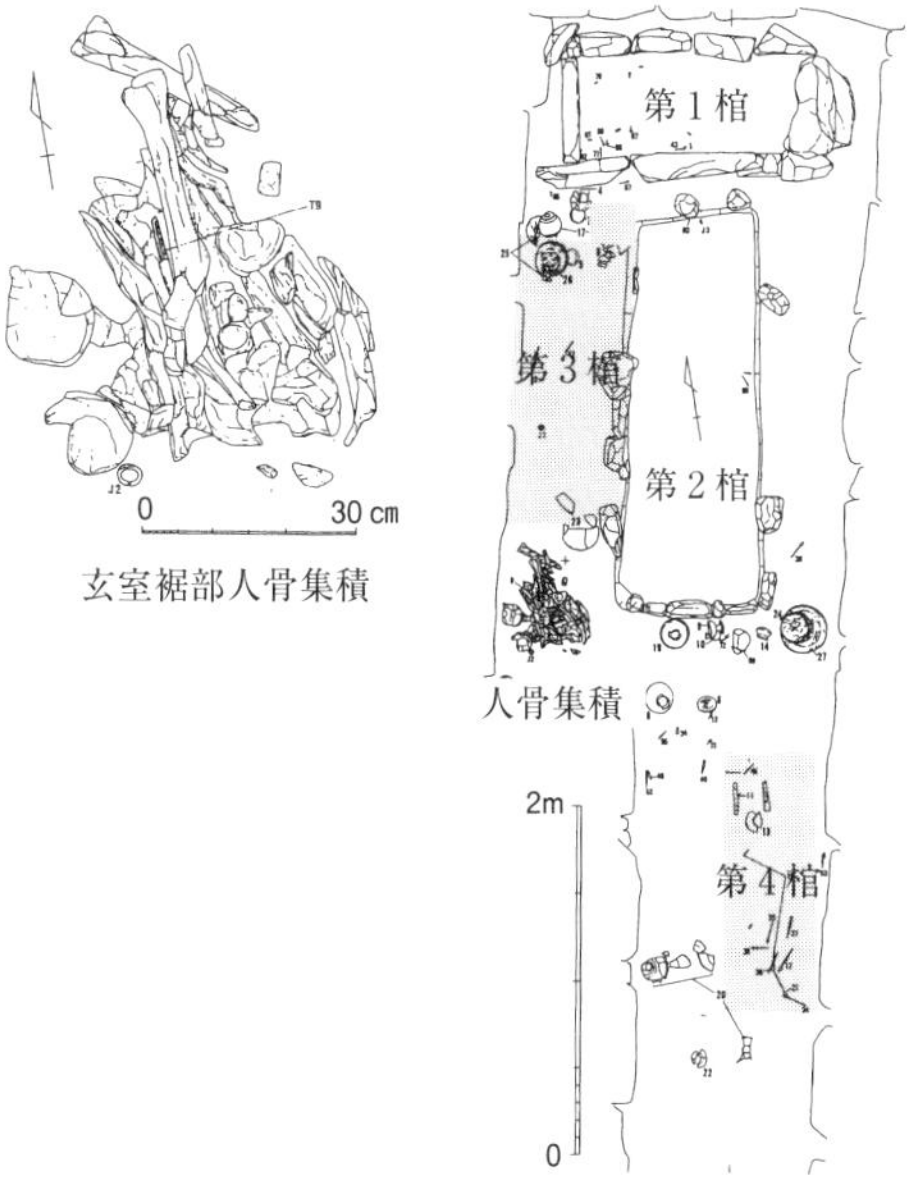

図７　寺口忍海古墳群 H-34 号墳石室内遺物と石棺（第２次床面）・人骨集積

寺口（てらぐち）・忍海（おしみ）古墳群は五世紀後半から造営が開始され、七世紀代までに総数約二〇〇基の古墳が築造された。墳丘形態はいずれも円墳で埋葬施設には横穴式石室を採用した［新庄町教委 一九八八］。

H-34号墳は六世紀後半に築かれた古墳であるが墳形は不明である。埋葬施設は右片袖式横穴式石室で、石室の全長は三・八m、幅一・一mである。天井石は失われていた。埋葬施設は玄室内に集中し、初葬にあたる一次床面と、この床面から二〇cmかさ上げして床面をつくり、この面を追葬のための床としたようである（第二次床面）。

第一次床面（初葬）には、玄室中央に四周を自然石で囲いその中に土を詰め棺台としていた。長さ二・六ｍ、幅一・三ｍ、高さは一〇㎝の長方形である。石棺は凝灰岩板石による組合せ式石棺である。

第二次床面（追葬）には第一棺～第四棺があり、第一棺は石棺で玄室奥壁に沿う配置である。東西長さ一・三ｍ、幅六〇㎝あり花崗岩の自然石を用いるが、西小口には初葬時の凝灰岩板石を転用していた。第二棺は初葬棺に重複する位置にありこれも石棺である。南北長さ一・九ｍ、幅八〇㎝である。第三棺は第二棺の西側にあり西側壁との間に木棺が置かれた。長さ約一・〇四ｍ、幅約五〇㎝である。第四棺は羨道東側壁に沿う木棺である。長さ約一・五ｍ、幅約五〇㎝である。

注目されるのは、人骨が多数出土しているが、第二次の床面をつくるときに第一次床面上の木棺や人骨、副葬品などがすべて片づけられたという点である。

人骨は第二次床面の右袖部の人骨集積と、羨道部の第四木棺からの男性人骨である。池田次郎氏の報告によれば、第四木棺内は成人男性一体分であるという。ところが、袖部には壮年を含む男性三体分と女性一体分が置かれていた。この中には男性とみられる頭蓋骨二個体がある。この人骨の集積は、第五棺が予定されたところから生じた「片づけ」であったが、結果的には第五棺は入れられることはなかったのである。このため、初葬骨および第一から第三棺までの人骨の集積なのであろうが、すべての骨を集めたのではなく、頭蓋骨を中心に選択された可能性がある。この点について、横穴式石室を骨化のための場所としての使用に端を発して、改葬ということを前提とした葬法が意識されたのである。

初葬の時期はＴＫ四三型式の須恵器により六世紀後半、第二次床面の追・改葬は七世紀中葉に始まっている。『寺口忍海古墳群』報告では、初葬と追葬の間には年代差があることにより、「石室を二次的に利用した被葬者たちは、飛鳥・藤原地域で使用していた土器を入手できる集団でありながら、新たに古墳を造ることができなかったのであり、そこに古墳造営の規制が反映している」と理解されているが［新庄町教委 一九八八］、別の集団による再利用という評価には従いがたい。

寺口忍海Ｅ－12号墳（図８）　Ｅ－13号墳の東にあるが、墳丘は完全に削平され墳形や規模は不詳である。石室内は未盗掘であったことから人骨や副葬品は良好な状態で調査された［新庄町教委 一九八八］。埋葬施設は両袖式の横穴式石室で、全長六・八ｍ、玄室幅二・五ｍ、長さ四・二ｍ、高さ二・八ｍである。玄室内の鉄釘類と人骨や棺台石の状況から、奥壁部に一棺（Ａ棺）と、両側壁部に各二棺（西側Ｂ・Ｄ棺、東側Ｃ・Ｅ棺）の五ヶ所に木棺が配置されていた。木棺の法量は長さ一・七～一・九ｍ、幅約七〇㎝に復元されている。

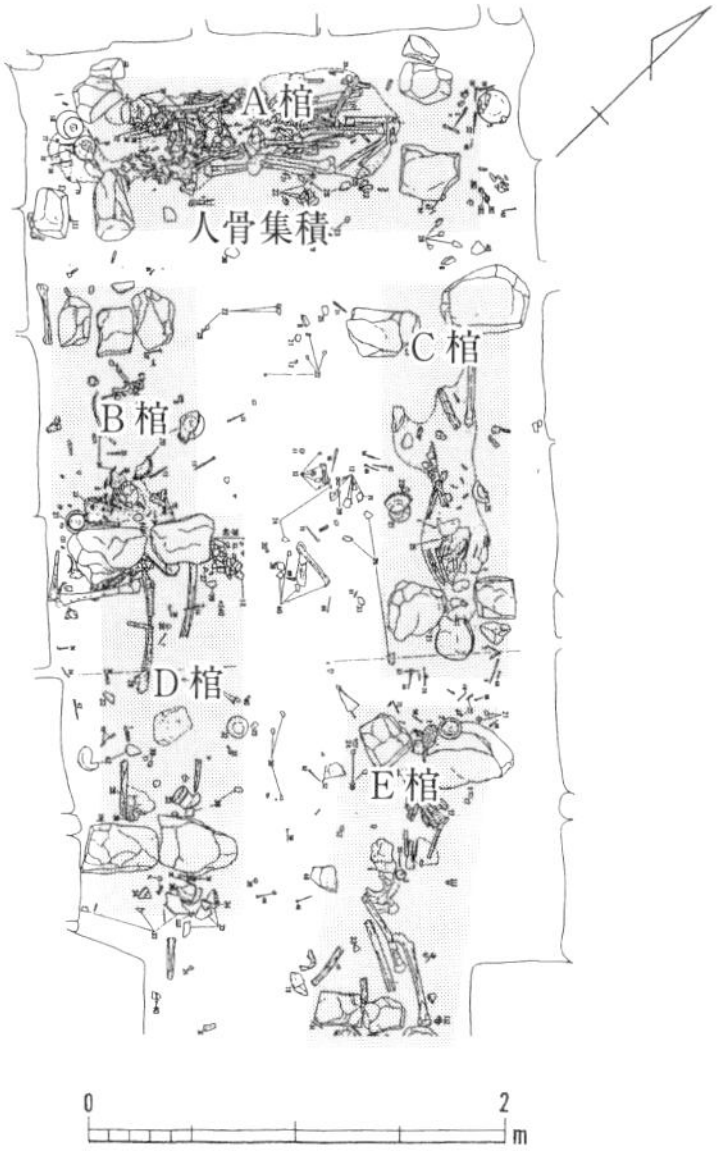

図８　寺口忍海古墳群 E-12 号墳
石室内人骨集積

Ａ棺では初葬棺として奥壁に沿う場所に木棺が設置され、西小口に銅釵子と耳環・鉄滓一個、東小口から鉄滓三個が出土した。ところが、Ａ棺には初葬以外にも壮年男子一体と若年・幼児骨（いずれも性別不明）の人骨が埋葬されていた。壮年二体は頭部を西に向ける全身骨であるが、そのほかは骨の数が少ないという。また人骨が集中する中央部にはシカの末節骨もあった。このよう状況から、Ａ棺は初葬とつぎの男性は伸展葬として埋葬されたが、そのほかは骨化した状態であったことがうかがわれる。さらに東小口には焼骨がまとまっているのが確認された。この部分に飛鳥Ｖの須恵器杯蓋があることから、七世紀末から八世紀初頭のもっとも新しい時期の火葬された改葬骨である。

Ｂ棺は西側壁の位置で奥壁に近い場所である。入り口側にＤ棺がある。人骨は老年女性は頭を北に向ける。四～五歳の幼児骨もあった。Ｄ棺からＢ棺の女性の大腿骨が出土したことや、棺台石がＤ棺を据える際に移動していることから、Ｂ棺とＤ棺の先後関係はＢ→Ｄである。

Ｄ棺は成人骨であるが、天井石の落下により骨が損傷を受けて遺存状況が悪かったようである。北側付近からタヌキの頭蓋骨、南からはウマの中足骨が出土し、また鉄滓も一個副葬されていた。Ｃ棺は東側壁の奥壁よりの木棺である。熟年男性が頭を南に向けていた。

Ｅ棺はＣ棺の入り口側にあたる。壮年男子が頭を北に向けていた。鉄滓は腰と左足に二個添えられていた。

以上が五つの木棺配置と人骨の出土状態である。男性成人骨四、女性成人骨一と性別不明の若年人骨、幼児骨の合計八人の骨および焼骨である。

初葬の時期は七世紀初頭であり、その後継続して七世紀中葉までに五つの木棺が配置され、その後も追葬が行なわれた。焼骨の埋葬は八世紀初頭である。

木棺ごとの人骨の特徴は、Ａ棺では成人骨が二体とも全身骨、そのほかは部分骨である。Ｂ棺は老女と幼児骨、Ｃ～Ｅ棺は成人骨一体である。基本的には木棺を使用した埋葬であるが、改葬骨として確認できるのは、Ａ棺の若年・幼児骨、焼骨もＡ棺東小口である。

玄室内中央の空間は、奥行き約三ｍ×幅約六〇㎝あり、ちょうど木棺が入る広さである。しかし棺が置かれた痕跡はなく空白になっている。『寺口忍海古墳群』報告にはこの空間の評価はない。寺口忍海Ｈ－34号墳第一次床面のように、本来であれば初葬時に使用される空間なのである。なぜここに棺をおいた痕跡がないのか。おそらくこの場所を改葬骨のための「骨化」空間として利用されたのではないかと想定される。

遺骨にともなう獣骨が伴出したのは、寺口忍海Ｈ－22号墳でのウシ下顎骨と側頭骨例がある。『寺口忍海古墳群』報告では「いずれも部分的な骨であるため、意識的に持ち込まれた」と解釈されているが、獣骨の伴出は三ツ塚古墳群にも通じる。

鉄滓はＡ・Ｄ・Ｅ棺から出土している。Ａ棺では頭部と足部、Ｅ棺では腰・足部である。死者に対する特別の副葬であると考えられ、生前の職業を彷彿させる。

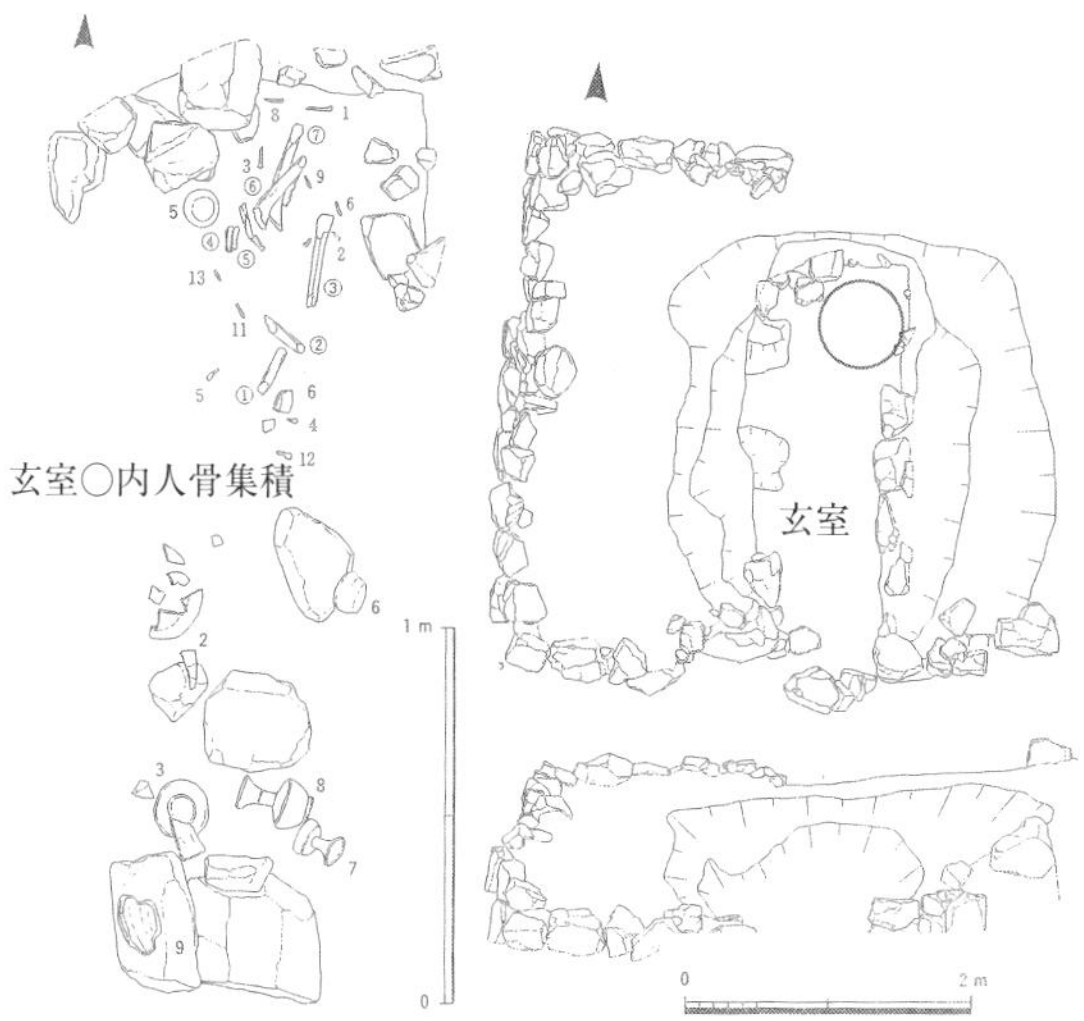

兵家清水・菰谷３号小石室（七世紀中葉～後半　図９）　３号墳から西斜面に下った鞍部の南斜面にある小石室で七世紀中から後半の築造である。方形の墳丘と裾部に外護列石がめぐる［奈良県立橿考研　二〇〇四］。

図９　兵家清水・菰谷古墳群３号小石室

埋葬施設は無袖の小横穴式石室で、現状では全長約二・七m、幅約七〇cm、高さ約四〇cmである。玄室奥壁に人骨と鉄釘が集中し、『北葛城郡當麻町兵家清水・菰谷古墳群』報告では「出土状態からすれば、人骨部分は最終埋葬の状態にありかく乱を受けていない」という〔奈良県立橿考研　二〇〇四〕。鉄釘の出土状況から約九五×四〇cmの長方形の木箱が復元され、収骨用の容器の存在が想定された。人骨は五～一〇歳の小児骨と女性骨、壮年男子骨の少なくとも三体分である。

したがって、木製容器には当初から三体の人骨が収骨され、3号小石室はこのための改葬墓としてつくられたと評価された〔奈良県立橿考研　二〇〇四〕。人骨を分析した片山一道氏によれば動物の咬み跡は認められないという。3号小石室の時期は、飛鳥Ⅲ古相（七世紀中葉から後半）ということからすれば、三体の遺体は、別の場所で骨化の過程を経たのちに一括して3号小石室に改葬墓に埋納されたのである。なお1・2号小石室からは人骨は出土していないが、石室規模は3号小石室とよく似ており、いずれも外護列石をもつ。このことからすれば、三基の小形方墳は改葬用の墳墓としてつくられたのである。

弥宮池西1号墳（図10）　1号墳は家形石棺の蓋・身を崖面に突き出した状態であった〔葛城市教委　二〇一五〕。直径約一〇mの円墳で埋葬施設は規模の小さな横穴式石室が想定された。家形石棺は凝灰岩製の刳抜式で、蓋には四ヶ所に縄掛け突起がつく。棺身の内法は幅三四cm、長さ八四cm、高さ二七cmである。棺内面には蓋・身ともにベンガラが塗布されている。粒子状のベンガラであることが報告されている。築造時期は不明であるが、石棺規模が三ツ塚古墳群の7号墳石棺に類似し七世紀後半と推定される。人骨は性別が不明の成人骨が一点出土した。当古墳も刳抜式石棺の規模からすれば改葬骨を納めたのである。

以上が三ツ塚古墳群と、そのほかの葛城地域における古墳時代終末期の初葬と追葬及び改葬の実態、および出土した人骨の鑑定報告をもとにした分析である。以下、まとめる。

1．初葬は木棺あるいは石棺を使用した伸展葬であったが、追葬時の骨化した改葬墓は、三ツ塚10号墳では、初葬が七世紀初めにあり、改葬は七世紀中から後葉にかけて継続した。同11号墳では初葬が七世紀初頭にあり、改葬は七世紀初めごろから中葉である。同12号墳の初葬は七世紀中葉にあり、改葬はそれ以降である。寺口忍海H-34号墳の初葬は六世紀後葉であり、改葬は七世紀中葉まで継続した。同古墳群E-12号墳の初葬は七世紀初頭であり、改葬は八世紀初頭まで継続した。

以上の五例の中では、寺口忍海H-34号墳の六世紀後半が最も古い時期にあたる。これより以降は、七世紀末にかけて追葬が継続した。寺口古墳群E-12号墳の焼骨は八世紀初葉である。

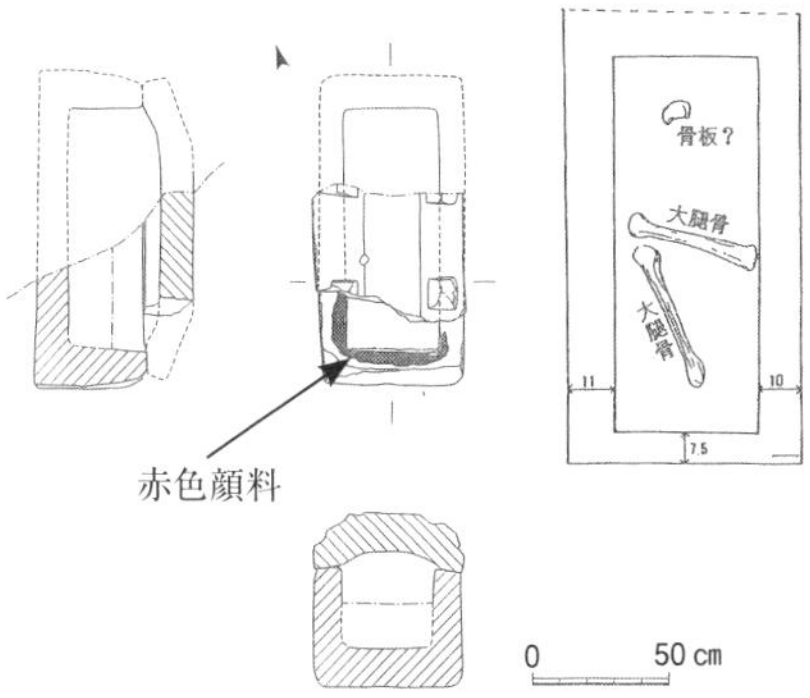

2．当初から改葬墓としたのは、三ツ塚七号墳では人骨の遺存状況が悪いものの改葬骨と推定される。七世紀後半の埋葬である。同小石室8では一体の改葬骨で七世紀後葉と推定される。同小石室11は一体分の改葬骨で七世紀中葉と推定されている。茶山古墳は三体分の人骨が改葬された。初葬は六世紀後半と推定される。兵家清水・菰谷3号小石室は三体分の改葬骨であり、初葬は七世紀中葉から後葉である。弥宮池西(やみやいけにし)1号墳は、時期は不明ながら七

図10　弥宮池西1号墳家形石棺
右図：石棺内人骨出土状況

世紀後葉と推定されている。

以上の六例から、改葬骨を納めることを目的として築造された古墳や、石棺直葬墓の時期は、概ね七世紀初頭から終末期にかけてとみてよいだろう。よって、1と2に区分した事例であっても、骨化した人骨を埋葬する改葬の時期的な差異はない。

4　骨化空間としての石室利用（図11）

能峠（ゆき）遺跡群南山1号墳は（宇陀市。以下は南山1号墳と略記）、横穴式石室内において遺体の軟部組織を腐朽させ、骨化した後に石棺内に埋葬したことを、副葬品を根拠にして証明された稀有な事例である。つまり石室内に骨化のための空間と改葬のための石棺が用意された古墳なのである。石室の規模は全長約七・一m、玄室長約三・八m、奥壁幅約一・九m、袖部幅約二・二m、羨道部幅約一・六mである。高さは天井石が失われているが約二mと復元されている。

玄室内の埋葬施設は、奥壁に沿う組合せ式箱式石棺（奥棺）と、玄室西側の側壁に沿う、箱式石棺（西棺）がある。西棺の東には箱式石棺や木棺をおいた痕跡（釘の出土はない）は確認されていない。この空間には上面が平らな三枚の板石と、川原石が置かれ棺台であった可能性が推測された。

玄室内の二基の箱式石棺と棺台空間の関係性について、「奥・西の両棺は新たな遺骸が石室内に持ち込まれた時、先葬者をかたづける施設ということになる」と評価された［奈良県立橿考研　一九八六］。

奥棺からは四体分の人骨と刀二振、銀環（ぎんかん）三点が出土した。人骨は両小口に寄せるように二個ずつの頭蓋骨を置き、中央には長管骨、腰骨を重ねていた。いずれも成人で骨化した後に改葬されたのである。注目されるのは、棺内に銀環三点と東空間から出土した銀環一点は同形で法量も一致した。このことは、骨化のために東空間に持ち込まれた二遺体には、各々二点の銀環がともなっていたが、骨化後の改葬時に三点の銀環は箱式石棺内に入れられたが、残りの一点が取り残されたのである。

西棺は成人男性の可能性があるものの人骨の遺存状況が悪いという。奥棺と西棺の据え付け痕跡から、当初は奥棺だけが据え付けられ、後に西棺が加えられたと理解された。1号墳の初葬は六世紀後半から末葉にあり、以後七世紀中葉で改葬が終了した。

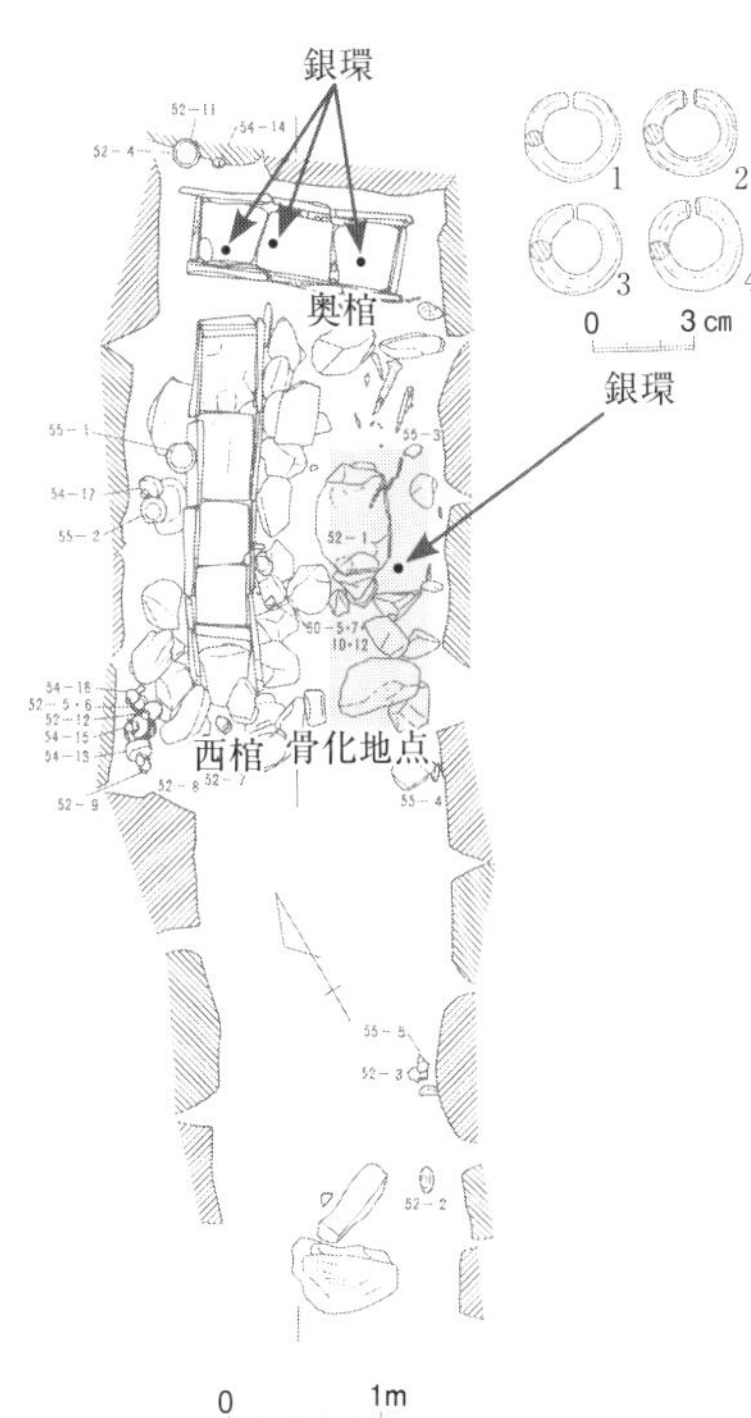

図11　能峠１号墳石棺と遺物

よって、奥棺の人骨の出土状態と玄室内東側空間の骨化場所のあり方から、古墳築造当初から改葬を最終目的にした石室であることが理解できよう。

池田次郎氏による人骨鑑定では、奥棺の頭蓋骨について東小口を１・２号、西小口を３・４号として報告する。１号は熟年前半の男性、２号は成人骨、３号は熟年男性、４号は壮年女性と判定された。

そして、「石棺の規模、骨の配置から考えると、成人４人の遺体がこの棺に追葬されたとみることはできず、玄室内、あるいは玄室外の棺外で白骨化した後に埋葬されたと思われる。しかし、1号頭蓋に付属するとみられる左手骨が比較的まとまって残っており、3号頭蓋と同一個体と推定される肋骨数本が平行に並んだ状態で発見されていることは、部分的に白骨化が完了するまでに石棺に埋納された遺体もあったことを示唆している」と指摘された〔奈良県立橿考研　一九八六〕。つまり、1・3号人骨は、完全に骨化する前の軟部組織が残存した状況で改葬が行なわれた可能性もあるということである。

骨化のための空間とされる玄室東側の人骨について、「肋骨、上腕骨、大腿骨、脛骨、腓骨のいずれも骨体が小破片である」という〔奈良県立橿考研　一九八六〕。これらは本来であれば大振りの骨なのである。人骨の片づけに際しての人為的な破壊があったことも示唆された。

南山1号墳の玄室内での骨化空間の特定は、銀環が骨化空間とされる場所と改葬された石棺内の両地点から出土したことで判明した事例である。葛城地域の古墳において骨化のための空間が想定できる事例があるのか検討する。

寺口忍海H－34号墳の二次床面には、既述したように玄室内に奥壁部（第一棺）と中央（第二棺）、西側壁部（第三棺）、東羨道部（第四棺）の木棺が追葬された。ところが、玄室の東側壁部は、木棺が配置できる空間を残すが、棺を入れた痕跡は確認されていない。そして右袖部では露出させた状況の人骨集積が確認された。この集積を改葬骨として選択された骨の集積であれば、玄室東側で骨化された骨を棺に改葬して、残った骨については右袖部に片づけられたとみられる。

E－12号墳では、玄室内にA～E棺の五棺が壁際に沿うように木棺が配置された。初葬は奥壁に沿うA棺であるが改葬骨も確認された。玄室中央部は本来であれば初葬棺が置かれてしかるべき場所であるが、棺痕跡は確認されていない。中央の空間は奥行き約三m、幅約六〇㎝である。なぜここに棺を置いた痕跡がなかったのか。この場所こそが骨化のための空間としての利用があったのではないかと想定される。

以上が葛城地域の横穴式石室を利用した、骨化空間を想定できる事例の検討である。南山1号墳が骨化の場所を特定したことで、葛城地域における横穴式石室での骨化空間の可能性を検討したが、寺口忍海H－34号墳とE－12号墳の二例にすぎない。三ツ塚古墳群の横穴式石室内では改葬骨のための空間は確認できていない。

5　家形石棺と石工集団（図12）

三ツ塚古墳群の初葬に使用された棺は、冒頭で記したように木棺が3・14・15号墳の三基であるのに対して、石棺は5・6・7・8・10・11・12号墳の七基で木棺使用を凌駕する。

石棺の使用を時期別に区分すれば、8・11号墳は六世紀末から七世紀初頭、つぎに10号墳が七世紀前半、6号墳が七世紀中葉、12号墳が七世紀中から後葉、5・7号墳が七世紀後半となり、長期間にわたって石棺が継続して使用されたことになる。これも三ツ塚古墳群の特徴になるであろう。

神庭滋氏は、奈良盆地西側から出土した家形石棺の分布について、馬見丘陵とその周辺地域、二上・岩

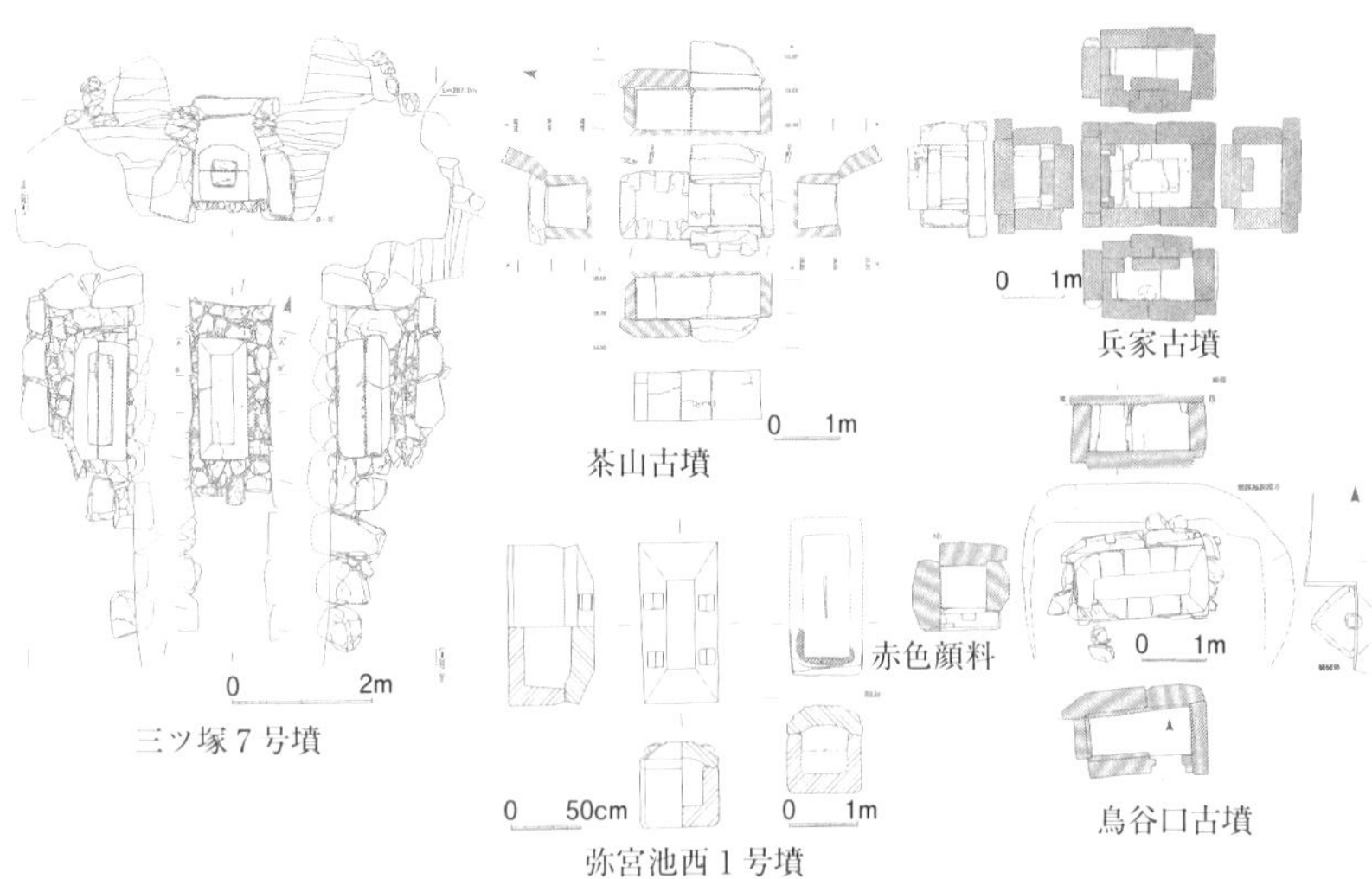

図12　小石棺集成

橋・葛城山麓地域、巨勢山地域の三地域に区分して分析された。そして六世紀後半は二上・岩橋・葛城山麓地域での家形石棺の展開において画期をなす時期であるとみた。六世紀後半には家形石棺の使用が拡大し、古墳時代終末期を目前にして伝統的な葬送儀礼や政治的概念が変化しはじめる時期であるととらえられた［神庭 二〇〇三］。三地域の中では、旧新庄町・當麻町（現在の葛城市）が家形石棺を使用する古墳が多いことに気づかされる分析である。

石材産地に注目すれば、二上山における凝灰岩採掘地は、二上山北麓の上部ドンズルボウ層にある高山石切り場遺跡、穴虫石切り場遺跡と屯鶴峯などが知られ、南側では下部ドンズルボウ層の牡丹洞、鹿谷寺跡、岩屋峠西方石切り場跡群と岩屋跡が知られている［香芝市二上山博 一九九四］。

三ツ塚古墳群の石棺を石材産地別でみれば、六号墳は岩屋峠・鹿谷寺・雌岳産、7号墳は雌岳産であり、それ以外はすべて岩屋峠産である。6・7号墳の産地も岩屋峠とは近接するため同一に扱える。

葛城地域内でも弥宮池西1号墳、平林（ひらばやし）古墳、櫟山（くぬぎやま）古墳、芝塚（しばづか）2号墳、小山2号墳前棺、茶山古墳などは岩屋峠産出の凝灰岩が使用された。

飛鳥時代の寺院造営は飛鳥地域に限らず葛城地域でも活発であった。したがって建築部材としての凝灰岩に対する需要が高まった時期である。寺院建築で凝灰岩が使用されたのは、礎石や基壇を構成する基壇外装の羽目石（はめいし）や地覆石（じふくいし）、基壇上面の敷石（しきいし）など多方面で、大量に必要とされたのである。

七世紀にはいると奈良盆地の古墳では、凝灰岩を使用した石棺は終焉を迎えた時期である。ところが、三ツ塚古墳群の家形石棺の使用開始は、ほかの地域で廃れはじめた時期が使用開始の時期となり、しかも長期間にわたって初葬の埋葬棺としての地位を確立したのである。

三ツ塚古墳群の石棺の隆盛には、まさにこのような側面をもつ材料であった。これは同古墳群を築造しつづけた集団が、凝灰岩を切り出す石工集団であったことと関連することが想定される。本来は寺院建築所用の石材として切り出したが、採石場に隣接する三ツ塚古墳群でも石棺用に転用したのである。

三ツ塚古墳群を墓域とする石工集団は、岩屋峠を石材の切り出し産地として操業したのではないかと想定される。いわば山で生計を立てることと造墓活動とは一体化していたといえよう。

6　三ツ塚古墳群の被葬者像

三ツ塚古墳群の造墓開始は六世紀終末期から七世紀にかけての時期であり、政治的には律令国家に向けて

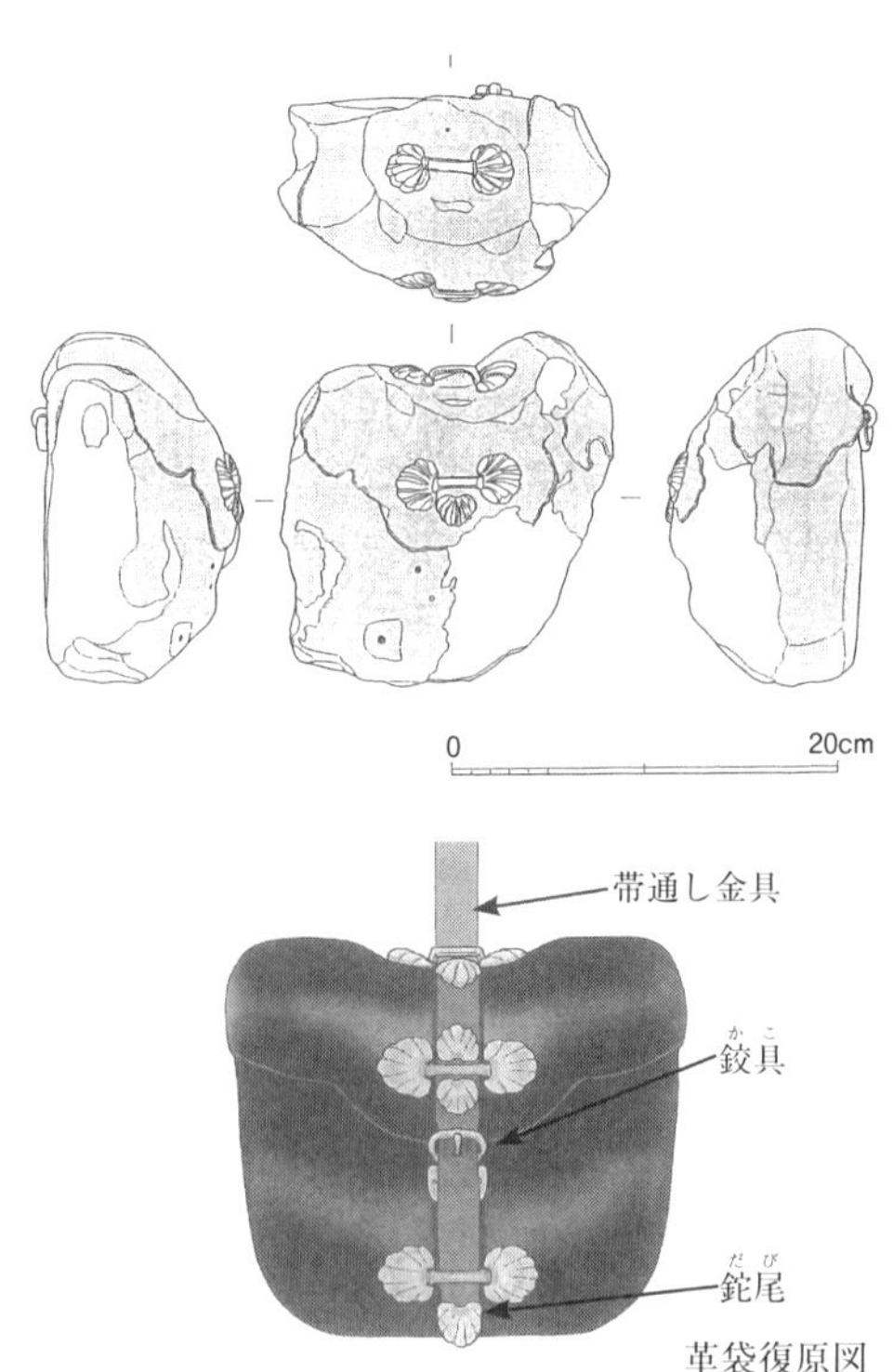

図13　木櫃改葬墓13漆塗り革袋

の胎動が始まったころに重なる。そして古墳の終焉は七世紀後半にいったん終了する。火葬墓は平城京に遷都してまもなく同一の墓域内での利用が再開された。木棺墓はやや遅れて九世紀前半の木棺墓1を嚆矢とする。

三ツ塚古墳群からは、平城京に出仕していたと推測される官人の身分を表象する銙帯や刀子、特殊な革袋などが少なからず出土し、葛城地域でも同様の傾向がうかがわれる。七世紀代の古墳の被葬者像は石工集団としての性格が色濃いと推定された。ここでは、八世紀から九世紀の被葬者像を検討してみたい。

身分表象遺物①　改葬墓13の革袋（図13、口絵14）　改葬墓13は11号墳の西裾の調査中に確認された。木櫃は約七〇×五〇cmの方形であったことが復元され、革袋は容器の北東隅に置かれていたようで奇跡的に元の姿をほぼとどめていた。

革袋は黒漆塗製で大きさは、幅一六・八cm、高さ一七・五cm、厚みは一〇cmあり、袋上部は凹状に湾曲し全体は丸みをおびている。蓋はポシェット状に上から前に覆いかぶさり、蓋を閉じる帯紐がつく。袋本体には金銅製の帯通し金具、鉸具、円環付座金具などが鋲留され、帯紐の先端には鉈尾がつく。

このような革袋は正倉院御物にもなく、まして考古遺物としての類例がない特殊な遺品であった。宮原晋一氏は中国に類例を求めて、唐第三代皇帝高宗の乾陵に立つ石刻蕃酋像の佩用品に注目された［奈良県立橿考研　二〇〇二、宮原　二〇一〇］。

石像の着る衣服は、唐王朝の文武官人が出仕する際の常服を着用する姿が表現されている。腰帯は鉸具で外衣を絞め、帯には丸鞆や巡方がついた銙帯で、細帯を介して佩用品が垂下されている。同氏は改葬墓13の革袋は、この石像の佩用品に構造が一致するといわれた。中国からの渡来品であり、渡航先の唐王朝から付与されたものなのである。

八世紀の遣唐使で注目されるのは、大宝二年（七〇二）に再開された第八次であろう。この時の使節の一人に巨勢邑治（祖父）がいる。同年一〇月には長安に入京し、その後、慶雲三年（七〇七）に帰国した。この間、長安での官僚としての研修に励んだのだろう。帰国後は順調に出世をはたしている。したがって、木櫃13から出土した中国製の革袋を日本に請来できた人物は、遣唐使であった巨勢邑治がもっともふさわしいだろう。

身分表象遺物②　銙帯（図14）　唐の文武官人は、朝廷に出仕する際には身分標識として衣服と付属する腰帯をつけたが、わが国ではこの制度が奈良時代の大宝・養老令のひとつ「衣服令」として制度化された。「衣服令」では、腰帯は金銀装腰帯が文官五位以上、武官は衛門督と佐、兵衛督が締めて、烏油は文官六位以下から無位の官人が締めた。これらは金属製品で金銀の鍍金を施したものと、黒漆を塗ったものである。奈良

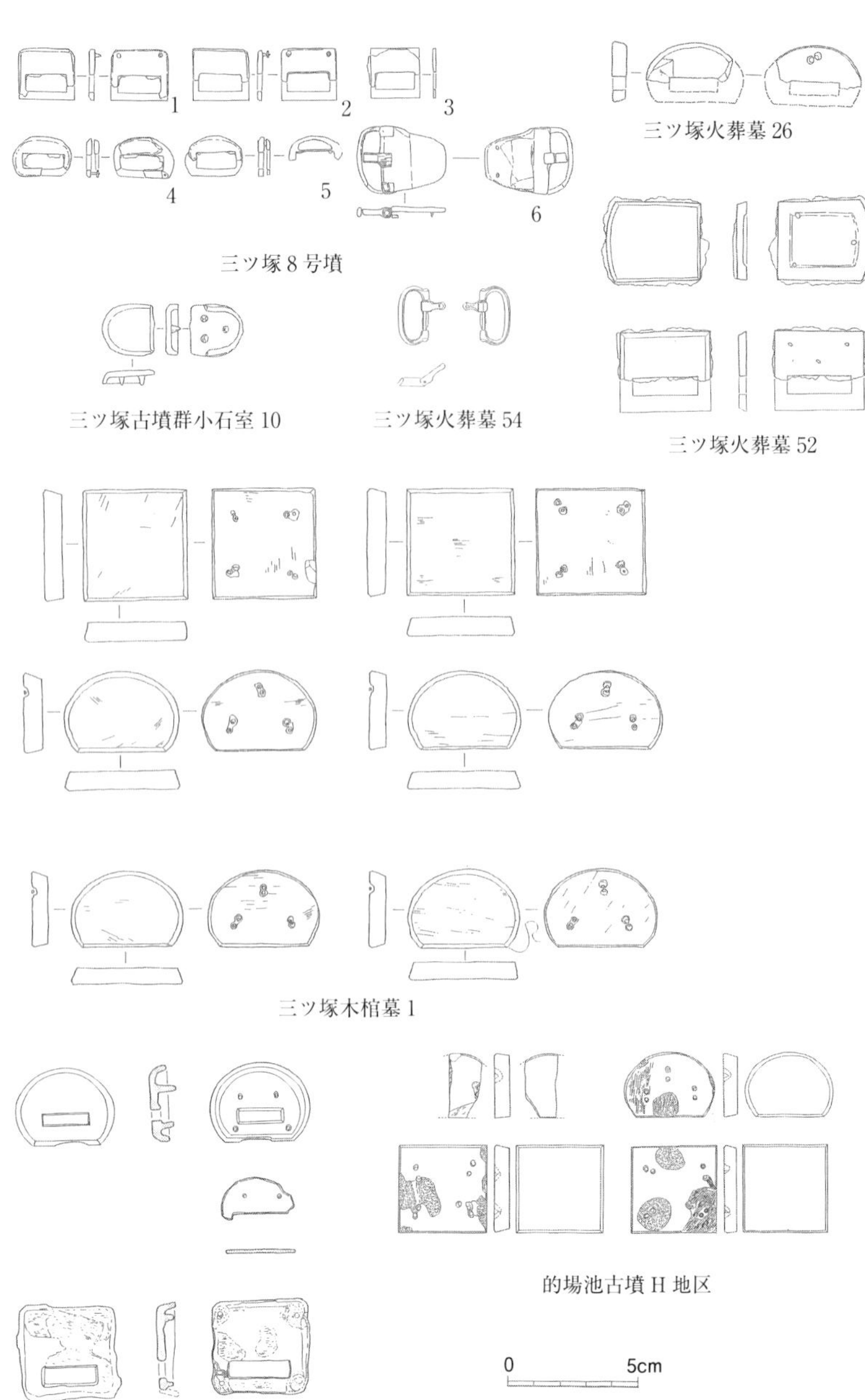

図14　葛城地域の腰帯金具集成

時代後半になると石製品が多くなり、これらはもっぱら下級官人が使用した［奈良国立文化財研究所 一九七五］。

葛城地域で銙帯が最も早く出土したのは、三ツ塚8号墳と三ツ塚古墳群小石室10で、八世紀前半である。この時期以降、九世紀後半までの長期にわたる出土があり、銅製品は八世紀代、石製品は九世紀代という傾向がみられる。三ツ塚古墳群火葬墓54Bは九世紀中ごろであるが銅製銙具と刀子一点が出土した。また同古墳群火葬墓52は時期が不詳ながら鉄製巡方一点と鉈尾一点が出土した。的場池古墳も時期が不詳ながら石製丸鞆二点、巡方二点も出土したが九世紀代のものであろう。

三ツ塚8号墳では銅製の銙具（6）と丸鞆（4・5）・巡方（1〜3）が出土した。銙具の一部に黒漆の布があり、「衣服令」に定める烏油腰帯であろう。したがって、8号墳には文官六位以下の官人が改葬されたのである。

三ツ塚古墳群で注目されるのは、木棺墓1で九世紀中葉の時期に比定される古墳で、中央支群の最高所に位置する。木棺の規模は長さ一八m、幅四〇cmあり、北に頭蓋骨と下顎骨が残り、下顎骨臼歯から約四〇cm南に丸鞆、巡方、刀子、火打鎌などが出土した。遺物の出土状況から、帯を着装し、帯には火打鎌と刀子などの佩用品を垂下した状況を保っていると判断された。石製銙具の丸鞆と巡方は輝石安山岩製である。刀子は鉄製で長さ二三・一cm、刃部長一二・七cmあり、刃部は内湾する。火打鎌は二等辺三角形状の鉄製品である。両端が丸みを帯びて鈎状に屈曲する。左右幅九cm、頂部までは三cmである。刀子は執務の時に木簡の表面を削るためのもので官人にとって必携の持ち物であるが、火打鎌も同様である。刀子と銙帯の組合せは、木棺墓1のほかに火葬墓54B（九世紀中葉）があり、刀子と火打鎌の出土は11号墳の追葬墓（九世紀中葉）である。この火打鎌は長さ五cmの短冊形であり、木棺墓1とは形を異にする。刀子単独の出土は小石室13である。二点あり完形品は長さ二二cm、刃部は長さ一五cmで木棺墓1によく似た大きさである。いずれにせよ、木棺墓1の被葬者は、文官としての身分を表象する携帯物を揃えて葬られたのである。

以上により、三ツ塚古墳群は六世紀末から七世紀初めにかけて複数の古墳が築造され、七世紀後半まで継続した古墳づくりが確認された。古墳の初葬に使用された埋葬施設は、組合せあるいは刳抜式を問わず凝灰岩製の家形石棺が使用された。ほかの地域における終末期古墳では使用されることはなく、当古墳群の特徴である。この背景には、同古墳群の立地が凝灰岩の産出地であることに関係することは前述した。同古墳群は石材切り出しと加工を職業とする石工集団の墓地として形成されたのである。

八世紀前半の改葬墓や火葬墓からは銙帯や刀子が出土する。これは奈良時代の官人の身分表象物である。これらは下級官人の持ち物であったが、木櫃改葬墓13の革袋を持った人物は巨勢邑治と推定した。銙帯が出土した古墓は多くはないが、官人を輩出しえた集団でもあったことは同古墳群を評価するうえで重要である。

7　葛城地域における火葬の普及

律令時代における火葬の始まりは、『続日本紀』文武四年（七〇〇）三月に死去した道照を嚆矢とする。道照は遣唐使として派遣された学問僧であり、玄奘三蔵（六六四年没・火葬）に師事したところから、道照は「遺せる教」にしたがって火葬されたのであろう。当時は土葬がほぼ唯一の葬法であったため、皇室や貴族層に多大な影響を与えたことは想像に難くない。持統天皇は大宝二年（七〇二）に崩御すると一年間の殯をへて、翌年に飛鳥岡で火葬された。天皇家では以降、文武、元明、元正が火葬であった。奈良時代中ごろまでには貴族の間にも火葬が普及したのである。

しかし、聖武天皇は天平勝宝八年（七五六）に崩御すると土葬された。これ以降は一種の回帰現象とでもよべるもので、八世紀末を境にして貴族層の火葬墓の減少傾向が認められるという［黒崎 一九八〇］。

三ツ塚古墳群における火葬墓の端緒は、9号墳の下方で検出された火葬墓34である（238頁図1）。八世紀前半から中葉の時期である。骨蔵器の周囲から木炭などは出土せず、また土坑埋土にも炭・灰などがないことから、火葬は別の場所で行なわれた可能性が指摘された［奈良県立橿考研 二〇〇二］。

火葬墓が群形成して普及したのは八世紀中葉以降である。石囲いの中に骨蔵器を埋納することが共通し、また骨蔵器として土師器製の甕・壺などが多く使用された。これらの骨蔵器から火葬墓に顕著な階層差を見出すことはできない。

その後、八世紀後半から九世紀初頭にかけて火葬墓は認められなくなり、造墓活動そのものが中断されたようである。この地で墓づくりが再開されるのは九世紀中から一〇世紀初めである。この時期には火葬墓とともに木棺墓が営まれ、一〇世紀後半には三ツ塚古墳群での造墓活動は終焉した。

骨蔵器と火葬に付された階層　三ツ塚古墳群の骨蔵器は、須恵器壺は二ヶ所の火葬墓で使用され、土師器甕・皿は一二ヶ所の火葬墓でみつかっており、後者が凌駕する。金銅製品などはなく、また土師器・須恵器の骨蔵器を使用した火葬墓からは鉸具の出土はない。このため、火葬墓の被葬者は、官人を輩出した集団のメンバーとしての位置づけされた人々なのであろう。

火葬墓から出土した遺物で注目されるのは、鉸具は火葬墓関連遺構26A・B（丸鞆）、火葬墓関連遺構52（巡方、鉈尾）、火葬墓54B（鉸具）である。このほか、銅製八花鏡（火葬墓32より出土）、水晶・白玉（火葬墓関連遺構39）、鉄製鑵子（火葬墓35）である。

水晶玉は火葬墓関連遺構39から出土した。現存する長さが約一cmの破片一点で六面体の製品である。白玉とするのは二点出土している。白色の楕円形で五～九mmの大きさである。紀伊半島から徳島の海岸部で採取されるという。太安万侶墓からは真珠が出土していることから玉製品として副葬したのであろう。玉城一枝氏によれば、真珠は古墳からは二例の出土があり、このほか飛鳥寺塔跡、法隆寺五重塔、東大寺金堂、元興寺五重塔、興福寺中金堂から出土している［玉城 二〇〇三］。銭貨は神功開寶（火葬墓関連遺構42・同56より出土）、和同開珎（火葬墓関連遺構56より出土）である。ちなみに木棺墓6からは富寿神寶二点、隆平永寳三点出土し、木棺墓7からは富寿神寶が一点出土している。

8　葛城地域の古墓（図15）

奈良県内で出土している火葬墓にともなう骨蔵器は、金属製骨蔵器が九遺跡あり、この内、葛城地域では四ヶ所と半数近くがこの地域からの出土ということになる。金銅製外容器は、香芝市威奈大村墓（八世紀初頭）と葛城市加守火葬墓（八世紀中～後葉）である。銅製骨蔵器は葛城市火野谷山火葬墓（八世紀初頭）がある。

特異なのは威奈大村墓の骨蔵器である。江戸時代の発見であり出土地を含めて不明な点が多いが、蓋には

図 15　二上・葛城山麓の古墓

三一九文字の長文の墓誌銘が刻まれている。銘文によれば、威奈真人大村は、持統から文武朝にかけて功績をあげ正五位下まで昇り、慶雲二年（七〇五）に越後守に任ぜられたが、二年後に任地で亡くなった。銘文には「大倭国葛木下郡山君里狛井山崗」に帰葬したことが記されている。大村の本拠地「為奈郷」は兵庫県尼崎市である。この場合の帰葬は、大村が官僚として出仕していた藤原宮に対する帰葬だったのであろう。

加守火葬墓は二上山の山林の中で偶然掘り出された。これには墓誌や銘文がなく火葬された人物は特定されない。加守廃寺近くから発見されたことから、被葬者は加守廃寺と関係する掃守氏、あるいは塔の造営にあたった伊福部氏が想定されている。

伊福部氏のなかで八世紀中ごろの人物を探すと、従六位上の伊福部荒当の名が確認できる。伊福部氏は製鉄に関する部であるといわれているが、この時は木曾路を開通させた功績で田を賜った技術系の官人として史書にみえる（『続日本紀』和銅七年閏二月戊午条）。

火野谷山火葬墓は火野谷古墳群の墓域内から偶然に発見された。骨蔵器埋納穴が確認されているが、銅製骨蔵器を入れた大甕などはなく直葬されたようである。

このほかに香芝市穴虫からは凝灰岩製の家形骨蔵器が出土している。これも開墾中の作業で出土したもので、骨蔵器内には八分目ほど火葬骨が入れられていた。

火葬墓からは威奈大村墓のように骨蔵器に銘文が刻印されたことで、大村は正五位下の位階が記された官人であった。このほかに火葬墓には墓誌が副葬されて銘文に位階が確認される。前園美知雄氏によれば、火葬に付された被葬者の位階は、正三位から従七位下まで確認することができるという〔前園　一九八二〕。

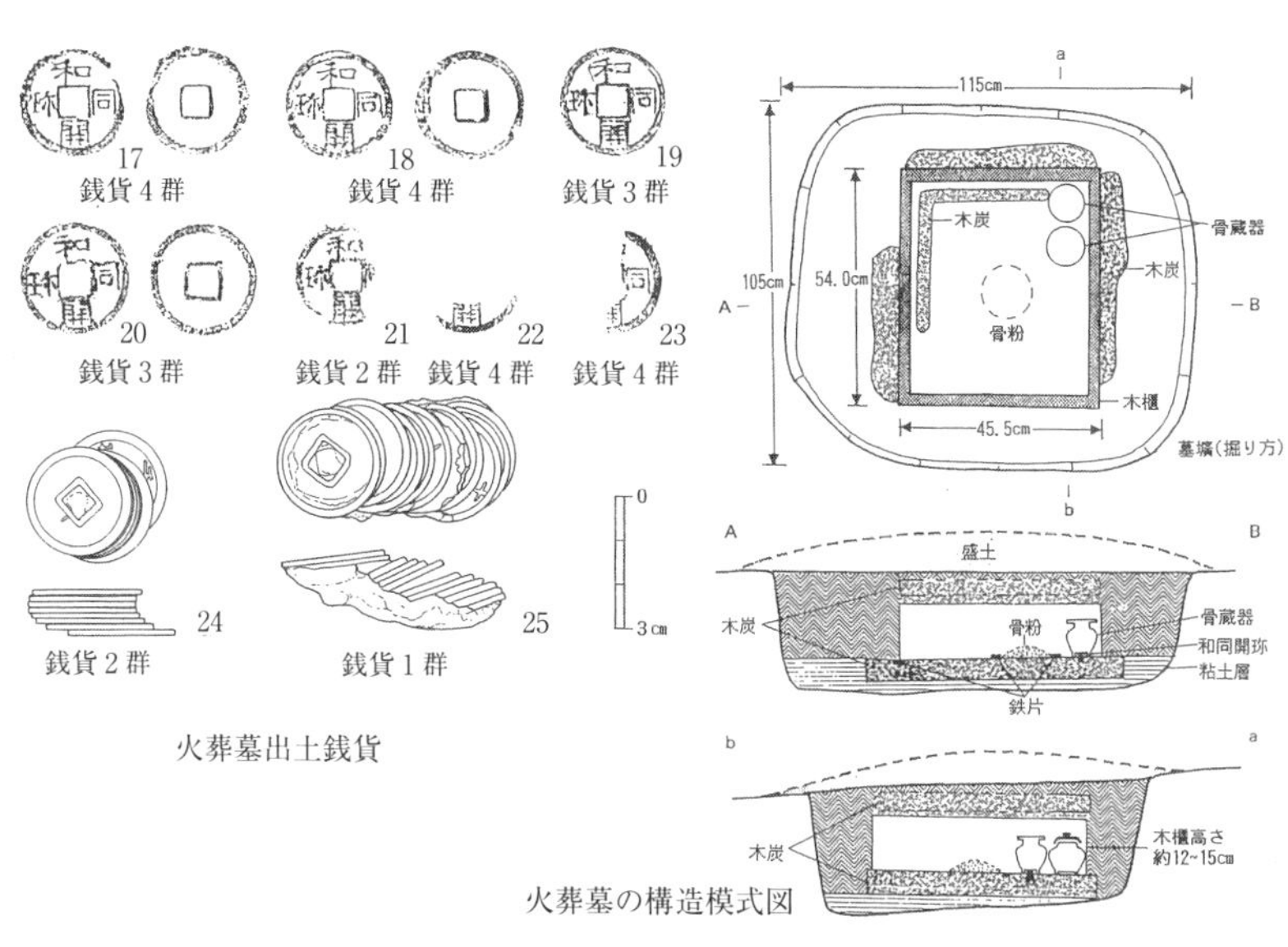

火葬墓出土銭貨

火葬墓の構造模式図

図16　高山火葬墓

したがって、葛城地域の火葬墓の被葬者は、三ツ塚古墳群の火葬墓を含めても中級官人から無位まで含まれる官人たちであったことが想定されよう。つぎに学術調査された火葬墓のなかで特異な高山火葬墓をみてみたい。

高山火葬墓 ―改葬墓としての視点―（図16）

高山火葬墓は威奈大村墓とは谷を北に隔てた丘陵上に位置する。火葬墓の規模は南北約一・〇五m×約一・一五m、深さ約一七～二九㎝の隅丸方形である。墓坑の中央に厚さ約四㎝の木炭を敷きつめて、その上に木櫃（もくひ）を外容器として、中央には骨蔵器を納めた構造である。木櫃内の中央には、二〇㎝の範囲に骨粉が密集していたが容器は不詳である。また木櫃の北西隅には、火葬骨を納めた土師器と須恵器の骨蔵器が並べて立てられていた。

木櫃内には合計三ヶ所に火葬骨が納められ、木櫃内からは、骨蔵器のほかに銭貨三一枚、鉄片五点、鉸具金具（巡方、丸鞆）二点が出土した。

ここで注意したいのは、丘陵全域が調査されたにもかかわらず、火葬を行なった火化遺構が検出されていないことである。したがって、副葬品はまったく火を受けていないのである。

木櫃内の二点の骨蔵器と木櫃内中央の骨粉が集中する地点の存在から、火葬されたのは二人ないし三人であり、複数人の合葬墓であると理解された。火葬墓での合葬という現象そのものが異例である。下大迫幹洋氏は、合葬墓の築造にいたる経緯を示された〔香芝市二上山博　一九九四〕。１．夫婦のいずれかが先に亡くなり、その後から亡くなった人を葬る場合。２．先に亡くなった人を仮に埋葬しておいて、後に夫婦の他のものが亡くなった時、初めて夫婦墓として造墓・埋葬する場合。３．同時期・至近的な時間の範囲内に亡くなった人物を埋葬した場合（『高山火葬墓・高山石切場遺跡』一九九四年、27頁）である。調査者の下大迫氏は２・３の可能性を示唆された。

この事象を改葬墓の視点からみれば、木櫃内の二つの骨蔵器は、明らかに中央の火葬骨とは火化された時期を異にする。つまり中央の火葬骨より以前にすでに骨化されていたとする理解が整合的であろう。

何よりも高山火葬墓の所在地では火葬は行なわれなかったのであり、骨蔵器二点やほかの副葬品も火を受けてはいないのである。したがって、高山火葬墓は改葬の二人を同一の木櫃内に火葬骨として営んだ墓であったと理解できよう。なお副葬品に含まれる多数の銭貨や腰帯金具などから、被葬者の中に下級官人を含むと推測される。

まとめ

これまで葛城地域の終末期古墳から火葬墓への変遷について、三ツ塚古墳群を中心に改葬墓の視点で分析を試みた。以下にまとめておきたい。

1. 小論は三ツ塚古墳群の小石室・石棺から出土した人骨に、獣による咬み跡の報告のあることが契機となってまとめた。つまり改葬墓として骨化したものを埋葬したとの理解である。これは二次的な埋葬行為であり、その前提として一次的な遺体の骨化過程の存在が必要なのである。この一次葬の過程で獣の咬み跡がつけられたわけであるから、遺体はこのような環境下に置かれていたといえる。そのことを証明した事例として、骨化空間としての石室利用が推定された。

2. 三ツ塚古墳群は七世紀に入ってから築造が開始されるという特異性を示す。火葬墓や土坑墓・木棺墓などは奈良時代から築造された。横穴式石室内には普遍的に家形石棺が使用されることも終末期古墳としてはほかの地域と比較して異例である。このことは、石材切り出しを職業とする集団に属したメンバーの造墓地としての利用があったことを示唆する。また奈良時代には、副葬品から下級官人が葬られたことも想定された。

3. 葛城地域の終末期古墳にも家形石棺が使用された。副葬品の中に鉄滓が加わったことは、これも職業（金属加工）集団の性格を反映していよう。ただ三ツ塚古墳群では鉄滓は出土していない。

4．改葬墓の視点から三ツ塚古墳群や葛城地域の古墳をみれば、小石室あるいは小石棺が多数あることを指摘できた。これは骨化を目的として遺体を一旦仮埋葬したあとでの埋葬行為なのである。このことは高山火葬墓でも確認することができた。類似する火葬墓として神奈川県川崎市潮見台（しおみだい）遺跡火葬墓を除いては類例がない［村田・増子　一九八九］。

5．以上のように、三ツ塚古墳群を営んだ集団や葛城地域は、飛鳥時代から奈良時代にかけて連綿として官人層を輩出した地域であったことが想定される。

参考文献

香芝市二上山博物館　一九九四『奈良県香芝市高山火葬墓・高山石切り場遺跡』香芝市文化財調査報告書一
葛城市教育委員会　二〇一五『弥宮池西1号墳─保存のための範囲確認調査報告─』
葛城市教育委員会　二〇二〇『茶山古墳─保存のための範囲確認調査報告─』
葛城市歴史博物館　二〇一九『葛城と磯長谷の終末期古墳』
神庭　滋　二〇〇三「葛城の家形石棺─分布論を中心に─」石野博信編『古代近畿と物流の考古学』学生社
楠元哲夫　一九八二「改葬のこと」森浩一編『考古学と古代史』同志社大学考古学シリーズⅠ
黒崎　直　一九八〇「近畿における八・九世紀の墳墓」『研究論集』Ⅵ　奈良国立文化財研究所
新庄町教育委員会　一九八八『寺口忍海古墳群』新庄町文化財調査報告一
当麻町教育委員会・奈良県立橿原考古学研究所　一九八二『北葛城郡当麻町　的場池古墳群』当麻町埋蔵文化財調査報告書一
玉城一枝　二〇〇三「古代真珠考」石野博信編『古代近畿と物流の考古学』学生社
奈良県立橿原考古学研究所　一九八六『能峠遺跡群Ⅰ（南山編）』奈良県史跡名勝天然記念物調査報告書四八

奈良県立橿原考古学研究所　二〇〇二『三ツ塚古墳群』奈良県立橿原考古学研究所調査報告書八一
奈良県立橿原考古学研究所　二〇〇四『北葛城郡當麻町　兵家清水・菰谷古墳群』奈良県文化財調査報告書一〇八
奈良国立文化財研究所　一九七五『平城宮発掘調査報告Ⅵ』奈良国立文化財研究所学報二三
前園実知雄　一九八一「まとめ」奈良県立橿原考古学研究所『太安萬侶墓』奈良県史跡名勝天然記念物調査報告四三
宮原晋一　二〇一〇「漆塗り革袋」奈良県立橿原考古学研究所附属博物館『大唐皇帝陵』展示図録解説
村田文夫・増子章二　一九八九「南武蔵における古代火葬骨蔵器の基礎的研究（上）」川崎市民ミュージアム紀要二
森岡秀人　一九八九「群集墳の形成」白石太一郎編『古代を考える　古墳』吉川弘文館

第2節　律令国家と官道の整備

西垣　遼

1　葛城を通る基幹路

律令国家と官道の整備　通常、モノの移動には人がともなう。それは、モノそのものだけでは移動しないためである。移動には、ある特定の目的があると考えられ、そうした往来の現象を交通と位置づけられる［田名網　一九六九］。交通は、日常の生活圏を超えたレベルでの往来を指すのが一般的で、利用頻度と関係なく、社会的・経済的な目的など多面的な利用がされ［石母田　一九七一、舘野　一九九八］、民衆によるものと国家権力によるものとがある。特に律令体制下では、中央集権的な全国支配体制を形成し、維持するために、中央と地方を結ぶ官道（かんどう）が設けられる。官道とは、公権力によってつくられた道路のことをさす。その土地の地形の変化に応じて曲折させる自然発生的な道路とは異なり、古代官道の多くは直線的な道路が多い。古代交通や道路研究の対象は国家権力によって制度化された駅伝制（えきでんせい）など、律令制成立後の古代交通に関する場合が多い。本節では、葛城地域の律令期前後の状況も含めた交通路を対象にみていきたい。

研究小史　大和における本格的な道路研究は、岸俊男氏によって開始された［岸　一九八八］。岸氏の研究は、

表『古事記』『日本書紀』における「大坂」及び道路関係記事一覧

元号	西暦	主なできごと	文献
崇神段		宇陀の墨坂神に赤色の楯矛を祭り、又大坂神に黒色の楯矛を祭り…	『古事記』
崇神9年		三月、天皇の夢の中に神人が現れ、「赤盾八枚、赤矛八竿を以て墨坂神を祠れ。亦黒盾八枚、黒矛八竿を以て大坂神を祠れ」と告げた。この夢告に従い、同年四月に墨坂神·大坂神を祀った。	『日本書紀』
崇神10年		各道を分りて、夫（おとこ）は山背より、婦（め）は大坂より、共に入りて帝都を襲はむとす（武埴安彦将謀反）	『日本書紀』
		九月、墓は昼は人が作り、夜は神が作った。大坂山の石を運んでつくった。山から墓に至るまで人々が列をなして並び手渡しをして運んだ。時の人は歌った。大坂に 継ぎ登れる 石むらを 手ごしに越さば 越しかてむかも（箸墓造営）	
垂仁段		即ち曙立王、兎上王の二柱を其の御子に副へて遣はしし時、那良戸よりは跛盲遇はむ。 大坂戸よりも亦跛盲遇はむ。只木戸ぞ是れ掖月の吉き戸とトひて出て行かしし時…	『古事記』
応神段		如此（かく）歌ひて幸行（い）でましし時、御杖を以ちて大坂の道中の大石を打ちたまへば、其の石走り避（さ）りき。	『古事記』
仁徳紀		是歳、大道を京の中に作る。南の門より直に指して、丹比邑に至る。	『日本書紀』
仁徳紀		つぎねふ　山背河を宮泝り　我が泝れば　青丹よし　那羅を過ぎ　小楯　倭を過ぎ　我が見が欲し国は　葛城高宮　我家（わぎへ）のあたり	『日本書紀』
履中天皇即位前紀		太子、河内国の埴生坂に到りまして醒めたまひぬ。難波を顧み望む。火の光を見して大きに驚く。即ち急に馳せて、大坂より倭に向ひたまふ。飛鳥山に至りまして、少女に山口に遇へり。問ひて曰はく、「此の山に人有りや」とのたまふ。対へて曰さく、「兵を執れる者、多い山中に満めり。廻りて当摩径を踰えたまへ。」	『日本書紀』
推古21年	613	掖上池、畝傍池、和珥池作る。又難波より京に至るまでに大道を置く。	『日本書紀』
白雉4年	653	処処の大道を脩治る。	『日本書紀』
白雉5年	654	十二月壬寅朔己酉。《八》大坂磯長陵	『日本書紀』
天武元年	672	壬申の乱（上・中・下南北三道の史料上の初現）	『日本書紀』
天武5年	676	天武天皇藤原京の造営を開始（この頃から、七道駅路の整備はじまる。）	『日本書紀』
天武11年	682	是の月に、初めて関を竜田山、大坂山に置く。	『日本書紀』
天平15年	743	免官奴斐太従良。賜大友史姓。斐太始以大坂沙治玉石之人也。	『続日本紀』

『日本書紀』壬申の乱の軍事行動記載をもとに道路網を復元し、史料や遺跡の分布も含めた多角的な検討を行なった。その後、大和と河内を結ぶ幹線道路は多くの研究がなされ、竹内街道（竹内峠越え）は、我が国最初の国道として、『日本書紀』の記述をもとに、国土交通省によって歴史国道として指定されるなど、竹内峠越えのルートに注目されることが多い。大和と河内を結ぶ道は、竹内越えのみではない。近江俊秀氏は、履中即位前紀には、竹

内峠越えのルートが「当麻径」（径＝小道）と表現されていることや天武紀に竜田と大坂に関が置かれているが、竹内に関が置かれた記事がないことに注目し、標高二八八ｍを越える竹内峠越えのルートは蘇我氏の全盛期など特定の時期に限って「大道」（近江氏の説明）と呼ばれ、蘇我氏滅亡後は標高一四〇ｍと低く緩やかな傾斜面となる穴虫越えルートが選択された可能性を指摘する［近江 二〇一二］。壬申の乱では、大海人皇子側にたっていた坂本臣財軍の軍事行動記録などに、石手道、大坂（道）、竜田（道）、厩坂道、大津道、丹比道が列挙され、いずれも大和における交通の要衝地が記載されるなど、七世紀後半には様々な路線があったことが推測される。

交通網の敷設時期は、『日本書紀』推古二一年（六一三）に難波と京を結ぶ大道の設置記事とみられるが、『古事記』崇神段に記載される、墨坂神と大坂神を祀る記事など、先行する道路網の存在が考えられる［近江 二〇〇六］。竹内遺跡（葛城市）では、横大路と併行する五世紀後半から六世紀の溝が長さ約二二〇ｍにわたって存在することが確認されており［葛城市歴博 二〇一三］、正方位の直線道路の敷設とはわける必要があるものの『古事記』の記事とあわせて七世紀以前の前身道路が存在する可能性は高い。

先行する道路網の存在は、二上山産の凝灰岩からも考えられる。二上山の周辺は、奈良時代に「大坂白石」（『正倉院文書』「造法華寺金堂所解」）といわれた凝灰岩の産地である。凝灰岩は、柔らかく加工しやすいという特性がある。二上山産の凝灰岩は近隣の古墳にも使用されたが、牡丹洞や鹿谷寺付近の凝灰岩は平野塚穴山古墳（香芝市）、高松塚古墳（明日香村）などの石槨の構築部材となり、大安寺（奈良市）などの寺院の基壇化粧石などにも使われる［香芝市二上山博 一九九五］。石の運搬については、『日本書紀』崇神一〇年、箸墓

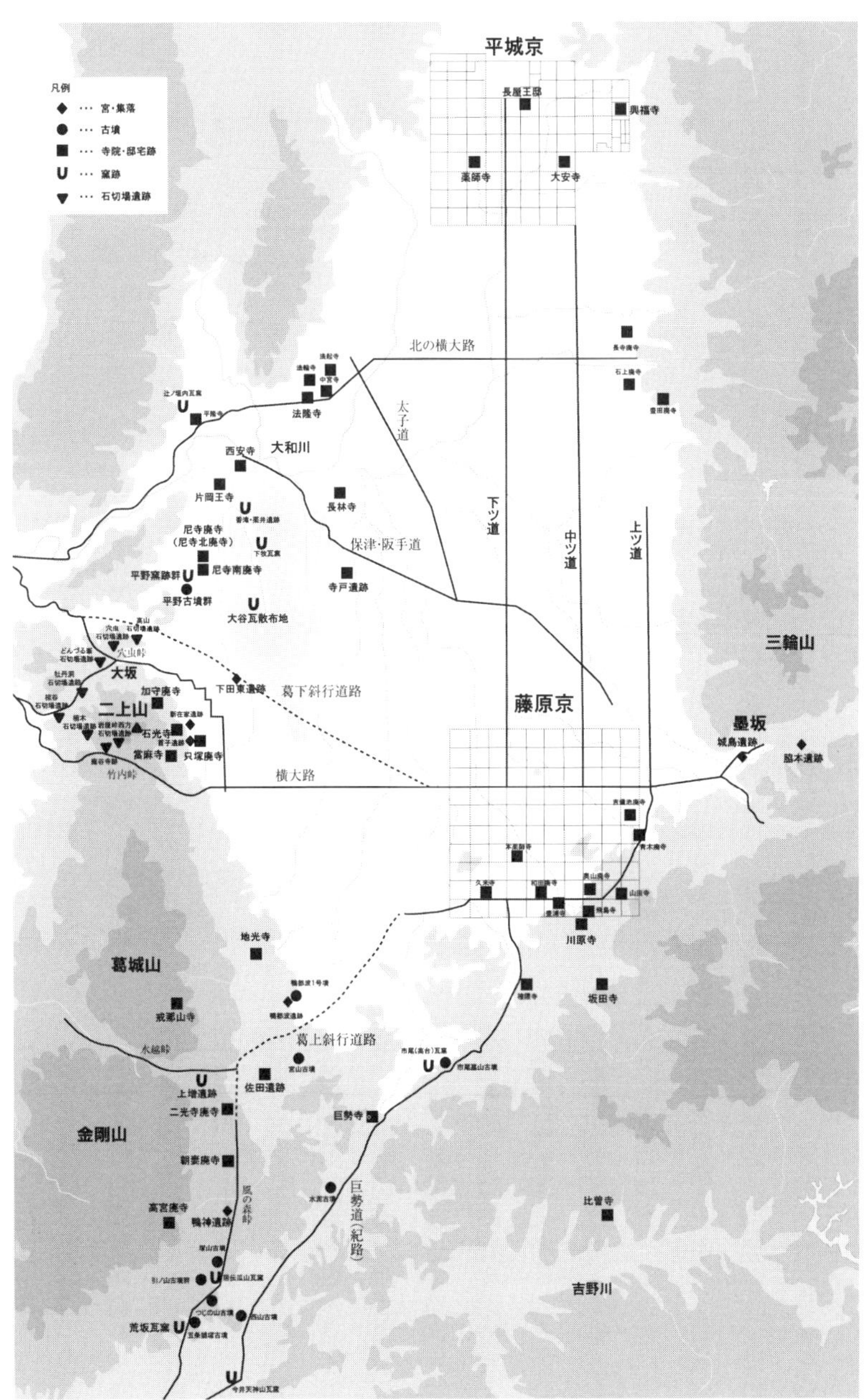

図１　関連する遺跡と古墳・道路

図２　葛上斜行道路と周辺の遺跡

古墳（桜井市）の築造に際して、「手ごし」（手渡し）で「大坂山」の石を運んだ記述があり、発掘調査からは芝山（玄武岩）の板状石材が出土している。三ツ塚古墳（大阪府藤井寺市）で巨大な石材など重いものをのせて運ぶための修羅がみつかっているが、どのような手法で運ぶにしろ、水運や陸運を用いた運搬ルートの確保は必要であり、そのための道が律令期以前でも存在したものと思われる。

葛上斜行道路　葛城に関する記事のなかで、『古事記』『日本書紀』に記載される雄略天皇が、葛城山に狩りに出かける際、一言主と出会い、狩りが終わると一言主は天皇の宮、久米川まで送ったという。雄略天皇が住んだ泊瀬朝倉宮は、脇本遺跡（桜井市）と考えられ、これらの記事から磯城・磐余、軽、葛城を結ぶ道路が存在すると想定される。歴史地理学者の秋山日出男氏は、葛上郡内を方位と関係なく斜行するという意味で「葛上斜行道路」と名付け、復元された［秋山 一九七五］。この沿線上に所在する川原寺の瓦をつくった荒坂瓦窯（五條市）にも注目され、瓦のような重量物を運ぶ、飛鳥にいたる主要道路と推測された。この沿線と巨勢路の関係は、沿線に所在する古墳の時期から、葛上斜行道路沿線の方がやや古いと評価される。その後、葛上斜行道路の延長で、全国的にも数少ない古墳時代の道路遺構が御所市で発見される。鴨神遺跡である（図3）。

鴨神遺跡の道路遺構　丘陵の裾部に沿って、幅約二・七m前後、総延長一三〇mにわたって道路の遺構が検出された。道路の勾配が急にならないことや基底にバラスを敷き詰めたり、路面下に暗渠を通すなど、状況に応じた路面構造のつくりわけが行なわれる。この道路の行き着く先は、紀ノ川の下流域にも相当し、当時の外交窓口のひとつとして機能していたとされる鳴神遺跡（和歌山県和歌山市）につながる。この道路は、五世紀前半から六世紀にかけての大和と紀伊地方を結ぶ幹線道路であった可能性が指摘される［近江 二〇一二］。元々は、自然発生的な路線だったものを、主要道路網のなかに取り入れ、整備・改修し、公的な性格をもった道路と考えられる。

図3　鴨神遺跡の道路遺構全景

鴨神遺跡から南に進むと風の森峠、塚山古

墳、つじの山古墳、五条猫塚（ごじょうねこづか）古墳など五世紀から六世紀にかけての古墳が点在し、外国製の副葬品を複数出土している。和歌山から奈良へ入る沿線上に立地することから、多くの研究者によって朝鮮半島との外交や外国の文物を輸送した被葬者（ひそうしゃ）が考えられている。このルートでは、大阪側を経由せずに大和へといたることに特徴がある。

2　葛城地域北部（葛下郡）の路線

葛下斜行道路　大阪側を経由する交通路のひとつに、馬見（うまみ）丘陵南端部から方位と関係なく直線的に斜行する道路として葛下（かつげ）斜向道路が秋山日出男氏により復元された［秋山　一九七五］。これは文献記録から広瀬郡内に所在した川原寺の瓦窯が、馬見丘陵内に所在したとし、葛上斜行道路と同様に葛下郡内にも斜行道路の存在が指摘される。どちらも斜向道路沿線の重要地域に渡来人（とらいじん）を配置し、彼等のもつ先進文化をもって地域の開拓を進めたと解された。

葛下斜行道路周辺の地理的環境には、旧石器から弥生時代まで石器の素材として用いられたサヌカイトが産出する二上山北麓地域が含まれる。旧石器時代では、日野（ひの）遺跡（岐阜県）、上白井西伊熊（かみしろいにしいくま）遺跡（群馬県）で瀬戸内技法がみられるなど［香芝市二上山博　二〇一四］、遠隔地との交流の様相がうかがわれる。こうした事実は、葛城北部における石器生産地としての特性を活かした人とモノの移動がある程度活発に行なわれていたものと想定できる。縄文時代では、桜ヶ丘（さくらがおか）第１地点遺跡（香芝市）で、長野県霧ヶ峯（きりがみね）産の黒曜石、狐井（きつい）遺跡（香芝市）では、サヌカイトでつくられた関東地域に多い石鏃の形態とともに諸磯式などの関東系の土器の存在、下田東遺跡（香芝市）からは、加曾利Ｂ１式（関東系）や芥川式（山陰系）などの他地域系の土器の出土がみられる。弥生時代では、社会モデルとして成り立っていたかは議論の余地があるが、集落経由であったとしても、二上山地域のサヌカイトは石器の素材として、広範囲にわたる。これらはサヌカイトという石器素材を原料とした、ある程度の人とモノの行き来を想定することは可能と考えられる。

古墳時代の馬見丘陵南西部の古墳との関連について関川尚功氏は、「新山古墳など馬見古墳群の前期古墳がほぼこの葛下斜向道路に沿っているという事実は、おそらく古墳群成立の重要な要件」とし、馬見古墳群の要地が意図的に選定され、その道路の利用も早かったと指摘する［関川 二〇一六］。たしかに、七世紀中葉から後半にいたって、押坂彦人大兄皇子の「成相墓」、茅渟王の「片岡葦田墓」、高市皇子の「三立岡墓」など、大兄・皇太子クラスの人物の墓がこの地に求められている事実は、河内と通じる地理的有利差を示唆する（第三節で詳述）。つぎに葛下斜行道路の沿線に立地する遺跡を紹介したい。

下田東遺跡の特性　下田東遺跡は、馬見丘陵南西裾の平野部に広がる遺跡である。これまでの発掘調査によって、五世紀から一〇世紀の整然と並ぶ建物群や建物を囲むような塀及び区画溝が検出され、出土遺物などとあわせて官衙施設の存在も推測される（図４）。

出土遺物のなかで特徴的な資料のひとつに、数多くの瓦がある。なかでも川原寺で出土する瓦の特徴に近い一群は、川原寺軒丸瓦Ｃ種、四重弧文軒平瓦は軒平瓦Ｃ種に酷似し、丸・平瓦、凸面布目平瓦も川原寺出土例に近く、川原寺と何らかの関係があったことが想定される。ところで、川原寺の瓦は、当初荒坂瓦窯で生産されていたが、その後に生産地が変わったことが指摘される。『平安遺文』や『東寺文書』「弘福寺三綱牒」の川原寺（弘福寺）に関する記述には、「瓦山」「瓦竈」の記述があり、広瀬郡の川原寺領内に瓦窯の存在が考えられている［網干 一九六二、小谷 二〇〇九など］。近年、窯跡と考えられている広瀬郡内に位置する大谷瓦散布地（上牧町）では、川原寺式の四重弧文軒平瓦C種などが表採されており［前田ほか 二〇一四］、下田東遺跡からみつかった瓦との関連性が考えられる（図5）。

　川原寺の特徴をもつグループ以外に、平城宮式同笵（同じ型）の軒瓦や河内妙見寺同笵軒丸瓦、仏陀寺（大阪府太子町）式の塼、鳥坂寺（大阪府柏原市）に類似した鴟尾など、飛鳥・平城・河内とつながりのある瓦がみ

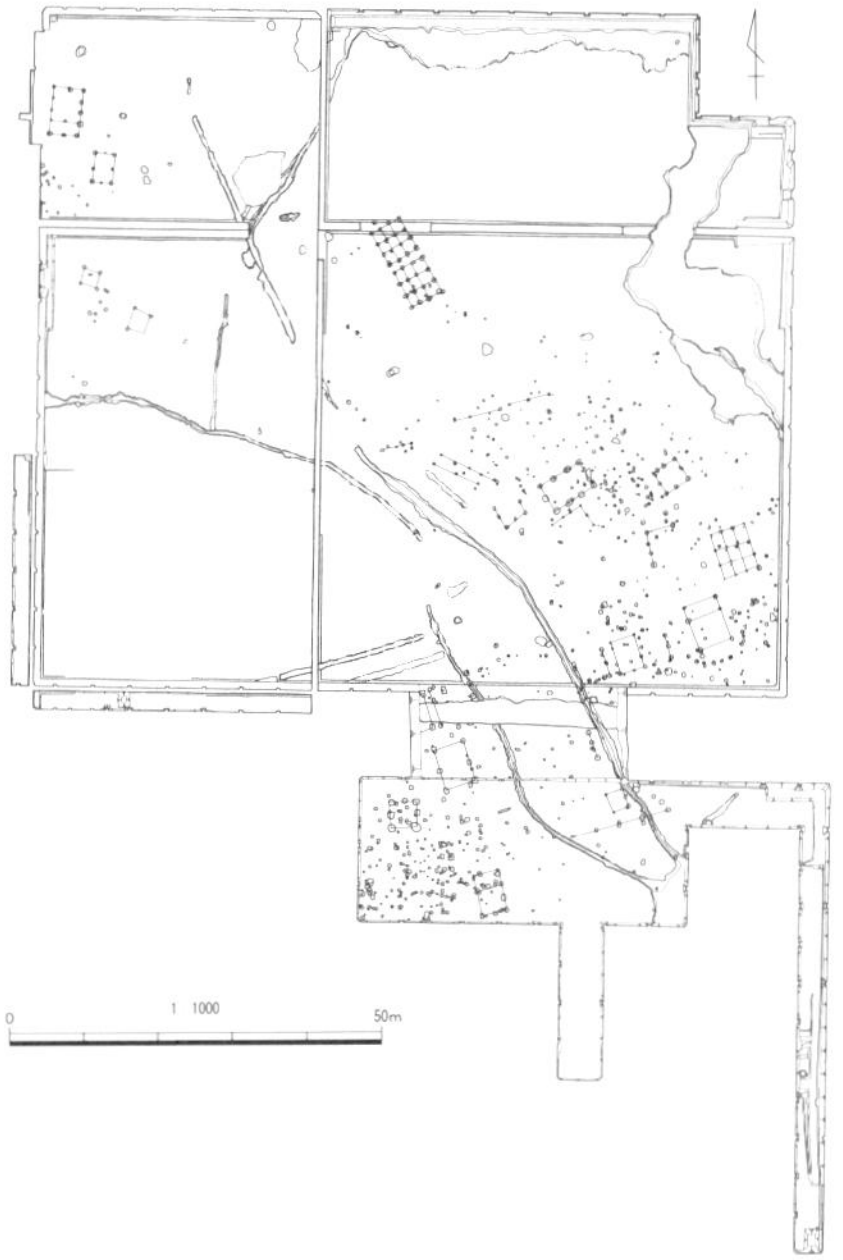

図4　下田東遺跡の建物群（7世紀代）

図5　複弁八弁蓮華文軒丸瓦（川原寺式）
四重弧文軒平瓦

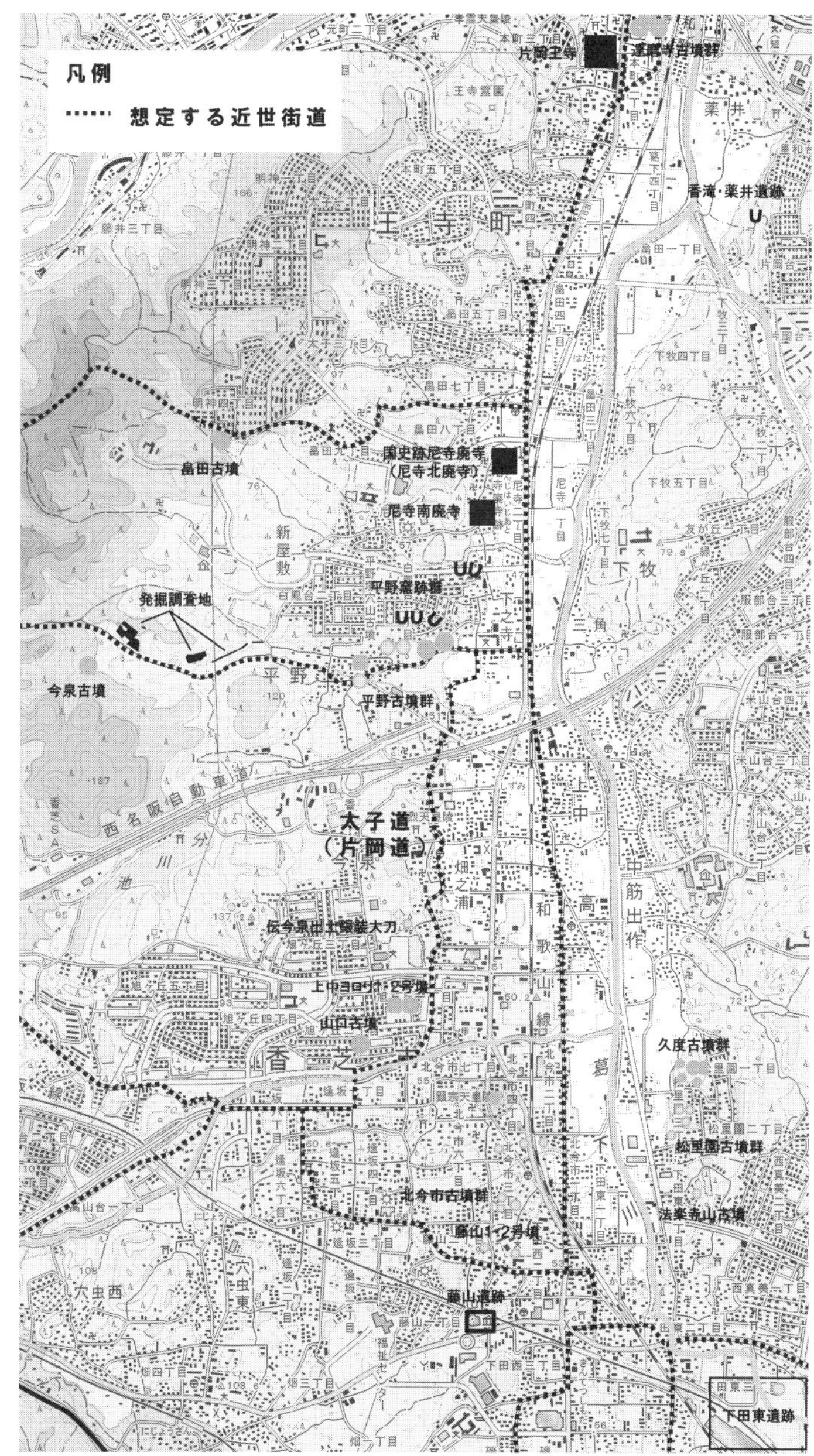

図６　関連する近世街道と遺跡

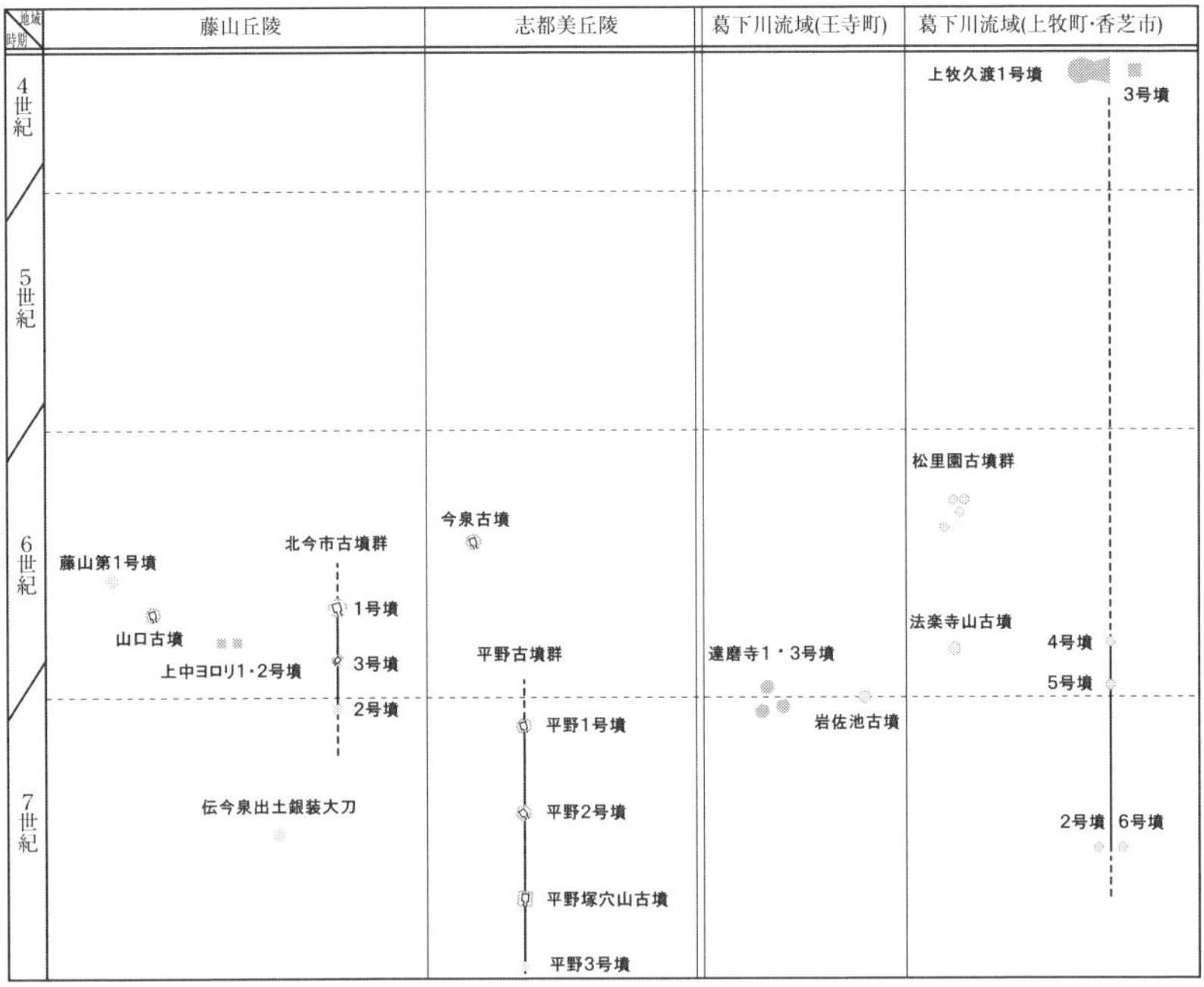

時期＼地域	藤山丘陵	志都美丘陵	葛下川流域(王寺町)	葛下川流域(上牧町・香芝市)
4世紀				上牧久渡1号墳、3号墳
5世紀				
6世紀	藤山第1号墳、山口古墳、上中ヨロリ1・2号墳、北今市古墳群（1号墳、3号墳、2号墳）	今泉古墳、平野古墳群	達磨寺1・3号墳、岩佐池古墳	松里園古墳群、法楽寺山古墳、4号墳、5号墳
7世紀	伝今泉出土銀装大刀	平野1号墳、平野2号墳、平野塚穴山古墳、平野3号墳		2号墳、6号墳

図7　葛下川西側付近における古墳の変遷

つかっている。この瓦の存在は、遺跡内あるいは周辺に瓦葺きの建物や瓦窯の存在が考えられるが、関連する遺構や焼成不良品などの遺物はみつかっていない。下田東遺跡の立地は、葛下川の水運や穴虫峠に接続すると考えられている葛下斜行道路の陸運など、交通の要衝地に位置している。近在する複数地域からの製品の存在は、立地上の特性を活かした様々な物資が集まる流通の拠点であった可能性が考えられる。

古墳と近世街道　葛下斜向道路よりも北側の路線を考えてみたい。葛城地域北部は、群集墳の構造をとらず、平野部から山中を含めて古墳が点在する様相がうかがえる（図6）。古墳の築造時期は、六世紀中頃になってからの開発が著しい（図7）。山中に立地する古墳のうち、発掘調査の行なわれた畠田（はたけだ）古墳は七世紀初頭に築造された両袖式横穴式石室（りょうそでしきよこあなしきせきしつ）で、盗掘にあっていたものの金環や金銅製刀装具などが副葬品として納められていた。立地環境から地域の開発に関与した被葬者が考えられている［王寺町編　一九九八］。同じ山中に立地する六世紀中から後半頃と考えられる今泉古墳の北側で行なわれた発掘調査では、「永正十六年卯月廿日」とヘラ書きのある硯や焼失した掘立柱建物や土器が出土し、中近世と思われる通路状遺構が検出された［香芝市教委　二〇一五］。古墳時代の遺構はないものの永正一六年（一五一九）の硯から中世段階までさかのぼることがわかる。

古墳時代後期からの主要な古墳が近世街道の沿線に点在する傾向を示すことは当地における土地利用や空間構造を把握するうえでも重要である。古墳時代の道路は、直線的かつ幅が広いというような明確な特徴はないが、その後の道路や峠道などと重なる場合が多い。壬申の乱などの記載を考慮すれば、通過が容易な低地ではなく、展望の利く尾根筋などの軍事的観点により選ばれた可能性もある。七世紀中頃は、孝徳朝難波宮造営の時期にあたり、奈良盆地と河内・難波へといたるルートが注目されなかったはずもなく、天武朝の時期には大坂関が置かれるなど、大和盆地西の入口としての立地上の特性による注目度は高かったものと考えられる。

こうした大和と河内を結ぶ交通の利便性は、奈良時代にもつづく。平城京内の発掘調査でみつかった長屋王邸宅跡から、大量の木簡が出土した。長屋王は多くの御田・御園を所有しており、大和だけでなく、河内にも多く所有していた。経営のために自ら赴いたり、使者を派遣するなどして、管理していた。長屋王家木簡によると、家政機関の職員がそれらの経営のために赴き、米や蕪菁類をそこから日常的に王家に搬入している様子がうかがわれる［舘野　一九九八］。そのため、御田・御園の立地は交通とも密接な関係にあり、収穫物の輸送や経営のための人の往来を考えれば当然のことともいえる。葛下郡北部も「片岡御園」と呼ばれ、蕪（かぶら）類を長屋王邸に搬入していた。こうした奈良時代にもつづくことは、六世紀頃からの著しい開発が始まった葛城北部では、その立地的特性を活かした様々な往来の痕跡をみることができる。

参考文献　※発掘調査報告書は多岐に亘るため割愛

秋山日出男　一九七五「日本古代の道路と一歩の制」『橿原考古学研究所論集』吉川弘文館
足利健亮　一九八五『日本古代地理研究』大明堂
網干善教　一九六二「北葛城郡広陵町下牧　瓦窯跡」『奈良県史跡名称天然記念物調査抄報』一五　奈良県教育委員会
市　大樹　二〇一九「躍動する飛鳥時代の都」『古代の都　なぜ都は動いたのか』岩波書店
石母田正　一九七一『日本の古代国家』岩波書店
岩本次郎　二〇〇一「木上と片岡」『研究論集Ⅻ　長屋王・二条大路木簡を読む』
王寺町編、奈良県立橿原考古学研究所　一九九八『畠田古墳』王寺町文化財調査報告書一
近江俊秀　二〇〇六『古代国家と道路　考古学からの検証』青木書店
近江俊秀　二〇〇八『道路誕生―考古学からみた道づくり―』青木書店
近江俊秀　二〇一二『道が語る日本古代史』朝日新聞出版
甲斐弓子　二〇一〇『わが国古代寺院にみられる軍事的要素の研究』雄山閣
香芝市教育委員会　二〇一五『香芝市埋蔵文化財発掘調査概報』三〇
香芝市二上山博物館　一九九五『二上山麓の石が語る世界―女王・卑弥呼から太閤秀吉まで―』第七回特別展図録
香芝市二上山博物館　二〇〇五『古代大坂越えの道と大坂の神』平成一七年秋季企画展図録
香芝市二上山博物館　二〇〇八『聖徳太子と信仰の路　太子道・斑鳩と磯長を結ぶ道』平成二〇年秋季企画展図録
香芝市二上山博物館　二〇一四『二上山と岩宿―関西と北関東の旧石器文化―』平成二六年度特別展図録
香芝市二上山博物館　二〇一九『聖徳太子と古代王家―片岡・広瀬地域の開発―』令和元年度特別展図録

葛城市歴史博物館　二〇一三『竹内街道の成立　大道を置く』平成二五年秋季企画展図録
川畑　純　二〇一五「解題　五條猫塚古墳」『五條猫塚古墳の研究　総括編』
岸　俊男　一九八八『日本古代宮都の研究』岩波書店
木下　良　一九九一「古代官道の軍事的性格」『社会科学』四七
小泉敏夫　一九八八『石器のふるさと香芝』（二〇〇六年新装版発行）
小谷徳彦　二〇〇九「川原寺の創建瓦」『古代瓦研究Ⅲ―川原寺式軒瓦の成立と展開―』奈良文化財研究所
関川尚功　二〇一六「馬見古墳群の成立と新山古墳」『塚口義信博士古稀記念　日本古代学論叢』和泉書院
高島秀之　二〇一六「古墳時代の道路」『日本古代の交通・交流・情報３　遺構と技術』吉川弘文館
千田　稔　一九八四「大坂道と大坂山の関の比定試考」『竹内街道（二上山麓の道）』奈良県文化財調査報告書四三
辰巳和弘　一九七二「平郡氏に関する基礎的考察（下）」『古代学研究』六五　古代学協会
舘野和己　一九九八『日本古代の交通と社会』塙書房
田名網宏　一九六九『古代の交通』吉川弘文館
塚口義信　一九九一「奈良県香芝町藤山遺跡をめぐる二、三の臆説―覚え書きとして―」『関西大学博物館学課程創設三十周年特集』
西垣　遼　二〇一九「香芝市下田東遺跡の特性と意義」『ふるさと上牧の歴史遺産―上牧銅鐸と上牧久渡古墳群―』上牧町教育委員会
藤田和尊　二〇〇一「鴨都波一号墳と葛城」『鴨都波1号墳　調査概報』学生社
前田俊雄・絹畠歩・松吉祐希　二〇一四「北葛城郡上牧町久渡古墳群周辺における踏査の採集遺物について」『青陵』一三九
森村健一　一九九四「堺市発掘の難波大道と竹ノ内街道」『季刊考古学』四六
安村俊史　二〇一二「推古二一年設置の大道」『古代学研究』一九六　古代学協会
山田隆文　二〇一八「奈良県北葛城片岡地域にみられる斜向地割―仮称「片岡道」の復元―」『泉森皎先生喜寿記念論集』
和田　萃　一九七九「紀路と曽我川」『古代の地方史』三　畿内編　朝倉書店

第3節　仏教の受容と飛鳥時代寺院

西垣　遼

1　古代寺院の所在と造営者

仏教の受容　日本への仏教伝来の年は主に二説知られる。一説は、朝鮮半島の百済から宣化三年（五三八）に伝来したとする説で、百済の聖明王が仏像・経典・僧等を送り、それらを蘇我稲目に授けたことが記される（『元興寺伽藍縁起幷流記資財帳』『上宮聖徳法王帝説』）。もう一説は、欽明一三年（五五二）に百済の聖明王が仏像・幡蓋・経典を贈り、蘇我稲目が小墾田の家に仏像を安置し、向原の家を寺とする説である（『日本書紀』）。こうした伝来の背景には、朝鮮半島で新羅が領土を拡大していくなかで、百済が日本への積極的な支援を求めて伝えられたものとみられる。

仏教伝来後の約半世紀の間は蘇我氏を中心に信仰される。日本における仏教の本格的な受容は、用明二年（五八七）、崇仏派の蘇我氏と反対派の物部氏による武力衝突（丁未の変）において、蘇我馬子が戦いのなかで寺院造立を誓願し、勝利してからになる。この翌年（五八八）に、日本で最初の本格的な寺院となる飛鳥寺が建立され、その後、日本列島各地に寺院が建立されていく。推古二年（五九四）、推古天皇によって仏教を奨励する「三宝興隆の詔」が出され、推古三二年（六二四）には全国に四六ヶ寺があったという。大化元年（六四五）、仏教施策を主導していく蘇我本宗家が滅亡し（乙巳の変）、仏教施策は国家主導で推進される。孝徳天皇や天武天皇のころには寺院造営を奨励する詔が出され、持統六年（六九二）には全国の寺院の数は五四五ヶ寺あったと記録される（『扶桑略記』）。仏教伝来から約一〇〇年の間に寺院の数は爆発的に増え、飛鳥時代を通じて仏教が普及した様相がうかがわれる。寺院造営には飛鳥寺で約二〇年かかるなど、長期間に及ぶ。そのため、造営期間中の費用やその土地支配が可能な人物による造営に限られ、特に仏教の導入初期は、有力氏族や天皇、皇子などの人物などによる建立がきっかけとなる場合が多い。

瓦の来た道　仏教が大陸から朝鮮半島を通じて日本列島へ、中央から地方へと伝播する状況は様々な文献の記録からみることができるが、寺院跡から出土する考古資料がもつ情報も重要となる。特に、中国南北朝時代に普及した、仏教の象徴である蓮華文をデザインした瓦（図1①）は、東アジア各地にみられ、仏教伝播のルートを示す。朝鮮半島で蓮華文をもつ瓦は、三国時代（四世紀）に出現するが、高句麗・百済・新羅の瓦には各国、独自の個性をみることができる（②・③）。日本に伝わった瓦が百済の瓦に類似する点は、『日本書紀』に記載される百済から日本へと仏教が伝来したという記録と一致する。飛鳥寺の造営以降（④・⑤）、全国に寺院造営の波が広がり、この状況も瓦の文様によってうかがうことができる。ただし、新羅の花弁にみられる軸線の表現は中国南朝や日本の豊浦寺の瓦（⑥）にもみることができ、中国、新羅、日本へという仏教伝播のルートを物語り、技術の伝播はひとつのルートだけではないことをあらわす。

七世紀中頃には、天皇が発願した最初の寺である百済大寺（舒明一一年・六三九）が造営され、それにとも

①中国南朝　素弁蓮華文軒丸瓦

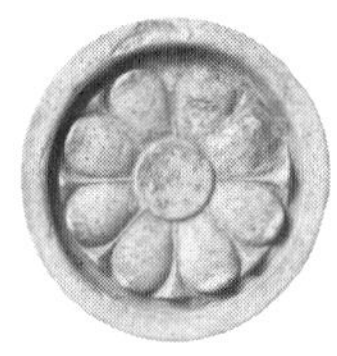
②龍井里廃寺（三国時代：百済）素弁蓮華文軒丸瓦

③北朝鮮平壌市（三国時代：高句麗）蓮蕾文軒丸瓦

④飛鳥寺　素弁蓮華文軒丸瓦（花組）

⑤横井廃寺　素弁蓮華文軒丸瓦（星組）

⑥豊浦寺　素弁蓮華文軒丸瓦

⑦山田寺　単弁八弁蓮華文軒丸瓦

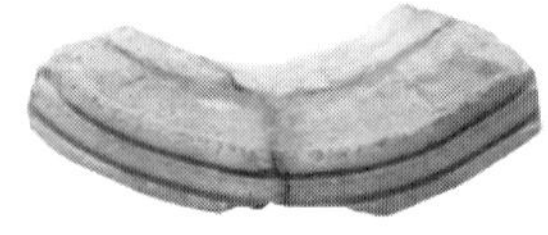
⑧西安寺　三重弧文軒平瓦

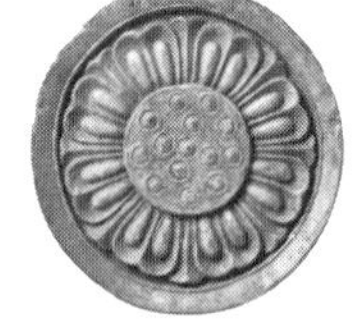
⑨川原寺　複弁八弁蓮華文軒丸瓦

⑩長林寺　複弁八弁蓮華文軒丸瓦

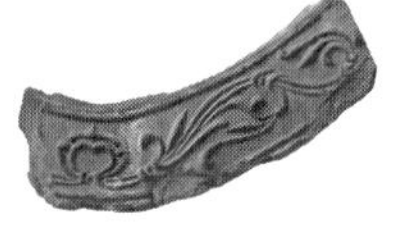
⑪法隆寺　均整唐草文軒平瓦

⑫本薬師寺　複弁八弁蓮華文軒丸瓦

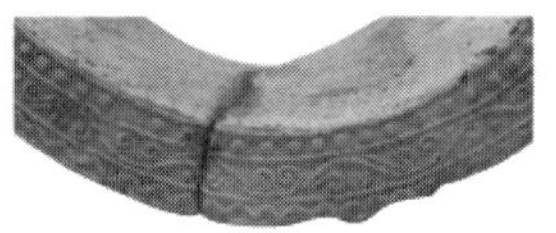
⑬藤原宮　偏向唐草文軒平瓦

図１　関連する東アジアの軒瓦

ない、新たな文様が登場（単弁蓮華文）し、以降、百済大寺に類した文様が展開する。蘇我倉山田石川麻呂が舒明一三年（六四一年）に創建した山田寺の瓦（⑦）にもその特徴があらわれる。この時期から軒丸瓦に加えて軒平瓦の使用も普及し、その流行は七世紀後半につづく。七世紀後半には川原寺で新たな文様（複弁蓮華文、⑧・⑨）が採用され、各地に展開する。川原寺の文様を基本として、斑鳩の法隆寺で創作された文様も各地に展開し、寺院の造営が波及されていく様相をうかがうことができる。この時期の軒平瓦のうち法隆寺では均整唐草文軒平瓦が組み合う（⑩・⑪）。天武九年（六八〇）に造営が始まった藤原京・薬師寺の軒丸瓦は連珠文、軒平瓦は唐草文を採用する（⑫・⑬）。こうした意匠は朝鮮半島を統一した新羅にもみられ、その強い影響がうかがえる。薬師寺の文様は、はじめて宮殿に瓦を採用した藤原宮にも採用され、つぎの都、平城宮の瓦にも継承されていくことになる。

このように、瓦の文様は仏教と政権との関係を深く結びついており、時代とともに変化していく様相がみれる。

葛城の飛鳥時代と造営者　葛城地域内の古代寺院の特徴と造営者を寺院ごとに列挙すると、膨大な分量となるため、別表に簡易的にまとめる（表1）。地域内を概観すると、共通した特徴は交通路を意識した伽藍配置になることであろう。森郁夫氏は、交通路の掌握は政権保持者の重要課題と位置づけられ、古代寺院の立地と出土瓦から交通路掌握の様相がわかるとする［森　一九九八］。人の出入りを考えると当然かもしれないが、葛城地域では南を意識した寺院配置というよりも交通路に面した東面もしくは西面に造営されることが多い。

葛城地域の古代寺院は、その分布からいくつかの地域区分がなされる。巨勢寺の位置する巨勢谷地域、朝

壇（梁行）（東南北）	講堂基壇（梁行×桁行）（東西×南北）	回廊（梁行・桁行）（東西×南北）	素弁系軒瓦	単弁系軒瓦	複弁系軒瓦	石仏塼仏	その他	他地域との交通路	備考
× 5 間 × 10.2m） × 12.18m 乱石積	—	上端幅 4.8m	若草伽藍	忍冬蓮華文	川原寺式 重弧文	—		大和川	塔・金堂ともに 1 尺 30.0 cm。塔は法隆寺西院五重塔とほぼ同規模。※未検出の中門の位置によっては西面、大和川との関係から北面の可能性も残る。
			若草伽藍	若草伽藍	重弧文	—		大和川	
以上 14m	—	—	—	坂田寺	川原寺式 藤原宮式	—		穴虫越 （大坂）	坂田寺 5A 類似軒瓦及び法隆寺若草伽藍 213B から、7 世紀前半に小規模仏堂を認めることも可能。近隣から飛鳥 II 型式の土器と掘立柱建物もみつかっており、7 世紀中頃の坂田寺式軒丸瓦と合わせて 7 世紀中頃には創建。
3.6m 16.2m	北もしくは西側の「香塔寺」に存在した可能性	単廊幅 約 5.9m 約 44.8m × 南北 71.4m	四天王寺	坂田寺	川原寺式 凸布瓦 藤原宮式	—		穴虫越 （大坂）	四天王寺同笵軒瓦から、7 世紀前半に小規模仏堂を認めることも可能。現存日本最大級の塔心礎。塔は 1 尺 29.5 cm。
角堂	—	北遺跡 1 辺 28.5m・ 幅 2.7m	—	—	岡寺式葡萄唐草 興福寺式	方形三尊塼仏		穴虫越 （大坂） 竹内越	岡寺とは瓦以外にも山中に任意に堂塔を配置する伽藍のあり方が似る［葛城市歴博 2016］。
陣） × 2 間 × 4 間 基壇	—	—	—	○	川原寺式 重弧文 藤原宮式	石仏（凝灰岩製）十二尊連坐・方形三尊・三角柱状五連尊・大型多尊塼仏	文様塑壁	竹内越	現存最古の丸彫り石仏。前身建物を改築して弥勒堂を建てており、これを仏堂に当てる。北東 200m に位置する新在家遺跡から同笵軒瓦が出土しており、造営か修理時の資財置き場とされる。小字「郡正」や禁野の可能性から、王家との関連が考えられる。
× 5 間 × 12m） × 13m	北側の掘立柱建物が想定	—	若草伽藍	—	川原寺式 凸布瓦 横縄叩き 重弧文	石仏（新羅系）十二尊連坐塼仏	鬼面文隅木蓋瓦	竹内越	5 世紀後半以降の集落遺跡である首子遺跡の範囲内に位置し、建物基壇の周囲では 7 世紀前半の集落跡が検出される
× 4 間 造り	—	—	—	○	川原寺式 重弧文	塼仏押出仏 大型多尊塼仏		竹内越	『建久御巡礼記』（1191 年）に、麻呂子新皇（麻呂子皇子）が建てたものを、壬申の乱で活躍した当麻真人国見が白鳳 9 年（681）2 月 15 日に寺を移した記載など、似た記載は『上宮太子拾遺記』（15 世紀）などにある。現存最古（奈良時代前期）の凝灰岩製石灯籠。
—	—	—			重弧文 凸布瓦		鬼面文軒丸瓦		出土遺物や文献史料から新羅の影響が窺える。『日本書紀』に忍海は「漢人」の集住地として記載。忍海氏と天智天皇の関係は、天智天皇の后の 1 人に色夫古娘を嫁がせた忍海部造小龍がいる。
—	—	—			重弧文 岡寺式 葡萄唐草		鬼面文軒丸瓦		
—	—	—	—	—	葡萄唐草 （採集品）	—	—		採集瓦のみで古代の様相は不明瞭
?	—	幅 3m			川原寺式 凸布瓦 巨勢寺式 藤原宮式	方形六尊連立塼仏		葛上斜行道路沿線	復元寺域の東限中央付近に小字「ダイモン」から東面する法隆寺伽藍配置。七弁複弁蓮華文軒丸瓦は、佐野廃寺（和歌山県かつらぎ町）に酷似する同系の瓦。立地環境から荒坂瓦窯（五條市）との関係も。
× 4 間 × 17.7m n 前後	—	—			川原寺式 凸布瓦 朝妻廃寺 高宮廃寺	丈六仏小型方形三尊塼仏 方形三尊塼仏 方形六尊連坐塼仏 方形六尊連立塼仏 大型多尊塼仏		葛上斜行道路沿線	方形六尊連坐塼仏の出土例は二光寺廃寺のみ。朝妻廃寺や東漢氏の氏寺と推測される檜前寺と同笵関係にあることから、渡来系氏族が考えられる。
× 4 間 × 9.7m n 前後	—	—			藤原宮式 二光寺廃寺				採集土器から寺院そのものは 7 世紀末の創建。
—	4 間× 7 間 （9.6m × 19.8m） 13.9m × 22.7m	3.25m × 3.8m	奥山廃寺		巨勢寺式 藤原宮式			巨勢路 （紀路）	心礎は檜隈寺跡の心礎とよく似る。『日本書紀』天武天皇朱鳥元年（686）8 月条と出土瓦の記載から 7 世紀後半に伽藍の整備。

表1　葛城地域の古代寺院

旧郡	所在地	地域	寺名（別名）	創建王家・ 氏族人物名	創建年代	伽藍配置	寺院規模 （東西×南北）	塔基壇一辺 基壇化粧
葛下郡	王寺町	片　岡	西安寺跡	大原史	7世紀前半	四天王寺式	37.5m×75m 以上	13.35m 身 6.45m 凝灰岩
			片岡王寺跡	大原史 大原真人	7世紀前半	四天王寺式	―	―
	香芝市		尼寺南廃寺	聖徳太子建立の 「般若寺・葛木尼寺」 蘇我日向建立の「般若寺」 茅渟王建立の 「般若寺（般若尼）・片岡尼寺」 大原真人・片岡女王建立の 「弘導寺」「般若寺」 紀氏創建の「紀寺」	7世紀中頃	法隆寺式？	―	約 12.1m
			尼寺北廃寺 片岡王寺と対になる「片岡尼寺」 地名を関した「片岡僧寺・尼寺」 寺名木簡記載の「般若寺」		7世紀後半 （本格的伽藍）	法隆寺式 （東面）	約 81m× 約 74 ～ 109m	約 13.6m 凝灰岩？ 高約 1.4m
	葛城市	二上山麓	加守廃寺 （掃守寺・『正倉院文書』） （龍本寺・醍醐寺本『諸寺縁起集』） （龍峰寺・『薬師寺縁起』）	【加守氏】（掃守寺別當・ 伊福部男依）	7世紀末 ～8世紀初	変則 （山寺？）	―	16.8m 凝灰岩 高 1.08m
			石光寺跡 （染野寺）	天智天皇？	7世紀後半 （総柱建物→ 須弥壇の建物）	法隆寺式 （東面）	―	三重塔 約 9m 凝灰岩
			只塚廃寺	【当麻氏】 當麻王 （麻呂子皇子） 當麻公豊浜 （當麻公）	7世紀前半 （小規模仏堂） 7世紀後半 （本格的伽藍）	法隆寺式？	約 57m× 約 60m 前後	12m 以内？
			當麻寺	【当麻氏】 麻呂子親王 →当麻真人国見	7世紀末 680年以降	薬師寺式 （南面） （現在は東）	150m×120m	東塔 三重塔 身 5.23m （8世紀後半） 西塔 三重塔 身 5.32m 高 0.81m 凝灰岩 （9世紀）
忍海郡		葛城山麓	地光寺東 （国分尼葛城山施薬院慈光寺由緒・念誦院扁額／明応3年（1494））	【忍海氏】	7世紀末	薬師寺式		東塔 西塔
			地光寺西 （国分尼葛城山施薬院慈光寺由緒・念誦院扁額／明応3年（1494））	【忍海氏】	8世紀前半	四天王寺式？ 法隆寺式？ （東面）	約 40m×？	11.2m 凝灰岩
葛上郡	御所市		戒那山寺 （安位寺、戒那千坊・堺那寺・ 戒那寺）	〔日置造氏〕	―	―	―	―
		金剛山麓	朝妻廃寺	【朝妻氏】	7世紀後半	法隆寺式 （東面）	―	―
			二光寺廃寺	渡来系氏族	7世紀後半	四天王寺式？	―	―
			高宮廃寺 （高宮寺・『日本霊異記』上巻第4縁・『行基菩薩伝』）	渡来系氏族？	7世紀末	―	―	約 5.5m
		巨勢谷	巨勢寺	【巨勢氏】 （巨勢徳陀古臣）	7世紀前半 （小規模仏堂） 7世紀後半 （本格的伽藍）	法隆寺式 （東面）	100m程度×50m	―

妻廃寺や二光寺廃寺などが位置する金剛葛城地域、地光寺が位置する葛城山麓地域、只塚廃寺や石光寺、加守廃寺の位置する二上山麓地域、片岡王寺や西安寺、尼寺廃寺が位置する片岡地域がある。特に穴虫峠（大坂越え）の道を境に南北に区切ってもよければ、穴虫峠より北側の片岡地域は大和川を北限とした敏達天皇系の一族の領域と考えられ［平林 一九八七ａ・ｂほか］、その檀越（寺院の造営、運営を行なう在家の信者、施主）にも敏達天皇系の一族が推測されることが多い。特に片岡地域内は、蘇我氏との血縁関係を全く持たない「押坂王家」とも呼ばれる一族の皇子が古墳の被葬者として考えられるなど、天皇というよりもその子どもや皇子の領域であり、盆地西部に副拠点を設けて開発と交通路の掌握を図ることがこの時期の王家の指向性と評価される［平林 二〇〇二、塚口 二〇〇八、吉川 二〇一一］。

南部では文献記録から有力氏族による建立が考えられるなど、天皇とも一定の関係性をもつ渡来系氏族が檀越となることが知られる。巨勢寺の心礎は、渡来系氏族の東漢氏の造営が考えられる檜前寺とよく似るなど、渡来系氏族同士のつながりも考えられる。只塚廃寺から出土した石仏の頭部と脚部は、石材が周辺では採取できない緑色凝灰岩で、その製作技法に新羅の影響がみられるなど舶載品の可能性も考えられ、渡来系の影響が強いとされる。地光寺出土鬼面文軒丸瓦は、新羅でみられるものと酷似しているとされ、県内では、大官大寺（明日香村）、雷岡北方遺跡（明日香村）、川原寺（明日香村）でみられるなど飛鳥と葛城に分布の偏りがある。葛城氏の始祖である葛城襲津彦は新羅より人を連れ帰るなど、内容が真実かはおいておくにしても、新羅との関係が文献史料と一致する部分もある。複弁五弁蓮華文軒丸瓦や複弁六弁蓮華文軒丸瓦と組み合う葡萄唐草文軒平瓦は岡寺式と呼称され、葛城地域では加守廃寺や地光寺跡でみられる。岡寺式は山中、山麓を中心に位置するという特徴から山林修行を行なう寺院と推測される。地光寺東遺跡は、東西二つの塔心礎から双塔式伽藍配置と考えられる。古代における双塔式伽藍配置は珍しく、奈良盆地内では、石光寺のほかに本薬師寺跡（橿原市）、當麻寺、比曽寺跡（大淀町）の四例のみである。なお、葛城地域南部は、葛城市歴史博物館の神庭滋氏によって詳細にまとめられている［葛城市歴博 二〇一六］。

葛城地域内で七世紀前半段階の軒瓦が散見される。遺構として確認できるのは、七世紀後半の本格的伽藍造営がほとんどだが、巨勢寺や只塚廃寺など、七世紀前半の軒瓦などの存在から小規模な仏堂の存在が考えられる場合もある。遺構として未確認であっても七世紀前半段階の小規模な仏堂の存在をどこまで認めるかは今後の課題となる。

つぎに出土瓦の地域間関係をみていきたい。なお、本節では本格的伽藍造営以前の七世紀前半頃の軒瓦と、川原寺の瓦と影響関係にある瓦、そして葛城地域内で約三〇年間にわたる最長最多の発掘調査が行なわれた尼寺廃寺周辺の開発の状況を事例紹介し、藤原宮式や片岡王寺式など、葛城地域の軒瓦の展開は多岐にわたるが、割愛している。

2　瓦からみた葛城地域の寺々

本格的伽藍造営前夜　寺院造営の初期段階において南北でみられる軒瓦の系統が異なる（303頁図7）。南部では飛鳥寺との関係が確認される。佐田遺跡（御所市）では、葛上中学校付近で飛鳥時代の瓦が採集されている。素弁蓮華文軒丸瓦で、珠点をもつ花弁を九枚並べている。似た軒瓦は、只塚廃寺、巨勢寺でもみられる（301頁図3）。上増遺跡（御所市）でも二ヶ所の瓦散布地が知られ、佐田遺跡と同じ特徴をもつ素弁蓮華文軒丸瓦が出土している。上増遺跡は、遺跡が傾斜地に立地し、水越峠越えの交通路に面する遺跡の立地状況及び周辺環境から瓦窯の可能性が高いとされる［奈良県立橿考研博　一九九九］。飛鳥寺の瓦はその特徴から花弁端に切り込みを行なう「花組」（図1－④）と花弁端に珠点をおく「星組」（図1－⑤）があり、軒瓦の特徴から飛鳥寺「星組」の生産地の可能性をもつ。そのため、飛鳥寺が造営される時期に、造営主体者である蘇我氏と佐田遺跡、上増遺跡周辺の集団との間に密接な関係が想定される［葛城市歴博　二〇一六］。『日本書紀』によると蘇我馬子は葛城県の割譲を要求し、蘇我蝦夷は高宮に祖廟をたてることや、石舞台古墳の縮小版とされるハカナベ古墳の造営など、その影響力がうかがわれる［坂　二〇〇〇］。

北部では大和川南辺の片岡地域の古代寺院で七世紀前半段階の軒瓦が確認できる。片岡王寺では、新羅からの影響をうけたと考えられる素弁蓮華文軒丸瓦がある。このほか、片岡王寺や西安寺では法隆寺若草伽藍（創建時の法隆寺）と関係のある素弁蓮華文軒丸瓦がみつかっている。西安寺では発掘調査によって出土した素弁蓮華文軒丸瓦と法隆寺6Bは同笵（同じ型でつくられた瓦）関係にある（301頁図4右）。西安寺でみつかった法隆寺6Bは笵傷（型を使い続けると生じる傷）の進行と製作技法も異なっているため、法隆寺からの転用品ではなく西安寺のための造瓦と考えられる［岡島　二〇二〇］。この特徴をもった瓦は、法隆寺若草伽藍では金堂の補足瓦として使用され、後続する型式が塔所用瓦となることから、塔が造営される六二〇年代以前の年代が推測される。法隆寺若草伽藍を中心に広がると考えられ、こうした新羅の影響を受けた瓦の流入は、聖徳太子と新羅の関係を反映しているようにも考えられる。聖徳太子が斑鳩を開発するのは推古九年（六〇一）で、推古一三年（六〇五）に遷居している。片岡の開発はその二年後、推古一五年（六〇七）に片岡池の開発があり［廣岡 二〇〇八］、斑鳩の開発と連動している可能性もある。

斑鳩と片岡の関係は、『日本書紀』推古二一年（六一三）一二月、聖徳太子が片岡に遊行した際、飢人に食衣を与えた、片岡飢人伝説または片岡尸解仙説話が記されており、片岡地域と上宮王家との間に全くかかわりがなかった訳ではないことがわかる。『法隆寺伽藍縁起并流記資材帳』には「金銅灌頂壱具」を片岡御祖命が時期不明だが納めたことが記される。これまでは、片岡御祖命を聖徳太子の娘、片岡女王と考えられてきたが、敏達天皇系の糠手姫皇女とする説が有力で［吉川 二〇一六］、斑鳩地域と押坂王家との間にもかかわりがなかった訳ではない。

『大安寺伽藍縁起流記資材帳』によると、田村皇子（舒明天皇）が聖徳太子から熊凝精舎の委任を受け、それが百済大寺建立につながったとする。仏教を通した聖徳太子の一族（上宮王家）と葛城地域北部を開発した押坂王家のかかわりも考えられる。大和川周辺で七世紀前半に古代寺院が造営されるのも、隋使裴世清も通ったとされる外交の窓口のひとつ、大和川に近いという地理的要因にもとづいた、当時の外交施策の一環かもしれない。

尼寺廃寺からは、七世紀前半から中頃の瓦がみられ、尼寺南廃寺出土の坂田寺5Aに類似した単弁六弁蓮華文や型押し忍冬唐草文軒平瓦（法隆寺二一三B）、尼寺北廃寺では四天王寺金堂補修瓦と同笵瓦が出土している（301頁図5）。尼寺廃寺の造営者は、型押し忍冬唐草文から片岡女王と考える意見もあり、両者に上宮

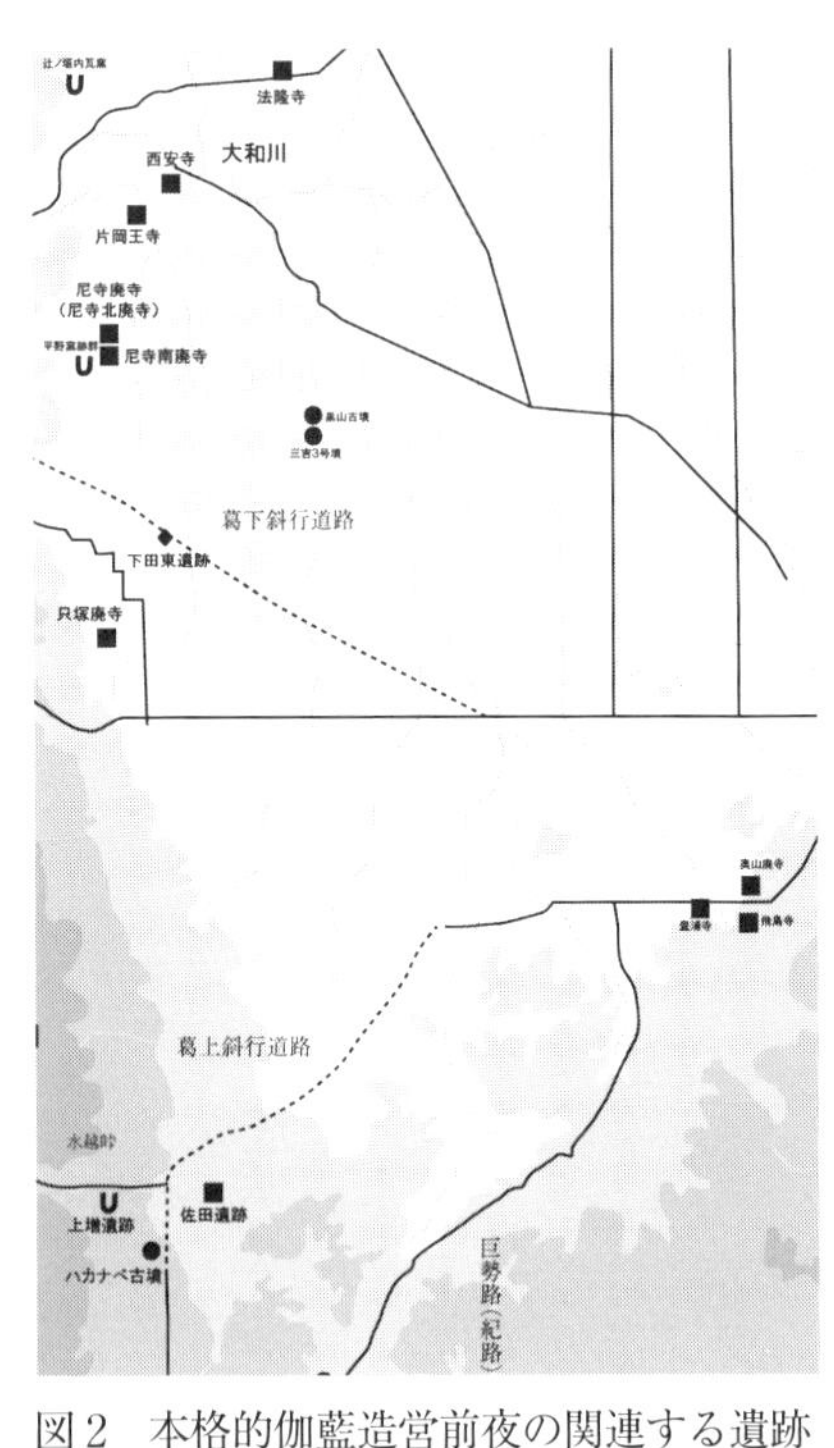

図2　本格的伽藍造営前夜の関連する遺跡

王家という共通点が見出せる可能性もある［大西 二〇一八］。ただし、尼寺廃寺や西安寺などは、伽藍が整うのが七世紀後半になってからで、上宮王家滅亡後となることには注意が必要である。上宮王家が造営するには、滅亡後の造営に対する何らかの解釈が必要となる。

なお、尼寺南廃寺の七世紀中頃以前の出土瓦は、平安時代をさかのぼらない瓦溜まりや、一八世紀から一九世紀の土坑からみつかっており［香芝市教委 二〇〇三］、七世紀前半から小規模な仏堂の存在を認めるかは、今後の研究に期待される。

近接する広瀬郡内で、三吉（みつよし）3号墳（広陵町）周濠埋土と巣山（すやま）古墳（広陵町）外堤から素弁蓮華文軒丸瓦が出土している（図6）。この文様の瓦は飛鳥寺に始まる花組・星組の系譜下にない、百済からの直接的な影響を受けた瓦で、具体的には百済烏含寺（うがんじ）の系譜を引く軒丸瓦と推測される［清水 二〇〇五］。その背景には、大和川より南側の地域周辺に勢力を有した押坂王家との関係が考えられ、百済烏含寺が百済王家の寺院であることをあわせると国をまたいだ王家同士の関係性をあらわしている可能性もある。

いずれにしても、南部域では日本列島で最初に造営された寺院、飛鳥寺へ瓦を供給した窯が蘇我氏とのかかわりの中で考えられ、北部域では敏達天皇系の一族による造営と考えられるものの斑鳩・聖徳太子との関係も考えられ、近接した広瀬地域では飛鳥を経由しない百済の王家との直接的な関係が軒瓦からみられるなど、寺院造営の初期段階において葛城地域の土地利用の一端を軒瓦からうかがうことができる。

川原寺との関係　葛城地域のなかでも共通した要素のひとつに川原寺との関連があげられる。川原寺は、天智天皇が、母である斉明天皇の菩提を弔うために六六〇年代に造営された寺院である（309頁図17）。ここでは、凸面布目平瓦（以下、凸布瓦）に注目したい（図８）。凸布瓦は、平瓦の凸面側に布目を残す平瓦で、川原寺の

只塚廃寺　素弁蓮華文軒丸瓦　　巨勢寺　素弁蓮華文軒丸瓦

図３　葛城地域南部の軒瓦

片岡王寺　素弁蓮華文軒丸瓦（古新羅の影響）　　西安寺　素弁蓮華文軒丸瓦（法隆寺 6B 同笵）

図４　葛城地域北部の軒瓦

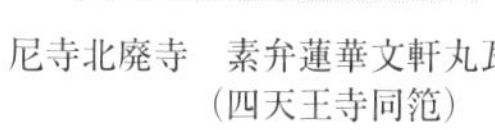

尼寺北廃寺　素弁蓮華文軒丸瓦（四天王寺同笵）　　尼寺南廃寺　忍冬唐草文軒平瓦（213B）

図５　尼寺廃寺の軒瓦

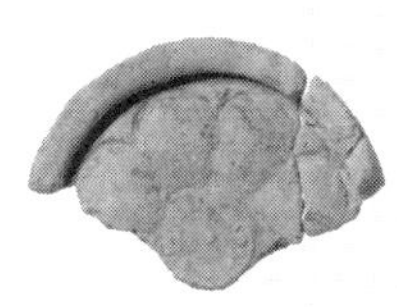

巣山古墳外堤　素弁蓮華文軒丸瓦　　三吉３号墳　素弁蓮華文軒丸瓦

図６　広瀬地域の軒瓦

創建期に出現し、七世紀後半から八世紀初頭にかけて分布する。製作方法が特徴的で、一般的には桶の外側に粘土を巻いて平瓦をつくるが、凸布瓦は桶型の内側に粘土を巻いて製作する。

大和盆地内の凸布瓦の分布は、大官大寺から凸布瓦も含めた瓦が移転に伴い移動した大安寺（奈良市）を除くと、飛鳥と葛城地域に限られる（図7）。川原寺創建瓦の生産地が荒坂瓦窯（五條市）であることを考えると、道路を介した飛鳥と葛城地域南部のつながりがみえる。大和盆地南西部は阿智使主を祖とする東漢氏が勢力をもっていたとされ、荒坂瓦窯の生産活動にも深くかかわっていたと考えられる［小谷 二〇〇二］。

荒坂瓦窯の生産にかかわっていた工人は、紀ノ川流域の伊都郡（和歌山県紀ノ川流域）の寺院造営にもかかわったとされ、川原寺造営事業に関与した渡来系氏族の工人たちが持ち帰った技術などを基礎として行なわれたものとされる［小谷 二〇〇二］。東漢氏系渡来系氏族の文忌寸の氏寺として位置づけられる佐野廃寺（和歌山県）も凸布瓦が出土し、伊都郡内の寺院と朝妻廃寺との間にある同笵関係や共通した製作技法の軒瓦や凸布瓦がみられるなど、荒坂瓦窯での生産活動に関与した工人の存在が瓦からわかる。

当初荒坂瓦窯でつくられていた川原寺の瓦は、その後生産地を別の場所に移す。その候補地のひとつが窯跡と考えられる大谷瓦散布地（上牧町）である。大谷瓦散布地は、飛鳥時代の瓦や須恵器・土師器などの土器片が散布しており、川原寺と同型式の軒平瓦や平瓦などとともに微量の窯滓片が採集されている（304頁図9）。

『平安遺文』や『東寺文書』「弘福寺三綱牒」には、広瀬郡の川原寺領内に「瓦山」「瓦竈」の記述があり、広瀬郡内に所在する大谷瓦散布地と文献史料に記載された川原寺の窯跡との関連性が考えられる。なお、近隣の尼寺北廃寺や下田東遺跡で出土する凸布瓦も川原寺と関係する瓦窯との関連が考えられ、川原寺造営のきっかけを考えると、瓦窯からも押坂王家との関連が想定される。ただし、尼寺北廃寺でみられる凸面布目となる二重弧文軒平瓦は、葛城地域内でもほかにみることができず、特異であり［小谷 二〇〇二］、荒坂瓦窯の造瓦グループが直接的に関与しているのか、新たな造瓦組織が設けられたのかは定かではない。

軒瓦では、只塚廃寺の軒丸瓦が川原寺創建瓦に近いとされ、ここでも近隣に存在した川原寺の瓦窯との関係が考えられる［大西 二〇一八］。地光寺では、川原寺などの官寺からみられる鬼面文軒丸瓦の三重圏縁のも

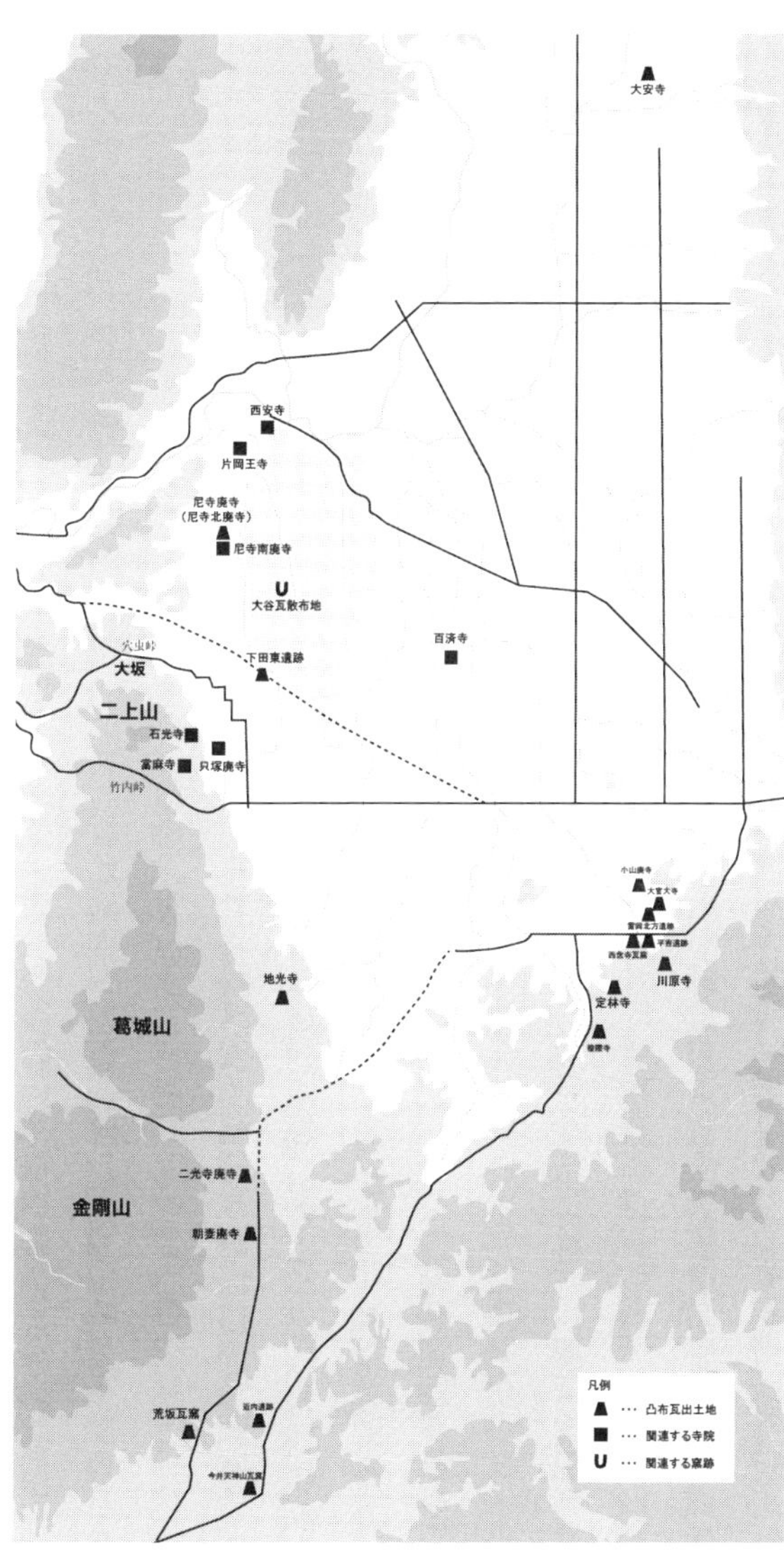

図７　大和盆地内の凸布瓦出土遺跡と関連遺跡

のを斜縁に改笵している。このことは忍海氏出身の母をもつ天智天皇の皇子である川嶋皇子との関連も考えられる［吉村 一九八六、大西 二〇一八］。石光寺の重弧文軒平瓦が、川原寺の影響を受けていることや西安寺の中房連子が二重周環となる軒瓦の存在など北部の近隣の寺院にもその影響がうかがえる（図10）。

なお、紀ノ川流域とのつながりは葛城地域南部だけでなく、北部でもみられる。片岡王寺でみられる複弁蓮華文軒丸瓦と紀ノ川流域の上野廃寺（和歌山県和歌山市）の瓦は細部の製作技法は異なるが同笵である（図11）。法隆寺蔵の銅板造像記には百済王の末裔を名乗る大原史出身の令辨法師の名がみえる。令辨法師は片岡王寺出身で、ここに片岡王寺と法隆寺の関連性がみえる。大原史は渡来系氏族で、上野廃寺の造営氏族が渡来

図8　下田東遺跡出土凸布瓦

図9　大谷瓦散布地　採集瓦片

図10　西安寺出土軒瓦

系氏族の三間名干岐であり、両者とも渡来系氏族であるため、七世紀後半段階で、渡来系氏族もしくは工人を通じた片岡地域と紀ノ川流域に何らかの関係が考えられる。上野廃寺式軒平瓦の瓦当紋様が法隆寺西院伽藍の軒平瓦と酷似している点も斑鳩・片岡地域と紀ノ川流域とのこうしたつながりをあらわしていると推測される〔小谷 二〇〇二〕。そのため、七世紀後半には渡来系工人もしくは氏族を介した造瓦に関するネットワークが考えられる。なお、渡来系工人以外にも清水昭博氏によって、坂田寺式軒丸瓦を題材に飛鳥・片岡・紀ノ川流域で尼寺のネットワークも考えられるなど〔清水 二〇一六〕、七世紀後半で、寺院造営における多様な関係性をみることができる。

図11　片岡王寺　複弁蓮華文軒丸瓦

王家の寺々　葛城地域北部の立地上の特性は前節で触れたが、こうしたルート上に位置する遺跡に、平野窯跡群及び平野古墳群と尼寺廃寺跡がある。尼寺廃寺跡は、北と南に寺院が建立されており、南側を尼寺南廃寺、北側を尼寺北廃寺と呼びあらわす。尼寺南・北廃寺は南北約二〇〇mしか離れておらず、出土瓦から尼寺南廃寺の方が古く、北廃寺の方が新しい。近接した位置に寺院が立地するのは、『元興寺伽藍縁起幷流記資財帳』に、用明二年（五八七）、善信尼等三人の尼が受戒に関して尋ねた際、僧寺と尼寺が必要で、半月ごとに白羯磨（出家者に具足戒を授ける受戒儀式）を行なうために、「日中の前に往還する」必要があるので、百済国では鐘声が互いに聞こえる距離に僧寺と尼寺とを設置すると答えたという。日本で最初に建立された寺院である飛鳥寺（僧寺）と豊浦寺（尼寺）の関係はこの制度にもとづいて立地していることが指摘されており［田村 一九八六］、尼寺北廃寺と南廃寺についても僧寺と尼寺の関係が考えられる［森 二〇一二］。

なお、日本の古代寺院では、塔よりも金堂の方が先に建立されるが、尼寺北廃寺は、出土瓦の検討から金堂よりも先に塔が建立された。そもそも仏教の中心的対象は、釈迦の供養塔となる塔である。六世紀末から七世紀初頭にかけて中国では舎利信仰が高揚し、特に隋の文帝（楊堅、五四一～六〇四）は、仁寿元年（六〇一）から同四年まで三回にわたり、全国一一三州に舎利を分送して舎利塔を建立させている。こうした流れは同元年、高句麗・百済・新羅の三国が舎利を請い、起塔することを願いでたため、朝鮮半島にも影響を与えた。東アジアにおける舎利信仰の高揚期として位置づけられる［上原 一九八六］。

尼寺北廃寺の塔は発掘調査から、現存するものとしては、全国最大級の塔心礎（約三・八m四方）と各種出土品がみつかった。塔心礎そのものは、何らかの理由により真ん中で二つに割れており（図12）、割れた柱座部分の形にあわせて丁寧に加工した石を組み合わせて補修されていた。塔心礎の中央にある柱座の四方には添柱用の柱座が穿たれている。同様のものは、大和では法隆寺若草伽藍などに限られている貴重な事例である（図13）。心礎上面からは、各種出土品（耳環一二点、水晶玉四点、ガラス玉三点、刀子一点）がみられ、なかでも耳環を含むのは飛鳥寺、中宮寺（斑鳩町）、四天王寺（大阪府大阪市）からみられる程度で、これも貴重な事例である。このように、七世紀前半の寺院との関連が多くみられるが、本格的な伽藍造営は出土軒瓦の検討から七世紀後半になってからである〔香芝市教委 二〇〇三、西垣 二〇一九〕。尼寺廃寺は、僧寺と尼寺の関係や塔を優先して建立するなど、当時の仏教文化に明るい人物の影響が考えられる。

平野窯跡群で、瓦や須恵器を焼成した五基の窯跡群が確認された。出土した遺物から六世紀後半の窯跡で奈良盆地の中でも最古級の窯跡かつ県内で初めて発掘調査された須恵器窯としても知られる。同一丘陵上に、平野古墳群が築造されることから、平野窯跡群と平野古墳群の被葬者には何らかのかかわりがあったことが推測される（図14）。平野窯跡群内の平野5号窯では、瓦が焼成されており、縄叩きの上に格子叩きを施す特徴的な調整をする平瓦の存在から、尼寺北廃寺に製品を供給していたことがわかる（図15）。この平瓦の存在から、「平野窯跡群＝平野古墳群＝尼寺廃寺跡」の背景には共通の一族が関与している可能性が考えられる。平野古墳群内に所在する平野塚穴古墳の被葬者が茅渟王（ちぬおう）の可能性が高い〔塚口 一九九〇〕ことなどから、

図12　尼寺北廃寺塔心礎と四天柱礎石

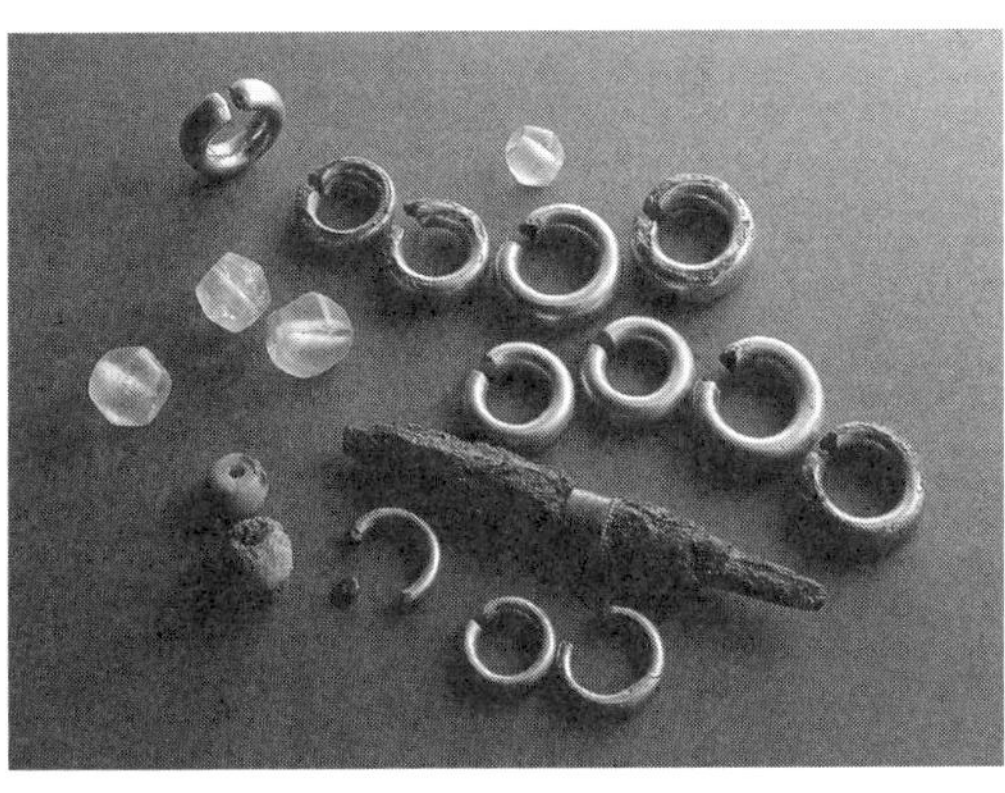
図13　尼寺北廃寺塔心礎上面出土品

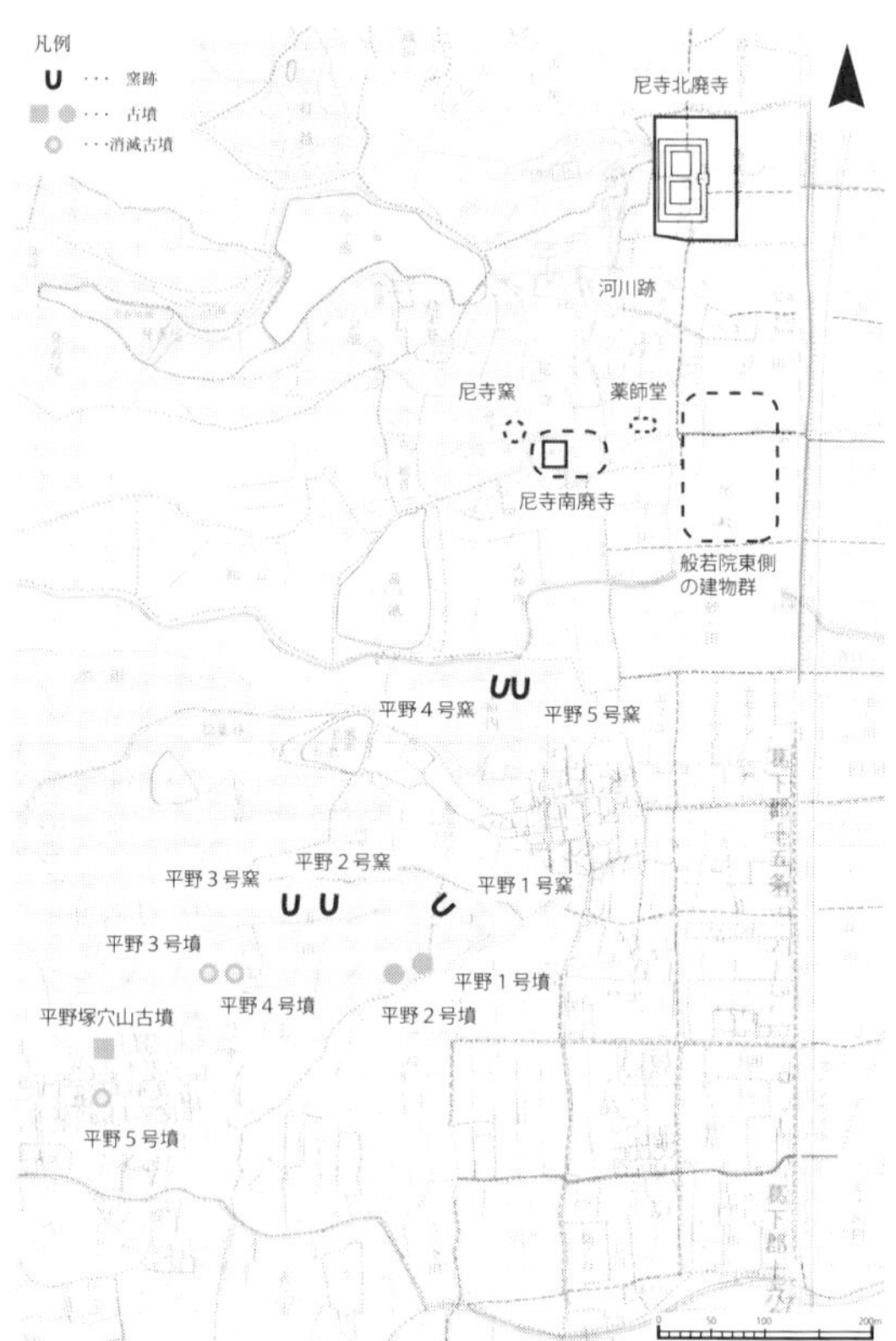

図 14　尼寺廃寺周辺の遺跡の分布図

図 16　葛城地域北部（片岡）の関連する遺跡

図 15　尼寺北廃寺出土平瓦
（縄叩きの上に格子叩きを施す平瓦）

表2　葛城地域北部（片岡）の人物関係表

人物名	属性	名称等	考古学等による推定地
押坂彦人大兄皇子	陵墓	広瀬郡「成相墓」	牧野古墳(広陵町)
茅渟王	陵墓	葛下郡「片岡葦田墓」	平野塚穴山古墳(香芝市)
皇極(斉明)天皇			
天智天皇	窯跡	広瀬郡内川原寺領内「瓦山」「瓦竈」	大谷瓦散布地(上牧町)
天武天皇			
高市皇子	陵墓	広瀬郡「三立岡墓」	
長屋王	木簡	「片岡進上」木簡	葛下川を中心とした地域

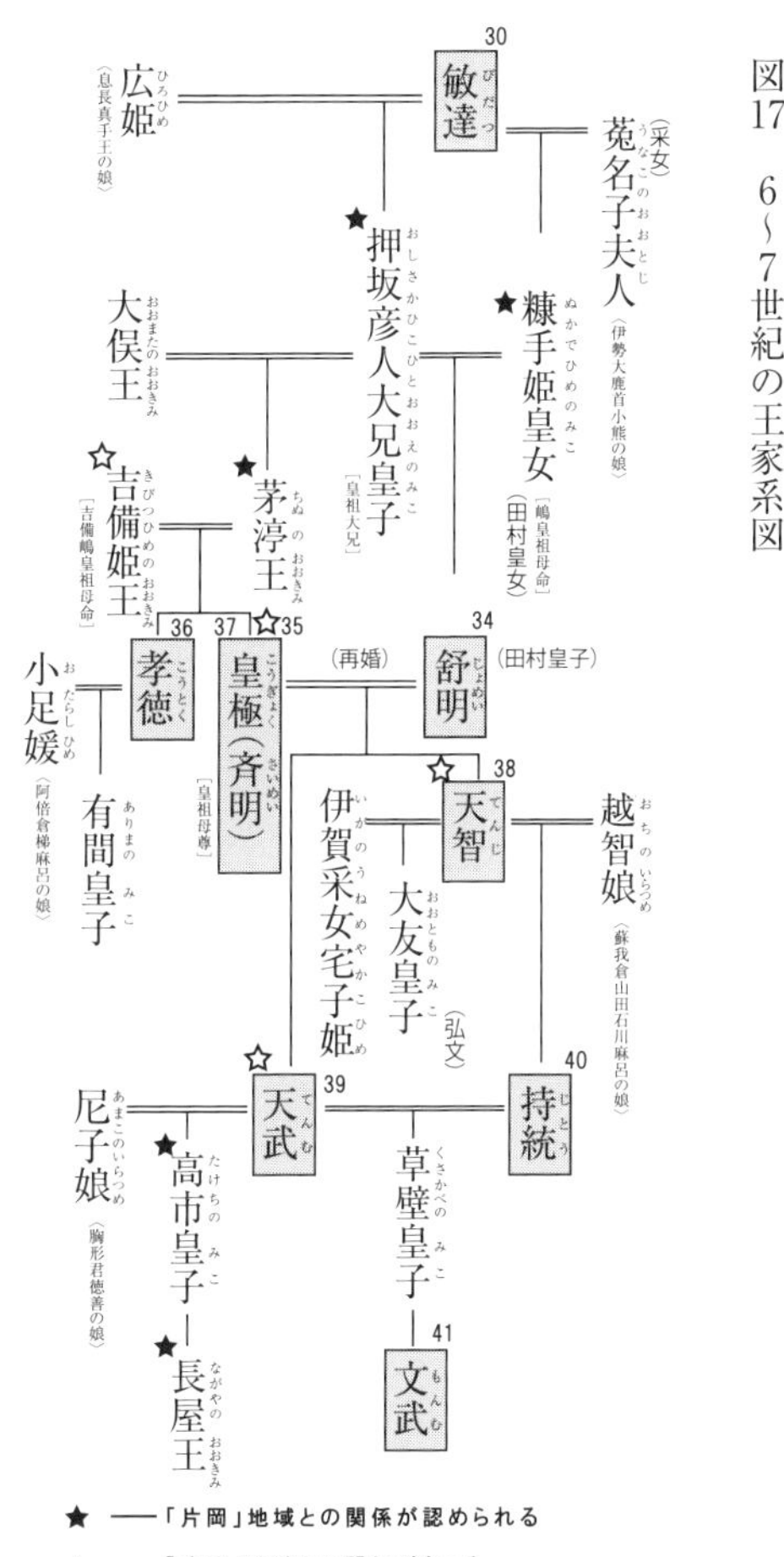

図17　6~7世紀の王家系図

付近一帯を敏達天皇系の一族によって開発された可能性がある（表2、図16）。このことは、奈良時代の長屋王家木簡に「片岡進上」と書かれた木簡が確認されるなど、茅渟王の系譜をひく一族の所領に片岡が含まれていた可能性がある。

長屋王が所領する以前の古墳から飛鳥時代は、天智天皇が母である斉明天皇の菩提を弔うために造営された川原寺の瓦と関係のある大谷瓦散布地や下田東遺跡がある。茅渟王や斉明天皇、長屋王は、敏達天皇を父にもつ押坂彦人大兄皇子と血縁関係にあり、押坂彦人大兄皇子は近在する牧野古墳（広陵町）に葬られたとされ、当地域は牧野古墳前後の開発が著しいことから、押坂王家とも呼ばれる一族が、片岡地域の開発に関与した可能性が高い（図17）。このことは、奈良盆地内で最古級の窯跡である平野窯跡群がつくられ、日本最大級の塔心礎を用いた塔が尼寺北廃寺で建立されるのも、こうした王家の進出とかかわるものと思われる。

参考文献　※発掘調査報告書は多岐に亘るため割愛

伊藤敬太郎・竹内亮　二〇〇〇「飛鳥池遺跡出土の寺名木簡について」『南都仏教』七九
伊藤真琴・河村卓・田中雪樹野・西垣遼・清水昭博　二〇一三「大和片岡地域の瓦―帝塚山大学附属博物館所蔵資料の紹介―」『帝塚山大学大学院人文科学研究科紀要』一五
上原真人　一九八六「仏教」『岩波講座日本考古学四　集落と祭祀』岩波書店
近江俊秀　一九九七「大和の古墳と寺院」『季刊考古学』六〇
近江俊秀　二〇〇四「山村廃寺式軒瓦の分布とその意味」『研究紀要』八　由良大和古代文化研究協会
大西貴夫　二〇一八「葛城地域における飛鳥時代後半の軒瓦の展開」『橿原考古学研究所論集　第十七』八木書店
大西貴夫　二〇二〇「大和葛城山周辺の古代寺院と山岳信仰」『山岳信仰と考古学Ⅲ』同成社

大脇　潔　一九九四「飛鳥時代初期の同笵軒丸瓦—蘇我氏の寺を中心として—」『古代』九七
大脇　潔　一九九九「尼寺廃寺考」『瓦衣千年 森郁夫先生還暦記念論文集』森郁夫先生還暦記念論文集刊行会
岡島永昌　二〇二〇「西安寺からみた大和川の古代寺院—法隆寺若草伽藍同笵瓦の検討をつうじて—」『聖徳』二四四　聖徳宗教学部
香芝市教育委員会　二〇〇三『尼寺廃寺Ⅰ—北廃寺の調査—』香芝市文化財調査報告書四
葛城市歴史博物館　二〇一六『葛城古寺探訪—二上・葛城・金剛山麓の古代寺院—』葛城市歴史博物館特別展図録一七
神庭　滋、清水昭博　二〇一七「葛城の古瓦—御所市葛上中学校所蔵瓦の紹介—」『かつらぎ』一一　平成二六・二七年度　葛城市歴史博物館
小谷徳彦　二〇〇一「紀伊と大和の同笵瓦—新資料を中心として—」『紀伊考古学研究』四
小谷徳彦　二〇〇二「瓦からみた紀ノ川流域の古代寺院」『帝塚山大学考古学研究所研究報告Ⅳ』
清水昭博　二〇〇五「百済系瓦工渡来の足跡—奈良県広陵町三吉周辺出土軒丸瓦の検討—」『納谷守幸氏追悼論文集刊行会　飛鳥文化財論攷』明新社
清水昭博　二〇一六「飛鳥時代の尼と尼寺—考古資料からのアプローチ—」『須田勉日本古代考古学論集』同成社
田村圓澄　一九八六『日本仏教史1　飛鳥時代』
塚口義信　一九九〇「茅渟王伝考」『堺女子短期大学紀要』二五
塚口義信　一九九八「尼寺廃寺北遺跡（奈良県香芝市）研究の現状と課題—寺院の名称と創健社をめぐって—」『堺女子短期大学紀要』三三
塚口義信　二〇〇八「六世紀後半における天皇家・豪族の政権抗争」『聖徳太子の歴史を読む』
奈良国立博物館編　一九七〇『飛鳥白鳳の古瓦』
奈良県立橿原考古学研究所附属博物館編　一九九九『蓮華百相』特別展図録五一
奈良県立橿原考古学研究所附属博物館編　二〇〇〇『王家の寺々—広瀬・葛下地域の古代寺院—』特別陳列図録一一

奈良県立橿原考古学研究所附属博物館編 二〇一一『仏教伝来』特別展図録七六
新倉　香 一九九八「瓦当文様にみる技術伝播・交流の一様相」『帝塚山大学考古学研究所研究報告』Ⅰ
西垣　遼 二〇一九「コラム3　尼寺北廃寺出土軒瓦の変遷―七世紀代を中心に―」『聖徳太子と古代王家―片岡・広瀬地域の開発―　令和雁年度特別展示図録』香芝市二上山博物館
花谷　浩 二〇〇九「飛鳥の川原寺式軒瓦」『古代瓦研究Ⅲ―川原寺式軒瓦の成立と展開―』奈良文化財研究所
坂　靖 二〇〇〇「飛鳥・奈良時代」『南郷遺跡群Ⅳ』奈良県立橿原考古学研究所調査報告書七六
平林章仁 一九八七a「敏達天皇系王統の広瀬郡進出について」『日本書紀研究』一四
平林章仁 一九八七b「聖徳太子と敏達天皇後裔王族―片岡王寺創建をめぐって―」『日本書紀研究』一六
平林章仁 二〇〇二『七世紀の古代史―王宮・クラ・寺院―』白水社
廣岡孝信 二〇〇八「推古朝の「片岡」・馬見丘陵開発と王権の基盤―奈良馬見丘陵の飛鳥時代―」『王権と武器と信仰』同成社
森　郁夫 一九九八『日本古代寺院造営の研究』法政大学出版局
森　郁夫 二〇一二「近接した二寺」『僧寺と尼寺』帝塚山大学出版会
前田俊雄・絹畠歩・松吉祐希 二〇一四「北葛城郡上牧町久渡古墳群周辺における踏査の採集遺物について」『青陵』一三九
保井芳太郎 一九三二『大和上代寺院志』大和史学会
吉川真司 二〇一一『飛鳥の都』岩波新書
吉川敏子 二〇一六「片岡王寺創建者についての考察」『文化財学報』三四
吉村幾温 一九八六「地光寺の建立」『木村武夫先生喜寿記念　日本佛教史の研究』永田文昌堂
和田　萃 一九九七「古代の片岡―葛城尼寺と尼寺廃寺―」『古文化論叢―伊達先生古希記念論集―』

図表出典一覧

口絵

口絵1・口絵15（二点）　香芝市教育委員会所蔵
口絵2・口絵4・口絵5（二点）・口絵11・口絵12右・口絵14（二点）・口絵16（二点）奈良県立橿原考古学研究所提供
口絵3・口絵6・口絵9　御所市教育委員会提供
口絵7（三点）東京国立博物館所蔵（https://colbase.nich.go.jp/）
口絵8　上牧町教育委員会提供
口絵10（二点）広陵町教育委員会所蔵
口絵12左上　奈良県立橿原考古学研究所附属博物館所蔵
口絵13　葛城市歴史博物館所蔵

第一章

第一節（松田真一）

図1・図2（三点）・図4　奈良県立橿原考古学研究所提供
図3　岸俊男一九五九「古代豪族」『世界考古学大系三　日本Ⅲ』平凡社

第二節（松田真一）

図1・図9　香芝市二上山博物館一九九二『よみがえる二上山の3つの石』より転載
図2　奈良県立橿原考古学研究所附属博物館一九九九『大和の考古学』より転載
図3・図4・図10　香芝市教育委員会所蔵
図5　大和高田市教育委員会提供
図6・図7　奈良県立橿原考古学研究所提供
図8　松藤和人一九八五「旧石器時代の石材移動をめぐって—国府文化期のサヌカイトを中心に—」『考古学と移住・移動』より転載

第三節（松田真一）

図1（二点）大和高田市教育委員会提供
図2・図10・図11・図13（二点）奈良県立橿原考古学研究所提供
図3・図5（三点）奈良県立橿原考古学研究所附属博物館所蔵
図4　香芝市教育委員会所蔵
図6　神庭滋・岡田憲一ほか二〇一九「脇田遺跡の研究」『研究紀要』二三　由良大和古代文化研究協会より転載
図7　御所市教育委員会提供
表・図9　平岩欣太二〇一二『観音寺本馬遺跡』橿原市教育委員会より転載
図8　橿原市提供
図12　藤田尚二〇〇六「歯の人類学 縄文時代人の習俗的抜歯」『老年歯学』二一—一より転載

第二章

第一節（金澤雄太）

図1・図5・図6・図11　著者作成
図2右　米川裕治ほか二〇一〇「京奈和自動車道蛇穴地区二〇〇九年度」『奈良県遺跡調査概報二〇〇九年度（第三分冊）』奈良県立橿原考古学研究所より転載
図2左上・左下　奈良県立橿原考古学研究所提供
図3　岡田憲一二〇二〇「中西遺跡第三一－二次調査（二〇一九年度）」『奈良県遺跡調査概報二〇一九年度（第二分冊）』奈良県立橿原考古学研究所より転載
図4・図7・図8・図9　御所市教育委員会提供
図10　本村充保編二〇一七『観音寺本馬遺跡Ⅲ（観音寺Ⅰ区）』奈良県立橿原考古学研究所より転載

第二節（金澤雄太）

図1　著者作成
図2（三点）奈良県立橿原考古学研究所提供
図3　福永伸哉二〇〇一『邪馬台国から大和政権へ』大阪大学出版会より転載し、一部改変
図4　池田末則一九八五『奈良県史』第一四巻 地名 名著出版より転載
図5　静岡天満宮所蔵・上牧町教育委員会提供
図6　御所市教育委員会提供

第三節（関川尚功）

図1・図2下　奈良県立橿原考古学研究所提供
図2上　香芝市教育委員会所蔵

第三章

第一節（関川尚功）

図1右　上牧町教育委員会二〇一七『史跡上牧久渡古墳群発掘調査報告書Ⅱ』より転載し、一部改変
図1左　奈良県立橿原考古学研究所附属博物館二〇〇四『前方後円墳』より転載
図2　上牧町教育委員会提供
図3・図4（二点）御所市教育委員会所蔵・奈良県立橿原考古学研究所附属博物館提供

第二節（関川尚功）

図1（二点）奈良県立橿原考古学研究所附属博物館所蔵
図2　香芝市教育委員会所蔵
図3　奈良県立橿原考古学研究所提供
図4右　広陵町教育委員会所蔵・阿南辰秀氏撮影
図4左・図5左　広陵町教育委員会所蔵
図5右　東影悠二〇一九「巣山古墳外堤北出土の船形埴輪」『青陵』一五六、奈良県立橿原考古学研究所より転載

第三節（千賀　久）

図1　奈良県立橿原考古学研究所二〇〇七『極楽寺ヒビキ遺跡』奈良県文化財調査報告書一二二の図をもとに、著者作成
図2（二点）・図3（二点）・図4（四点）奈良県立橿原考古学研究所附属博物館所蔵

図5　著者撮影

第四節（千賀　久）

図1　奈良県立橿原考古学研究所二〇〇〇『南郷遺跡群Ⅳ』奈良県立橿原考古学研究所調査報告七六の図をもとに著者作成

図2（三点）五條市教育委員会提供

図3　葛城市歴史博物館二〇一八『古代葛城の武人』第一八回特別展図録より転載し、一部改変

第五節（神庭　滋）

図1・図2・図3　著者作成

図4・図5・図6　奈良県立橿原考古学研究所編一九八八『寺口忍海古墳群』新庄町文化財調査報告書一　新庄町教育委員会より転載（図5は一部改変）

第六節（神庭　滋）

図1　小林行雄編一九六四『装飾古墳』平凡社より転載

図2　柏原市立歴史資料館二〇〇三『高井田横穴群の線刻壁画―資料集―』柏原市の考古資料二　柏原市立歴史資料館より転載

図3・図5　柏原市教育委員会編一九九六『高井田山古墳』柏原市教育委員会より転載

図4　平群町教育委員会編二〇〇七「4. 剣上塚古墳（平成17年度）」『平群町 町内発掘調査概報』平群町教育委員会より転載

図6　葛城市歴史博物館編二〇一六『葛城古寺探訪―二上・葛城・金剛山麓の古代寺院―』葛城市歴史博物館特別展図録一七　葛城市歴史博物館より作図

図7　奈良県立橿原考古学研究所編一九八八『寺口忍海古墳群』新庄町文化財調査報告書一新庄町教育委員会より転載、一部改変

図8　奈良県立橿原考古学研究所編一九八八『寺口忍海古墳群』新庄町文化財調査報告書一　新庄町教育委員会より転載

図9　奈良県教育委員会編一九六二『大和二塚古墳』奈良県史跡名勝天然記念物調査報告二一　奈良県教育委員会／御所市教育委員会編二〇一九『條ウル神古墳―範囲確認発掘調査報告―』御所市文化財調査報告書五六　御所市教育委員会／奈良県立橿原考古学研究所編一九八七『史跡牧野古墳』広陵町文化財調査報告一　広陵町教育委員会より転載

図10　葛城市歴史博物館提供

図11　御所市教育委員会提供

第四章

第一節（泉　武）

図1・図2・図3・図4・図5　奈良県立橿原考古学研究所二〇〇二『三ツ塚古墳群』奈良県立橿原考古学研究所調査報告書八一より転載

図6　葛城市教育委員会二〇二〇『茶山古墳―保存のための範囲確認調査報告―』より転載し、一部改変

図7・図8　新庄町教育委員会一九八八『寺口忍海古墳群』新庄町文化財調査報告一より転載し、一部改変

図9　奈良県立橿原考古学研究所二〇〇四『北葛城郡當麻町兵家清水・菰谷古墳群』奈良県文化財調査報告書一〇八より転載し、一部改変

図10　葛城市教育委員会二〇一五『弥宮池西1号墳―保存のための範囲確認調査報告―』／新庄町一九七五『新庄屋敷山古墳』より転載し、一部改変

図11　奈良県立橿原考古学研究所一九八六『能峠遺跡群Ⅰ（南山編）』奈良県史跡名勝天然記念物調査報告書四八より転載し、一部改変

図12　奈良県立橿原考古学研究所二〇〇二『三ツ塚古墳群』奈良県立橿原考古学研究所調査報告書八一／葛城市教育委員会二〇二〇『茶山古墳―保存のための範囲確認調査報告―』／葛城市歴史博物館二〇一九『葛城と磯長谷の終末期古墳』第二〇回特別展図録／葛城市教育委員会二〇一五『弥宮池西1号墳―保存のための範囲確認調査報告―』より転載

図13　奈良県立橿原考古学研究所二〇〇二『三ツ塚古墳群』奈良県立橿原考古学研究所調査報告書八一より転載し、一部改変

図14　奈良県立橿原考古学研究所二〇〇二『三ツ塚古墳群』奈良県立橿原考古学研究所調査報告書八一／当麻町教育委員会・奈良県立橿原考古学研究所一九八二『北葛城郡当麻町的場池古墳群』当麻町埋蔵文化財調査報告書一／香芝市二上山博物館一九九四『高山火葬墓・高山石切場跡』香芝市文化財調査報告書一より転載

図15　葛城市歴史博物館二〇一九『葛城と磯長谷の終末期古墳―竹内峠の西と東―』第二〇回特別展図録より転載

図16　香芝市二上山博物館一九九四『高山火葬墓・高山石切場遺跡』香芝市文化財調査報告書一より転載し、一部改変

第二節（西垣　遼）

表　著者作成

図1・図6・図7　著者作成

図2　近江俊秀二〇一二『道が語る日本古代史』朝日選書より、トレースして一部改変

図3　奈良県立橿原考古学研究所提供

図4　香芝市教育員会二〇〇六『下田東遺跡発掘調査概報Ⅰ―平成十三・十四年度―』香芝市埋蔵文化財発掘調査概報二一より、トレースして転載

図5（二点）香芝市教育委員会所蔵

第三節（西垣　遼）

図1①〜⑬・図4左・図11　帝塚山大学附属博物館所蔵

表1・表2・図2・図7・図14・図16・図17　著者作成

図3（二点）・図6（二点）・図9　奈良県立橿原考古学研究所提供

図4右・図10（二点）王寺町提供

図5（二点）・図8・図12・図13・図15　香芝市教育委員会所蔵

図14　奈良県立橿原考古学研究所一九八〇『大和国条里復元図』より転載し、一部改変

執筆者紹介

【編者】＊略歴は奥付に表示。

松田真一（まつだ しんいち）

金澤雄太（かなざわ ゆうた） 御所市教育委員会事務局文化財課文化財係主査（文化財技術職）。考古学。〔主な著作〕『條ウル神古墳発掘調査報告書』（共著、御所市教育委員会、二〇一九年）・「古墳時代前期における埴輪受容過程の一様相―讃岐の事例を対象に―」（大阪大学考古学友の会『待兼山考古学論集』三、二〇一八年）・「葛城山東麓における群集墳の展開と多様性の意義―御所市石川古墳群・櫛羅古墳群からの視点―」（共著、由良大和古代文化研究協会『研究紀要』二三、二〇一九年）

関川尚功（せきがわ ひさよし） 上牧町教育委員会文化財専門員。考古学。〔主な著作〕『纒向』（共著、桜井市教育委員会、一九七六年）・「古墳時代の渡来人」（『橿原考古学研究所論集』第九、吉川弘文館、一九八八年）・『大和古墳めぐり』（共著、京都書院、一九八九年）・「宮都飛鳥の道路と遺跡」（『日本考古学』三六、二〇一三年）・「馬見古墳群の成立と新山古墳」（『塚口義信博士古稀記念日本古代学論叢』和泉書院、二〇一六年）・「開化天皇陵と奈良市街地の古墳」（『古墳と国家形成期の諸問題』山川出版社、二〇一九年）・『考古学からみた邪馬台国大和説』（梓書院、二〇一九年）

千賀 久（ちが ひさし） 葛城市歴史博物館特任館長。日本考古学。〔主な著作〕『ヤマトの王墓 桜井茶臼山古墳・メスリ山古墳』（新泉社、二〇〇八年）・『列島の考古学 古墳時代』（共著、河出書房新社、二〇一一年）・「馬と馬具」（『講座日本の考古学八 古墳時代下』青木書店、二〇一二年）・「日本に伝えられた馬文化」（『馬の考古学』雄山閣、二〇一九年）・「渡来系移住民がもたらした産業技術―畿内地域の鍛冶生産と馬生産―」（『シリーズ古代史をひらく 渡来系移住民―半島・大陸との往来―』岩波書店、二〇二〇年）

神庭 滋（かんば しげる） 葛城市歴史博物館課長補佐。日本考古学。〔主な著作〕「葛城の家形石棺―分布論を中心に―」（石野博信編『古代近畿と物流の考古学』学生社、二〇〇三年）・「屋敷山古墳についての一考察」（新庄町歴史民俗資料館年報・紀要『かづらき』三―平成一五年度―、新庄町歴史民俗資料館、二〇〇四年）・「近内古墳群と葛城」（葛城市歴史博物館年報・紀要『かづらき』四―平成一六年度―、葛城市歴史博物館、二〇〇五年）・「葛城山についての一考察」（山の考古学研究会編『山岳信仰と考古学Ⅱ』同成社、二〇一〇年）

泉　武（いずみ　たけし）　奈良県立橿原考古学研究所共同研究員。考古学（古墳時代～飛鳥時代）。〔主な著作〕『キトラ・高松塚古墳の星宿図』（同成社、二〇一八年）・「前期難波宮孝徳朝説の検討」（奈良県立橿原考古学研究所編『橿原考古学研究所論集』一七、八木書店、二〇一八年）・「微生物がつくるベンガラ―赤色顔料論―」（博古研究会『博古研究』五九、二〇二〇年）

西垣　遼（にしがき　りょう）　香芝市教育委員会生涯学習課文化財係学芸員（二上山博物館）。考古学。〔主な著作〕「先史時代における日韓の煙突について―日本列島での円筒形土器の受容と変遷―」（韓日次世代学術ＦＯＲＵＭ『次世代人文社會研究』一〇、二〇一四年）・「いわゆる〝山陰型甑形土器〟の再検討―変遷と分類案の再整理及びその分布について―」（『帝塚山大学考古学研究所研究報告XVIII』二〇一六年）・「尼寺北廃寺・尼寺南廃寺出土遺物」（香芝市教育委員会『尼寺廃寺Ⅱ』二〇一六年）・『聖徳太子と古代王家―片岡・広瀬地域の開発―　令和元年度特別展図録』（香芝市二上山博物館、二〇一九年）

索　引

一，本索引は，遺跡名，事項からなる。

一，配列は 50 音順とした。

一，「葛城地域の遺跡分布図」(pp.xvii-xxi) に掲載する遺跡名については，ノンブルのあとに（　）で地図上の番号を付記した。

遺 跡 名

【あ行】

【か行】

【さ行】

【た行】

【な行】

【は行】

【ま行】

【や・わ行】

事　項

【さ行】

【た行】

【な行】

【は行】

【ま行】

【や・ら・わ行】

【編　者】
松田 真一（まつだ しんいち）
奈良県立橿原考古学研究所附属博物館館長を経て、現在天理大学附属天理参考館特別顧問、香芝市二上山博物館参与。
日本考古学（縄文文化）
〔主な著書〕
『重要文化財橿原遺跡出土品の研究』（編著、奈良県立橿原考古学研究所、2011年）
『奈良大和高原の縄文文化 大川遺跡（遺跡を学ぶ92）』（単著、新泉社、2014年）
「墓室壁画的保存與課題」（『察色望形 有形文化資産研究與保護』単著、國立臺南藝術大學、2016年）
「縄文時代の湿式貯蔵穴の特質」（『天理参考館報』31、単著、2018年）
『縄文文化の知恵と技』（単著、青垣出版、2020年）

葛城の考古学 ―先史・古代研究の最前線―

2022年6月25日　初版第一刷発行　　定価（本体3,200円＋税）

編　者　松　田　真　一
発行所　株式会社　八木書店出版部
代表　八　木　乾　二
〒101-0052 東京都千代田区神田小川町3-8
電話 03-3291-2969（編集）-6300（FAX）
発売元　株式会社　八　木　書　店
〒101-0052 東京都千代田区神田小川町3-8
電話 03-3291-2961（営業）-6300（FAX）
https://catalogue.books-yagi.co.jp/
E-mail pub@books-yagi.co.jp
印　刷　上毛印刷
製　本　牧製本印刷
用　紙　中性紙使用
ISBN978-4-8406-2255-4